A Pedagogia
entre o Dizer e o Fazer

Sobre o autor

Doutor em Letras e Ciências Humanas. Lecionou em todos os níveis da instituição escolar, onde realizou inúmeras experiências pedagógicas. Atualmente, é professor de Ciências da Educação na Universidade Lumière-Lyon 2, onde dirige o Instituto de Ciências e Práticas de Educação e de Formação.

M514p   Meirieu, Philippe
              A pedagogia entre o dizer e o fazer: a coragem de começar / Philippe Meirieu; tradução Fátima Murad. – Porto Alegre: Artmed, 2002.
              304 p. ; 23 cm.

              ISBN 978-85-7307-879-4

              1. Educação – Pedagogia teórica e prática. I. Título.

              CDU 37.013

Catalogação na publicação: Mônica Ballejo Canto – CRB 10/1023

A Pedagogia entre o Dizer e o Fazer

A Coragem de Começar

Philippe Meirieu

Tradução:
Fátima Murad

Consultoria, supervisão e revisão técnica desta edição:
Sávio Silveira de Queiroz
Doutor em Psicologia pela universidade de São Paulo.
Professor Adjunto no Programa de Pós-Graduação em Psicologia
no Departamento de Psicologia Social e do Desenvolvimento
da Universidade Federal do Espírito Santo.

Reimpressão 2008

artmed®

2002

Título original:
La pédagogie entre le dire et le faire:
le courage des commencements

© ESF Éditeur, 1995

Capa: Joaquim da Fonseca
Preparação de originais: Sotero Editoração
Leitura Final: Elisângela Rosa dos Santos
Editoração eletrônica: Sotero Editoração

Reservados todos os direitos de publicação, em língua portuguesa, à
ARTMED® EDITORA S.A.
Av. Jerônimo de Ornelas, 670 - Santana
90040-340 Porto Alegre RS
Fone (51) 3027-7000 Fax (51) 3027-7070

É proibida a duplicação ou reprodução deste volume, no todo ou em parte,
sob quaisquer formas ou por quaisquer meios (eletrônico, mecânico, gravação,
fotocópia, distribuição na Web e outros), sem permissão expressa da Editora.

SÃO PAULO
Av. Angélica, 1091 - Higienópolis
01227-100 São Paulo SP
Fone (11) 3665-1100 Fax (11) 3667-1333

SAC 0800 703-3444

IMPRESSO NO BRASIL
PRINTED IN BRAZIL
Impresso sob demanda na Meta Brasil a pedido de Grupo A Educação.

"Desejar o bem está a meu alcance,
mas realizá-lo não:
pois não faço o bem que desejo
e cometo o mal que não desejo."

São Paulo, *Epístola aos romanos* (7;18-20)

"Estamos sempre sujeitos
A nos enganar em nossos desígnios;
De manhã faço projetos
E ao longo do dia futilidades."

Voltaire, *Memnon ou a Sabedoria humana*

Sumário

INTRODUÇÃO: Uma aventura singular 9
    O "retorno ao terreno de ação" 9
    Um arsenal de motivações heteróclitas e,
    sem dúvida, pouco recomendáveis 14
    Um projeto cuja evidência impôs-se progressivamente 28

CAPÍTULO 1: Discurso sobre a educação e discurso pedagógico 37
    "A Escola é assunto de todos os cidadãos,
    pois ela é a imagem projetada da República" 40
    "A escola do professores" e "a escola dos profissionais" 47
    Uma experiência pedagógica exemplar: Albert Thierry 55

CAPÍTULO 2: Da emoção à ética 65
    Do complô contra a infância à solicitude em relação a ela 66
    A solicitude pedagógica às voltas com múltiplos perigos 74
    A verdadeira solicitude:
    uma exigência ética e não um cerco psicológico 76

CAPÍTULO 3: Do "momento pedagógico" à "conduta pedagógica" 87
    Entre o patético e o tecnológico 92
    A pedagogia tentada pela manipulação 103
    A pedagogia e o paradoxo da antecipação 111

CAPÍTULO 4: Das prescrições pedagógicas à pedagogia
    como entendimento das contradições educativas 117
    A contradição básica entre a educação como instrumentalização e
    a educação como interpelação 123
    A contradição inevitável entre a educação como formação do sujeito
    e a educação como reconhecimento do sujeito 126
    Quando a astúcia não permite escapar das contradições 133

CAPÍTULO 5: Em busca de um espaço de inteligibilidade
dos saberes pedagógicos 139
    Das contradições assumidas
    aos espaços de inventividade redescobertos 142
    Continuidades e rupturas, suspensão e riscos 146
    A transferência como
    "princípio regulador" das práticas pedagógicas 216
    A pedagogia, passagem obrigatória
    entre ensino e aprendizagem 221

CAPÍTULO 6: A pedagogia posta em xeque 227
    O *credo* da nova educação a ser revisto 233
    Uma mudança de paradigma
    que passou amplamente despercebida 237
    O professor em crise de identidade 248

CAPÍTULO 7: Por uma pedagogia da promessa 255
    Quando a inventividade
    rompe o círculo infernal descrição/prescrição 261
    A passagem ao ato irredutível
    a qualquer teorização prévia 265
    Profissionalização dos professores
    e formação do julgamento 276

CONCLUSÃO: A aventura continua 287

REFERÊNCIAS BIBLIOGRÁFICAS 291

Introdução
Uma aventura singular

O "retorno ao terreno de ação"

Setembro de 1993. Faz quase dez anos que abandonei o contato direto com os alunos para me dedicar à formação de professores, à pesquisa pedagógica e ao ensino superior em ciências da educação. É claro que me mantenho, por intermédio de meus alunos, muitos deles professores do primário ou do secundário,* relativamente próximo da realidade das salas de aulas: percebo mais ou menos como ficaram os alunos nestes últimos anos, como os estabelecimentos escolares evoluíram, como foram recebidos pelos práticos os trabalhos universitários em matéria pedagógica e como são vistas nas salas dos professores as propostas e decisões políticas relativas à escola. Também tenho tido a oportunidade de ser acolhido regularmente por inúmeros estabelecimentos escolares e de poder dialogar, nessas ocasiões, com os professores e o pessoal da educação: nos debates que se seguem às conferências e às formações que coordeno, posso perceber as dificuldades concretas enfrentadas pelos professores e a maneira como nossas pesquisas podem ajudá-los a superá-las.

Mas tudo isto me deixa insatisfeito: uma coisa é poder, de tempos em tempos, "mergulhar" nas realidades cotidianas do ensino primário e secundário, ouvir os professores falarem de seu trabalho e estar atento às suas preocupações, ler os levantamentos e os testemunhos que são publicados; outra coisa é ver-se confrontado dia após dia com os alunos de uma sala de aula, manter-se durante todo um ano escolar fiel às suas

---

*N. de T. Na França, o ensino primário estende-se das "pequenas classes", ou escola maternal, até a 6ª série (que equivale à 5ª série do ensino fundamental no sistema brasileiro); o ensino secundário sucede esse ciclo, em contagem regressiva, desde a 5ª série (que equivale à 6ª série do ensino fundamental no sistema brasileiro) até a série terminal (que corresponde ao último ano do ensino médio no sistema brasileiro).

convicções, enfrentar no dia-a-dia todas as restrições inerentes à vida de um estabelecimento escolar... Por isso, creio ser necessário reassumir um compromisso no ensino secundário, e escolher, para isso, um estabelecimento escolar considerado "difícil", na aglomeração suburbana de Lyon, onde resido.

A priori, não me parecia que essa conduta pudesse levantar qualquer problema, nem suscitar a menor surpresa ou a mínima resistência. A coisa parecia-me totalmente natural e perfeitamente legítima. Sabia dos sociólogos e dos etnólogos acostumados com o fato, dos psicólogos ávidos por colocar em prática suas teorias abrindo consultórios e dos juristas envolvidos, a maioria deles em oficinas jurídicas. Os médicos, por sua vez, mantêm, até o mais alto grau de sua carreira universitária, responsabilidades de cuidar diretamente dos doentes, e geralmente escolhem pacientes em situação particularmente crítica para prosseguir suas pesquisas... Portanto, não via nada de extraordinário em querer retomar o contato com alunos, eu, que há vários anos exerça justamente "profissão de pedagogia".

Porém, devemos crer que a educação não é verdadeiramente um ofício como os outros, pois meu projeto logo foi visto com um olhar estranho, com uma desconfiança que num primeiro momento deixou-me desconcertado, mas que acabei assimilando, um pouco à minha revelia, a ponto de muitas vezes e publicamente ter de me explicar e de me justificar... Precisei também me defender contra mil e uma suspeitas de que me tornei objeto. E tive de acabar aceitando que, em matéria de educação, a prova dos fatos não tem absolutamente o mesmo estatuto que nas outras disciplinas, e que desejar enfrentá-los constitui uma espécie de provocação insuportável: quando se pretende "saber", não se deve mais tentar "fazer", pois "saber" e "fazer" são considerados aqui como dois ofícios bem distintos e paradoxalmente o segundo deve sempre preceder o primeiro: nós "damos aula" antes de "saber como fazer" e, quando se sabe fazer, não se faz mais!

Não é difícil compreender o tipo de lógica que pode operar nessas concepções: isso pode significar, em primeiro lugar, que a teoria não precede, mas emana progressivamente da prática. Esse ponto de vista, clássico na história das idéias, evidentemente tem fundamento, em particular na medida em que expressa uma posição metafísica, que se encontra tanto nos materialistas desde a Antigüidade quanto em um idealista radical como Hegel, do qual é conhecida a célebre formulação: "A coruja de Minerva só levanta vôo na alvorada"... O que pode parecer preocupante, contudo, é que essa concepção seja utilizada, sem uma justificativa particular, para servir de esquema explicativo para as relações profissionais entre saberes teóricos e saberes práticos, como para as relações acadêmicas entre saberes científicos e saberes ensinados. Por que, de fato, na universidade, o acesso à teoria e aos diplomas que atestam seu domínio condenam os teóricos a se manterem para sempre afastados das práticas de que falam, enquanto suas próprias práticas de teóricos, de professores e de pesquisadores são sistematicamente preservadas de qualquer observação e de qualquer questionamento?

É que essa divisão de tarefas também pode originar-se de uma outra concepção, sensivelmente diferente, na qual não se postula a emergência de saberes teóricos em relação aos saberes práticos, mas sua radical heterogeneidade: seriam duas ordens de conhecimento que remeteriam a competências radicalmente distintas, ou seja, os saberes da prática, de caráter essencialmente empírico, e os saberes da teoria, amplamente modelizados – "o que se faz" e nem sempre se sabe dizer e "o que se diz" sem que seja verdadeiramente destinado a ser feito. Deveremos voltar mais adiante a essa distinção, pois, se a percebemos como uma contradição a ser trabalhada e a ocupar o centro de nossas preocupações, ela pode permitir entender o pedagógico compreendendo o que constitui exatamente sua especificidade. Contudo, é preciso reconhecer que essa oposição funciona, de maneira geral, como a separação radical de dois campos que se comunicam muito pouco entre eles; e essa separação põe em dúvida, no mínimo, a legitimidade dos teóricos para formar os práticos em uma perspectiva profissional. Evidentemente, pode-se supor que os teóricos sejam capazes de treinar os práticos para as provas acadêmicas, geralmente úteis para o seu progresso; pode-se esperar também que eles sejam capazes de desenvolver seu gosto pela pesquisa pessoal sobre questões especulativas, contribuindo indiretamente para estabelecer qualidades intelectuais que repercutirão no exercício de sua profissão. No entanto, indiscutivelmente, falta ainda aquilo que constitui todo o interesse de uma formação pedagógica e, levando tal hipótese até o fim, seria possível imaginar que qualquer formação intelectual, em qualquer campo, teria os mesmos efeitos.

Nessas condições, e dentro daquilo que na universidade francesa continua sendo uma ideologia dominante, o desejo que eu manifestava de retornar ao ensino secundário só podia ser compreendido como a expressão de intenções extravagantes e pouco recomendáveis. É claro que se pode ignorar por princípio o que se diz de você e retribuir a indiferença com desprezo ou o desprezo com indiferença. Outros certamente teriam feito isso e seguido tranqüilamente seu caminho. Quanto a mim, admiro os colegas que conseguem manter-se insensíveis e traçar seu rumo sem voltar a cabeça na direção dos que sussurram à sua passagem. Sem dúvida, é o que eu deveria ter feito, mas certamente – e meus amigos não param de me criticar por isso – sou muito sensível às suspeitas e aos ataques. Isto às vezes me leva a falar um pouco demais de mim, mesmo correndo o risco do impudor e de parecer narcisista. Porém, talvez isso possa ajudar alguns de meus leitores a se sentirem menos solitários, e outros a compreenderem um pouco melhor os desafios de uma atividade pedagógica que se expõe, ao mesmo tempo, à prova dos fatos e ao julgamento do público. Por isso, espero que me desculpem por falar um pouco de mim nesta introdução e por entrar em algumas considerações de conjuntura que, em qualquer lógica, não mereceriam estar nestas páginas. Em minha defesa, devo dizer que fui um pouco levado contra minha vontade ou, em todo caso, que minha inclinação à autojustificativa foi em grande medida alimentada pelas circunstâncias que envolveram minha decisão.

De fato, para realizar esse projeto que me era caro e no qual eu pensava fazia vários meses, não pude escapar de alguns problemas administrativos e institucionais:[1] na França, não é fácil para um universitário e em um plano puramente técnico "voltar" para o ensino secundário, e tanto isso é verdade que me foi dito mil vezes que "na educação nacional o rio corre apenas em uma direção".[2] Além disso, achei bom, em um primeiro momento, solicitar um cargo na área de filosofia em um liceu* técnico, convencido de que o fato de possuir alguns diplomas

---

[1] Cf. *L' envers du tableau*. Paris: ESF éditeur, 1993, p. 279 a 281.

N.B. As notas desta obra, fora as referências das citações, obras e estudos utilizados, contêm desdobramentos que vêm esclarecer este ou aquele ponto, ilustrar esta ou aquela afirmação, mas que não são absolutamente necessárias à compreensão geral do livro. Conforme seu modo de ler, o leitor poderá lê-las logo em seguida, voltar a elas depois ou ficar no impasse. A compreensão da proposta geral não deve ser prejudicada em nenhum dos casos.

[2] Sem dúvida, tal fato explica em parte a surpresa diante de minha conduta: um professor universitário de economia pode decidir ser "consultor de empresa" – isto não o rebaixa, pois trata-se de outro ofício. O professor de ciências da educação que "retorna" ao secundário de alguma forma retrocede; ele faz uma volta atrás incompreensível em uma hierarquia na qual a competência se mede indiscutivelmente por seu grau de distanciamento de qualquer responsabilidade direta, de qualquer contato direto com "aquilo de que fala". Esse mesmo problema apresenta-se, em um outro nível, para os formadores de professores que, depois de ficarem afastados por um tempo de suas classes, vêem sua volta "ao terreno de ação" como uma espécie de regressão social difícil de assumir e, por essa razão, preferem muitas vezes uma "promoção" como diretor de estabelecimento escolar, inspetor... ou universitário.

* N. de T. Na França, o *lycée* é o estabelecimento público de ensino (clássico, moderno ou técnico) que oferece o ensino extensivo do maternal ao ensino médio (da educação infantil ao ensino médio no sistema brasileiro).

nessa disciplina facilitaria minha nomeação; não contava com a animosidade dos "filósofos" em relação a tudo o que diga respeito às ciências da educação em geral e à pesquisa pedagógica em particular.[3] Também ignorava a inquietação da inspetoria geral de filosofia, sem dúvida convencida do caráter provocativo e perigoso de minha conduta.[4] Minha falta de habilidade institucional tendo feito o resto, tive de bater em retirada desse campo e acabar aceitando o ensino de francês, disciplina que igualmente lecionara por vários anos. Isto também não foi simples e, sem dúvida, jamais teria sido possível sem a benevolência do reitor da circunscrição* e a tenacidade camarada de um diretor de estabelecimento cuja atitude nesse caso foi absolutamente exemplar. À véspera do início do ano escolar, tive a satisfação de ser nomeado para um liceu profissionalizante de Vénissieux e já no dia seguinte tomei contato com minhas novas funções.

É claro que eu não tinha ilusões: não era possível, da noite para o dia, abstrair totalmente minhas responsabilidades universitárias e colo-

---

[3] Designo assim, essencialmente, os professores de filosofia reunidos na Associação Nacional de Professores de Filosofia do Ensino Público, que se manifestam regularmente sobre esses temas através de seu boletim, *L'enseignement philosofique*. É claro que existem professores dessa disciplina que escapam a tal ostracismo em relação à pedagogia... mesmo dentro dessa associação, e também em diferentes grupos de trabalho, como o GREPH (N. de T. Grupo de estudos de filosofia.) ou o ARDAP (Associação para a Pesquisa em Didática da Aprendizagem do Filosofar, coordenado por Michel Tozzi). Sobre as razões da querela entre "filósofos" e "pedagogos", permito-me remeter a *L' envers du tableau* (Paris: ESF éditeur, 1993, em particular p. 91 a 167). No que se refere às posições dos "filósofos" sobre as ciências da educação e a pedagogia, encontra-se uma argumentação exaustiva na obra de Jacques Muglioni, *L' école ou le loisir de penser* (Paris: CNDP, 1993).

[4] Naturalmente, havia me assegurado de que as horas que me poderiam ser atribuídas em nenhum caso seriam subtraídas do serviço de outro professor, titular ou auxiliar, e de que não estava prejudicando ninguém. Na realidade, a argumentação da inspeção geral para me proibir de assumir um posto temporário de professor auxiliar nessa disciplina estava relacionada essencialmente ao fato de eu não ter respeitado as práticas institucionais, reportando-me diretamente ao reitor e ao diretor do estabelecimento, sem solicitar o parecer do IPR local (N. de T. Inspetor pedagógico regional.) : "É admissível", pergunta o senhor Chopelin, IPR de filosofia na circunscrição de Lyon, "que um universitário que não pertence a um dos corpos de professores de liceu, e de resto quaisquer que sejam seus títulos, decida vir dar aulas em classes terminais (N. de T. Classe do último ano do liceu, correspondente no Brasil ao terceiro ano do ensino médio.), sem acordo prévio com a inspeção da disciplina em questão?" (Resposta publicada pelo *Journal aux Adhérentes,* do SGEN-CFDT da circunscrição de Lyon, na edição de dezembro de 1993, p. 4, em seguida a um texto que fazia eco à decisão da inspeção geral. Antes disso, o senhor Montheilhet, decano da inspeção geral, havia declarado ao jornal *Le Monde*: "Os postos de filosofia do segundo grau não estão à disposição – ao bel-prazer – de uns e outros. Meu dever é controlar as condições nas quais o ensino filosófico é assegurado e não entregar esse ensino para qualquer um." (23 de setembro de 1993, p. 10). Parece que, nessa perspectiva, a inspeção geral inquietava-se com a possibilidade que se abriria aos universitários, em conseqüência de minha iniciativa de "invadir" o ensino secundário para transformá-lo em arena de suas experimentações. Esse risco, a meu ver, não é atualmente um risco maior.

* N. de T. Na França, os reitores administram uma universidade, presidem seu conselho e dirigem o ensino em todos os graus no território da circunscrição.

car-me, milagrosamente, nas mesmas condições que meus novos colegas. Eu lecionava apenas algumas horas por semana e para uma única turma... mas pelo menos assumia uma verdadeira responsabilidade educativa em um estabelecimento considerado "difícil", em um subúrbio "quente" da aglomeração de Lyon, com alunos que tinham uma trajetória escolar no mínimo caótica, vivendo situações sociais difíceis e esforçando-se para obter um diploma cujo valor no mercado de trabalho era, no mínimo, aleatório: o BEP* ORSU (operador regulador de sistema de usinagem). Por outro lado, tive a oportunidade de ser acolhido sem reservas por colegas que tiveram a delicadeza de não me apontar com o dedo nas reuniões de coordenação nem de me encher de pedidos de explicação quando nos encontrávamos nos corredores. Alguns chegaram mesmo a me revelar discretamente o interesse que viam na minha presença e convidaram-me, com muita simplicidade, para seus encontros de trabalho. Os grupos educacionais, por sua vez, sempre me consideraram como parte integrante do liceu e mantiveram comigo relações de colaboração cordial que me foram infinitamente valiosas.

Também devo dizer que, na minha nova situação, eu era mesmo um privilegiado: continuava a usufruir do prestígio do professor universitário, tinha a oportunidade de pôr à prova minhas convicções durante apenas cinco horas por semana, em uma situação social altamente simbólica e com um ambiente institucional e humano fortemente promissor. Assim, sob muitos aspectos, minha posição era eminentemente invejável... Alguns colegas universitários favoráveis fizeram-me perceber isso assinalando que minha conduta permitia-me "ser laureado a um baixo custo". Os outros se calaram... como habitualmente se cala na universidade, isto é, fazendo compreender, com essa estranha associação de consideração restrita e condescendência natural, que "nós também pensamos".

Um arsenal de motivações heteróclitas e, sem dúvida, pouco recomendáveis

Devo reconhecer que, de fora, minha conduta realmente podia prestar-se à confusão e atrair a suspeita. Por outro lado, eu mesmo não estou inteiramente seguro de que naquele momento tivesse clareza sobre a natureza exata de meu projeto. Sem dúvida nenhuma, por trás da aparente

---

* N. de T. A sigla BEP corresponde a *brevet d'études professionnels*, certificado de conclusão de estudos profissionalizantes.

evidência de estar pondo à prova minhas convicções, misturava-se um conjunto de motivações complexas que só posso tentar analisar *a posteriori*. É certo que não se tem um gesto como esse inocentemente e, para além da esperança vagamente cristã ou longinquamente esquerdista de "obter minha salvação" expondo-me ao sofrimento comum, eu alimentava sem dúvida uma série de intenções que somente hoje posso tentar identificar... sem, é claro, ter a menor certeza de não ceder à ilusão retrospectiva.

A exibição do devotamento e o contágio humanitário

O "humanitário" está na moda e, ainda que essa moda não seja totalmente estranha à omissão dos estados, às renúncias dos responsáveis políticos, assim como à impotência das grandes instituições tradicionais para curar as feridas do mundo, ninguém duvida de que este é um bom meio de fazer carreira.[5] É verdade que desejar "fazer carreira" hoje não é mais um defeito e não levanta a menor desconfiança de quem quer que seja. O arrivismo, nestes tempos que correm, não é mais apenas tolerado ou mantido sob silêncio, em proveito de "qualidades pessoais" que, por puro altruísmo, deveriam ser colocadas a serviço de toda a sociedade... O arrivismo foi promovido à categoria de qualidade essencial, fundadora de uma ordem social natural em que os homens "colocam-se" no nível de seus desejos incontroláveis e em que o caos de suas ambições supostamente constitui, por milagre de um liberalismo que não se ousa mais pôr em questão, uma harmonia social amplamente exaltada pelas mídias.

Não é nada surpreendente, nessas condições, que um pedagogo defenda "seu pedaço do bolo" e manipule o "devotamento" de sua conduta com a esperança secreta de que o rumor espalhe-se e sensibilize os meios educativos: "Afinal, um homem que ousa fazer o que ele faz não pode ser verdadeiramente mau!".

Pois hoje não é tão simples assim, para um professor, mostrar-se devotado à causa dos homens.[6] De fato, houve um tempo em que era

---

[5] Está bem claro que a questão do "humanitário", de seu desenvolvimento e de seus desafios filosóficos e políticos não está no centro de minha proposição aqui. Inúmeras análises atêm-se hoje a essa questão (cf., em particular, a obra bastante sugestiva – mas da qual não partilho de todas as conclusões – de Gilles Lipovetsky: *Le crepuscule du devoir l'éthique indolore des nouveaux temps démocratiques,* Paris: Gallimard, 1992); de minha parte, abordo aqui a questão do "humanitário" apenas marginalmente e porque houve vários interlocutores para me afirmar que minha própria conduta inseria-se nessa órbita.

[6] Não ouso escrever "a causa do povo", pois a expressão é muito carregada e o "povo" uma realidade que se tornou evanescente para escapar à suspeita de ser totalitário. Porém, o fato de se ter cometido tantos desmandos em nome do povo significa que o povo tenha desaparecido e, com ele, o cortejo de misérias e humilhações aos quais "os homens do povo" são submetidos hoje mais do que nunca. A

fácil exportar a cultura ocidental para as regiões agrestes e montanhosas da África com a certeza de levar a felicidade e a verdade aos povos miseráveis. O professor então partia em missão com a auréola de suas convicções civilizadoras, estimulado pela confiança de uma nação inteira, apoiado pela convicção básica de que "abrindo uma escola, fecha-se uma prisão". Todavia, hoje não é tão simples: os povos do que ainda se chama estranhamente de terceiro mundo[7] agora desejam, legitimamente, ditar as regras em matéria educativa e cultural e, se ainda solicitam alguns colaboradores, é sob sua autoridade e no respeito à sua identidade que pretendem utilizar seus serviços. É inútil esperar manifestar lá a menor devoção em matéria de educação e de instrução, sob o risco de ser relegado à categoria de "colonizador" vulgar. E é preciso admitir que a suspeita, em relação à nossa história recente, tem algum fundamento.[8]

O médico foi quem reativou a chama e muito da admiração de nossos contemporâneos ao enfrentar as situações mais terríveis. É ele que, sem trazer uma felicidade à qual esses povos renunciaram, oferece algum alívio, provisório mas extremamente valioso, ao sofrimento humano. Cabem a ele, portanto, todos os méritos que ninguém poderia contestar.

No entanto, isso coloca o educador em "vacância" de devotamento, enquanto busca uma "terra de missão" onde possa manifestar suas convicções em situações difíceis o bastante para obter a adesão, suscitar a admiração e, com isso, ser reinvestido no papel de herói social que

---

esse respeito, adoto sem reservas a análise de Jacques Derrida: "É preciso gritar, no momento em que alguns ousam neo-evangelizar em nome do ideal de uma democracia liberal que enfim se tornou para ela mesma o ideal da história humana: jamais a violência, a desigualdade, a exclusão, a fome e, portanto, a opressão econômica afetaram tantos seres humanos na história da terra e da humanidade." (*Spectres de Marx*, Paris: Galilée, 1993, p.141). Assim como Jacques Derrida, creio que é preciso apelar a uma "nova internacional" e que o desafio que se apresenta a nós é "libertá-la de qualquer dogmatismo e mesmo de qualquer determinação metafísico-religiosa" (p.147). A questão aqui é saber se o pedagogo pode assumir seu papel e seu lugar nesse combate... Esta é, como se verá, uma das questões centrais deste livro.

[7] A expressão "terceiro mundo" justificava-se, sem dúvida, quando o planeta era dominado pelo confronto entre dois blocos, capitalista e comunista: "O terceiro mundo era então um desafio decisivo no confronto entre o Oriente e o Ocidente. Hoje não é mais, porque o confronto dissipou-se. É apenas um fardo. O fardo do homem branco, já dizia Kipling." (Sami Naïr, "L' Autre comme ennemi". Sud-Nord, folies et culture, 1, 1994, Toulouse: Ères, p. 49-54, p. 51).

[8] Basta evocar, a título de sintoma de um fenômeno que não é nosso objeto de estudo aqui, o tema de dissertação de filosofia apresentado no *baccalauréat* (N. de T. Antigamente, grau conferido aos estudantes de Direito aprovados nos primeiros exames para obtenção de licença; atualmente, exames de conclusão do ensino secundário.) em Toulouse em 1934: "Tentativa de enunciar e justificar os princípios gerais de justiça que devem orientar a conduta das nações civilizadas em relação às populações de civilização inferior".

foi outrora e do qual conserva uma legítima nostalgia.⁹ Na falta das regiões agrestes, e visto que as áreas rurais francesas estão sendo pouco a pouco alfabetizadas, tomaremos então os subúrbios. E tal atitude parece tanto mais necessária na medida em que justamente lá "as necessidades são imensas", como se costuma dizer, e a "missão civilizadora" da escola não é contestada.... Evidentemente, sabe-se que a fatalidade social é particularmente pesada ali, que os diplomas que são distribuídos ali não oferecem muita perspectiva de emprego, mas isto só torna a empresa educativa mais admirável e seus autores dignos da estima coletiva. Então, vamos aos subúrbios para atestar que a educação ainda pode, senão construir, pelo menos salvar alguma coisa da civilização ameaçada! Não vamos dar ouvidos aos críticos que denunciam, com uma rigidez fora de época, o sentimentalismo cego e a ignorância dos mecanismos objetivos que produzem a miséria dos homens. E aproveitemos para surfar um pouco na onda humanitária, sem nos preocupar muito em ver nossas convicções pedagógicas recuperadas por uma generosidade midiatizada com grande ajuda da boa consciência televisiva. De passagem, colheremos algumas migalhas de celebridade ou, pelo menos, um pouco da consideração de que tanto necessitamos!

Ninguém – nem mesmo eu, nem pessoas próximas a mim, nem o mais indulgente de meus amigos – pode afirmar com segurança que escapei a essa tentação, e a suspeita que pesa sobre mim, a propósito disso, ficará marcada por muito tempo. Assumo isto inteiramente, não sem nostalgia pelo passado ou vigilância quanto ao futuro. Não sem observar tampouco que essa suspeita tem virtudes paralisantes surpreendentes, que ela poderia desencorajar, por exemplo, não apenas aqueles e aquelas que se dedicam às crianças desfavorecidas, mas também aqueles que levam um conforto a todos os abandonados à própria sorte de nossas sociedades: "Se você se interessa por esses casos difíceis, um

---

⁹ Entre os inúmeros textos que testemunham a imensa estima de que gozava o professor há um século, não resisto à tentação de citar estes trechos de uma "ode à glória da escola laica", redigida por Auguste Gaud, um poeta de Beauvais, e dedicada a Ferdinand Buisson pelo 25º aniversário de sua morte: "Vocês se lembram ainda dos soldados de Faidherbe/ De Châteaudun, de Beaune, de Coulmiers;/Mutantes franco-atiradores, artesãos ou fazendeiros,/ Quem inflamava Gambetta pelo ardor de seu verbo,/ E quem soube morrer como velhos guerreiros? Vocês se lembram ainda do despertar da França?/ De Ferry repelindo o ataque dos reacionários,/ E libertando o espírito de humildes trabalhadores/ Pela escola, abrigo de amor e de esperança,/ Onde brilha como uma chama a aurora de tempos melhores?/ [...]Saudações a ti, mestre-escola!/ [...]Pois na escola vive a alma da pátria,/ Que queremos mais forte e jamais diminuída,/ E da qual saudamos a triunfal bandeira/ Na qual estão inscritas estas palavras: 'Glória à França!/ Glória à República e Guerra à Ignorância,/ O pior dos flagelos!'"(2 de junho de 1907 – citado em *Le livre mémoire: les écoles de la Republique*, Paris: Eclectis, 1993, p.171).

pouco marginais, que lhe permitem ter a admiração de todos, então você tem de encontrar seu interesse em qualquer parte!"... É verdade! É verdade! "E se não se interessa por nada disso, se busca apenas o próprio conforto ou se, por discrição ou por não querer chamar a atenção para si, para não assumir as responsabilidades dos políticos nem legitimar seu imobilismo, mantém-se à parte de qualquer situação difícil, você não leva um pouco de vantagem nisso?".

No fundo, quando a suspeita de muitos de nossos intelectuais paralisa qualquer generosidade, reverencia o esnobismo do individualismo esteta e denigre os valores da solidariedade, é melhor estar do lado daqueles que nunca precisam de ajuda. Quando a vulgata psicológica atinge de cheio tanto aqueles que tentam se "devotar" quanto aqueles que se dispõem a "não tocar nisso", convém no entanto tentar estabelecer a diferença: na medida em que uns e outros, à sua maneira, expressam seus problemas pessoais em sua relação com o mundo, na medida em que agora não há mais nem inocente nem culpado, nem verdade nem mentira e "cada um põe um pouco de si naquilo que faz", vale a pena também promover os comportamentos que ajudam os homens a se livrar, por um instante que seja, da solidão e do sofrimento, da ignorância ou da incompreensão... Pois não se deve contar muito, pelo menos no momento, com o despertar dos políticos, ainda que eles sejam exaltados pelos intelectuais mais em voga e pelas publicações mais rigorosas.[10] E enquanto os políticos não voltarem a cabeça, ousando enfrentar suas opiniões públicas e desafiar os egoísmos de qualquer espécie, enquanto eles não fixarem claramente firmes ambições de médio e longo prazos, recusando-se a rebaixar a democracia a termos demagógicos, com os quais eles acham que enganam e atraem os eleitores... o devotamento, por mais que seja maculado por desvios egoístas, continuará sendo uma esperança possível para amenizar o provisório.[11] Por isso, respeito intelectualmente, mas não compartilho muito com aqueles que se especializaram em buscar, por trás da gene-

---

[10] Penso particularmente, sobre essas questões, na publicação mensal *Le Monde Diplomatique*.

[11] Roland Barthes, em *Mythologies*, de 1957, não hesitava em atacar o personagem do abade Pierre. Se hoje muitos veriam nisso um crime de lesa-majestade insuportável em relação a uma das maiores figuras do devotamento humanitário, alguns voltam a se preocupar, como Roland Barthes, "com uma sociedade que consome tão avidamente a divulgação da caridade que se esquece de se interrogar sobre suas conseqüências, seus usos e seus limites" (Paris: Le Seuil, 1957, p. 54). A interrogação certamente é legítima, mas pode ser facilmente devolvida e dirigir-se àqueles que suspeitam sistematicamente da caridade dos outros para evitar ter de se interrogar sobre sua própria possibilidade de ação. Contudo, não se deve ser maniqueísta aqui: "justiça e caridade" é um velho tema de dissertação filosófica do *baccalauréat*, o qual nunca pôde ser resolvido facilmente pela exclusão de um dos dois termos!

rosidade aparente, as piores intenções... como se eles próprios fossem isentos e pudessem estar a salvo de qualquer suspeita. Ao cinismo, cinismo e meio, e o meu, no fim das contas, corresponde ao outro. Desde que, no entanto, ele tenha lucidez sobre si mesmo e evite "satisfazer-se demais com palavras vãs".

A significação simbólica do engajamento e a tentação profética

E se justamente no meu caso o devotamento fosse sobretudo para "a satisfação com algumas palavras vãs"? Se a conduta de ir lecionar em um subúrbio difícil a alunos desfavorecidos tivesse como objetivo antes de mais nada "ouvir minhas próprias palavras"? Mesmo que não fosse para dizer: "Vejam o que estou fazendo e façam como eu se puderem"... mas simplesmente: "Vejam primeiro de onde venho, pois vocês não poderão recusar-se a me ouvir justamente quando souberem de onde estou falando!".

Na verdade, não estou certo de não ter usado esse procedimento, em um momento ou outro, quando sentia que meu discurso, no fim das contas, somente adquiria uma verdadeira legitimidade junto à minha platéia quando eu lançava em seu rosto: "Vocês não podem, entretanto, pôr em dúvida as propostas de alguém que leciona em um estabelecimento onde as condições de trabalho são tão difíceis!". Como se o caráter específico do lugar, seu aspecto altamente simbólico, conferisse a meu discurso um caráter de veracidade que não teria se eu falasse "de outro lugar". Como se o desafio do meu compromisso fosse acima de tudo retórico, com a intenção de chamar sua atenção, de desencorajar a objeção e de impor o respeito à minha palavra... Ou, mais do que retórica, será que minha conduta não era fundamentalmente teatral? Uma espécie de manipulação do "jogo teatral" que deixa o espectador aturdido e impede-o, pela mera reversão da situação, de refletir sobre aquilo que lhe é dito. Provocar a admiração pela qualidade da cena de algum modo pode fazer esquecer a indigência do texto.

Porém, se eu enveredei por esse descaminho, certamente não foi por acaso... como também não é um acaso que a questão ritual – "De onde você fala?"– tenha se imposto – embora com uma certa distância irônica – nos discursos dos coordenadores socioculturais e de ciências humanas reunidos. Existe hoje, em nossas sociedades, como que uma concepção implícita da verdade que, de algum modo, estaria sempre relacionada ao lugar de onde ela é proferida.

Certamente, pode-se compreender que essa concepção tenha se imposto como reação a uma atitude arrogante de "especialistas" que tinham a pretensão de reter a verdade do outro no seu lugar e acreditavam que a exterioridade de sua posição era a garantia da objetividade de suas propostas. É que essa objetividade não engana mais, depois que os próprios físicos viram-se obrigados a confessar que suas observações eram relativas à posição e ao movimento do observador. Agora se consegue identificar os interesses ocultos por trás da exterioridade visível: pretender "estar fora" é, de certa maneira, "estar em algum lugar" e, no fim das contas, estar envolvido de um modo ou de outro naquilo que é falado. O "ponto de vista de Sirius" só existe para postular que o conhecimento não está incorporado em nenhuma situação específica, nem emana de um indivíduo concreto, nem remete a um interesse particular. Se existe um "conhecimento absoluto", ele só pode revelar-se ao final de um longo processo de confrontação e de separação dos conhecimentos particulares de suas condições de emergência. Portanto, os especialistas de fora, os peritos e os professores universitários não têm o direito de se considerar como únicos detentores da verdade daquilo que estudaram com a serenidade e o gosto pela abstração que os caracterizam... No entanto, do mesmo modo, isto não autoriza absolutamente a considerar "o lugar de onde se fala" como garantia da verdade do que se diz; isto não autoriza ninguém a subtrair suas análises e suas proposições de um confronto mais amplo.[12] Porém, esse confronto supõe renunciar ao dogmatismo que compartilham, apesar de sua diferença aparente, aque-

---

[12] Este não é o lugar para travar uma discussão aprofundada sobre a oposição filosófica tradicional entre universalismo e relativismo. Essa discussão foi travada – e infinitamente melhor do que eu seria capaz de fazer – há muito tempo... basta reler *Logique de la philosophie* de Eric Weil (Paris: Vrin, 1967) para se convencer disso: muito antes da divulgação em língua francesa das teses de Habermas, Eric Weil já se interrogava sobre as relações entre a singularidade e o absoluto: "O indivíduo pode chegar ao universal porque o universal não existe como universal abstrato e absoluto, separado do todo, como um além infinitamente distante, mas está presente e age aqui e agora..." (p. 328). E Paul Ricoeur, recentemente, discutindo as teses de Habermans e Apel, conclui pela necessidade de se inserir em uma perspectiva de busca da universalidade (única garantia contra um relativismo absoluto que tudo tolera em nome do respeito às diferenças e torna inútil qualquer discussão) e, ao mesmo tempo, de não isolar um argumento racional do contexto no qual ele se expressa, das "coisas da vida" justamente sobre as quais se discute e que são portadoras de sentido apesar algumas vezes, de seu caráter "exótico": "Exatamente porque a argumentação não se coloca somente como antagônica à tradição e à convicção, mas como instância crítica que opera no interior de convicções que ela tem como tarefa não eliminar, mas elevar à categoria de 'convicções bem pesadas', naquilo que Rawls chama de 'equilíbrio reflexivo'. Esse equilíbrio reflexivo entre a exigência de universalidade e o reconhecimento das limitações contextuais que o afetam é o desafio final do julgamento em questão..." É o que leva Paul Ricoeur a evocar mais adiante essa "arte da conversa", que para ele é "uma das faces da sabedoria" e que – o termo "arte" aqui não deve confundir – não se limita a uma racionalidade aplicada, mas remete a uma "ética da abertura para a verdade do outro" como a própria dinâmica da discussão entre os

le para quem "não há verdade que não seja de lugar nenhum" e aquele para quem "não há verdade que não seja do seu lugar". De fato, ambos recusam-se a descentrar-se para submeter seu ponto de vista ao horizonte de um acordo possível.[13] Ambos aferram-se a posições irredutíveis que remetem, tanto um quanto outro, a uma postura solipsista que eventualmente pode ser necessária para se fazer ouvir, mas raramente para se fazer compreender e nunca – seguramente – para compreender juntos o que quer que seja.[14]

Assim, infelizmente, "falar dos subúrbios" é hoje, para muitos de nossos contemporâneos, "falar a partir dos subúrbios" e não "falar sobre os subúrbios... para dizer sobre eles coisas que podem perfeitamente ser verdadeiras ou falsas e que, portanto, são passíveis de ser julgadas como tais por qualquer um que não viva necessariamente nos subúrbios, mas que procure informar-se com lealdade e exercer seu julgamento honestamente". "Falar dos subúrbios" passou a ser "falar na verdade" de um lugar onde a dificuldade da situação é tal, que torna aqueles que nele trabalham milagrosamente lúcidos e capazes de legislar, a partir daí, sobre o conjunto das questões da educação e da sociedade.

No entanto, não é porque essas condições de trabalho são extremamente difíceis que aquele que as enfrenta consegue resolver corretamente os problemas com que se depara; também não é verdade que a dificuldade por si só confere uma lucidez particular; ela pode, ao contrário, encerrar o sujeito na imediaticidade, engolfá-lo no cotidiano medíocre e impedi-lo de tomar o recuo necessário para compreender verdadeiramente as coisas. Nesse sentido, totemizar "o lugar de onde se fala"– segundo o princípio da reportagem jornalística – é impedir a distância crítica, é impedir toda busca da verdade sobre um fenômeno como o dos subúrbios: se apenas quem fala de dentro tem razão e se o que ele diz não pode ser discutido por qualquer um, o que há são apenas verda-

---

homens... uma dinâmica que por isso não renuncia jamais à busca da verdade universal, mas recusa-se a impô-la *a priori* (*Soi-même comme un autre*, Paris: Le Seuil, 1990, p. 332 a 336).

[13] Piaget mostra bem (embora se limite a formalizar certas concepções filosóficas do "pensamento crítico") que a descentração é uma operação mental pela qual um sujeito liberta-se primeiro pela mediação de outro, em seguida pela representação de estados anteriores de sua consciência – do egocentrismo inicial e da confusão que ele provoca entre a representação e a realidade (cf., em particular, *La psychologie de l'intelligence*, Paris: Armand Colin, 1979).

[14] Seria necessário fazer uma longa distinção entre "postura" e "posição": certas posturas, às vezes, são necessárias por razões de eficácia momentânea na ação ou por razões heurísticas no âmbito de uma pesquisa. Pode-se, por exemplo, na pesquisa educativa, negar a afetividade como postura para se restringir ao estudo dos fenômenos cognitivos... mas é perigoso negá-la como posição e decretar a abolição daquilo que se decidiu não levar em conta como método.

des parciais e debates estéreis. Não há mesmo debate possível, pois o discurso só pode ser julgado a partir da "autenticidade": "Ah, aquele é verdadeiramente dos subúrbios! Isto se sente profundamente no que ele diz!". "Isto se sente"... A expressão não engana, pois algo se opera no registro do patético* da emoção, da cumplicidade afetiva, em suma, da mera sensibilidade.

Porém, não posso assegurar aqui sem mentir que eu mesmo não tenha operado nesse registro, que eu não tenha usado a carga emotiva ligada à questão dos subúrbios para dar credibilidade à minha mensagem pedagógica. Não posso sequer afirmar que eu não tenha tentado sutilmente culpabilizar meus opositores que não lecionavam nessas condições difíceis... embora o melhor que eu tivesse a fazer era tentar convencê-los, procurando entender o que poderia haver de sensato em suas proposições. Não escapei ao profetismo fácil, manipulando os acontecimentos trágicos ou as graves tensões sociais que encontrei e que poderia descrever de maneira detalhada para inquietar meus ouvintes ou meus leitores e convencê-los da necessidade de passar à ação. E, também aí, assumo de novo a suspeita; assumo inteiramente, não sem nostalgia pelo passado ou vigilância quanto ao futuro, mas não sem observar que essa suspeita também pode ter surpreendentes virtudes anestésicas: ela pode contribuir, por exemplo, para calar aqueles e aquelas que trabalham nos pontos mais sensíveis de nossas sociedades. Ela pode também, e sobretudo, impedir-nos de ver que, se os subúrbios não são o lugar de onde deveriam emanar todas as verdades pedagógicas, ainda assim continuam sendo os pontos mais sensíveis de nossas sociedades, lá onde nossa determinação educativa é verdadeiramente posta à prova... Quem não vê, de fato, que é nos subúrbios de nossas cidades que se observa o maior risco de dissolução do vínculo social? Em face das ameaças latentes na cumplicidade daqueles que exacerbam os particularismos em nome do respeito à diferença e daqueles que praticam a exclusão em nome da conformidade a um modelo de identidade único, os subúrbios tornaram-se, em nossas sociedades desenvolvidas, o lugar de todos os riscos. É também, para muitos que aí trabalham, o lugar de todos os esforços e, em particular, do esforço essencial para permitir aos jovens que vivem ali reconhecer-se juntos em sua humanidade e compartilhar essa humanidade sem renegar suas especificidades. Talvez não seja lá que se elaboram, com a distância e a reflexão exigidas, todas

---

* N. de R. Patético é entendido aqui como algo que suscita uma emoção intensa, até mesmo uma comoção.

as soluções para as questões sociais que agitam nosso mundo, mas é lá que emergem os problemas que amanhã podem sufocar-nos.

Retorno ao patético e à falsa profecia? Talvez? Ou talvez não? É possível demonstrar, ao que me parece, que é nos subúrbios que se situam atualmente nossas fronteiras essenciais e que as fronteiras são sempre desafios fundamentais para os homens: fronteira entre o norte e o sul, entre a democracia e o fanatismo, entre a integração absoluta e o respeito às diferenças... fronteiras que se movem, evidentemente, mas fronteiras que separam os homens e que clivam seriamente todos os seres que as atravessam várias vezes por dia. Quando os alunos de nossas escolas, de nossos colégios e de nossos liceus* são submetidos cotidianamente a uma emigração permanente e em todos as direções, quando eles oscilam constantemente de um sistema de valores a outro, entre a escola, a família e a rua, de uma política social a outra, ao sabor das conjunturas eleitorais, a unidade de cada um é seriamente ameaçada, e, é claro, a unidade social inteira é gravemente comprometida.

Podem dizer-me então que eu também procuro "sensibilizar os meios educativos para vender minha mercadoria pedagógica"... peço que vejam. Vejam o que se passa realmente nas salas de aula dos liceus e colégios dos subúrbios, que ouçam os professores que ali trabalham o dia todo, que observem o que os alunos sabem ao final de 10 ou 15 anos de freqüência escolar, que os acompanhem socialmente depois de deixarem a escola, que analisem o que se passa em sua família ou em seus locais de moradia. Peço que vejam e espero que levem isso a sério. Muito concretamente a fim de examinar o quanto valem nossas propostas pedagógicas quando são aplicadas com esses alunos. Quanto elas valem exatamente para os nossos subúrbios e, com isso, para a constituição do vínculo social de nossas sociedades em seu conjunto.

A convicção pela eficácia e a ilusão experimental

Pode-se dizer, de fato, que não há nada melhor para esvaziar os balões ideológicos e pôr um termo ao superaquecimento do discurso profético na educação do que uma avaliação rigorosa dos efeitos obtidos por esta ou aquela prática ideológica. Seria então particularmente salutar ir ao terreno da ação para verificar a eficácia das propostas pedagógicas que vêm sendo elaboradas há muito tempo por toda parte. Seria

---

* N. de T. A referência aos alunos de *école, college e lycée* abarca os alunos da escola maternal e escola elementar (dos 3 aos 10 anos), do colégio (primeiro ciclo do ensino médio) e do liceu (três últimos anos do ensino médio).

salutar dar um basta aos debates teóricos e aos efeitos retóricos que obstruem nossas estradas e que saturam nossas publicações educativas. Seria essencial descrever exatamente o que se faz, ater-se àquilo que se faz verdadeiramente, o mais próximo possível do cotidiano, como sugere Fernand Oury, para dar a conhecer, sem exibição inútil nem falsa modéstia, o resultado obtido.[15] Haveria nisso, ao mesmo tempo que uma necessária ascese, uma espécie de higiene mínima da qual necessitaríamos particularmente nesses tempos de polêmicas que todos consideram estéreis. Assim, mostrar simplesmente que apesar de tudo alguma coisa é possível hoje na educação nacional e, mais ainda, em condições particularmente difíceis.[16] Comprovar que, se o pessimismo não perdeu nada de sua soberba nem de suas qualidades estéticas, o militante, apesar de sua ingenuidade, de sua propensão exasperante a dar lições, de seus compromissos inconfessáveis, continua sendo "um vetor eficaz da transformação social", como dizem os tecnocratas, "um pequeno clarão de esperança para aqueles que já não têm muito mais", como não ousam mais dizer os idealistas... preferindo hoje, para escapar ao ridículo, deixar a palavra aos tecnocratas.

Mas, ainda uma vez, posso dizer que estou seguro de meu gesto? Tenho a pretensão de querer demonstrar a eficácia de certos métodos pedagógicos – digamos, para simplificar, a pedagogia diferenciada na qual já trabalho há vários anos – indo ensinar francês cinco horas por semana em um liceu profissionalizante de subúrbio. Isto é sério? As almas benevolentes observarão que, na medida em que tenha feito meus alunos progredirem um pouco, ninguém jamais saberá se esses êxitos devem ser atribuídos à qualidade dos métodos que utilizei ou a eventuais qualidades pessoais que teriam produzido os mesmos efeitos com quaisquer métodos. As almas menos benevolentes assinalarão que meu horário de ensino reduzido, as condições particulares de seu exercício, a aju-

---

[15] "Não mencionar nada que não tenhamos feito", lembram insistentemente Fernand Oury e os militantes da pedagogia institucional, restringindo-se ao difícil exercício da monografia. Um bom exemplo dessas monografias é constituído pela obra magnífica *L' année dernière, j' étais mort, signé Miloud* (Vigneux: Matrice, 1986); porém, o texto é também a demonstração da extrema exigência desse trabalho de escrita e da imperiosa necessidade, justamente para se ater à descrição "do que se passa", do apoio de um grupo e de formadores competentes... Como se nada fosse mais difícil que abandonar os discursos justificativos e o delírio ideológico que se livrar do que Fernand Oury chama de "pedagogia intencional".

[16] Sabe-se, de fato, que de acordo com um dos lugares comuns do liberalismo – hoje sistematicamente confundido com a democracia – somente haveria solução para a crise da instituição escolar na "busca da salvaguarda de um setor marginal no interior do qual se desenvolvem iniciativas, cujo eventual interesse, no entanto, não é garantia de extensão" (Guy Avanzini, *L' École d' hier à demain: des illusions d'une politique à la politique des illusions*, Toulouse: Erès, 1991, p.187).

da de meus colegas e o ambiente do estabelecimento escolar são fatores que impedem de pensar, de qualquer maneira, que os métodos utilizados possam ser considerados como determinantes nos resultados obtidos com os alunos. Além disso, todos criticarão o caráter extremamente aleatório da idéia de "resultado", a ausência de uma população de referência, a impossibilidade de mensurar os efeitos exatos a médio e longo prazos, etc. Os mais incisivos acrescentarão ainda que, no âmbito educativo, infelizmente, tudo é sempre difícil de ser avaliado... Eles explicarão que um êxito, ainda que medíocre, com alguns alunos talvez se converta para eles em graves dificuldades de adaptação em um futuro próximo. Eles se perguntarão, inclusive, se meus esforços para introduzir uma pedagogia mais diferenciada e para mobilizar jovens em situação de fracasso escolar para grandes desafios culturais não correm o risco de contribuir, perniciosamente, para o desinteresse desses alunos em relação a outros ensinos, comprometendo, desse modo, seu futuro escolar e profissional.

Como se vê, tais objeções não deixam de ser justas nem significativas. Contudo, todas elas fazem parte do mesmo esquema de pensamento, experimentalista, diríamos nós, que considera uma situação pedagógica como uma experiência em laboratório, em que se deveria reduzir ao máximo as variáveis, isolar os elementos determinantes e identificar com precisão os resultados obtidos, "tudo sendo igual em qualquer lugar". Nessa perspectiva, se eu quisesse convencer alguém do fundamento de minhas propostas pedagógicas, teria de fazer uma "verdadeira experiência", com um teste inicial, uma população de referência, uma redução sistemática de variáveis supérfluas – e, em primeiro lugar, da variável constituída pelo professor –, análises de correlação, testes parciais e finais sobre o conjunto de objetivos visados e o controle sistemático de uma equipe de pesquisadores patenteados externos ao meu próprio envolvimento.[17]

---

[17] Gaston Mialaret, em um texto recente, recorda que, não obstante as múltiplas dificuldades metodológicas que encontra, este é o projeto possível de uma "pedagogia experimental" que se inseriria na pesquisa em ciências da educação: equipes de pesquisadores devem utilizar professores como "relés" e restringir-se "a fazer o inventário de variáveis presentes e a escolher aquelas sobre as quais trabalharão". Ele admite, algumas linhas adiante, que "dado um certo número de variáveis mais ou menos bem definidas e fixadas, as comparações e a generalização tornaram-se possíveis; contudo, essa generalização não tem o estatuto de certeza, mas de probabilidade". O que, sem dúvida, causaria problema se não existisse uma solução "evidente": "É nesse nível que é preciso colocar o problema da introdução de análises estatísticas." ("Les 'objets' de la recherche en sciences de l'éducation", *L' année de la recherche en sciences de l' éducation* – 1994, Paris: PUF, 1994, p.5-27, p.25). Mas isso supõe decidir sobre a contribuição possível de um estudo estatístico e as possibilidades que ele oferece de não ser apenas descritivo de fenômenos que já se

Portanto, idealmente, seria desejável que eu isolasse uma população de gêmeos univitelinos da mesma idade, que "educasse" esses gêmeos em duplas sem nunca separá-los até o momento da experiência, que esta fosse realizada por dois professores também gêmeos univitelinos e que tivessem vivido exatamente nas mesmas condições até então, que os pares de gêmeos fossem separados no início da experiência e, a partir desse momento, passassem a viver isolados em casamatas para não sofrer nenhuma influência externa... O fato de utilizar um método pedagógico com um grupo e outro método pedagógico com o outro poderia, nessas condições, ser cientificamente estudado e permitir concluir, sem muita contestação possível, pela superioridade de um deles.

Como se vê, o "método experimental" diz muito sobre os pressupostos educativos que comporta, pelo menos quando se pretende hegemônico e silencia sobre seus limites. Sem dúvida, é necessário que ele subsista na pesquisa educativa como exercício de formação intelectual, tanto para os estudantes de ciências humanas quanto para os pesquisadores mais experientes, mas com a condição de ser retomado e analisado permanentemente para captar seus pressupostos epistemológicos, identificar os aspectos arbitrários dos dispositivos que propõe, circunscrever as zonas de sombras em suas observações, o caráter aleatório de suas conclusões... Com certeza, é um método que pode ser útil também na formação de professores, para exercitá-los, ao mesmo tempo, para o pensamento rigoroso e para a aceitação da complexidade de uma situação pedagógica que nenhum dispositivo pedagógico jamais conseguirá limitar. É também uma conduta que pode fornecer alguns indicadores sobre as condições do bom funcionamento dos sistemas educativos... mas indicadores que precisarão ser manipulados em seguida com extrema precaução, deixando sempre claro que se cria um impasse sobre as possíveis mudanças de comportamento dos atores que, por ínfimas que sejam, podem modificar radicalmente a economia geral desses sistemas.

Há ainda o fato de que o experimentalismo, na medida em que se reivindica verdadeiramente como "princípio constitutivo" de toda pesquisa em educação, ou seja, segundo a perspectiva kantiana, na medida em que acredita determinar verdadeiros "objetos de conhecimento", ao invés de se afirmar claramente como "princípio regulador" – para servir de "ponto focal", fora dos limites da experiência possível, impedir que o

---

produziram, mas também prescritivo de fenômenos que se reproduzirão... o que coloca problemas epistemológicos e filosóficos espinhosos: implica, de fato, que o comportamento dos atores permaneça absolutamente idêntico.

entendimento fique restrito e ajudá-lo no exercício de sua atividade –, constitui um grave perigo para a pesquisa educativa.[18] Mais ainda, enquanto se vê como doutrina suscetível de fundar uma verdadeira disciplina "científica", herdeira do positivismo de Augusto Comte, o experimentalismo continua sendo, em matéria pedagógica, um sonho assustador.[19] É, na realidade, o perigoso sintoma de um projeto demiúrgico de controle absoluto da situação pedagógica, terrivelmente inquietante pelo papel que atribui ao aluno e ao professor nos dispositivos que concebe... Ele decorre simplesmente da vontade de erradicar o próprio processo educativo, com o que ele contém necessariamente de aleatório, de aventura, de imprevisto, de prática coletivamente regulada e, finalmente, de emergência progressiva de liberdades que são descobertas. Assim concebido, totemizado, promulgado à categoria de "único método científico aceitável", pretendendo nivelar tudo e esperando explicar tudo, o experimentalismo não é um método entre outros que pudesse contribuir para a pesquisa em educação, mas é a própria negação da educação. O postulado da reprodutibilidade de situações pedagógicas não significa outra coisa, na verdade, senão a confusão entre a educação dos homens e a fabricação de coisas, a negação de fato do contato educativo.[20]

É por isso que, se, por um lado, assumi as suspeitas de generosidade interessada e de profetismo vulgar, de modo algum assumo essa suspeita. Creio que jamais tenha esperado "validar" o que quer que seja ao retomar uma classe no ensino secundário. Minha intenção não era absolutamente mostrar que tinha razão em meus trabalhos anteriores e que por isso meus colegas deveriam passar a aplicar ao pé da letra mi-

---

[18] *Critique de la raison pure*, Paris: PUF, 1968, em particular p. 382 e ss.

[19] Trata-se, evidentemente, do pensamento de Augusto Comte tal como se expressa no *Curso de filosofia positiva*, antes da mutação intelectual que o autor experimentará, segundo seu próprio testemunho, durante o ano de 1845. Nesse "positivismo", o essencial é constituído por aquilo que Georges Lerbet chama de "disjunção entre o sujeito e o objeto" (*Système, personne et pédagogie*, Paris: ESF éditeur, 1993). Tomando o caminho oposto da introspecção, dominante na época, Auguste Comte convenceu-se de que "não se pode ficar na janela se vendo passar". É preciso então promover uma observação objetiva, modelizadora, que construa progressivamente sistemas abstratos de compreensão das coisas e do mundo. Assim, já se constituem em "estado positivo" a mecânica, a física, a química ou a astronomia... assim se deveria construir uma "física social" capaz de pensar a sociedade no seu conjunto. Segundo a crítica kantiana, o pensamento de Augusto Comte pode ser visto como um esforço para libertar a razão das facilidades do pensamento "teológico" e "metafísico", uma espécie de trabalho de depuração da reflexão intelectual... Porém desde que se considere que Augusto Comte tinha lucidez sobre as possibilidades – ou, mais exatamente, sobre os perigos – de êxito de seu projeto. Ora sua evolução pessoal como "pai do positivismo" deixa pouca esperança quanto a isso.

[20] Desenvolvi longamente esse ponto, insistindo na complementaridade do princípio da educabilidade e do princípio de liberdade na educação em *Le choix d' éduquer* (Paris: ESF éditeur, 1991).

nhas propostas em suas salas de aula, do mesmo modo como se aplicam teoremas matemáticos em um exercício. Longe de mim a idéia de poder representar qualquer modelo a ser imitado, cujos resultados pudessem ser verificados cientificamente e que teria apenas de ser reproduzido para garantir, se não o êxito completo, pelo menos a melhoria notável dos resultados da instituição escolar. Posso assegurar aqui, com toda firmeza, que não acalentava nenhuma dessas intenções.

E se hoje me pergunto por que posso ser tão categórico quanto a esse aspecto, acredito que é porque já pressentia o que iria descobrir então; eu esperava pela constatação gritante que me seria imposta: *o fato de que na situação de sala de aula seria impossível pôr completamente em prática minhas propostas pedagógicas.*

Contudo, não se deve confundir aqui minhas palavras e pensar, por exemplo, que na época eu não acreditava mais em minhas propostas ou que punha em questão *a posteriori* suas condições de elaboração. Eu também não procurava cultivar a distância afetada que às vezes o intelectual manifesta em relação às suas obras... naturalmente, com a esperança secreta de ser desmentido. Enfim, eu não era movido por nenhum oportunismo político ou ideológico, desejoso de recuperar uma virgindade intelectual, marcando meu desacordo com o campo dos "pedagogos" e reatando oportunamente com o dos "disciplinares", no momento em que estes pareciam ganhar terreno... Mas eu sentia confusamente que, até então, tinha desperdiçado alguma coisa essencial, alguma coisa particularmente difícil de apreender e que operava em uma tensão, sem dúvida constitutiva de toda a história da pedagogia, entre a teoria e a prática, entre o dizer e o fazer.

Um projeto cuja evidência impôs-se progressivamente

Grande coisa! Não é que, após sinuosas preliminares, ele ingenuamente reinventa a pólvora! A teoria e a prática... mas sempre se soube que não era a mesma coisa. Como sempre se soube que havia uma "teoria da prática" e uma "prática da teoria": os professores produzem teoria para alimentar, justificar e tornar toleráveis suas práticas cotidianas, enquanto os professores universitários desenvolvem uma elaborada prática da teoria, pela qual eles conseguem, mais ou menos bem conforme o caso, marcar suas filiações e suas diferenças, preparar sobretudo sua carreira, antecipando, com mais ou menos êxito, as reações de seus colegas.[21]

---

[21] É o que mostra muito bem Pierre Bourdieu em *Homo academicus* (Paris: Éditions de Minuit, 1984).

Estes são segredos de Polichinelo e não é vantajoso para você, caro Meirieu, fazer menção de ignorá-los. Admita então que "teoria e prática" não é uma boa clivagem! É inclusive uma maneira de pensar particularmente superada. Pense em "sistema", "interação" e "práxis"... ao invés de permanecer nesse esquema antigo!

Sem dúvida, estou irredutivelmente ultrapassado? Contudo, quero testemunhar que, para mim, essas velhas categorias continuam sempre atuais. Talvez, para parecer mais moderno, eu devesse antes falar de "modelo" e de "ação"? Desse modo, teria sido possível para mim distinguir, por um lado, o esforço de inteligibilidade de situações complexas pela identificação de elementos que interagem nelas e, por outro lado, a ação cotidiana por aproximações sucessivas, emaranhado inextricável de planejamento e improvisação, gestão mais amplamente aleatória de variáveis múltiplas que nunca se chega a dominar verdadeiramente e sobre as quais se age sem saber verdadeiramente.

É verdade, no entanto, que ao contribuir para a elaboração da pedagogia diferenciada, produzindo alguns modelos teóricos, tomei a precaução de dizer que, em nenhum caso, a ação poderia ser constituída pela aplicação mecânica desses modelos;[22] cheguei mesmo a assinalar, em várias ocasiões, que a pedagogia diferenciada constituía, por excelência, um "modelo não-modelizador", pois – pelo menos no sentido que eu entendia[23] – ela situava a ação pedagógica, amplamente alea-tória e improvisada, como meio, por excelência, de conhecimento pedagógico... e não o inverso. Porém, na realidade, essa proposição nunca foi bem compreendida; ela, sem dúvida, assustava os formadores e inquietava os professores, que preferiam um esquema mais "aplicacionista", no qual os conhecimentos prévios sobre os alunos ditavam as propostas pedagógicas e as soluções a oferecer-lhes. Não é fácil fazê-los compreender que a ação arriscada e a própria aproximação pedagógica são fontes de conhecimento e abrem ao aluno e ao professor um espaço de liberdade extremamente valioso. Significa dizer, de qualquer modo, que a distância entre teoria e prática, entre o modelo de inteligibilidade e a ação cotidiana é não apenas inevitável, mas também eminentemente necessária. Como mostra Jean

---

[22] Em particular, na segunda parte de *L' École, mode d'emploi* (Paris: ESF éditeur, 1985).

[23] A "pedagogia diferenciada" não constitui, de fato, um conjunto teórico absolutamente homogêneo: existem diferenças notáveis entre os diferentes sistemas, em particular no que diz respeito à relação entre a "pedagogia diferenciada" e a "pedagogia do domínio" (originária da "pedagogia por objetivos"), bem como sobre as concepções das idéias de "necessidade", de "diagnóstico" e da "solução". A história da "pedagogia diferenciada", em grande parte, ainda está por ser feita... procurarei apresentar algumas referências sobre essa questão um pouco mais adiante.

Houssaye na apresentação de uma obra dedicada a *quinze pedagogos*,[24] "por definição, o pedagogo não pode ser nem um prático puro, nem um teórico puro. Ele está entre os dois, ele é esse entremeio. O vínculo deve ser, ao mesmo tempo, permanente e irredutível, pois o fosso entre a teoria e a prática não pode subsistir. É esse corte que permite a produção pedagógica".[25] E esse corte que eu já fiz, sem compreender realmente sua importância, é ao mesmo tempo a experiência e a teoria.

Contudo, parece-me que, apesar dessas concepções – que naturalmente formulo melhor hoje do que na época –, eu permanecia tributário de uma espécie de "pensamento do desgaste": eu continuava acreditando que a prática "desgastava" os modelos, deformava-os, comprometendo de algum modo a integridade que, em um esforço teórico constante, era preciso contribuir permanentemente para regenerar. O modelo continuava sendo a expressão de uma certa "pureza", diante da qual a mediocridade inevitável do cotidiano só poderia ser experimentada como um sofrimento. Isto, sem dúvida, porque a culpabilidade parecia-me instalar-se tão freqüentemente nos estagiários, nas formações pedagógicas que eu coordenava ou nas que assistia. Como se a mera apresentação de modelos pedagógicos condenasse o prático a uma traição que os teóricos – não mais que os responsáveis institucionais, aos quais muitas vezes pareciam manter-se vinculados – não deixariam de criticar.

Todavia o que eu descobri de mais importante em minha experiência de "formulador de modelos", às voltas com "as limitações do terreno de ação", é que não há lugar para alimentar a menor culpabilidade quando não se consegue "aplicar" rigorosamente as prescrições pedagógicas do momento, quer se trate de seu próprio autor ou do mais ardoroso defensor. Eu mesmo experimentei, ao que me parece, algo como um estranho prazer, uma satisfação particular, uma exaltação bizarra, toda vez que as situações levavam-me a alterar meus planos, a rever minhas convicções, a repensar meus métodos. Um prazer de inventar com meus alunos aquilo que nos permitisse trabalhar juntos de outra forma, envolver-nos em uma aventura em que eu não me supunha previamente nem apto a controlar o que ocorreria, nem capaz de imaginar os efeitos que isso poderia produzir.

Que me entendam bem: não quero de modo algum afirmar que os modelos que trazia eram inúteis para mim.[26] No que me diz respeito,

---

[24] *Quinze pédagogues, leur influence aujourd' hui (Rousseau, Pestalozzi, Froebel, Robin, Ferrer, etc.)*, Paris: Armand Colin, 1994.

[25] p.11.

[26] Eu me diferencio aqui da posição de Gérard Malglaive que, quando lhe foi confiada a responsabi-

sempre tive em mente alguns desses resultados de minhas pesquisas anteriores que se tornaram para mim uma espécie de "evidências pedagógicas": que cada aluno aprende de uma maneira que lhe é própria e que todos na sala de aula devem atingir os mesmos objetivos... que cada um dispõe de recursos próprios nos quais pode apoiar-se para lhe permitir superar-se... que o "lado a lado" é sempre melhor que o "face a face", que muitas vezes degenera em "corpo a corpo"... que a exortação não serve de nada, assim como não se busca juntos "o que deve se passar na cabeça do aluno" para se atingir o resultado esperado... que a identificação por parte de cada uma de suas aquisições é uma condição de acesso à sua autonomia... que a interação entre colegas é uma riqueza inestimável que permite a cada um apropriar-se de seu próprio saber e incorporar progressivamente o ponto de vista de outro para desenvolver-se... e muitas outras coisas ainda.

Hoje, assim como ontem, permaneço fiel a essas propostas e continuo profundamente convencido da imperiosa necessidade de colocá-las em prática... No entanto, vivi situações em que esses preceitos foram postos em xeque, em que as convicções que elas supunham foram vigorosamente desmentidas, em que tive de agir de forma contrária ao que sempre acreditei desejável... e, apesar de tudo, por mais estranho que possa parecer, não me arrependo.

Recordo assim o dia em que Azzedine, aluno exemplar que conquistou minha admiração, confiando nas virtudes emancipadoras da Escola da República, a despeito dos terríveis golpes que recebera dela, pediu-me que, nem que fosse para trabalharmos individualmente com fichas, falasse-lhe sobre a primeira cruzada: o tema não estava na ordem do dia, uma nota de três linhas fazia alusão a isso em um texto do manual que nunca tínhamos estudado... e faláramos durante quase duas horas do sermão de Urbano II, das relações do cristianismo e do islã, de Averroès e São Tomás de Aquino... em um estranho curso magistral, em que não era difícil para mim, velho de estrada no ensino como sou, perceber a manobra – "enquanto ele fala, a gente não trabalha!"–, mas em que – tive a prova disso nos textos escritos dos dias que se seguiram – coisas decisivas ocorre-

---

lidade por formadores de IUFM (N. de T. Institut Universitaire de Formation de Maîtres.) sentiu necessidade de retomar uma classe de *terminal* (N. de T. Corresponde ao último ano do ensino médio no sistema brasileiro.) de física em um liceu para refletir exatamente sobre a questão da relação entre teoria e prática pedagógicas. Ao final dessa experiência de um ano, ele elaborou um balanço muito negativo em um artigo no jornal *Le Monde* e explicou mais tarde, em uma entrevista concedida a A. Gonnin-Bolo para a revista *Recherche et Formation* (11, abril 1992, 129-138, p.130): "Radicalizo minha posição dizendo que nada é transmissível, mas ainda há todo um trabalho a ser feito para saber o que seria possível transmitir".

ram... descobertas essenciais foram realizadas, independentemente de qualquer "diferenciação" e de qualquer "metacognição"! Poderia evocar ainda dezenas de histórias. Poderia, por exemplo, recordar esse trabalho de grupo, tão bem preparado conforme princípios que eu levara tanto tempo para descobrir e para elaborar,[27] e que foi pelos ares porque Lucien, seguido por toda a classe, interpelou-me para dizer: "Preferíamos descobrir isso sozinhos! Desde de manhã, estamos trabalhando em grupos e, além disso, seu texto nos interessa de verdade: gostaríamos de ter tempo para ler antes de falar!". Eu ainda poderia evocar essas tensões tão fortes, segunda-feira no fim da tarde, quando eu tentava organizar o trabalho e via-me obrigado a administrar a tensão, às vezes mesmo a violência, que sempre surgia entre os alunos. Ou mesmo esses momentos em que eu tinha a sensação de não controlar mais nada e em que me refazia de maneira estúpida – como a maior parte de meus colegas – recorrendo a um exercício de ortografia ou a uma pergunta por escrito.

Não digo que tudo isso tenha sido fácil. Não digo que não tenha enfrentado um pouco de dificuldade, certos dias, em deixar meu gabinete na universidade para me dirigir à minha classe de subúrbio, nem que não tenha me sentido mortificado muitas vezes, criticando-me por não ter sabido reagir... Digo simplesmente que compreendi um pouco melhor nessas situações – vividas, evidentemente, como privilegiado – o que ocorre no ato educativo quando um indivíduo pretende-se educador, enquanto outros, diante dele, têm a atribuição de serem educados. Quando a decepção mistura-se estranhamente ao júbilo porque nada caminha como se deseja e, no entanto, algo de importante acontece. Quando os modelos são, ao mesmo tempo, confirmados e subvertidos... porque eles permitem compreender um pouco do que se passa e por que razão os alunos "não chegam lá", mas deixam-nos tão completamente desarmados quanto a inventividade ou a força falta-nos nesse dia... Ou, inversamente, porque nossas antigas leituras vêm-nos à memória subitamente e, sem qualquer relação aparente com o que estamos vivendo no momento, fornecem-nos alguns bons "canais", que funcionam sem que se saiba bem por quê. Toda vez ocorre essa coisa estranha: entre a teoria e a prática, "esta coisa trabalha" e, paradoxalmente, ficamos felizes de ver que se "uma boa teoria é bem prática", a prática sempre põe em xeque

---

[27] Cf. *Apprendre en groupe?*, dois tomos (Lyon: Chronique sociale, 1984). Trata-se de uma versão resumida de minha tese de Estado, na qual eu me perguntava sobre as relações entre a interação social e as aquisições cognitivas. Eu desenvolvia aí as condições (em termos de preparação individual, de modo de funcionamento e de regulação pedagógica) para permitir a emergência e a eficácia de um verdadeiro conflito sociocognitivo no quadro de uma interação social em sala de aula.

nossas mais belas teorias, sem com isso comprometer automaticamente o êxito do que está em jogo no ato educativo. Ficamos felizes de ver que, apesar de tudo, apesar das imperfeições, nossas e de nossos modelos, às vezes podemos "sair ilesos"... Só às vezes. Porém na educação, "às vezes", ainda que seja raramente, já é muito. Isso é tranqüilizador e permite ter esperança no futuro.

Logicamente, sei que ao dizer isso corro o grande risco do relativismo pedagógico: "Na medida em que nos envolvemos em contradições inextricáveis, em que traímos todos os dias aquilo que julgamos certo fazer e que, depois de tudo, já não achamos que isso seja mal, é porque 'tudo é permitido' na pedagogia. Então, vamos jogar fora os modelos e, com eles, toda referência ética ou política que tivermos aí! Todo mundo tem razão e ninguém está errado. Que cada um faça o que quiser em sua sala de aula e que os pedagogos parem de ficar dando lições a todo mundo o tempo todo".

Acreditem que esta não é nem nunca foi minha convicção. Não é porque há uma distância permanentemente instaurada entre teoria e prática, modelos e ação, que tudo é permitido e que a aproximação, os compromissos, ou mesmo as traições tranqüilas para garantir seu conforto ao menor custo são promovidos à categoria de imperativos profissionais. Há, na educação, humilhações terríveis das quais não se recupera, exclusões perigosas que comprometem, por muito tempo, o acesso à compreensão de si e do mundo, uma seleção injustificável de crianças com as quais não se tem a preocupação de refletir sobre as mais elementares aprendizagens metodológicas, uma angústia que emana de inúmeras classes e torna totalmente irrisória a convicção, tão central em todas as proposições sobre a escola, do saber libertador. Tudo isso continua sendo mais verdadeiro do que nunca para mim, e é justamente porque acredito que é absolutamente necessário evitar tal fato que hoje afirmo o caráter tão fecundo da tensão teoria/prática.

Gostaria de sustentar nesta obra a idéia de que existe nessa tensão algo como um valor específico, o verdadeiro valor pedagógico, que constitui, simultânea e indissociavelmente, a infinita fragilidade e o grande mérito da pedagogia: alguma coisa pela qual "ela estimula a criança a crescer". Ela apenas a "estimula", pois nada aqui pode ser feito sem a decisão do outro. Todavia, ela a estimula "a crescer", isto é, a compreender o mundo e a se compreender no mundo para encontrar nele um lugar que tenha um sentido.

Este livro também pretende mostrar que, "se é difícil pôr em prática suas convicções pedagógicas", não há nada aí que esvazie a atividade educativa... ao contrário. Essa dificuldade é o traço do ser humano operando em uma estranha história na qual seres frágeis produzem para si um futuro incerto. A dificuldade aqui deve ser compreendida, contra qualquer expectativa, como uma oportunidade, e eu gostaria de concluir este ensaio tentando mostrar que ela apenas se torna inextricável, ou mesmo fatal, exatamente quando nos recusamos a admiti-la.

....

A obra propriamente dita será construída de maneira a passar progressivamente da análise do discurso pedagógico às condições de sua aplicação. Examinaremos primeiramente o que "pretende" o discurso pedagógico, o que ele busca e o que ele diz, às vezes inconscientemente... e descobriremos, ao longo de nosso procedimento, a imperiosa necessidade de distinguir ao mesmo tempo proposições gerais que são sustentadas sobre a educação e pesquisas experimentais que são realizadas nos laboratórios de ciências da educação. Isto nos levará a identificar aquilo que denominaremos de "o momento pedagógico" e, em seguida, a observar como esse "momento" desenvolve-se em uma "conduta" estranhamente contraditória. No entanto, longe de nos desencorajar, essas contradições nos permitirão, em uma empreitada um tanto quanto insana, que não deixa de lembrar as divagações classificatórias de Bouvard e Pécuchet,* tentar fazer um inventário dos saberes pedagógicos, elucidando seu estatuto particular e situando-os naquilo que denominaremos, tomando emprestada a expressão de Félix Guattari, uma "cartografia pragmática".[28] Mostraremos que esses saberes são meios para trabalhar a "resistência" inevitável do outro ao projeto de educá-lo, resistência que não se trata de romper, mas de reconhecer como uma valiosa oportunidade de estimular a inventividade e de descobrir novos meios para que a educação seja um lugar de partilha e não de exclusão. Na seqüência do livro, nós nos perguntaremos o que "pode" a pedagogia, de maneira geral, e mais precisamente hoje, na situação de mudança institucional sem precedente e de crise do "vínculo social" que atravessamos: o que pode a pedagogia para unir os homens em um mundo no qual os particularismos se exasperam e no qual os conhecimentos se renovam – pela primeira vez na história da humanidade – mais rapidamente que as gera-

---

* N. de T. Personagens do romance de Gustave Flaubert, *Bouvard e Pécuchet*, lançado em 1881 (póstumo); trata-se de dois escreventes que resolvem realizar uma série de experiências nos campos mais diversos, da agricultura ao magnetismo, da arqueologia à pedagogia.

[28] *Chaosmose*, Paris: Galilée, 1992.

ções?²⁹ Em que condições aquilo que denominamos a "vulgata pedagógica" da nova educação* ainda pode contribuir para mudar a escola? Não seria preciso revê-la para que ela permita assumir e gerir – sem jamais imaginar controlá-las – as contradições constitutivas do projeto educativo? "Como", gosta sempre de perguntar Daniel Hameline, "o militante pedagógico pode tornar-se menos ingênuo permanecendo militante?"³⁰ E que conclusões tirar disso em matéria de formação de professores e educadores?

Para levar a bom termo esse projeto – assumo sem qualquer dificuldade seu caráter estranho e, sob muitos aspectos, paradoxal –, utilizarei uma forma retórica que poderá parecer provocadora: justamente porque opero em um campo incerto, onde a discussão continua amplamente aberta, organizarei a obra em sete capítulos, e cada capítulo será destinado, por sua vez, a apresentar e defender uma "tese". Essas teses certamente parecerão dogmáticas para muitos leitores, mas que seja então no sentido que Louis Althusser atribuiria a esse termo:³¹ dogmáticas, isto é, paradoxalmente, eminentemente discutíveis, pois minhas "teses" não são passíveis de demonstração, no sentido matemático do termo, e também não podem ser validadas experimentalmente. São apenas "percepções" sobre a coisa educativa, que só têm sentido na medida em que permitem lançar o debate. De fato, qualquer uma delas poderá ser invertida pelo leitor, que se perguntará se, por acaso, não é o contrário que é verdadeiro. Louis Althusser lembra, a propósito disso, que *thesis*, em grego, quer dizer "posição": "É por isso", acrescenta ele, "que uma tese sempre evoca sua antítese".³²

Naturalmente, tenho consciência de estar utilizando aqui um procedimento filosófico um tanto quanto incompatível com o caráter mediocremente pedagógico de minhas proposições e temo parecer muito

---

²⁹ Assim, afirma o psicanalista Loup Verlet, "o ritmo das mudanças globais que afetam a humanidade é tal que, mais rápido que o ritmo de sucessão entre gerações, ele prejudica a transmissão do quadro simbólico" ("Un monde à l'envers", Sud-Nord, folies et culture, 1, 1994, Toulouse: Erès, 17-31, p. 29).

* N. de T. A Nova Educação foi um movimento internacional que teve origem na Europa logo após a Primeira Guerra Mundial, reunindo intelectuais desejosos de promover a paz pela educação. Sua ação estava centrada no desenvolvimento de "métodos ativos", tendo em vista especialmente dar oportunidade às crianças do povo, que até então não tinham acesso à escola. "Todos são capazes" era sua divisa. O Groupe Français d' Éducation Nouvelle (GFEN) é ainda hoje uma das correntes mais importantes da pedagogia francesa (cf. *Le Monde*, 1º abril 1998, "Les pédagogues au secours de la créativité", p.10).

³⁰ Debate organizado na Universidade de Genebra com a participação de Philippe Perrenoud, eu mesmo e Daniel Hameline, no dia 5 de maio de 1994, sobre o futuro da "escola ativa".

³¹ *Philosophie et philosophie spontanée des savants*, Paris: Maspéro, 1974, p.13.

³² *Sur la philosophie*, Paris: Gallimard, 1994, p. 51.

pretensioso aos olhos de alguns... Outros, ao contrário, acharão que a injunção que me contradiz é bastante irrisória ou puramente formal: porém, de minha parte, estou profundamente convencido de que o verdadeiro debate só é possível quando o autor não "se apresenta mascarado", ou o menos possível, e a clareza de suas posições permite situar-se mais facilmente em relação a elas.

Quanto a meus alunos de BEP ORSU do liceu profissionalizante de Vénissieux, não falarei mais sobre eles, prometo, ou apenas de tempos em tempos, o menos possível, para recordar, fazendo eco, que todo projeto de texto ou de pesquisa articula-se "em algum lugar", como se diz hoje, com a aventura singular daquele que fala, porque aceitá-lo e olhá-lo de frente, sem dúvida nenhuma, é parte do trabalho pedagógico. E, sobretudo, porque sinto por eles uma imensa ternura... e porque a ternura, ao contrário de muitos outros sentimentos que têm esse aspecto tão terrivelmente pegajoso das coisas adocicadas, cantadas outrora pelos *Frères Jacques*, jamais deixa constrangidos aqueles a quem é dirigida.[33]

---

[33] Alguns pontos de vista defendidos nesta obra foram expostos em várias ocasiões, evidentemente de forma parcial, em 1993, 1994 e 1995. Permitam-me agradecer aqui àqueles que me ajudaram a elaborá-los: os responsáveis pela *Societé Suisse de Recherche en Éducation*, os organizadores do *Point-Forum Éducation* da Universidade Lumière – Lyon 2, os da segunda *Biennale de l'Éducation et de la Formation,* na Sorbonne em Paris, e os das *Entretiens Nathan*. Tive oportunidade também de recolher sugestões valiosas, sobre textos provisórios, de Nicole Allieu, Jean-Pierre Astolfi, Jacques Billard, Pascal Bouchard, Bernard Charlot, Françoise Clerc, Michel Develay, Pierre-André Dupuis, Philippe Gaberan, Patrick Guyotot, Daniel Hameline, Jean Houssaye, Philippe Perrenoud, Jean-Paul Sauzède, Michel Söetard e Jean-Michel Zakhartchouk. Por suas críticas, deram-me uma ajuda infinita... que eles sejam vivamente reconhecidos aqui e que vejam nesta publicação um convite para prosseguir o diálogo. Devo dizer também o quanto devo a meus colegas professores e equipes educacionais do liceu profissionalizante Marc Seguin em Vénissieux: pela qualidade de sua acolhida, de sua confiança e pelo rigor de sua interlocução, deram-me coragem de iniciar e de levar a bom termo este trabalho. Devo manifestar igualmente o quanto devo aos estudantes de ciências da educação da Universidade Lumière – Lyon 2, sejam aqueles que me deram a honra de acompanhar meus cursos e de participar dos debates que sempre surgem ali, ou os que estão preparando teses, no âmbito de nosso instituto, sobre este ou aquele ponto particular. Procurei citá-los em nota quando seus trabalhos já tiverem produzido resultados suficientemente consolidados para serem levados ao conhecimento do público. No entanto, essas referências vão muito além do reconhecimento pessoal; elas são sobretudo o indício – particularmente importante para mim – de que as proposições desta obra fazem parte de um trabalho coletivo e testemunham a fecundidade das interações dentro de uma equipe, na qual a solidariedade não diminui, muito ao contrário, a exigência é recíproca. Devo igualmente expressar minha gratidão a todos aqueles e aquelas com quem me encontrei nestes últimos meses, em contextos diversos, e que me interpelaram, às vezes acaloradamente, sobre minhas posições e minha evolução: "companheiros de pedagogia" de longa data que às vezes se sentiam um pouco traídos ou confundidos com adversários... se nem sempre me era possível, no momento, dar-lhes a atenção solicitada, a eles peço desculpas e gostaria que soubessem que sua interpelação foi-me particularmente útil. Devo, finalmente, agradecer àqueles que me são próximos, com quem discuti inúmeras vezes essas questões, e cuja paciência e exigência foram-me extremamente valiosas.

Capítulo 1
Discurso sobre a educação e discurso pedagógico

Tese: *Na educação, todo cidadão tem uma palavra a dizer... Mas nem tudo o que se diz é pedagogia. A pedagogia opera, em relação aos debates educativos, uma dissociação particular: ela emerge com o reconhecimento da resistência do outro ao próprio projeto educativo, e é isto que constitui, propriamente falando, o "momento pedagógico".*

A educação é, desde sempre, objeto de uma infinidade de discursos emanados de todos os atores sociais e de todos os especialistas universitários. Cada um deles tem sobre a coisa educativa uma opinião que considera como legítima, pois esteve ou ainda está, de uma maneira ou de outra, confrontado com realidades educativas. Cada um deles considera, sobretudo e com razão, que a educação é uma das grandes questões de nossas sociedades, um desafio político fundamental, um objeto de debate que diz respeito a todos os cidadãos e, em primeiro lugar, aos mais esclarecidos, aqueles que tiveram a oportunidade de se beneficiar dela.

Nessa perspectiva, qualquer pretensão, por mais modesta que seja, de esclarecer as escolhas educativas que provenha de especialistas da pesquisa educacional exaspera a sensibilidade dos intelectuais, na medida em que parece despojá-los de um magistério natural exercido tradicionalmente por eles.[1] Assim, pode-se ler na introdução de uma obra de reflexão geral sobre os problemas da escola, *Réflexions sur l'enseignement*,[2] publicada por um grupo de membros do Institut de France, que os textos ali propostos são escritos "pelos homens mais úteis e

---

[1] Analisamos esse fenômeno, juntamente com Michel Develay, em *Émile, reviens vite... ils sont devenus fous* (Paris: ESF éditeur, 1992, p. 34 a 48).
[2] J.-F. Bach et al. (Institut de France), Paris: Flammarion, 1993.

mais criativos da nação nas ciências e nas técnicas".³ E, mais adiante, essa afirmação é acompanhada de uma negação do papel que poderiam ter os especialistas nesse campo: "As disciplinas didáticas e as ciências da educação têm um caráter ainda muito pouco científico; é necessário limitá-las a um papel menor (na formação de professores)".⁴ Isto autoriza os autores a tomarem posição, em algumas fórmulas bem construídas, acerca de questões sobre as quais eles parecem dispor de certezas irrefutáveis, embora essas questões sejam há muito tempo, e hoje ainda, objeto de debates espinhosos e temas de pesquisa difíceis para os especialistas: "É claro, pode-se ler assim, que há espíritos mais concretos e outros mais abstratos"⁵ ou "A atenção tem de ser cultivada. (...) É preciso antes de mais nada garantir aos alunos as condições que permitam esse treinamento da atenção. O silêncio, a imobilidade das crianças estão entre essas condições necessárias".⁶ Poderíamos, evidentemente, surpreender-nos com a ignorância na qual se encontram esses autores de trabalhos educativos, tanto em matéria psicológica quanto pedagógica, e legitimamente condená-los por isso.⁷ Contudo, o mais estranho é o

---

³ Ibid., prefácio não-assinado, p. 8.
⁴ Ibid., Laurent Schwartz, p. 208.
⁵ Ibid., introdução não-assinada, p. 28.
⁶ Idem.
⁷ Assim Piaget, por exemplo, mostrou que, por trás das habilidades mais "concretas", existiam esquemas abstratos que representavam, em uma ação, aquilo que "é transferível, generalizável ou diferenciável entre uma situação e outra..."(*Biologie et connaissance*, Paris: Gallimard. col. "Idées", 1973, p. 24). A consideração desses esquemas abstratos em todas as situações permite contestar vigorosamente que o encanador seja mais "concreto" que o matemático, o professor mais "abstrato" que o escultor; permite pensar também que um trabalho pedagógico sobre esses esquemas poderia mandar pelos ares uma tipologia caracterológica, cujos riscos de aprisionamento são evidentes e deveriam saltar aos olhos daqueles que pretendem recuperar, por uma "desmassificação" do ensino, uma maior mobilidade social. Sobre a história e o risco de tipologias caracterológicas, esbocei algumas análises em *Enseigner, scénario pour un métier nouveau* (Paris: ESF éditeur, 1989, p. 65 e ss). Bernard Charlot foi quem iniciou esse trabalho, denunciando a classificação tipocósmica de Ferrière (*La mystification pédagogique*, Paris: Payot, 1976), e Jean-Paul Sauzède está concluindo atualmente uma pesquisa bastante aprofundada, na qual mostra que as tipologias caracterológicas (entre as quais a de Ferrière continua sendo um exemplo particularmente significativo – cf. *Vers une classification naturelle des types psychologiques*, Nice: Éditions des "Cahiers astrologiques", 1943) funcionam sempre (inclusive em sua versão "científica" ou "técnica" da psicologia diferencial ou dos questionários utilizados tanto para a orientação dos alunos como para o recrutamento de quadros) sobre um modelo mágico fixista. No plano filosófico, Nanine Charbonnel, por sua vez, analisou longamente os paradoxos educativos da "semelhança-diferença" na educação e a função, nesse contexto, da afirmação dos "dons naturais inatos" e dos tipos psicológicos; haveria ali uma maneira de reduzir a tensão entre o mesmo e o outro – como uma criança pode, ao mesmo tempo, vir de mim e assemelhar-se a mim constituindo-se em sua diferença? – e também de limitar o poder do educador que entraria em choque aqui com uma hipotética natureza... limite fecundo às suas veleidades demiúrgicas (cf. *La tâche aveugle*, t.3: *Philosophie du modèle*, Strasbourg: Presses universitaires de Strasbourg, 1993). No que diz respeito ao fenô-

fato de que, sem nenhum escrúpulo, eles extraem dessas "evidências" conclusões definitivas em matéria de gestão do sistema educacional, de organização do ensino e de formação de professores. Seria preferível, no fim das contas, que eles permanecessem no registro do debate da sociedade, ou que argumentassem suas proposições, colocando em evidência os desafios filosóficos e políticos que elas comportam. Há uma certa contradição em negar qualquer possibilidade de saberes específicos em matéria de educação e apoiar-se no debate sobre as representações, evidentemente "de bom senso", mas que se apresentam, como verdadeiros "saberes", capazes de inspirar de maneira razoável, e mesmo racional, novas práticas.

Ora, longe de nutrir a menor culpabilidade, sequer a menor inquietação, por utilizar esses procedimentos, parece que os intelectuais que se debruçam assim sobre os destinos da escola glorificam-se com isso. Assim, um deles, filósofo reconhecido, redator da respeitável revista *Esprit*, inicia seu último livro sobre educação afirmando: "Fico feliz de não ser um especialista que pudesse examinar o problema educacional com a autoridade de um cientista".[8] Deixemos de lado, por ora, o problema da cientificidade da abordagem dos fatos educativos e as espinhosas questões epistemológicas que ela coloca... Teremos oportunidade de voltar a isso. Mas observemos que o autor identifica aqui deliberadamente, e sem que pareça colocar-lhe o menor problema, o fato de ser um "especialista" e o de ser um "cientista"; de resto, ele tem todo o direito de fazer isso... com a condição – coisa que ele não faz – de argumentar essa identidade no plano filosófico em uma perspectiva positivista. Na realidade, pode-se temer que tais fórmulas sejam o sinal de um profundo desprezo manifestado em relação a todo pesquisador que obtivesse meios de se informar de maneira um pouco mais aprofundada sobre aquilo de que fala. É inquietante que dêem a entender que, em matéria de educação, não é necessário estudar antes de pensar, nem estudar para alimentar seu pensamento. "Retirem todas as coisas que

---

meno da atenção, as referência são muito numerosas para serem citadas; todas elas mostram que a atenção é fundamentalmente uma operação seletiva que coloca o sujeito em posição de projeção e de busca, e não pode ser, em nenhum caso, produzida mecanicamente pela imposição de comportamentos formais (ver, em particular, Lindsay e Norman, *Traitement de l' information et comportement humain*, Quebec: Vigot, 1980, p. 284 e ss. e J.-F. Richard, *L'attention*, Paris: PUF – Le psychologue, 1980). Por outro lado, é estranho – voltaremos a isso – que aqueles e aquelas que denunciam o comportamentalismo latente dos pedagogos (seu behaviorismo) estejam eles próprios tão fascinados com as injunções puramente comportamentais, às quais atribuem um poder quase mágico, para oferecer soluções a todos os problemas com que se deparam.

[8] Guy Coq, *Démocracie, religion, éducation*, Paris: Mame, 1993, p. 7.

eu possa ver", já determinava o senhor Teste de Paul Valéry, há um século. E é a mesma fascinação por um pensamento puro, aristocracia da inteligência que se recusa a se comprometer com as limitações de uma realidade que nunca é imediata e facilmente acessível, a mesma vontade de descartar qualquer consideração sobre as "coisas da vida", entraves insuportáveis à combinação de possibilidades, que opera hoje em muitos textos sobre a educação.

Será que esses textos não têm como função justamente estabelecer relações com a complexidade das coisas e, em particular, com a resistência cotidiana das crianças às ações dos adultos que supostamente devem educá-las? Será que eles não são antes de tudo e essencialmente discursos políticos, legítimos em sua própria esfera, mas totalmente estranhos à reflexão pedagógica, que, por sua vez, pertenceria a um outro registro e operaria, em relação a eles, um deslocamento radical? É o que gostaríamos de tentar demonstrar.

"A Escola é assunto de todos os cidadãos, pois ela é a imagem projetada da República"[9]

Existe efetivamente na França um debate nacional sobre o papel da escola na República. O debate é longo e sinuoso e seriam necessárias, sem dúvida, muitas obras para descrever todas as suas etapas e todos os seus desdobramentos. A nosso ver, esse debate é político, no sentido pleno do termo, isto é, ele diz respeito à própria organização das instituições e ao papel que se pretende que elas representem na coletividade nacional. Para se convencer disso, basta lembrar a oposição, que sob muitos aspectos está na base de vários de nossos debates atuais, entre Condorcet e Rabaut Saint-Étienne.[10]

---

[9] Charles Coutel, *La Republique et l'école*, Paris: Presses-Pocket-Agora, 1991, p. 225.

[10] Também seria possível – e particularmente interessante – estudar o conflito que opôs Condorcet a Le Peletier, este último representando uma visão mais "social", "reparadora" e "igualitarista" da instrução. Brigitte Frelat-Kahn e Pierre Kahn propõem uma análise particularmente sugestiva desse conflito no texto "Condorcet et l'idée d'école républicaine": "Um direito puramente formal à instrução, como mostra involuntariamente Condorcet [que tem essa posição], deixa aberta uma desigualdade suficientemente dolorosa para merecer críticas, nesse sentido justificadas, de um Le Peletier. Mas Le Peletier, em compensação, não testemunha os riscos para a liberdade e o respeito do direito dos indivíduos que resultariam de uma instrução igual para todos? Instaura-se assim, nas bases revolucionárias da escola republicana, um debate atual sobre o seu futuro." (Pierre Kahn, André Ouzoulias, Patrick Thierry, *L'éducation, approches philosophiques*, Paris: PUF, 1990, p. 297-335, p. 335).

Como se sabe, ambos propuseram um projeto completo de organização escolar com poucos meses de distância, em 1792, na Assembléia Nacional e na Convenção. O projeto de Condorcet é bastante conhecido, assim como os princípios que o inspiraram:[11] Condorcet revela uma confiança absoluta nos progressos do conhecimento humano pela razão e pretende fundar uma "instrução pública", colocada sob a responsabilidade exclusiva do legislador. Nessa perspectiva, a escola deve ser particularmente ambiciosa no que diz respeito à transmissão mais ampla de conhecimentos científicos, mas não deve ser maculada por qualquer ambição educativa: de fato, para a República, querer educar seria avançar sobre os direitos legítimos dos pais e, sobretudo, correr o risco de degenerar na doutrinação do povo, da qual a história tem tantos exemplos deploráveis. A finalidade que Condorcet atribui à "instrução pública" é clara: "Oferecer a todos os indivíduos da espécie humana os meios de prover suas necessidades, de assegurar o seu bem-estar, de conhecer e de exercer seus direitos, de entender e de cumprir seus deveres"... mas, sobretudo, esclarecer a razão dos homens para libertá-los de toda forma de opressão sobre sua consciência e de fazer deles verdadeiros cidadãos: "Enquanto houver homens que não obedeçam apenas à sua razão, que recebam suas opiniões de uma opinião estranha, em vão todas as correntes terão sido rompidas, [...] o gênero humano continuaria dividido em duas classes: a dos homens que pensam e a dos homens que crêem, a dos senhores e a dos escravos".[12] Nessas condições, é perfeitamente lógico que Condorcet manifeste a maior prevenção pelos modelos antigos e rejeite o estudo de línguas antigas que, de seu ponto de vista, são amplamente marcadas por uma perigosa "eloqüência", que manipula grosseiramente o entusiasmo do povo: "Era permitido então, útil talvez, emocionar o povo; devemos procurar apenas esclarecê-lo. [...] É necessário que um exame frio e severo, em que a razão seja ouvida, preceda o momento de entusiasmo".[13]

---

[11] A exposição, assim como o projeto de decreto sobre a organização geral da instrução pública, apresentada à Assembléia Nacional, em nome de Comitê de Instrução Pública por Condorcet, nos dias 20 e 21 de abril de 1792, acaba de ser editada na obra organizada por Joffre Dumazedier, *La leçon de Condorcet* (Paris: L' Harmattan, série Références, 1994, p.131 a 204). Para compreender como "a instrução pública inscreve-se" em uma filosofia geral da história, é preciso remeter esse projeto de decreto a *Esquisse d'un tableau historique des progrès de l'esprit humain*, em que Condorcet mostra como a história humana é toda ela constituída pela emancipação progressiva das crenças de todos os tipos graças aos progressos da ciência (Paris: Garnier-Flammarion, 1988).

[12] *La leçon de Condorcet, Rapport et projet de décret* (op. cit.), p.135.

[13] Ibid., p.145.

O projeto apresentado por Rabaut Saint-Étienne, em dezembro de 1792, intitula-se Projeto de Educação Nacional e destingue-se fortemente daquele de Condorcet. Embora girondino, Rabaut Saint-Étienne é muito influenciado por Rousseau e cita amplamente o exemplo da educação espartana que Rousseau considerava como um modelo particularmente fecundo.[14] Ele distingue assim a "instrução pública", que transmite conhecimentos, e a "educação nacional", que deve "conduzir à virtude". Assinala que, a exemplo dos padres que no passado conseguiram criar a adesão popular aos valores de que eram portadores, os revolucionários devem difundir amplamente os valores da República: "Legisladores hábeis, que nos falais em nome do céu, não saberíamos nós fazer pela liberdade e pela verdade aquilo que vós fizestes tanta vezes pelo erro e pela escravidão?".[15] E, mais adiante, o autor acrescenta: "A educação nacional é o alimento necessário a todos, a instrução pública é a cota de alguns".[16] Pela instrução, por mais organizada que seja, a República sempre criará os excluídos e perpetuará as hierarquias sociais; ela sancionará a exclusão, em vez de favorecer a unidade do povo em torno de valores que devem ser realmente partilhados por todos e que são a única base possível de unidade social... A referência a Rousseau aqui é explícita e, com ela, a convicção de que nenhuma comunidade humana pode ser fundada sobre a mera distribuição de conhecimentos inevitavelmente segregadores, geradores de divisões, quando não de rancores ou de ódios. O Estado, em seu dever de educar a todos, deve limitar-se a organizar "o espetáculo imponente e harmonioso da sociedade humana reunida"[17], deve privilegiar os meios de criar a unidade nacional favorecendo a adesão a valores comuns, cuja partilha – contrariamente à dos conhecimentos científicos, que é, de fato, sempre seletiva em razão de diferenças de interesses, de aptidões e de determinações dos homens – é, por natureza, igualitária e "alegremente contagiosa". Enquanto o esforço intelectual solitário, por mais exultante que seja para quem se entrega a ele, separa e hierarquiza os homens, o entusiasmo e a emoção coletiva permitem a todos desposar o ideal comum.

---

[14] Cf. *Discours sur les sciences et les arts* de 1750 (Paris: Garnier-Flammarion, 1986, em particular p. 43 e 44).

[15] *Une éducation pour la démocratie: textes et projets de l' époque révolutionnaire*, apresentação de B. Baczko, Paris: Garnier, 1982, p. 297.

[16] Ibid., p. 298.

[17] Ibid., p. 297.

Já denunciamos muitas vezes o caráter implicitamente clerical, e mesmo perigosamente totalitário, da concepção de "educação nacional" de Rabaut Saint-Étienne; e a maioria dos intelectuais hoje parece dar preferência ao projeto de Condorcet, considerado mais respeitoso aos homens, mais adequado à exigência filosófica de acesso de todos a uma racionalidade crítica e capaz de instituir uma verdadeira "escola libertadora", que escape aos imprevisíveis e inquietantes entusiasmos das opiniões públicas.[18] Somente, ou quase, um historiador como Antoine Prost ousa fazer críticas a Condorcet, as quais assinalam justamente o caráter perigosamente abstrato de seu pensamento: "A primazia dada à razão universal conduz diretamente ao totalitarismo jacobino e ao terror. Não esqueçamos que é o mesmo homem, Robespierre, que instaura o culto da razão e que faz funcionar a guilhotina. Por mais generoso que seja o pensamento de Condorcet, não impede que o aluno continue sendo para ele uma cera mole à qual é preciso dar forma no molde da razão, molde que apenas o filósofo pode desenhar. E nada se iguala à pretensão do filósofo que pretende falar em nome da razão. Mas quem te incumbiu, a ti, filósofo, da razão universal? [...] Na realidade, Condorcet não pensa na articulação do universal e do local. A filosofia de Condorcet não se aplica mais a nossos objetos concretos... ele afasta a necessidade de vincular dimensão universal do ensino e enraizamento local da ação sobre o aluno reconhecido como uma pessoa concreta".[19]

Portanto, de certa maneira, os projetos de Condorcet e de Rabaut Saint-Étienne estão ainda hoje no centro dos debates sobre a educação

---

[18] Assim, Catherine Kintzler mostra que o projeto de Condorcet é, do seu ponto de vista, o único adequado à exigência filosófica do acesso de todos os homens à universalidade da razão. Ele permite libertar a escola de pressões da sociedade civil, respeitar os alunos que ainda não têm um julgamento formado e, portanto, os mais vulneráveis a toda forma de doutrinação, limitar o ensino à instrução sobre "as razões das coisas, as razões dos discursos, as razões dos atos e as razões dos pensamentos. As pessoas instruem-se para adquirir a força e a potência, quero dizer, aquelas que permitem dispensar-se de guia e de mestre", in Charles Coutel, *La Republique et l'école*, op. cit., p. 233). Cf. também C. Kintzler, *Condorcet, l'instruction publique et la naissance du citoyen*, Paris: Folio-Essais, 1987. Contudo, é absolutamente necessário assinalar que a interpretação da obra de Condorcet desenvolvida na esteira de Catherine Kintzler e Elisabeth Badinter (*Condorcet*, Paris: Fayard, 1989) pode ser contestada: assim, Joffre Dumazedier, na obra antes citada, vê em Condorcet um precursor da educação permanente e do questionamento da "clausura escolar": de fato, a obrigação imposta aos professores de abrir a escola à noite e aos feriados para acolher toda a população e organizar conferências sobre os temas mais diversos pode parecer, paradoxalmente, mais próximo do modelo illichiano da formação de redes de recursos formativos (cf. *Une societé sans école*, Paris: La Seuil, 1971) que do modelo monástico da "escola separada do mundo e da sociedade civil", defendido pelos herdeiros "ortodoxos" de Condorcet e pelos antipedagogos (cf. Jacques Muglioni, *L'école ou le loisir de penser*, Paris: CNDP, 1993). Por isso, não é absurdo ver em Condorcet alguém que quer fazer dos professores verdadeiros "agentes sociais", mais do que "clérigos" devotados a uma nova religiosidade racionalista... E o debate, no mínimo, merece ser aberto.

[19] "Condorcet en question", *Éducation et devenir: les valeurs dans l'école*, Cahier 31, 1993, p. 83 e 84.

e, sem dúvida, oferecem-nos, tanto um como outro, modelos que merecem ser discutidos.

Assim, recentemente, dois autores, historiadores e especialistas em ciências da educação, analisaram a história da instituição escolar francesa desde Jules Ferry à luz da oposição instrução/educação:[20] Christian Nique e Claude Lelièvre afirmam, de fato, que o projeto de Jules Ferry não era de modo algum, apesar das aparências, um projeto de instrução do povo para emancipá-lo, mas antes um projeto moral e político a serviço da necessidade de construir a unidade nacional e de forjar uma França determinada e combatente para assegurar a "revanche" contra a Alemanha e vencer as guerras coloniais. Nesse sentido, Jules Ferry não teria instituído uma escola conforme o projeto de Condorcet, mas estaria alinhado sob a bandeira do Estado-educador, tão cara a Rousseau e Rabaut Saint-Étienne. Para Christian Nique e Claude Lelièvre, esse projeto, embora historicamente inteligível, está totalmente superado hoje e seria particularmente perigoso. Em linhas gerais, eles esboçam uma "utopia escolar" inspirada em Condorcet e caracterizada por quatro grandes princípios: construir um serviço público desembaraçando-se de qualquer veleidade uniformizadora; formar para a cidadania descartando qualquer nacionalismo; instruir sem buscar a adesão a valores e, sobretudo, evitando qualquer apelo à emoção e à afetividade; imaginar, enfim, "uma escola extramuros e para toda a vida".[21]

Todos concordarão que há um verdadeiro debate público sobre a instituição escolar e sua missão e que, sob muitos aspectos, é legítimo prosseguir a discussão nesse terreno... Contudo, não se deveria ignorar aqui as estranhas alianças que se recompõem sob a bandeira da "instrução pura": ao lado de Christian Nique e Claude Lelièvre, homens de esquerda convencidos do caráter emancipador e democratizante da instrução, encontram-se opositores tradicionais de Jules Ferry, que vêem nele sobretudo o artesão de uma política nacional de educação e o responsável pela perda de poder pelas congregações de ensino; para estes últimos, que se inscrevem na perspectiva tradicional de um Barrès, a referência a Condorcet representa um meio de chegar a um ensino muito mais enraizado no local, recorrendo amplamente aos grupos confessionais e às forças de pressão corporativas que, por um tempo, a escola-Estado tornou impossível. No entanto, para uns e outros, quaisquer que

---

[20] Christian Nique e Claude Lelièvre, *La Republique n'éduquera plus – la fin du mythe Ferry*, Paris: Plon, 1993.

[21] Ibid., p. 260 a 262.

sejam suas referências ideológicas, há, a nosso ver, uma subestimação preocupante da questão do vínculo social em nossas sociedades.

É nesse sentido que a questão colocada por Guy Coq, em sua obra *Démocratie, religion, éducation,* é, do nosso ponto de vista, absolutamente essencial[22]: "O problema [explica ele] não é mais subtrair a sociedade da influência de uma igreja dominadora[23] fazendo da escola o instrumento dessa evolução, mas antes fortalecer a coesão do vínculo social, conseguir a integração de todas as crianças a uma sociedade".[24] E o autor acrescenta mais adiante: "Antes de pensar a sociedade como pluricultural, seria preciso questionar o estatuto daquilo que a torna una, daquilo que faz com que o plural não seja a dissolução, isso que nos investe como participantes de um mesmo espaço social".[25] E ainda: "O abandono do sagrado mantém inteira, portanto, a questão sempre renovada: uma sociedade deve produzir ou reproduzir elementos que fortaleçam a unidade do social?".[26]

Hoje há uma ameaça extremamente grave de "babelização" do sistema educativo: as pesquisas sociológicas insistem, há anos, no crescimento do "consumismo escolar",[27] multiplicam-se os testemunhos que atestam pressões dos pais no sentido de se beneficiarem de estabelecimentos escolares específicos que, embora nem sempre comportem uma referência confessional, permitam pelo menos preservar seus filhos das más companhias e lhes dêem segurança de que "estarão entre eles".[28] A supressão oficial das filas no colégio não engana mais ninguém hoje, e sabe-se muito bem como a escolha das línguas, quando não a composi-

---

[22] Paris: Mame, 1993. É evidente que, se partilho totalmente o caráter fundador da indagação de Guy Coq, nem por isso me alinho à maioria de suas proposições: é o caso de sua crítica à "democratização abusiva" do sistema educativo e de sua vontade de reintroduzir, desde o colégio, procedimentos bastante seletivos, de sua posição sobre a idéia de projeto de estabelecimento escolar (que não me parece em si contraditória – muito pelo contrário – com a existência e a realização de ambições nacionais), da referência obsessiva à cultura clássica sem questionar as condições de sua apropriação, de sua crítica global e sistemática às ciências da educação, etc.

[23] Poderíamos acrescentar: "ou de uma ideologia de Estado" para responder a Philippe Némo (*Pourquoi ont-ils tué Jules Férry?*, Paris: Grasset, 1991).

[24] Ibid., p. 40.

[25] Ibid., p. 79.

[26] Ibid., p. 82.

[27] Foi Robert Ballion quem primeiro desenvolveu esse tema em sua obra *Les consommateurs d' école* (Paris: Stock, 1982).

[28] Sobre este tema, pode-se consultar o trabalho de síntese realizado por Marie Duru-Bellat e Agnès Henriot-van Zanten em *Sociologie de l' École* (Paris: Armand Colin, 1992). As autoras analisam em particular as "estratégias para evitar estabelecimentos que tenham uma imagem negativa em razão da composição social e étnica de seu público" (p. 94 e ss.).

ção das turmas conforme o nível dos alunos ao concluir o primário, reforçam as clivagens geográficas e acentuam as clivagens sociológicas.[29] Por toda parte, apregoa-se contra a igualização crescente, as classes heterogêneas que tornam impossível qualquer ensino exigente, a falsa democratização do colégio único e do liceu indiferenciado[30]... mas todos sabem muito bem que, sub-repticiamente, introduz-se uma infinidade de medidas que vêm corrigir esse efeito igualizador, ou mesmo anulá-lo completamente. O perigo hoje não é ensinar as mesmas coisas às crianças das áreas centrais e às crianças dos subúrbios, com o risco de um nivelamento por baixo ou de uma negação das diferenças; o perigo é que mais nada de comum realmente lhes seja ensinado e que, oficialmente de uma mesma escola, elas não consigam mais sequer conversar.

Por isso, a questão central de toda política educativa é saber como contribuir para recompor, através da escola, uma unidade social sem a qual a própria República corre o risco de se dilacerar, de se romper em uma infinidade de grupos de pressão de todos os tipos, de ser dividida por terríveis incompreensões e ameaçada por graves fraturas sociais.

É claro que a escola não é a única instituição capaz de contribuir para o vínculo social: o tecido associativo, o sistema de saúde, o conjunto de serviços públicos e de empresas têm aqui, evidentemente, cada um em sua esfera particular, um papel essencial. Porém, em alguns lugares realmente prejudicados, onde o emprego não é mais garantido, onde o tecido associativo é vacilante ou foi engolido pelos integrismos religiosos ou políticos, onde os serviços públicos estão terrivelmente degradados, não resta muito mais que a escola; ela constitui um universo onde a violência ainda não é onipotente, onde a comunicação entre as pessoas pelo menos continua sendo possível – ainda que em geral seja terrivelmente difícil – e onde o Direito às vezes tenta resistir à força. Pode-se compreender então, nessas condições, que o tema da "abertura do estabelecimento escolar para o seu ambiente" seja particularmente ambíguo; de fato, essa abertura pode constituir um grande perigo no que diz respeito à missão da instituição escolar.[31] Contudo, se a "abertura" sem discernimento nem controle constituiria uma grave ameaça, isto não sig-

---

[29] Ibid., p. 38-39 e p.172-173.

[30] Não é possível citar aqui todos os autores que defendem esse ponto de vista; o mais radical é, sem dúvida nenhuma, Philippe Némo em *Pourquoi ont-ils tué Jules Férry?* (Paris: Grasset, 1991) e *Le chaos pédagogique* (Paris: Grasset, 1993).

[31] Claude Rebaud, diretor da cidade escolar Marcel Sembat – Marc Seguin em Vénissieux, estabelecimento escolar particularmente "exposto" ao plano social, foi quem desenvolveu essa análise recentemente em um programa de Pascal Bouchard, na France-Culture, consagrada à "parceria".

nifica, de modo algum, que o estabelecimento escolar possa ignorar tudo o que se passa fora desses muros: ignorar isto significaria deixá-lo operar massivamente, pois trabalhar o vínculo social na escola somente é possível se ela conhece, compreende e leva em conta os obstáculos a esse vínculo social, que representam todas as clivagens econômicas, culturais e sociais. Esta é a condição para que ela possa pretender opor-se à babelização... a babelização que está à nossa porta e que coloca todos os cidadãos contra a parede: o que queremos fazer de nossa escola? Em que isto pode contribuir para a unidade da República? Sobre o que fundar essa unidade hoje?

"A escola dos professores" e "a escola dos profissionais"

O verdadeiro debate sobre o futuro da escola, a nosso ver, é esse... e não é essencialmente um debate pedagógico. É um verdadeiro debate da sociedade em relação ao qual o pedagogo, logicamente, terá de se posicionar, mas antes de tudo como cidadão e não mais como pedagogo. Porém, é precisamente aí que residem, estamos convencidos disso, muitas ambigüidades das querelas atuais: misturam-se aí os gêneros e os planos. Não se distingue suficientemente o que emana do político daquilo que emana do pedagógico, o que emana das escolhas fundamentais de nossa sociedade daquilo que emana da intervenção específica do pedagogo no campo educacional. Não que essa intervenção seja politicamente neutra, mas é que ela interpela a política em um registro muito particular, o de sua capacidade de tomar a palavra e de pôr em prática, no concreto dos projetos humanos, as finalidades que aprega.

Portanto, no campo político, a questão central é: sobre que bases fundar a escola para que ela assegure o vínculo social na instituição republicana? E as respostas, tal como se expressam nas análises sociológicas, assim como nos ensaios filosóficos ou nas declarações políticas, são essencialmente de dois tipos: *a cultura universal, por um lado, e as competências profissionais, por outro...* Com certeza, todos recusarão essa oposição muito elementar e defenderão uma síntese harmoniosa entre as duas dimensões. Mas a realidade é totalmente outra e, observando de perto, tanto no âmbito teórico como no das decisões políticas, constata-se que existem duas lógicas entre as quais sempre devemos posicionar-nos, porque remetem a princípios radicalmente heterogêneos e a posições amplamente incompatíveis entre si.

De um lado, temos aqueles que acreditam no valor essencial da cultura como um meio privilegiado de elaboração do vínculo social. É o caso de Guy Coq, cuja obra acabamos de citar, é o caso da maioria das "associações de especialistas" de diferentes disciplinas, é o caso dos filósofos que hoje têm um papel essencial no terreno ideológico, justamente em razão de sua capacidade de formalizar, nesse âmbito, posições com as quais seus colegas de outras disciplinas concordam facilmente.[32] Para eles, o vínculo social constrói-se com a condição essencial de que, segundo a bela fórmula de Jacques Muglioni, "a escola determine o homem".[33] Seu fim último é "promover o advento da humanidade", isto é, possibilitar o acesso da criança ao pensamento crítico e racional. Para isso, não se deve negar por princípio todas as aderências psicológicas e sociais que impedem o florescimento da razão e interpelar a inteligência do aluno colocando-o em contato com um pensamento que se expõe. O ensino é assim concebido como a expressão da racionalidade de uma "disciplina" intelectual nos dois sentidos do termo: uma disciplina que remete a um campo epistemológico homogêneo com seus princípios específicos de funcionamento e de validade... e uma disciplina que remete ao domínio de si e ao respeito a regras necessárias ao trabalho individual e coletivo. Aqui é a cultura que se oferece à razão de cada um e, de algum modo, coloca-a em situação de elevar-se até ela para honrar o dom que lhe foi concedido. Portanto, a escola deve permitir o contato com as grandes obras nas quais a razão se expressa e, para isso, continuar sendo uma verdadeira instituição de Estado, culturalmente ambiciosa, uma instituição que "dê início",[34] isto é, que instaure as condições para que o homem revele-se a si mesmo. Assim educados por essa instituição, os alunos, todos os alunos, supostamente terão tido acesso a uma humanidade que vai além das conjunturas e das circunstâncias nas quais vivem; eles poderão reconhecer-se juntos como parceiros da mesma história intelectual e partilhar ali uma experiência que é o único meio verdadeiramente capaz de contribuir de modo autêntico para o vínculo social.

Diante dessa corrente – em geral difícil de identificar em razão das alianças conjunturais que estabelece justamente para atacar os "pedagogos"–, encontramos a corrente da "escola de profissionais". Para seus partidários, o vínculo social é antes de tudo a eficácia instrumental de

---

[32] Assim, a filosofia recupera seu lugar de "disciplina-rainha", legitimando o conjunto de outros campos disciplinares universitários sensíveis ao elogio dos "saberes" e temerosos, por algum tempo, de serem desestabilizados pelos questionamentos dos "pedagogos".

[33] *L' école ou le loisir de penser*, Paris: CNDP, 1993, p.175.

[34] Ibid., p. 31.

saberes claramente identificados e úteis em situações determinadas. A finalidade da escola não é, portanto, uma partilha de humanidade através de uma cultura, mas o desenvolvimento técnico, social e profissional de grupos sociais. Esse desenvolvimento deve ser pensado em estreita colaboração com todos aqueles que detêm o poder de decisão econômica e cujas iniciativas e eficácia condicionam a sobrevivência geral dos homens. A criança aqui não é mais um "sujeito de direito" disponível a uma racionalidade que se expõe, mas é um indivíduo concreto, com seus gostos, suas aptidões e seus limites, que fazem dele um ser mais ou menos suscetível de ocupar determinado lugar na sociedade e a quem se propõem aprendizagens técnicas em vista de uma inserção social ótima. O ensino aqui não é mais estruturado em diferentes disciplinas científicas constituídas com base no modelo universitário, e sim em competências contextualizadas, que não supõem necessariamente dominar os campos epistemológicos de referência das diferentes "matérias de ensino" que entram em jogo em sua constituição.[35] É preciso, portanto, confiar a responsabilidade dessa formação (fala-se mais comumente de "formação" do que de "instrução") a pessoas capazes de colocar os sujeitos em situações "autênticas" (isto é, o mais próximas possível das realidades sociais) e de ajudá-los a resolver problemas complexos. Preconizam-se assim, conforme a idade da criança, aprendizagens funcionais que respondam às necessidades de sua vida cotidiana e que lhe permitam verificar imediatamente sua utilidade, ou aprendizagens profissionais que deverá realizar na empresa, sob a responsabilidade de verdadeiros profissionais. Desse modo o vínculo social será assegurado pela inserção social em situações de vida e de trabalho. Apenas essa forma de vínculo social é considerada aqui, ao mesmo tempo, como realista e eficaz.

Como se vê, enquanto a "escola de professores" promete um ensino fundado no "sentido", a "escola de profissionais" promete um ensino fundado na "utilidade". Enquanto a primeira vê o vínculo social na partilha de uma cultura, a segunda o vê no fato de que cada um encontre um lugar na organização do trabalho e possa ocupá-lo eficazmente.

Entretanto, por que razão, há de se dizer, essas duas escolas não podem fundir-se em uma situação única ou, pelo menos, coabitar no seio

---

[35] Assim, explica Françoise Cardi, "parece que a emergência do local na educação começou a se manifestar a partir do momento, muito longínquo, em que surgiu – em particular com a política de formação permanente – um questionamento dos territórios tradicionais da formação e da educação, isto é, da escolarização, em proveito de uma inserção espacial diferente das tarefas de formação". ("Territoires scolaires et espaces de formation", Bernard Charlot et al., *L' École et le territoire: nouveaux espaces, nouveaux enjeux*, Paris: Armand Colin, 1994, p. 91).

da organização social? Sem dúvida, porque cada uma delas obedece a um princípio institucional diferente: a primeira só pode provir da responsabilidade do Estado e ser preservada das pressões do aqui e agora; a segunda pretende-se a emanação de projetos locais e de iniciativas específicas, únicas capazes de "adequar-se rapidamente às necessidades do terreno de ação". Há de se dizer que uma e outra poderiam suceder-se harmoniosamente na escolaridade dos jovens: é o que de fato ocorre, pelo menos aparentemente, para muitos deles... Mas quem não vê que cada um dos modelos procura ganhar terreno sobre o outro? A "escola de professores" retardando a formação profissional ou escolarizando-a no contexto dos estabelecimentos escolares existentes, redirecionando de algum modo as competências profissionais para os objetivos e as disciplinas escolares... A "escola de profissionais" buscando antecipar a seleção para conseguir que os alunos sejam liberados cada vez mais cedo das aprendizagens formais, consideradas inúteis, para serem colocados diante de aprendizagens identificadas como imediata e socialmente eficazes.

Para muitos leitores, essa oposição poderá parecer caricatural... acredito, no entanto, que ela seja pertinente. Alguns verão nisso uma espécie de retorno a uma definição arcaica da direita e da esquerda, do liberalismo e do jacobinismo: é possível! Não é certo, contudo, que as posições sustentadas por uns e por outros remetem, de maneira estrita, à sua filiação política. Nada garante que não se encontrem homens de direita – ou que se reconheçam como tal – entre os defensores da "escola de professores"[36]... da mesma maneira que se podem encontrar homens que se dizem de esquerda entre os que apóiam a "escola de profissionais"[37]... Mas isso não tem muita importância aqui. O que podemos constatar é a existência de verdadeiros desafios nacionais e locais que quase sempre remetem à escolha de uma dessas duas opções.

É claro que isso não é tão novo como se poderia acreditar, pois, como recordam Bernard Charlot e Jean-Louis Derouet, no final de uma

---

[36] A obra *Les préaux de la République* (Paris: Minerve, 1991), dedicada a Jacques Muglioni, que pode ser considerado como a figura emblemática da "escola de professores", evoca autores de posições tão heterogêneas como Régis Debray (que foi guerrilheiro na América do Sul, antes de se tornar conselheiro de François Mitterrand e depois abandoná-lo, declarando sua admiração pelo general De Gaulle), Jacqueline de Romilly (conselheira de ministros da educação de direita), Henri Péna-Ruiz (que se afirma resolutamente de esquerda e cita com frequência Marx), Étienne Borne (colaborador regular de *La Croix*), etc.

[37] Alain Minc, que presidiu a comissão sobre a França no ano 2000 e que tem posições muito próximas às que descrevemos aqui como representativas de uma "escola de profissionais", vangloriava-se, em uma entrevista televisiva, de contar com o apoio de "um homem de esquerda tão incontestável como Alain Touraine" (cf. *La France de l'an 2000*, Paris: Éditions Odile Jacob, 1993).

obra recente dedicada a essas questões, "sabe-se agora que o desenvolvimento do ensino primário superior e a criação dos primeiros estabelecimentos de ensino técnico apoiaram-se em fortes vínculos com o ambiente".[38] Porém, nos últimos anos, tem havido uma "ruptura maior",[39] a qual se manifesta pela cristalização das querelas e pela exacerbação dos debates em torno de uma questão política essencial: "Quais são as finalidades e as instâncias legítimas em matéria de educação? Elas são hierarquizáveis em função de sua relação com o bem público e com o interesse privado?",[40] Contudo, no rumor das tomadas de posição nesse âmbito, as afirmações confundem-se: denúncia da enorme máquina burocrática impossível de gerir, que representa a educação nacional, temor de que a consideração do local e de suas exigências não conduza, *in fine*, "a uma determinação das práticas pelas especificidades locais com finalidades e programas estabelecidos (e não mais simples projetos), ao final desse movimento, e a última tem origem da tradição republicana, escolas comunitárias etnicamente demarcadas",[41] afirmação do caráter perverso da própria idéia de projeto de estabelecimento escolar sub-repticiamente importada do ensino católico ou, ao contrário, da necessidade desses projetos para mobilizar atores locais para grandes ambições educativas[42]... Tudo isso comprova a realidade da oposição que os arranjos nacionais ou os compromissos locais do momento não permitem ignorar.

A esse respeito, a partilha de competências a que assistimos hoje entre as coletividades territoriais e o Estado não pode causar ilusão. Como todo compromisso, ele logo é ameaçado e ninguém imagina que tenhamos atingido um mínimo de estabilidade duradoura nesse âmbito. De certo modo, esse compromisso é inclusive a pior coisa, pois ele tende a favorecer a constituição e a coexistência de duas instituições paralelas: uma em que o vínculo social é assegurado pela cultura (o ensino geral), e outra em que o vínculo social é assegurado pela funcionalidade imediata dos saberes ensinados (o ensino profissional e técnico). Assim, a situação atu-

---

[38] Bernard Charlot *et al.*, *L' École et le territoire: nouveaux espaces, nouveaux enjeux*, Paris: A. Colin, 1994, p. 207.

[39] Ibid., p. 208.

[40] Ibid., p. 209 e 210.

[41] Ibid., p. 213.

[42] Cf. Jean-Pierre Obin, *(La crise de l'organization scolaire*, Paris: Hachette, 1993): "A organização deve ser apenas um meio a serviço dos fins da instituição. Seu fim é ser um meio" (p. 298)... e, nessa perspectiva, "a natureza do projeto e a essência da educação nos parecem homólogas. O projeto para o estabelecimento escolar, assim como para a educação para a sociedade, tem como missão tecer um vínculo no presente entre um passado, uma herança e um futuro, um sonho, uma esperança..." (p. 300).

al tende a instituir a fratura social como modo de funcionamento de toda a organização escolar, o que traz como conseqüência graves ameaças. Na falta de acordo sobre o que deve constituir o vínculo social na educação, oferecem-se garantias aos partidários das duas opções, permitindo-lhes constituir territórios, às vezes até mesmo fortalezas, onde eles põem em prática suas próprias convicções, ignorando que seus adversários estão fazendo o mesmo de sua parte. A nosso ver, tal fato decorre de uma omissão do Estado e de sua impotência para definir uma "cultura escolar para os nossos dias"..., uma autêntica "cultura escolar", na qual o equilíbrio seria assegurado, para todos os alunos e no âmbito de uma verdadeira escolaridade obrigatória comum até os dezesseis anos, entre os saberes funcionais capazes de instrumentalizar o sujeito para sua vida social e os saberes culturais suscetíveis de lhe permitir compreender-se em uma história e de se projetar em um imaginário. Estamos profundamente convencidos de que, enquanto esse trabalho de "refundação" da instituição escolar não for realizado e não se obtiver, nesse plano, os meios de realizar suas ambições, os compromissos prosseguirão ao sabor dos imprevistos políticos e, sobretudo, das tensões entre as pressões consumistas e as forças sindicais, conforme as conjunturas locais.[43]

Por isso, é de se esperar que se abra um verdadeiro debate sobre a escola, seus conteúdos e sua missão na República e que todos os cidadãos sejam chamados a oferecer sua contribuição e a se pronunciar sobre esses pontos essenciais... todos os cidadãos e não apenas os intelectuais que ditam as regras em matéria educativa ou os pedagogos consagrados. Pois os que aqui nomeamos de "pedagogos", e cuja estranha

---

[43] Tentamos trazer alguns elementos necessários a esse trabalho de "refundação", superando a antinomia implícita, fundadora da oposição entre esses dois tipos de escola que apresentamos, entre competências e conhecimentos (cf. *L'envers du tableau*, Paris: ESF éditeur, 1993, p.111 e ss.). Por outro lado, esperávamos que o Conselho Nacional de Programas, criado pela Lei de Orientação de 1989, permitisse avançar nessa direção. No momento, é preciso reconhecer que os avanços continuam muito tímidos e que os trabalhos mantêm-se em grande parte paralisados pelas lutas de influência e de poder entre as diferentes "associações de especialistas" disciplinares, cujo combate é essencialmente corporativista, que não levam muito em conta as indagações que acabamos de evocar. Em um outro plano, que não constitui aqui nosso objeto de trabalho específico, seria preciso examinar longamente em que a função de construção do vínculo social que a escola deve assumir é ou não compatível com a de "projeto de estabelecimentos". De fato, alguns vêem nessa idéia uma grave ameaça para a educação nacional e a própria expressão do abandono de toda vontade do estado nesse campo (cf. Guy Coq, op. cit.); de minha parte, já expressei sobre esse ponto minha concepção, segundo a qual um projeto nacional vigoroso somente poderia ser realizado graças à mobilização local dos atores em condições específicas... E, ainda que eu preferisse a noção de "contrato de estabelecimento"– para demarcar melhor e tornar possível o engajamento em um processo social (cf. *L'envers du tableau*, Paris: ESF éditeur, 1993, p. 217 a 229) –, compartilho a análise de J. L. Derouet, que afirma, no final de um estudo sociológico muito arrebatado, que "o estabelecimento escolar constitui a unidade de base desse trabalho de reconstrução do vínculo social cuja necessidade surgiu no fim dos anos 70" (*École et justice*, Paris: Métailié, 1992, p. 239).

identidade tentaremos definir, não nos parecem trabalhar em princípio nesse registro... embora sintam um desejo irreprimível de tomar posição nisso a todo instante e apesar do fato de que o leitor, sem dúvida, sente que nós mesmos fervemos de impaciência por nos situar nesse debate. O pedagogo, tal como tentamos circunscrevê-lo aqui, não se revela logo. Pelo menos não no início, naquilo que o constitui como pedagogo e o investe em uma função específica. E os pedagogos, ainda que não deixem de propor escolhas políticas, ainda que às vezes sejam tomados de uma espécie de frenesi organizacional, devem aprender a conter seu ardor para se reportar ao essencial. Se eles se apresentam enquanto políticos, como nós próprios nos apresentamos às vezes, isso apenas pode ser feito por um longo decurso que, de modo algum, coloca-os em posição de legislar sozinhos nessa matéria e que lhes permite, no máximo, interpelar os cidadãos, os detentores das decisões políticas e os administradores da escola de um ponto de vista particular, de uma postura específica que estamos buscando aqui.

A nosso ver, a pedagogia, naquilo que a constitui fundamentalmente, não está ligada, por natureza, a nenhuma das duas "escolas" que descrevemos. De fato, aquele que designamos como "o pedagogo" é recrutado tanto entre os professores ligados ao serviço público de educação e convencidos do valor emancipador da cultura em seu desígnio de universalidade quanto entre os formadores desejosos de uma eficácia social e profissional imediatas. Os esforços realizados por uns e outros para vincular a pedagogia à sua própria inserção institucional acabam levando sempre à reação de seus parceiros, que recusam aquilo que consideram como uma anexação injusta. Assim, uns e outros encontram-se lado a lado – apesar, muitas vezes, de suas posições ideológicas contrárias – quando se trata de trabalhar sobre os "obstáculos cognitivos" ou de se interrogar sobre a questão da apropriação de saberes ou da transferência de conhecimentos.[44] Disso decorrem, sem dúvida nenhuma, algumas acusações de opositores da pedagogia, que usam essas aproxima-

---

[44] Seria interessante estudar aqui a evolução paralela das revistas *Cahiers Pédagogiques* e *Éducation Permanente*: muito diferentes sob diversos aspectos, hoje elas se aproximam tanto por seus objetos de preocupação quanto por suas análises. Assim, a primeira, herdeira de uma concepção laica e republicana da nova educação (segundo a qual "a República é também a pedagogia ativa, porque é a discussão, a experiência e a observação pessoal, não a afirmação de métodos autoritários herdados das congregações" – cf. Antoine Prost, *Éducation, societé et politiques*, Paris: Le Seuil, 1992, p.181), é levada a se interrogar sobre a importância do local e sobre as questões que dizem respeito à alternância ou às relações com a sociedade civil (cf., em particular, o número 325 de junho de 1994 sobre a "descentralização", na qual Richard Étienne, o coordenador do dossiê, pergunta-se sobre a possibilidade de resistir, simultaneamente, "às vontades hegemônicas do ministério da Educação nacional e à atomização que resultaria de uma desregulamentação ultraliberal", p.12). Ao mesmo tempo, a revista

ções como argumento para denunciar o fato de que, por natureza, ela estaria do lado do "mercado"... ignorando que, nesse aspecto, uma boa parte dos pedagogos tem posições políticas muito firmes no sentido da prioridade do nacional e de uma vinculação ao serviço público livre de qualquer vassalagem econômica e social.[45]

Assim, a pedagogia representa uma maneira não de recusar as posições políticas que desenvolvemos, mas de questioná-las sobre algo absolutamente específico: o que se torna aquele que aprende nesses sistemas e como ele é levado em conta... o que se faz com ele, de algum modo, não na teoria, nas definições que se pode dar a respeito, mas no dia-a-dia do ato educativo, quando a pessoa da criança resiste ao projeto que temos para ela.[46]

Talvez seja isso que explique a estranha declaração que abre a *Carta de Stans,* de Pestalozzi, apesar de firmemente engajado em favor dos

---

Éducation Permanente, mais ligada a uma tradição empresarial e centrada nas questões da formação de adultos e da empresa, publica atualmente um suplemento especial regular dedicado aos problemas de formação na educação nacional. Pode-se interpretar esse fenômeno como significativo do fato de que a postura pedagógica leva a se colocar questões que estão sempre presentes em toda experiência educativa... A nosso ver, isso não exclui o debate necessário sobre o papel recíproco do local e do Estado, dos professores e dos profissionais na formação de jovens, mas revela que, seja qual for a posição que se assuma nesse debate, existe uma dimensão relativamente irredutível ao debate político e que remete àquilo que denominamos como o pedagógico.

[45] É o ataque que lançam contra mim com uma violência de tom que se iguala apenas à sua leviandade metodológica (os textos analisados foram cuidadosamente selecionados e a maior parte de meus textos deliberadamente descartados) Hervé Boillot e Michel Le Du em *La pédagogie du vide* (Paris: PUF, 1993). Felizmente, essa obra também apresenta análises mais pertinentes, às quais voltaremos mais adiante.

[46] Quatro textos pedagógicos, em particular, aqui me servirão como suportes para evocar a especificidade da reflexão pedagógica; eles me permitirão mostrar, através de seus modos de funcionamento, seus pressupostos e suas proposições, aquilo que constitui o princípio mesmo do pedagógico em sua viva tensão. Trata-se da *Carta de Stans,* de Pestalozzi, escrita em 1799 (*Lettre de Stans*, tradução de Michel Soëtard, Centre de Documentation et de Recherche Pestalozzi, Yverdon-les-Bains, 1985), *O homem atormentado pelas crianças,* de Albert Thierry, obra escrita em 1909 (*L' homme en proie aux enfants,* Paris: Magnard, 1986), *Como amar uma criança,* de Janusz Korczak, obra escrita no *front* em 1915 (*Comment aimer un enfant*, tradução de Sofia Bobowicz, Paris: Robert Laffont, 1978) e *Os ditos de Mathieu,* de Célestin Freinet, conjunto de textos publicados na revista *L' Éducateur* de 1940 a 1948 (*Les dits de Mathieu,* Paris: Delachaux et Niestlé, 1978). Veremos que, todas elas, são obras que se caracterizam pela dificuldade de serem classificadas de maneira precisa em um "gênero literário" determinado: nem tratados científicos, nem estudos teóricos ou ensaios filosóficos, nem simples relatos de experiências ou diários íntimos, nem ficções... mas um pouco de tudo! Elas representam, a nosso ver, uma forma de expressão original, em que se tenta articular uma palavra que faça sentido no campo educativo. Estranhas a qualquer procedimento de validação ou de experimentação sistemática, na realidade sua credibilidade deve-se, em grande parte, ao fato de que podem ser entendidas pelos educadores que, graças a elas, conseguem penetrar um pouco (mas, é claro, sem nunca poder elucidá-lo completamente) no mistério da relação educativa. Evidentemente, também recorremos, embora de maneira menos sistemática, a outros textos pedagógicos

ideais revolucionários, discípulo fervoroso de Rousseau e que, depois de ter tentado aplicar suas teorias pedagógicas, de janeiro a junho de 1799, com os órfãos de uma cidade devastada pelo exército bonapartista, inicia a análise dessa aventura com uma estranha declaração:

> Sem dar crédito à exterioridade da forma política que a massa dessas pessoas poderia atribuir-se, tomo algumas idéias colocadas na ordem do dia e alguns interesses suscitados como aptos para introduzir aqui e ali algo de verdadeiramente bom para a humanidade.[47]

Em outros termos, se a pedagogia ou os pedagogos põem-se a escolher entre as duas "escolas" cujos modelos apresentamos, eles o fazem, a nosso ver, argumentando apressadamente com base em registros que não são os seus. Se a pedagogia e o pedagogo escolhem, em nome de sua posição pedagógica, algo que resulta de uma escolha filosófica e política, de uma escolha de sociedade, eles "embaralham as cartas" e contribuem para a confusão do debate educacional. Em compensação, se a pedagogia e os pedagogos – quer eles lecionem nos estabelecimentos escolares ou na formação profissional, quer estejam a serviço de empresas, de coletividades territoriais ou do Estado – levantam dentro de suas instituições, com essa mistura de falsa ingenuidade e de verdadeira provocação que os caracteriza, a questão do papel do "sujeito concreto" em sua tarefa educativa, então eles cumprem uma missão indispensável e realmente fazem seu trabalho.

Uma experiência pedagógica exemplar: Albert Thierry[48]

Em 1905, Albert Thierry é um jovem professor libertário de 24 anos; formou-se na Escola Normal de Saint-Cloud e ali se preparou para ensi-

---

marcantes desses dois últimos séculos, como os de Tolstoi, Dewey, Neill, Makarenko, Montessori, Decroly, Cousinet, Rogers, d' Oury e de muitos outros. Veremos que todos esses textos pertencem à mesma "categoria literária" e partilham, tanto em seu modo de expressão quanto em próprio sentido de sua conduta, da mesma inspiração.

[47] *Lettre de Stans*, p.19, grifo do autor. No que diz respeito às relações entre o político e o educativo em Pestalozzi, ver seu ensaio filosófico de 1797: *Mes recherches sur la marche de la nature dans l'évolution du genre humain*, Lausanne: Éditions Payot, 1994; de resto, teremos oportunidade, mais adiante, de voltar a esse texto fundamental, traduzido e comentado por Michel Soëtard.

N.B. Sobre as quatro obras que tomamos como características do "discurso pedagógico", não retomaremos em nota as referências completas dos livros utilizados: convém, portanto, reportar-se à nota acima.

[48] Albert Thierry nasceu em 1881 em uma família de modestos artesãos. Em 1900, torna-se aluno da Escola Normal Superior de Saint-Cloud e milita nas fileiras dos *dreyfusards* (N. de T.: Partidários de

nar nas escolas primárias superiores. É nomeado então para Melun, onde assume a responsabilidade de uma "classe difícil", como diríamos hoje, uma classe de filhos de camponeses que não manifestará qualquer interesse particular pela cultura com que seu jovem e apaixonado professor procura brindá-los. Assim, durante uma de suas primeiras aulas de francês, em que Thierry lê com uma emoção não dissimulada um trecho de *Os miseráveis*, de Victor Hugo, os alunos passam a se ocupar de diversas coisas e a zombar com desprezo do texto que é lido. Enquanto o professor está à beira das lágrimas, profundamente tocado pelo trecho que lê, seus alunos ridicularizam as expressões de Victor Hugo ao descrever as alucinações de Jean Valjean e, minutos mais tarde, quando se encontram no recreio, parodiam com violência e maldade aquilo que o professor queria que eles admirassem: "Eu sofria, era humilhado, lamentava a beleza",[49] observa então Thierry nesse texto estranho, nem obra literária, nem tratado de pedagogia, nem diário íntimo, que é *O homem atormentado pelas crianças*.

Já Robert Petitjean assinala, no prefácio à recente reedição da obra que utilizamos,[50] a extrema dificuldade de situar não apenas a natureza desse escrito, mas também as posições políticas de seu autor, "reivindicado ao mesmo tempo por doutrinários de posições mais opostas que imaginavam reconhecer-se ali":[51] pela esquerda porque Thierry é considerado um verdadeiro artífice da libertação do povo; pelos cristãos, que exaltam seu sentido de devotamento; pela direita, que vê nele um homem capaz de compreender as limitações do "enraizamento" das pessoas na história local e nas tradições; pelos humanistas, que ressaltam seu amor sempre otimista e confiante pelos homens mais desprovidos; pelos "psicólogos", que assinalam suas enormes qualidades de observação dos traços de caráter dos adolescentes, e mesmo pelos críticos literários, que admiram seu estilo e consideram particularmente felizes suas descrições dos costumes familiares e escolares da época.

Dreyfus). Antimilitarista convicto, presta serviço militar recusando-se a fazer parte do pelotão de oficiais. Inicia como professor primário em 1905 e passa a colaborar em revistas anarquistas, como nos *Cahiers de la Quinzaine*, de Charles Péguy. Seus escritos têm como tema tanto a política e a educação quanto a crítica literária ou a filosofia. Também publica contos, uma peça de teatro e inúmeros poemas. Em 1914, participa da guerra como simples soldado; ferido, é dispensado, mas volta ao *front* como voluntário. No dia 26 de maio de 1915, aos 34 anos é morto na explosão de uma bomba durante a ofensiva de Artois.

[49] *L' homme en proie aux enfants*, p. 41.

[50] Paris: Magnard, 1986.

[51] Ibid., p.17.

Na realidade, para nós que lemos esse texto hoje, ele pode parecer exatamente o arquétipo do "discurso pedagógico", na medida em que coloca no centro de sua proposição *a resistência da criança e do adolescente à vontade do educador e o trabalho do educador sobre essa resistência*. "Cheguei a uma maturidade dogmática e declamatória", explica Albert Thierry justamente no momento em que está deixando sua classe e rememora sua história com ela. "Meus alunos zombaram; e inicialmente, satisfeito com meu estoicismo, submeti-me à sua galhofa como a um sofrimento fecundo".[52] Porém, Thierry não desiste; ele se envolve, sempre que possível, em exposições apaixonadas, em que busca partilhar seus ideais políticos, seus gostos literários e suas inclinações para a pesquisa intelectual. Um dia, em uma aula de moral que considera particularmente importante, sobre a distinção entre a identidade e a igualdade no campo político, ele se entrega a uma longa exposição filosófica, na qual revela inconscientemente suas convicções mais íntimas. Completamente absorvido e como que exaltado pela coerência de suas proposições, ele se esquece da classe ou, mais exatamente, vê nela apenas um espelho capaz de refletir a imagem de um pensamento que se revela em toda sua coerência e sua sutileza. Porém, de súbito, ele pára e pergunta-se intimamente: "Para quem estou falando afinal? [...] Para quê?" E recorda-se: "Um dia vi Marcel moreno sofrer submetido ao meu pensamento como se sofre submetido ao ferro em brasa".[53]

Talvez se trate aqui, estranhamente, daquilo que se poderia chamar de "momento pedagógico", *o momento pedagógico* por excelência.[54] Esse instante em que o professor, sem renegar seu projeto de transmitir,

---

[52] Ibid., p.154.

[53] Ibid., p.123.

[54] Havíamos concluído a redação desta obra quando tomamos conhecimento do livro de Rémi Hess e Gabrielle Weignand, *La relation pédagogique* (Paris: Armand Colin, 1994), que também introduz o conceito de momento pedagógico (p.110 a 138). Tomando emprestado o conceito de "momento" a Henri Lefebvre (*La somme et le rest*, Méridiens Klincksieck, Paris, 1989), os autores apóiam-se na idéia (que compartilhamos inteiramente) de uma não-linearidade do tempo na ação pedagógica; eles mostram que essa não-linearidade coloca a questão da existência de uma "estabilidade" do sujeito no futuro e leva a questionar a ação do ângulo da constituição de "momentos" específicos, remetendo a situações particulares cujo sentido o aluno deveria compreender e ser capaz de estabelecer articulações entre elas. Assim, o momento da avaliação, o "momento do belo", o momento filosófico, etc., têm de ser compreendidos como situações específicas que obedecem a lógicas particulares e suscetíveis de serem articuladas entre elas mediante uma abordagem autobiográfica que reconstrói a unidade da história da pessoa, permitindo-lhe apreender o que lhe é solicitado em cada um desses "momentos" que ela atravessa... De nossa parte, não rejeitamos essa análise, que nos parece uma chave de leitura interessante, mas situamo-nos em um outro plano, o da busca daquilo que faz com que um "momento escolar" ou "educativo", qualquer que seja sua lógica própria, seu contexto, sua inserção histórica, torne-se verdadeiramente "pedagógico".

descobre que o aluno, diante dele, escapa ao seu poder, não compreende, sem dúvida sofre um pouco com essa humilhação que representa para ele o fato de não compreender, de ser excluído, ainda que temporariamente, da "coletividade de aprendizes"... E não há qualquer renúncia nesse momento pedagógico, pois se com isso o professor renunciasse a seu projeto, não haveria mais pedagogia, simplesmente se mudaria de registro de comunicação: retomando a troca em um nível inferior, abandonando sua própria exigência, o professor penderia para a simples conversa. Porém, no outro extremo, esse momento pedagógico marca também uma ruptura com a desconsideração narcisista do outro, que permitiria continuar a se ver e a se ouvir falar na pura inteligência das coisas: há aí o risco do solipsismo e talvez até mesmo do delírio.

O momento pedagógico é, portanto, o instante em que o professor é levado pela exigência daquilo que diz, pelo rigor de seu pensamento e dos conteúdos que deve transmitir e em que, simultaneamente, percebe um aluno concreto, um aluno que lhe impõe um recuo que nada tem de renúncia. E esse momento, como se pode ver em Thierry, nada tem a ver com uma "centração" abstrata em um sujeito epistêmico, cujos processos de aprendizagem se decidiria então a levar em conta,[55] não é tampouco uma maneira de rebaixar a relação educativa a uma relação afetiva, instaurando, no coração da classe, a circulação de afetos suspensa por algum tempo... É algo bem diferente: a irrupção da materialidade aleatória do outro, dessa "matéria" rígida e firme que resiste à potência de meu pensamento e de meu projeto.

O momento pedagógico remete-nos assim ao que Louis Althusser, em seus últimos escritos filosóficos – no momento em que deliberadamente se distancia de um marxismo cujo materialismo seria uma "filosofia" formalizada e dogmática –, chama de "materialismo aleatório", um "materialismo do encontro e da contingência",[56] que não se apresenta como uma refutação do idealismo do qual seria o oposto, mas põe em questão todos os sistemas de pensamento por sua atenção aos casos singulares e seu interesse pela resistência concreta dos seres e das coisas.

É desse modo que Thierry, ideólogo idealista por excelência, descobre de súbito "o Marcel moreno", que não é qualquer aluno; não é o outro Marcel, "o loiro", mas é aquele que não sabe concordar os particípios passados, que tem um irmão com o qual mantém relações estranhas; o

---

[55] Nesse sentido – voltaremos a esse ponto –, o momento pedagógico nada tem a ver com o "momento psicopedagógico" na educação.

[56] *Sur la philosophie*, Paris: Gallimard, p. 23.

"Marcel moreno" é um ser determinado, materializado, que Thierry conhece bem, cujo rosto não se confunde em uma massa anônima, mas invoca uma pessoa às voltas com uma situação particular, uma pessoa que o interrompe, não porque sua atitude invalida o discurso do professor, mas porque seu sofrimento não pode permitir-lhe continuar a fazer prevalecer indefinidamente sua própria satisfação magistral.

Falamos aqui em "satisfação magistral", o que poderia levar a supor que apenas a magistralidade expositiva deve ser posta em questão: os pedagogos dos "métodos ativos", assim como os organizadores de "dispositivos didáticos", os defensores da "pedagogia por objetivos", do "ensino individualizado" ou da "pedagogia diferenciada" não teriam então nada a temer; pretendendo logo de início colocar o aluno no centro de suas preocupações, eles seriam poupados dessas interrupções intempestivas e poderiam trabalhar com uma serenidade permanente. Nada é mais falso do que isto: uns e outros, apesar de todos os seus esforços para prever e programar suas seqüências de aprendizagem, jamais conseguem precaver-se contra essa resistência, por definição imprevisível, do aluno que recusa, ignora, contesta, rejeita o que lhe é proposto. Achar que se pode poupar definitivamente dessa resistência seria imaginar que nunca haverá um acontecimento que venha a perturbar o percurso escolar do aluno, seria reduzir o aluno a um "segmento escolar" que, mediante condições bem pensadas, milagrosamente se tornaria disponível às propostas imaginadas para ele por um professor generoso... seria, de fato, criar o impasse do contato educativo que, no entanto, pretende-se promover.[57]

Falamos de "satisfação magistral", mas também mencionamos a palavra "sofrimento" e imaginamos que essa palavra talvez possa parecer excessiva aqui. Será que, para que ela esteja à altura das coisas, deveríamos retroceder aos primeiros usos do termo, que evocam a trégua, a espera e a paciência,[58] uma espécie de "suspensão obrigatória e

---

[57] Charles Delorme, diretor do CEPEC, um dos organismos de formação que, sem dúvida, mais contribuiu para a difusão da "pedagogia por objetivos" na língua francesa e cujos dossiês serviram de matriz para inúmeras publicações didáticas, bem como para muitos referenciais de formação, conclui sua tese imaginando um professor armado de objetivos e de dispositivos, confrontado com alunos que se recusassem radicalmente a entrar em seu jogo (cf. *De la animation pédagogique à la recherche-action*, Lyon: Chronique social, 1982). De certa maneira, Charles Delorme interpela o leitor sobre a própria possibilidade desse momento pedagógico dentro daquilo que se define justamente como "a pedagogia". Pode-se, inclusive, levantar a hipótese de que a convicção de se encontrar na "verdade pedagógica", de estar implementando, como exigem dele os formadores, uma "verdadeira pedagogia diferenciada", "verdadeiros dispositivos didáticos", pode funcionar, em certos casos, como um obstáculo para chegar ao momento pedagógico que aqui evocamos.

[58] Cf. *Dictionnaire de la langue française*, organização de Alain Rey, Paris: Robert, 1993, tomo 2, p.1988.

assumida da atividade", que se encontra hoje na expressão "estar em sofrimento" afinal bastante adequada para descrever a situação de inúmeros alunos? Contudo, falar do sofrimento dos alunos como de uma dor insuportável, de um grave atentado à sua integridade física ou psicológica, não seria manipular com muita facilidade um *pathos* duvidoso? A dor da criança é, como se sabe, um dos recursos dramáticos mais fáceis de utilizar, e é preciso ter a genialidade de um Chaplin para descrevê-lo sem degenerar na emoção complacente. No entanto, quando Thierry fala de sofrimento, não se percebe em suas proposições qualquer facilidade literária para manipular a emoção do leitor, ou mesmo para desfrutar ele próprio do prazer complacente que às vezes sentimos quando anunciamos primeiro uma má notícia. Ele fala em sofrimento apenas para designar com muita precisão essa resistência da história singular de qualquer indivíduo a um poder ou a um pensamento que tentam inculcar-lhe: o sofrimento, para Thierry, está relacionado, simultaneamente, a essa herança de que somos feitos e a essa particularidade que acrescentamos a ela: é isso que ele chama de "rosto": "Esse rosto obscuro e inigualável, Henri, o rosto de sua pessoa, você o herdou de seu pai e de sua mãe e de incontáveis mortos que os engendraram: e, no entanto, ele difere dos deles, mortos ou envelhecidos, por uma nuança que nunca se viu antes e que jamais se verá".[59]

Portanto, o momento pedagógico é o instante em que, sejam quais forem nossas convicções e nossos métodos pedagógicos, aceitamos ser surpreendidos diante desse rosto, diante de sua estranheza, de sua radical e incompreensível estranheza. Quando se domina um discurso, uma disciplina escolar, um dispositivo didático, quando se investe completamente nisso a ponto de, às vezes, confundir-se com o que se diz ou com o que se organiza, a resistência do outro parece sempre eminentemente escandalosa. Todos sabem – e os didatas, assim como os professores universitários partidários da centralização da formação dos professores apenas nos conteúdos acadêmicos universitários, não nos deixam esquecer – que "sempre se ensina alguma coisa"; é verdade que o verbo ensinar deve ser sempre acompanhado de um complemento verbal... sob pena de ser esvaziado de qualquer conteúdo. No entanto, olhando mais de perto, esse verbo não deve ter um complemento verbal, mas dois: "Ensina-se sempre alguma coisa *a alguém*"... e esquecer esse segundo complemento também esvazia o verbo de qualquer conteúdo...

---

[59] *L' homme en proie aux enfantes*, p.149.

ou limita seu significado à expressão de uma simples funcionalidade social ou de uma interessante – porém irrisória – satisfação pessoal.[60] Tal como o definimos, o momento pedagógico é a irrupção desse "alguém" que esquecemos com tanta facilidade, ou que relegamos rapidamente a um elemento anônimo de um conjunto indiferenciado. Irrupção às vezes violenta, acontecimento imprevisível, mas eminentemente necessário, contato sempre surpreendente, à imagem desse encontro descrito por Maurice Blanchot na primeira página de seu livro *Le Très-Haut*, quando o personagem principal dá uma topada com um desconhecido na multidão e não sossega até obter uma explicação que justifique o choque:

> – Quando você bateu em mim, sentiu que devia fazer isso, era um dever: eu o desafiava. Agora você está arrependido, porque sabe que sou um homem como você.
> – Como você? Eu jamais suportaria isso!
> – Como você, sim, como você. A rigor, você pode me bater. Mas me matar, me esmagar, você faria isso? Eu me aproximei dele. Se eu não sou como você, por que não me esmaga sob seus calcanhares?[61]

Estranho diálogo, em que os papéis sempre podem ser invertidos e que remete, a nosso ver, àquilo que está na base de todo contato, ao que se trama naquilo que chamamos de momento pedagógico e que, como acabamos de ver, foi experimentado por Albert Thierry.

E Thierry, em sua classe, prossegue sua reflexão: "Na realidade, normalmente não me dirijo nem aos Marcel, nem a Léopold, nem a León, nem a Henri: dirijo-me a um ser abstrato ou não abstrato, a um fantasma imaginado sutil e inteligente, à classe 'enquanto individualidade', à multidão".[62] Porém, a multidão existe de uma certa maneira: todo professor é obrigado a supô-la de tempos em tempos, no início do ano escolar, quando ainda não conhece sua classe, ou quando prepara suas aulas, ou mesmo quando toma fôlego para dizer algo que tem em mente, algo que deve ensinar a qualquer custo. E ele ensinará à multidão, às vezes eficazmente, partilhando com ela o milagre de um pensamento que se constrói, mas às vezes também de maneira irrisória, passando totalmente à margem daquilo que ela é, deseja ou procura. Ele pensará em instalar em

---

[60] É o que mostra com extrema perspicácia e humor Jacques Godet ao analisar o discurso de um responsável pela associação de professores de filosofia do ensino público... a omissão sistemática do segundo complemento verbal do verbo "ensinar" representa para ele uma espécie de negação "da presença 'aqui em baixo' de alunos concretos" (*Bulletin du GREPH*, novembro de 1993, p. 8).

[61] *Le Très-Haut*, Paris: Gallimard – l'imaginaire, 1988, p.9 e 10.

[62] Ibid., p.124.

sua classe esse espaço de razão onde dialogam a inteligência do professor e a dos alunos, às vezes mesmo inconscientemente. Quem sabe, se tiver a oportunidade de contar com um público particularmente interessado ou atento, poderá continuar assim ao longo de toda a sua carreira? Quem sabe, terá mesmo de continuar assim, pois senão os riscos seriam muito grandes para ele? Ou, de tempos em tempos, em um rápido clarão, ele terá oportunidade de se ver diante da resistência do outro e, graças a ela, de se livrar das facilidades retóricas, de descobrir o que ele diz, mesmo que para ele isso seja evidente, mesmo que lhe cause profundo júbilo intelectual, mesmo que a imensa maioria dos alunos participe desse júbilo, o que ele diz continua sendo, para um único ser, um momento de sofrimento... e, nesse momento, portanto, há uma ruptura do vínculo social ou, para ser mais exato, uma exclusão.

Constata-se aqui o vínculo particular existente, para o pedagogo e em seu campo específico, entre o momento pedagógico e a questão do "vínculo social": o momento pedagógico é, de algum modo, o sinal de alerta que assinala a ruptura e o fracasso do próprio projeto de educar.[63] Se, como recorda Jacky Beillerot, educar é sempre "trabalhar o vínculo", "o vínculo das gerações pelo conhecimento, o vínculo das fratrias, o vínculo dos ancestrais, o vínculo invisível dos homens enquanto humanos"[64], o momento pedagógico é a consciência brutal da ruptura do vínculo. O professor corta as amarras e o outro fica à deriva, sem necessariamente pedir socorro, às vezes tendo a consciência de que era inevitável, em geral na mais total incapacidade de retomar a direção e decidir seu próprio caminho. O vínculo é rompido e não poderá mais ser desfeito: a brutalidade da ruptura desencoraja para sempre o cuidado paciente de se libertar por si mesmo tecendo novos vínculos. A violência está muito próxima e, com ela, o fracasso do projeto educativo. A exclusão torna-se inevitável; porém, se ela logo se torna insuportável, então pode ocorrer o milagre: a compaixão abre as portas para a busca daquilo que possa restaurar o vínculo e reconduzir um ser ao círculo do humano.

---

[63] Certamente, haverá quem associe o que chamo aqui de momento pedagógico com o momento da negatividade na dialética hegeliana. Evidentemente, essa associação é possível... mas com a condição de que não se pense que a pedagogia será capaz de chegar a uma "síntese" reconciliadora e unificadora, como supõe o pensamento hegeliano. Nossa convicção é de que o pedagogo não pode ser hegeliano, pelo menos enquanto está às voltas com o projeto educativo em atos... ele somente chega a uma síntese salutar abandonando o pedagógico para pensar a educação do ponto de vista de Sirius, imediatamente ou *a priori*, quando se vê livre das contingências da própria ação.

[64] *Voies et voix de la formation*, Paris: Éditions Universitaires, 1988, p.13.

Que isso seja acompanhado de uma série de sentimentos contraditórios, que comporte um apego excessivo aos "preguiçosos", ou mesmo que o professor ajuste velhas contas com sua própria escolaridade e com sua própria história, não há aí qualquer mistério ou problema. Albert Thierry sabe bem o quanto se sente ameaçado cotidianamente pelos excessos da afetividade e pelos demônios da culpabilidade. Todavia, ele sabe que é essa a condição humana e que não há nada que possa levar a uma condenação irremediável. A profissão, em sua mediocridade cotidiana, permite então reconduzir as coisas à sua justa medida e fazer com que o momento pedagógico não assuma as proporções de um drama pessoal ou paralise qualquer atividade futura. É que o momento pedagógico, como seu nome indica, é apenas um momento em que é preciso ser capaz, ao mesmo tempo, de levar a sério e superar. Um momento particularmente carregado de emoção, mas que a "profissão" felizmente nos permite "gerir" sem jamais esquecê-lo. Um momento estranho como esses poucos segundos em que Albert Thierry, em uma tarde de novembro, descobre os rostos de uma nova classe:

> Estranha responsabilidade, misteriosa missão para a qual nada me preparou: é preciso que eu viva e que estimule a viver!... Eu seria capaz? Prevejo novos combates, dificuldades monstruosas: sobretudo prevejo inépcia, erros, humilhações. [...] Esquecendo meus antigos princípios e a palavra implacável do velho Spinoza, tão apaixonadamente admirado no tempo de meu estoicismo: 'Se eu te amo, será que isso te interessa?', brado no meu íntimo:
> – Vocês me amarão, pois eu os amarei!
> Eles ouvem. Neste momento, devo falar. O que vou lhes dizer? [...] Meus lábios tremem, uma espessa onda de vida enche meu peito; e, logo em seguida, esmagado pelo rolo compressor do ofício, pronuncio em voz baixa:
> – Empresta-me seu livro de história e diga-me onde vocês pararam a última vez.[65]

Assim, ao longo deste capítulo, procuramos mostrar que, ao lado de discursos de todos os tipos sobre a educação, à margem dos debates educativos sobre a função da escola na nação, poderia existir um discurso especificamente pedagógico, que tentasse, senão oferecer alguma prova, pelo menos "estabelecer a verdade" sobre o que se trama

---

[65] Op. cit., p. 87.

na relação educativa. Esse discurso pedagógico de modo algum torna ultrapassados os debates atuais sobre o papel da escola na constituição do vínculo social, não impede o pedagogo de participar, como cidadão ou mesmo como filósofo, desses debates... mas não lhe prescreve uma posição que deveria necessariamente assumir "como pedagogo". O discurso pedagógico situa-se em um outro plano, em um outro registro, quando um homem que se encarrega da árdua tarefa de educar pequenos homens e de lhes ensinar o que a sociedade considera necessário ao seu desenvolvimento descobre a resistência desses seres e decide não desprezá-la, negá-la por decreto ou se fechar em próprio delírio. Ocorre aí a emergência daquilo que chamamos de momento pedagógico e que tentaremos agora descrever mais detalhadamente.

Capítulo 2
Da emoção à ética

Tese: *O "momento pedagógico" expressa-se em uma categoria particular do discurso educativo, marcada essencialmente pela solicitude em relação à infância. Essa solicitude sempre vem acompanhada de múltiplos perigos, dos quais ela só consegue escapar porque reporta a uma exigência ética fundamental.*

Para quem descobrisse hoje a maior parte do que se considera como os grandes textos pedagógicos dos dois últimos séculos, uma primeira constatação se imporia: da *Carta de Stans* a *Crianças livres de Summerhill*, do *Sistema preventivo para a educação da juventude,* de Don Bosco, ao *Poema pedagógico,* de Makarenko, das obras de Montessori às de Freinet, predomina a mesma impressão: todos esses textos são marcados pela revolta e pela denúncia; todos se rebelam contra o fato de as crianças, em seu conjunto, serem submetidas a um tratamento degradante, de sua juventude ser solapada por educadores inconscientes e de serem preparadas para a submissão, e até mesmo para a humilhação, para o resto da vida, pela educação que recebem. "As crianças são infelizes" e são os adultos que fazem sua infelicidade; as crianças são esmagadas pela educação que recebem, e é o destino do mundo inteiro que é comprometido pela inconsciência, quando não pela indignidade, de seus ancestrais.[1]

---

[1] Assim, explica Neill, na introdução de *Libres enfants de Summerhill*: "Uma criança difícil é uma criança infeliz. Ela está em guerra contra si mesma e, conseqüentemente, com o mundo inteiro. [...] Jamais um homem feliz nunca perturbou a paz de uma reunião, pregou uma guerra ou linchou um negro. [...] Todos os crimes, todos os ódios, todas as guerras podem ser atribuídos ao mal da alma. Nesta obra, tentarei mostrar como esse mal enraíza-se, como destrói vidas humanas e como se pode detê-lo por meio de uma educação saudável" (Paris: Maspéro, 1972, p.17 e 18).

Do complô contra a infância à solicitude em relação a ela

Para o pedagogo, haveria uma espécie de complô contra a infância: quando seria necessário estar atento a ela e voltar todas as suas preocupações para favorecer seu desenvolvimento harmonioso, aqueles que se dizem seus educadores a esmagariam com exigências absurdas, imporiam a ela um "mecanismo desumano", um "ritmo incompatível com a conduta natural da criança"... Pior ainda, "transformamos nossas crianças em animais, confinando-as em estábulos estreitos, sem ar nem luz [...] Nós as transformamos em animais porque reprimimos brutalmente qualquer tentativa de emancipação [...] Porém, somos perdoados, pois nosso objetivo não é educar nossas crianças nem torná-las inteligentes, mas apenas prepará-las para sofrer, para aceitar e mesmo para desejar a lei do rebanho e da servidão",[2] explica Freinet em uma obra na qual não hesita em comparar nossas escolas a galinheiros ou até a campos de concentração,[3] na qual evoca as "gaiolas de juventude cativa"[4] e denuncia o "rolo compressor" e o "aquartelamento"[5]... antes de afirmar que hoje se poderia gravar na porta das escolas a inscrição que Dante lia nas portas do inferno: "Deixe aqui qualquer esperança".[6]

É evidente que o quadro pode parecer excessivo e, sob muitos aspectos, devido aos seus excessos, causa um desserviço ao discurso pedagógico em seu conjunto... Salvo, talvez, para compreender esse discurso como um gênero literário particular, um texto cuja preocupação maior não é descrever exatamente, e com todas as nuances exigidas, a realidade educativa, mas mobilizar energias, suscitar a reação do leitor e estimulá-lo ao engajamento. Uma espécie de discurso épico, que demoniza um adversário altamente místico – a "educação tradicional" – para exaltar uma causa da qual se afirma, ao mesmo tempo, a urgência absoluta e a importância essencial para o futuro dos homens. Será que se trataria, então, apenas de "tomar coragem", através desses textos pedagógicos, para tentar uma aventura cuja dificuldade poderia desencorajar as melhores intenções?

Assim, explica Pestalozzi, falando dos órfãos de Stans, "gostaria de livrá-los dessa baixeza", elevá-los, fazer "qualquer coisa" por eles... mas

---

[2] Célestin Freinet, *Les dits de Mathieu*, p. 61.

[3] Ibid., p. 63 e 64.

[4] Ibid., p. 65.

[5] Ibid., p. 67.

[6] Ibid., p. 112.

logo tem de se render às evidências: "As crianças não acreditam tão facilmente em meu amor"... e mesmo "toda a confiança e todo o cuidado que eu demonstrava não era suficiente para acabar com a selvageria dos indivíduos e a desordem do conjunto".[7] E mais adiante: "Eu me colocava como uma criatura da nova ordem que eles execravam. Se não como instrumento, pelo menos como um meio à disposição dos homens que, por um lado, eles associavam ao pensamento de sua infelicidade, e cujas idéias, intenções e preconceitos, em total oposição aos seus, por outro lado, não podiam de modo algum satisfazê-los".[8] Diante dessa oposição, Pestalozzi compreende que a restrição, as sanções ou a brutalidade de uma disciplina imposta arbitrariamente não teriam qualquer utilidade: "Eu não tinha como impor-lhes logo de início a restrição rígida de uma ordem e de uma disciplina externas e elevá-los interiormente pregando-lhes regras e prescrições; se eu tivesse procedido assim, considerados o desregramento e a corrupção de sua situação no momento, eles se afastariam de mim e voltariam à força selvagem presente no fundo de sua natureza contra meus objetivos".[9] O projeto revela-se, portanto, extremamente difícil: as crianças estão em uma situação de total descompromisso, cheias de preconceitos em relação a seu educador, resistentes a qualquer restrição... no entanto, é preciso que Pestalozzi "faça alguma coisa por elas": ele deseja, ao mesmo tempo, fazê-las aprender a viver coletivamente, ensinar-lhes a higiene e o alfabeto, transmitir-lhes "o amor por tudo que é justo e moral", "torná-las ativas, atentas, interessadas, obedientes",[10] até "obter delas, na condução da casa, uma força de autonomia cada dia mais firme".[11] Tarefa impossível e para a qual se compreende que seja necessário recorrer ao apoio de uma retórica, repetir regularmente a importância do desafio e criar coragem para tentar enfrentá-lo.

Porém, mesmo quando não se está diante de situações tão dramáticas quanto as que Pestalozzi tem de enfrentar, logo se descobre, assim como ele, que, sempre que se tenta educar, sempre "há resistência" e uma forte resistência. Qualquer um que assuma a tarefa de educar no cotidiano, em situações sociais em que nada foi feito antes – isto é, quando ainda não se deu educação –, sabe que se vive o tempo todo no fio da navalha, que de uma hora para outra pode-se degenerar na loucura demi-

---

[7] *Lettre de Stans*, p. 21 e 31.
[8] Ibid., p. 25.
[9] Ibid., p. 31 e 32.
[10] Ibid., p. 32.
[11] Ibid., p. 41.

úrgica ou na resignação passiva. E, mesmo quando acontece de podermos exibir alguns êxitos milagrosos, nunca sabemos verdadeiramente se não se trata de perigosas falsas aparências, algumas gesticulações dóceis mas provisórias daqueles que nos foram confiados, a "reprodução" sutil mas implacável de aparatos econômicos e sociais dos quais seríamos meros espectadores ou cúmplices.

Nessas condições, se queremos continuar educando, precisamos criar coragem e podemos levantar a hipótese de que, sejam quais forem as formas que adote, o discurso pedagógico tem antes de tudo esse papel. Ele funciona como uma espécie de ponto de apoio para manifestar essa "coragem de começar" sem a qual nada seria possível; ele manipula uma retórica particularmente útil para acompanhar a ação, inspirá-la e socorrê-la permanentemente. Seu aspecto patético, tão freqüentemente denunciado, sua maneira de sempre dramatizar as situações da infância mal-orientada ou maltratada, de estigmatizar os adultos, lembrando-lhes sempre, como tão bem expressa Daniel Hameline, que "a espécie é malfeitora e, principalmente, em relação às crianças"...[12] tudo isso funciona como um apelo implacável à responsabilidade educativa dos homens em relação àqueles que eles põem no mundo sem saber bem por quê. "O educador é um rebelde", diz ainda Daniel Hameline,[13] e sua principal virtude é a indignação. Mas é tão difícil indignar-se... indignar-se verdadeiramente, entenda-se! Tantas coisas solicitam-nos, tantas justificativas apresentam-se, que nossas fraquezas, primeiramente clandestinas e vagamente culpáveis, acabam por se instalar no cotidiano na boa consciência coletiva: as pessoas não se insurgem mais, associam-se ou têm seus pobres; endurecem, recolhem-se e de tempos em tempos vertem uma lágrima evocando as contradições inevitáveis... Porém, indignar-se é extremamente difícil e é propriamente uma virtude, talvez a única virtude, no sentido platônico do termo, que seja útil ao educador. No entanto, Platão, assim como mais tarde Rousseau, recusava a poesia, pois via nela uma perigosa manipulação das emoções... o que prova que nem Platão nem Rousseau eram pedagogos: o pedagogo sabe muito bem que não pode passar sem as emoções e que a compaixão é constitutiva de sua ação. O pedagogo sabe que o discurso pedagógico não é em princípio nem funcional nem racional; ele sabe que é antes de tudo uma "poética menor" à qual se pode recorrer a fim de encontrar forças para preservar a criança de todas as tentações demagógicas, de todas as faci-

---

[12] *Courants et contre-courantes dans la pédagogie contemporaine*, Suíça: ODIS, Sion, 1986, p.128.
[13] Ibid., p.125.

lidades da reprodução, da miséria espiritual e material em que se confinam, ainda com muita freqüência, nossas civilizações, mesmo as mais desenvolvidas.

Assim, alguns de meus colegas e eu mesmo, quando refletimos sobre o significado social de nossas conferências, formações ou artigos, somos obrigados a confessar – em geral em meias-palavras, o que parece inconfessável no âmbito universitário – que esses discursos têm como função sobretudo dar coragem e confiança aos práticos. No que pode parecer às vezes "grandes missas pedagógicas", trata-se de recuperar juntos a convicção de que algo é possível no trabalho em sala de aula, algo que não seja a mera contemplação resignada da reprodução social, algo que permita reencontrar prazer e sentido no ofício de ensinar, algo que talvez tenha – mas é preciso ser muito prudente quanto a isso – algumas conseqüências sobre as atitudes e os resultados dos alunos. E, a bem de considerá-la, essa função social dos "pedagogos" está longe de ser inútil. Eles não têm absolutamente do que se envergonhar e nem mesmo de se deixar impressionar por aqueles que suspeitam de que trabalhem no "rearmamento moral", na falta de poder fazer outra coisa.[14] Os bem situados, de fato, podem olhar para tudo isso com a distância altiva que se impõe... sem dúvida, porque exercem seu ofício nesses poucos enclaves onde os alunos e os estudantes* já são educados antes mesmo de entrar na sala de aula não esperam outra coisa a não ser ouvir religiosamente o professor. Eles não têm necessidade de todas as manhãs encontrar um pouco de coragem para retornar ao trabalho; lá eles obtêm simultaneamente o reconhecimento social, a gratificação institucional e a satisfação narcisista... mas e os outros?

Portanto, que a solicitude em relação à infância esteja no centro do discurso pedagógico não é bem a questão. Que ela se nutra de uma espécie de representação épica das realidades educacionais a fim de mobilizar mais os educadores é, a nosso ver, uma constante essencial do discurso pedagógico. Que, nessa perspectiva, os "pedagogos" usem

---

[14] Seria preciso distinguir aqui – o que nunca foi feito por nossos adversários – os estatutos dos discursos que se sustenta: de fato, não se pode, salvo ignorar inteiramente as teorias da enunciação, tratar o texto transcrito de uma conferência perante militantes pedagógicos da mesma maneira que as pesquisas cujos resultados são apresentados em uma tese ou em um artigo científico. Tratar esses discursos "na igualdade", compará-los, ver neles elementos homogêneos que se pode combinar sem distingui-los revela, no mínimo, uma falta de rigor particularmente prejudicial ao diálogo (esse é, a nosso ver, um dos maiores defeitos da análise de Hervé Boillot e Michel Le Du em *La pédagogie du vide*, Paris: PUF, 1993).

* N. de T.: O termo alunos (*élèves*) refere-se genericamente àqueles que freqüentam um estabelecimento de ensino, enquanto estudantes (*étudiants*) refere-se aos alunos do ensino superior.

e abusem de uma retórica às vezes fácil para fins que são essencialmente militantes é, a nosso ver, incontestável.

Todavia, isso não desacredita absolutamente o discurso pedagógico; ao contrário, o constitui, segundo a bela expressão de Paul Ricouer, ao definir justamente a solicitude como uma "união íntima entre a visão ética e a carga afetiva dos sentimentos": "Isso que o sofrimento do outro, tanto quanto a injunção moral que provém do outro, desvenda no si são os sentimentos espontaneamente dirigidos a outro..."[15] Sentimentos muitas vezes desprezados por parecerem duvidosos ao olhar das motivações racionais que pretendem deixá-los de lado... sentimentos que se supõem muitas vezes serem expressões sutis de nosso narcisismo. Porém, sentimentos que contribuem para "desvendar no si" um impulso em relação ao outro, a desgastar a suficiência, a alimentar nossas energias educativas. Sentimentos que se esquecem, como assinala ainda Paul Ricoeur, que não são necessariamente impulsões brutas, de tal modo "foram intensamente trabalhados pela linguagem e elevados tão alto quanto os pensamentos à dignidade literária".[16] Sentimentos que a poesia, o romance e o conjunto das obras artísticas permitem-nos apreender sob formas elaboradas e transmitidas de longa data pela cultura. Sentimentos que se exibem às vezes mais mediocremente e com uma certa complacência nas obras dos "pedagogos"... mas sentimentos que esses textos descuidados muitas vezes nos permitem olhar de frente, ao invés de rechaçá-los ostensivamente, correndo o risco de nos deixarmos manipular de forma perigosa por eles ou por outros. Sentimentos que os textos pedagógicos permitem-nos apreender na sua especificidade – a solicitude em relação à criança –, mas também na sua ambigüidade e nas suas contradições.

A "solicitude" deve ser entendida aqui em toda a complexidade do termo: ela se insere em um fundo de inquietude, beira o tormento, manifesta-se pela preocupação assumida pelo futuro do outro tanto quanto pela vontade de estimulá-lo a agir ele mesmo, a se pôr em movimento e a decidir sua própria trajetória. A "solicitude" é, ao mesmo tempo, a preocupação com sua parte de responsabilidade no destino do outro e o estímulo para que ele também tome parte de seu destino. É o fato de ser "tocado", afetado pelo outro, tomado de compaixão em relação a ele e de querer, simultaneamente, interpelá-lo para que ele próprio se conduza... Assim, há na solicitude uma espécie de estranho tormento

---

[15] *Soi-même comme un autre*, Paris: Le Seuil, 1990, p.224.

[16] Idem.

que associa a alteração de si e o apelo ao outro, a inquietude por aquele que se deve educar, a vontade de fazer alguma coisa por ele... e o sentimento de que não posso fazer em seu lugar, que justamente posso apenas solicitá-lo para que faça ele mesmo. Desse modo, a solicitude remete-me a mim mesmo e à minha necessidade irreprimível de "fazer algo pelo outro"... e ela me coloca diante da impotência radical na qual me encontro de fazer isso sem ele, sem que ele decida livremente: "O bem que desejas ajudá-lo a conquistar", explica Pestalozzi, "não deve ser fruto de um capricho de teu humor ou de tua paixão, ele deve ser bom em si, em conformidade com a natureza da coisa, ele deve parecer bom aos olhos da criança".[17]

Entendida dessa forma, a solicitude é essa "qualidade essencial para a evolução psicossocial do homem" de que fala o psicanalista Erik H. Erikson.[18] Na medida em que representa "a preocupação sempre maior de dar vida àquilo que foi engendrado pelo amor, pela necessidade ou pela fatalidade"[19], ela remete a uma das características essenciais do adulto: "a necessidade de que se tenha necessidade dele".[20] "Se o homem tem necessidade de ensinar, não é unicamente pela preocupação com aqueles que têm necessidade desse ensino, nem mesmo pelo desejo de afirmar sua própria identidade, mas porque os fatos apenas se mantêm vivos se falamos deles, a lógica se a demonstramos e a verdade se a professamos".[21] E essa necessidade do adulto, essa necessidade que se impõe a ele para que suas convicções e suas crenças existam e materializem-se diante de seus olhos, torna tolerável a obrigação social de assegurar a educação das gerações futuras.

Paradoxalmente, é porque o dever social de educar afeta a personalidade do adulto, coloca-a em jogo em seus recantos mais íntimos, que a educação torna-se uma história viva entre seres e liberta-se da mera imposição social. Esse estranho processo transforma um dever puramente formal – que, se não fosse materializado na vida de um ser que se reconhece frágil, correria o risco de se transformar em adestramento – em uma aventura que revela a vulnerabilidade do educador e impede-o de ser suficiente. Quando a educação poderia aniquilar-se em uma transmissão mecânica, "a necessidade que o outro tenha necessi-

---

[17] *Lettre de Stans*, p.24.

[18] *Éthique et psychanalyse*, Paris: Flammarion, 1971, p.135.

[19] Ibid.

[20] Idem.

[21] Idem,

dade de mim" – que Erikson chama de "geratividade" – introduz uma reciprocidade que "compensa a ambivalência inerente a toda obrigação irreversível".[22] Tal necessidade representa essa alteração do educador, essa inquietude que o envolve no destino do outro sem, com isso, alimentar nele a ilusão de que pode decidir em seu lugar. Essa necessidade é o contraponto necessário à arrogância injustificada daquele que se sabe investido de uma missão, mas é incapaz de imaginar que ela possa chocar-se com a resistência e o sofrimento daqueles em relação aos quais deve exercê-la. Pois apenas a solicitude, justamente porque ela implica "a carga afetiva dos sentimentos", permite ao educador ser "tocado", na medida em que ela remete à sua própria investidura e, portanto, à sua inevitável fragilidade. Ela torna possível a interpelação pelo rosto do outro, enquanto o dever formal de "instruir" o coletivo sem se preocupar com o particular, seguro da sustentação da instituição e apoiado na convicção da legitimidade intrínseca de sua missão, permite descartar com escória afetiva inútil a menor resistência individual. É porque tenho algum "interesse" em educar, porque não sou apenas um agente de execução em uma mecânica impessoal, que o olhar do outro pode às vezes interromper meu discurso, pôr em xeque meu dispositivo e lembrar-me daquilo que o próprio Albert Thierry confessa ter duvidado tantas vezes: "a existência e a realidade das próprias crianças".[23]

Com certeza, isso não é simples, já que as crianças freqüentemente têm algum interesse em se manter em um tranqüilo anonimato, graças ao qual se asseguram de jamais serem atingidas ou tocadas, enquanto estimulam o professor a se revelar, e elas sabem melhor do que ninguém explorar suas fraquezas e fazer sangrar suas menores feridas: "E, no entanto, eu me resignaria, se elas exigissem, a ser apenas uma máquina a serviço de suas almas mecânicas: por exemplo, o odioso funil dirigido a elas para vomitar em suas orelhas as mornas vibrações do burburinho social? *Eu jamais seria um vivo para os vivos?*:[24] "Um vivo para os vivos"... nada mais difícil, sem dúvida, tanto o entorpecimento quanto a funcionalidade espreitam-nos a cada instante e, junto com isso, o risco de a educação reverter-se em uma relação mortífera. De fato, sabemos que é possível transformarmo-nos insensivelmente, ao longo de dias e dias de rotina e desesperança, em "um morto para os vivos"... vivos que se nutrem sem escrúpulos de nossas manias, de nossas pai-

---

[22] Idem.
[23] *L' homme en proie aux enfants*, p. 63.
[24] Albert Thierry, ibid., p. 48.

xões e de nossas obsessões, de nossas regras ou de nossos conhecimentos, sem que nada de essencial aconteça ou deixe de acontecer entre nós. Uma simples vampirização, em que os mais generosos dos professores às vezes perdem a vida em combate, em que os outros conseguem salvar-se, para o bem ou para o mal, pela indiferença ou pelo delírio persecutório. E também sabemos que nunca estamos verdadeiramente garantidos contra a tentação de sermos "um vivo para os mortos", animados pelo mero prazer de ver os alunos transformarem-se progressivamente em fantasmas dóceis de nosso espírito... "Um vivo para os vivos", diz Albert Thierry: em outras palavras, nada simples, nada que tenha sido feito antes, nada que possa decorrer na transparência de duas racionalidades que se desenvolvem, nada que se pareça com qualquer outro mecanismo de ensino. Ao contrário: a estranha complexidade de um encontro que sempre escapa às descrições reducionistas que as ciências humanas ou o racionalismo positivista – aqui irredutivelmente aliados – possam fazer disso.

Significa dizer também que a solicitude pedagógica não é de modo algum uma int-enção pura, livre de qualquer envolvimento pessoal, uma espécie de "santidade educativa" acessível apenas aos seres excepcionais... Ela é a expressão do fato de que a preocupação consigo e a preocupação com o outro estão sempre estranhamente misturadas, indissociáveis, em um tormento que permite entabular, exatamente por sua complexidade, uma história surpreendente e singular com outros seres humanos que se pretende, dessa maneira, educar e salvar da ignorância e da infelicidade. Os pedagogos não são santos; se eles manifestam tamanha solicitude em relação à infância é porque, de alguma forma, eles encontram nisso algumas satisfações... E nisso não há nada de condenável em si, ao contrário! Contudo, tal fato induz-nos a uma vigilância maior e a um trabalho, a ser permanentemente reiniciado, para "depurar" a solicitude pedagógica de tudo o que pudesse deixá-la derivar para o sentimentalismo, de tudo o que pudesse permitir-nos reduzir a relação pedagógica – como se fez tantas vezes – apenas ao "relacional". A relação pedagógica não tem nada a ver – e teremos a oportunidade de retomar esse ponto longamente – com aquilo que se chama de "relacional"; ao contrário, ela emerge quando os sujeitos em questão vão além da gestão mais ou menos eficaz de seus afetos para chegar a uma aventura recíproca, a um reconhecimento incondicional do outro, à disponibilidade ao seu chamado e à partilha do humano naquilo que há de mais exigente e libertário ao mesmo tempo.

A solicitude pedagógica às voltas com múltiplos perigos

Sempre que se aborda a solicitude, múltiplas armadilhas aparecem de todos os lados... e, se é preciso evitar cultivar a nostalgia de um devotamento inteiramente livre de qualquer veleidade narcisista, não é menos necessário estar vigilante para livrar dessa solicitude tudo aquilo que poderia representar um perigo para o próprio projeto educativo.

E antes de tudo, em primeiro lugar entre todos os perigos, o "amor", esse amor-paixão que às vezes se apodera do professor a ponto de fazê-lo perder qualquer medida. Ele passa a viver então apenas na fascinação do outro, na esperança de uma relação dual privilegiada, de uma resposta às suas perguntas, de um olhar roubado, de uma troca furtiva, em que a cumplicidade permitirá, por um instante, uma espécie de fusão simbólica na qual os dois parceiros sucumbirão com prazer.[25] Evidentemente, como assinala Korczak, porém sem ilusão quanto aos investimentos afetivos de todo educador em seu ofício,[26] as próprias crianças são arredias a essas relações: "Pode ocorrer de você amar uma criança com um amor sem reciprocidade. Ela quer jogar bola, brincar de corrida, de guerra; você adoraria acariciar sua cabeça, apertá-la contra o peito, o que a irrita, importuna e humilha; ela reage ou escapulindo às manifestações inúteis, ou pelo oportunismo, lançando os braços em torno de seu pescoço quando quer pedir-lhe uma roupa nova. O erro não é dela, mas somente seu".[27] Às vezes, porém, a criança deixa-se prender, e o que se tem então é o fracasso educativo por excelência; a solicitude mantém a dependência, torna-se um meio de se ligar ao outro justamente para não ter de educá-lo: "Há momentos em que a criança ama-o com um amor sem limites, em que você é necessário a ela como Deus aos homens abatidos pela desgraça: esses momentos são a doença e as noites em que ela tem pesadelo".[28]

---

[25] O psicanalista W.R. Bion mostra que um grupo inteiro pode funcionar, na ordem dos afetos, tendo como "hipótese de base" aquilo que ele chama de "acoplamento": dois indivíduos passam a viver apenas um para o outro, buscando antecipar e realizar o desejo que cada um deles tem pelo outro (cf. *Recherches sur les petits groupes*, Paris: PUF, 1976). A literatura oferece-nos inúmeros exemplos desse tipo de funcionamento perverso da relação pedagógica, em particular S. Sweig em *La confusion des sentiments*, que descreve admiravelmente a "ascendência" recíproca do professor sobre o aluno e do aluno sobre o professor, ou H. Hesse em *Narcisse e Goldmund*, que explora a maneira como um professor pode "instalar-se" na vida interior do outro até o limite da "posse".

[26] Cf. *Comment aimer un enfant*, em particular p.180: "O educador-apóstolo. O futuro da nação. O bem-estar das gerações futuras. Mas, em tudo isso, onde está minha vida? Meu próprio bem-estar?".

[27] Ibid., p. 178.

[28] Ibid., p. 211.

Dominada pelo amor, a solicitude torna-se inquietante, possessiva e ameaça encurralar aquele que ela pretende ajudar... Porém, do mesmo modo, tentada pela curiosidade entomólogica, quando simula a indiferença afetiva e contenta-se em acumular fatos que acredita objetivos, logo ela se torna insuportável. De fato, para se resguardar de uma afetividade que legitimamente se suspeita que quer nos conduzir a um declive perigoso, pode-se expressar sua solicitude pela vontade insaciável de conhecer melhor o outro, de descobrir seus recantos mais íntimos, de explorar seu ambiente, de conhecer toda a sua história. Esse cerco do sujeito e de suas particularidades às vezes assume a forma de uma "atenção às diferenças", a qual se apresenta como a virtude cardeal em matéria pedagógica... Porém, não é seguro que se trate realmente de uma virtude: será que não estamos aqui justamente à beira daquilo que constitui um dos maiores perigos do projeto pedagógico? De fato, quem não vê que a obsessão descritiva e a vontade de saber tudo sobre o aluno denunciam enormes riscos de encurralamento? Induzido pelas tipologias caracterológicas da moda, dispondo de categorizações fornecidas pela psicologia genética ou diferencial, eternamente tentado a se precipitar na psicanálise selvagem ou a explicar tudo pelos determinismos sociológicos, o professor pode transformar sua solicitude em uma espécie de cerco daquilo que explique infalivelmente o comportamento do aluno e, desse modo, permita circunscrevê-lo. "Uma paixão desenvolve-se", explica Mireille Cifali, "conhecer a criança. [...] Essa busca de saber remete naturalmente às teorias das ciências humanas que têm como objetivo explicar, através de leis, o funcionamento do humano. O outro, em sua diferença, é concebido então como um 'objeto a conhecer', do qual se deseja apreender a normalidade e a anormalidade".[29]

Assim "adjetivada", a criança adquire uma "personalidade" que permite abandonar todo trabalho conjunto de transformação e não estabelecer com ela uma história verdadeira. Certamente, concede-se a ela existir em sua diferença, mas uma "diferença" herdada, que nada tem a ver com a diferença assumida ou decidida na qual se esboça uma liberdade. A criança é reduzida a um conjunto de determinações sociológicas e de patologias; ela se torna uma soma de dados ou até mesmo de sintomas. Postula-se a incompletude da pessoa engajando-a em uma educação; por outro lado, recusa-se essa incompletude definindo sua personalidade como um "objeto de saberes", isto é, como um "objeto" simplesmente. No entanto, um objeto pode ser transformado e manipulado: confor-

---
[29] *Le lien éducatif, contre-jour psychanalytique*, Paris: PUF, 1994, p. 37.

me os êxitos ou os fracassos que se obtenha, ele é escondido ou exibido em uma vitrine... mas não se deixa interpelar por ele; se ele escapa ao nosso poder ou não corresponde à nossa expectativa, nós nos livramos dele ou o destruímos: "Uma criança esquiva-se, obstina-se. Nada do que ela faz é coerente. É preciso que mude. Resta encontrar os meios adequados. A dificuldade experimentada requer um remédio, sempre que aplicado a essa vontade absoluta, faça com que ela ceda...".[30]

É por isso que, estranhamente, seria preciso fazer aqui um elogio reiterado da ignorância do outro na relação pedagógica: porque a ignorância da história do outro é, muitas vezes, uma oportunidade que lhe é dada de "partir do zero" e de se libertar de determinismos que o cercam. Porque há uma maneira de ignorar metodicamente o conjunto de preocupações e de problemas que o aluno traz consigo, que contribui para livrá-lo disso, ao menos parcialmente. E essa postura estranha – com a condição de que "ela não seja revelada" e de que seja acompanhada de uma lucidez mínima sobre aquilo que se decide ignorar – pode mesmo constituir uma interpelação de sua inteligência, da qual não é raro que um sujeito, às vezes mesmo contra qualquer expectativa, saiba mostrar-se digno.

A verdadeira solicitude: uma exigência ética e não um cerco psicológico

A ignorância, no entanto, pode facilmente virar cegueira e abolir a própria solicitude; então, a suficiência do educador volta a se impor: ele "se basta" a si mesmo, contempla-se em sua posição de educador e, indiferente ao rosto do outro e à sua resistência, retoma o curso de suas atividades, afastando qualquer inquietação. A preocupação com o si torna-se primeira e, com ela, a convicção de que seu próprio gozo leva *de facto* ao gozo do outro. Sade e Nietzsche passaram por aí: a preocupação com o outro seria uma fraqueza insigne, sintoma de minha própria impotência, busca desesperada de uma compensação impossível. Que eu procure, em contrapartida, e sempre com mais avidez, minha própria satisfação, que eu reivindique o acesso ao prazer e ao gozo apenas em nome de meu direito a ter acesso a eles, e a satisfação do outro virá talvez, ou mesmo com certeza, como complemento. Nessa perspectiva, meu júbilo pessoal, livremente assumido sem a menor sombra de culpabilidade, permite por

---
[30] Ibid., p.57.

si só abrir caminho à possibilidade de gozo do outro[31]... Posição sólida, se podemos dizer assim, e que o professor universitário assume tanto mais facilmente quanto ela parece confirmar-se resolutamente a cada dia, a cada ocasião, quando a exposição magistral alça vôo e o prazer do pensamento do professor, revelando-se em toda sua força e sua complexidade, parece causar prazer aos estudantes e possibilitar-lhes a compreensão das coisas. Posição inquebrantável que poupa qualquer lamúria, descarta firmemente o patético e confere àquele que se entrega a isso uma virilidade indiscutível. Posição que por si só pode pôr em xeque a decisão deliberada de se deixar questionar e interromper pela resistência do outro que "não consegue acompanhar" e "sofre submetido ao meu pensamento como se sofre submetido ao ferro em brasa"... esse outro que posso ignorar, desprezar, descartar, "fazer sofrer" ou, ao contrário, deixar que me olhe por um instante, deixar que seu rosto encontre por um instante meu olhar naquilo que chamamos de "o momento pedagógico".

É assim, do nosso ponto de vista, e sem pretender esgotar com nossa interpretação a riqueza de uma das obras filosóficas essenciais de nosso tempo, que se pode compreender a estranha dupla afirmação de Emmanuel Lévinas: o rosto é, ao mesmo tempo, apelo ao assassinato e apelo ao encontro... apelo ao assassinato na medida em que ele me oferece a possibilidade de descartá-lo, e apelo ao encontro na medida em que me permite interromper meu solilóquio e empreender com ele uma aventura que não seja, ou não apenas, uma prova de força.[32] "O rosto não é, portanto, a cor dos olhos, a forma do nariz, o frescor da face, etc.", explica Lévinas,[33] e Edvard Kovak, analisando sua obra, prossegue:

> O rosto não é uma visão, ele não pode ser visto, ele não se manifesta como uma imagem, mas como uma palavra. A aflição do rosto é um apelo para mim e sua palavra chega a mim antes que eu o identifique. Em outros termos, antes de perceber o rosto, eu o ouço. Na verdade, o rosto do outro sempre me fala, mesmo que ele não diga nada, ele me fala sem palavras, apenas com sua presença.[34]

---

[31] Esta é a posição de Nietzsche tal como se expressa, em particular, em *La volonté de puissance*: "A relação mais elevada é ainda a do criador e da matéria que ele trabalha; é a forma última da insolência e da violência. Apenas por esse procedimento obtém-se a forma orgânica; assim como o corpo depende dos impulsos do querer e goza tanto melhor de si mesmo quanto melhor é comandado." (Paris: Gallimard, tomo 1, 1947, p.210).

[32] Cf. *Totalité et infini*, Nijhoff, La Haye, 1961, em particular p.171 e ss., e *Difficile liberté*, Paris: Biblio-Essais, 1988, p. 21 e ss.

[33] *Entre-nous*, Paris: Grasset, 1991, p. 262.

[34] "Le face-à-face". *Autrement, Le visage*, 148, outubro de 1994, p.19-29, p. 22.

Evidentemente, posso decidir fazer-me de surdo a esse apelo, ignorar essa demanda de uma relação ética que rompa com a indiferença dominante; posso esquivar-me, esconder-me, fechar-me em minhas certezas intelectuais, debruçar-me sobre minhas funções e prosseguir meu "ensino" com uma serenidade mais ou menos afetada. Que importa, então, o que se passa ao meu redor: que meus alunos escapem da aula, organizem sabiamente uma vida social da qual sou excluído ou manifestem violentamente seu sentimento de não estar entre eles. A exortação disciplinar não terá muitos resultados, e eu me agarrarei à minha aula como a uma tábua de salvação, simplesmente para não fazer má figura em uma situação que já não domino mais, porém da qual me recuso igualmente a tirar conseqüências para mim mesmo... Mas eu posso também me "soltar" um instante e, no espaço de um segundo, perceber a que ponto a resistência do outro convida-me a ir ao seu encontro.

Ir a seu encontro e não aniquilá-lo: pois nisso está em jogo a própria ética... quando a resistência do outro não me remete ao poder que me caberia exercer sobre ele, mas ao que ele deve exercer sobre mim. Quando não procuro quebrar a resistência do aluno, mas quebrar em mim aquilo que suscita tal resistência... a nuance poderá parecer insignificante: na realidade, ela é essencial.[35] A ética é, de fato, o que me remete à minha responsabilidade própria, à maneira como sou capaz de oferecer ao outro a possibilidade de um encontro, a felicidade de compreender e a alegria de saber. A manipulação é exatamente o contrário: é a vontade obstinada de remeter sempre ao outro a responsabilidade pelas dificuldades que encontramos juntos, é o desejo de cercá-lo ou a decisão de aniquilá-lo para poder superar os obstáculos que encontro sem ser de modo algum questionado.

Pois há na ética, como fundamento de sua exigência mesma, este excedente irredutível de minha responsabilidade sobre a do outro: "Eu

---

[35] A nosso ver, quando Jacqueline de Romilly, em sua *Lettres aux parents* (Paris: Éditions de Fallois, 1994), apela aos pais dos alunos para que iniciem seus filhos em estudos clássicos e inquieta-se com a resistência de seus leitores às suas propostas, ela ilustra perfeitamente, com uma certa ingenuidade, aquilo que consideramos como o oposto do momento pedagógico: "Neste momento, se vocês querem saber, estou em minha casa de Provence. Escrevo algumas frases e vou dar uma volta no jardim; e logo começo a arrancar: as ervas daninhas, a hera, a grama, eu arranco com raiva, antes de voltar para dentro e continuar. Porém, acredito que este é um gesto simbólico: arranco como gostaria de arrancar a estupidez e a lerdeza de espírito de seus filhos, ou como gostaria de arrancar essa obstinação, de sua parte, de se conduzir como os carneiros de Panurge." (p. 50). Essas poucas linhas são infinitamente mais eloqüentes sobre as concepções pedagógicas profundas de Jacqueline de Romilly do que todas as declarações que ela possa ter feito em outro lugar.

sou responsável por outro, sem esperar a recíproca, ainda que isso me custe a vida. A reciprocidade é uma questão dele. É exatamente porque, entre outro e eu, a relação não é recíproca que eu sou sujeito.[...] O eu tem sempre uma responsabilidade a mais do que todos os outros".[36] Eu sou responsável pelo outro e é a mim que o outro interpela por sua resistência, minha relação íntima com meu próprio saber, minha relação com minha própria palavra. Sou eu que devo empreender esse trabalho sobre meu ensino, sou eu que devo deixar-me atingir, tocar, questionar permanentemente pelo olhar do outro. É no estatuto de minha palavra que se coloca em jogo minha posição ética; se eu fizer dela um instrumento de sedução ou de dominação, se me agarrar a ela e endurecê-la quando sentir despontar a resistência de outro, se elevar a voz e descambar para a violência, se virar o rosto e deixar transparecer o desprezo, se me obstinar na repetição até o absurdo, meu discurso se fechará, ele se tornará uma espécie de totalidade que o outro não pode senão aceitar ou recusar em uma relação de forças da qual todo encontro e toda partilha acabam por ser excluídos... Em contrapartida, se eu reconhecer em meu discurso uma proposta que se ofereça à compreensão do outro, uma palavra que, sem negar nada de suas convicções e de sua conduta, deixa-se trabalhar internamente pela exigência de clareza, pela preocupação com o rigor e pela vontade de explicitar cada vez mais e melhor os desafios que comporta, se minha palavra não for totalidade, clausura, objeto acabado para pegar ou largar, mas se se inserir deliberadamente no inacabado ou no inacabável... então algo poderá acontecer.[37] Uma relação "de verdade", jamais pura com certeza, jamais verdadeiramente passível de ser isolada de seu contexto institucional, mas que de qualquer maneira vai além dele, embora fugazmente, e esboça uma verdadeira ética da comunicação pedagógica.

E o professor, estamos convencidos disso, experimenta essa diferença essencial de postura cotidianamente... Aniquilar o outro é impor-lhe que se submeta a meu pensamento e à minha lei, impor-lhe que admita sem compreender ou sem compreender "verdadeiramente", que aceite o que eu digo como um dado, um bem que lhe confio por algum tempo, até o dia do exame ou da prova, quando me poderá devolvê-lo e eu poderei verificar se ele continua em bom estado. Impor minha lei ao outro é comprometê-lo em uma relação mercantil, uma "pedagogia ban-

---

[36] Emmanuel Lévinas, *Éthique et infini*, Paris: Fayard-Biblio, 1982, p.94 e 95.
[37] Cf. Francis Imbert, *Vers une clinique du pédagogique*, Vigneux: Matrice, em particular p. 130 e ss.

cária", como diz Paulo Freire,[38] ou desenvolver nele estratégias para contornar minhas exigências que, na maioria das vezes, são condições de sobrevivência institucional ao menor custo, segundo o velho princípio econômico de Stuart Mill: "o mínimo de esforços desnecessários para o máximo de resultados possíveis".[39]

Ao contrário, associar a mim aquilo que suscita a resistência do outro é explorar sem trégua os obstáculos inerentes ao meu próprio discurso, circunscrever as formulações aproximativas, buscar incansavelmente exemplos e dispositivos novos, multiplicar as reformulações inventivas, as "mudanças de quadro", como dizem os didatas da matemática, as "descontextualizações", como dizemos nós;[40] é oferecer um objeto de saber de que o outro possa apoderar-se, para examiná-lo, para pegá-lo nas mãos, para manipulá-lo, para apropriar-se dele ou desvirtuá-lo, enfim, para pôr "algo de si nele", porque terei multiplicado os "pontos de apoio" e aberto perspectivas que constituirão os meios para ele exercer sua inteligência.[41]

Por isso, é preciso insistir tanto, como Stella Baruk, no trabalho sobre a linguagem na ação pedagógica.[42] É preciso circunscrever as formulações incorretas, identificar as ambigüidades de vocabulário, os termos que evocam representações equívocas ou contraditórias. É preciso realmente "falar" o ensino, isto é, dirigi-lo ao entendimento do outro, um entendimento que me obriga – por menos que eu esteja atento à sua

---

[38] Ver, a esse respeito, o último livro de Paulo Freire publicado em francês: L' éducation dans la ville (Paris: Païdeia, 1991). (N. de T.: Em português, Educação na cidade, 2.ed., São Paulo: Cortez Editora, 1995.)

[39] É o que de fato mostram hoje certos sociólogos, observadores atentos da realidade escolar que assinalam a importância do "curriculum oculto" na aprendizagem do "ofício de aluno" (cf. Philippe Perrenoud, Métier d'élève et sens du travail scolaire, Paris: ESF, 1993).

[40] Cf., em particular, "Existe-t-il des apprentissages méthodologiques?", Enseigner, apprendre, comprendre – Les entretiens Nathan 1993, Paris: Nathan-Pédagogie, 1994, p. 83 a 118. Esse texto mostra como a mudança sistemática de contexto, sobretudo quando é o próprio aprendiz que é colocado em situação de efetuá-la, é suscetível de permitir apreender corretamente os conhecimentos e de estatuir sobre sua pertinência como ferramentas de trabalho em situações determinadas.

[41] Em L' envers du tableau (Paris: ESF éditeur, 1993), mostramos que o esforço pedagógico para inventar soluções diferenciadas não poderia alimentar-se da ilusão de responder com exatidão às necessidades de cada um dos alunos, mas poderia pretender propor-lhes inúmeras possibilidades de "ancoragem", entre as quais eles poderiam encontrar os meios de iniciar uma atividade intelectual própria (ver, em particular, p.129 a 140).

[42] Stella Baruk oferece exemplos extraordinários, na matemática, de resultados catastróficos que podem resultar do desinteresse em relação às questões que tocam ao uso da linguagem: como uma criança pode, por exemplo, compreender o que é o cume de um triângulo ou sua altura se não desenvolvermos com ela os termos de representações de que ela dispõe normalmente quando os associa à imagem de uma montanha onde o cume está sempre no alto e onde a altura é a altitude? (C'est-à-dire... en mathématiques et ailleurs, Paris: Le Seuil, 1993).

resistência – a sempre esclarecer o que estou dizendo, a "passar a limpo" os absurdos semânticos que eu nem percebo mais porque eles se tornaram muito familiares para mim, a explicar incansavelmente o que permite compreender, e portanto partilhar, o saber que eu ensino.

É nesse sentido que queremos distinguir nitidamente aquilo que denominamos de momento pedagógico do que se poderia chamar de "momento psicopedagógico". E aqui entendemos por "psicopedagogia" a atitude que consiste em pensar que as atividades educativas podem ser "deduzidas" da análise psicológica prévia do aluno, tanto no plano cognitivo quanto no afetivo. Trata-se do "estudo do comportamento humano e de seus envolvimentos educativos", conforme a definição apresentada exatamente em *Introdução à psicopedagogia*.[43] É verdade que os autores esclarecem mais adiante que "a psicopedagogia não responde a todos os problemas pedagógicos",[44] mas seu manual (que exclui qualquer dimensão didática e qualquer análise que se reporte aos saberes ensinados) é nada menos que a apresentação de métodos para permitir obter de um sujeito um comportamento esperado, independentemente do trabalho realizado pelo professor sobre os saberes, sua coerência, a elucidação de seu nível epistemológico e do controle de sua formulação. Evidentemente – e é por isso que, de resto, qualificamos a psicopedagogia como "atitude" e não como "disciplina" –, os trabalhos psicológicos, na medida em que abrem mão de qualquer veleidade prescritiva e tentam dar transparência à maneira como seus dispositivos modificam seus resultados, escapam a essa crítica e constituem corpos de saberes preciosos para o esclarecimento de situações educativas ou para a descrição das condições ótimas de uma ação de solução terapêutica. Porém, a pedagogia não é o mesmo que terapia: enquanto na segunda o conhecimento precede amplamente a ação, na primeira é a ação que torna possível o conhecimento; a inventividade pedagógica permite explorar com o aluno infinitas possibilidades, e o saber transforma-se progressivamente, mediante um obstinado trabalho de elucidação, de objeto de transação em objeto de partilha.

Assim, a nosso ver, enquanto o momento pedagógico remete o professor à sua própria relação com o saber e permite-lhe explorar essa relação até que o saber torne-se para o aluno um objeto acessível, o momento psicopedagógico, por sua vez, consiste em perseguir obstinadamente o aluno, suas patologias, suas características de todos os tipos, em observar seu nível de desenvolvimento e a natureza de seus mecanismos

---

[43] R. Deldime e R. Demoulin, *Introduction à la psychopédagogie*, Bruxelas: De Boeck, 1994, p. 5.
[44] Ibid., p.206.

mentais para se apoderar de tudo isso e, apoiando-se nisso, implantar nele conhecimentos que se deseja que ele "aprenda". O momento pedagógico permite então o encontro intelectual, visto que remete o professor a si mesmo e às condições que, na exploração de seus próprios conhecimentos, autorizam o outro a se elevar ao nível de suas exigências... ao passo que o momento psicopedagógico, acreditando levar em conta o outro, instala o professor em uma relação assimétrica, que faz definitivamente da criança ou do adolescente um "aluno", que até se pode instruir, mas que de modo algum se estimula a educar a si próprio. O momento pedagógico é condição da educação, tendo em vista que impõe que se trabalhe o saber para que professor e aluno cheguem um dia a uma paridade de fato em relação a ele. O momento psicopedagógico nega a própria possibilidade da educação, pois faz do professor um manipulador profissional dos recônditos psicológicos do aluno.

Está claro que essa distinção, afirmada com tanta nitidez, não deixa de parecer contraditória com muitos textos pedagógicos, compreendidos os textos de que somos o autor. Não fomos nós mesmos que estimulamos os professores a buscarem incansavelmente pontos de apoio em seus alunos para tentar integrar a eles os objetos de conhecimentos? Não propusemos apurar os interesses, os pré-requisitos, as competências prévias dos alunos para utilizá-los como meios que possibilitem "transplantar" novos saberes?[45] Não propusemos também construir dispositivos específicos de aprendizagem em grupo, tomando como base aquilo que os psicólogos neopiagetianos do conflito sociocognitivo observaram?[46]... É verdade, não há dúvida! E é preciso admitir que isso pode causar confusão para um leitor que tem pressa de esquematizar, ou que simplesmente vive ansioso tentando descobrir em todo lugar e o tempo todo veleidades manipuladoras que ameacem restringir a liberda-

---

[45] Desenvolvi estas idéias simultaneamente em *L'École, mode d'emploi* (Paris: ESF éditeur, 1985, p.128 e ss.) e em *Apprendre, oui... mais comment* (Paris: ESF éditeur, 1985, p. 45, 46 e ss.). É isto que me criticam os autores de *La pédagogie du vide* (Paris: PUF, 1993), Hervé Boillot e Michel Le Du, que, tendo feito apenas uma leitura muito parcial do meu trabalho, recusam a idéia de que "se possa apresentar como uma condição prévia do ensino o conhecimento dos alunos pelo professor" (p. 127)... no que estamos absolutamente de acordo e sobre o que voltaremos novamente mais adiante, tamanha parece ser a dificuldade de fazer com que nossos leitores aceitem essa idéia. De fato, isso parece incongruente para os "pedagogos", enquanto os detratores da pedagogia não querem entender nossas posições sobre esse ponto... com medo talvez de ver desmoronar a maior parte de suas críticas a nosso respeito.

[46] Cf. a maneira como utilizamos as conclusões das observações psicológicas de Anne-Nelly Perret-Clermont (*La construction de l'inteligence dans l'interaction sociale*, Berna e Frankfurt: Peter Lang, 1979) para elaborar o dispositivo do "grupo de aprendizagem" em *Apprendre en groupe? 2 – Outils pour apprendre en groupe* (Lyon: Chronique sociale, 1984).

de do aluno. Porém, quem tiver o cuidado de examinar com atenção nossas propostas, verá o quanto reiteramos a primazia da inventividade sobre o aplicacionismo; notará nossa insistência no fato de que uma conduta pedagógica autêntica não pode esperar conhecer os alunos para agir, pois é justamente a observação dos efeitos de nossa ação que nos permite ter acesso ao conhecimento dos alunos. E é por isso que, já em nossa primeira obra, afirmávamos que "em nenhum caso, a conduta pedagógica pode pretender deduzir seus métodos de conhecimentos prévios: ela deve resignar-se à inventividade, que se revela de modo singelo, de alguns modestos 'indicadores de pertinência'... com a condição, no entanto, de que isso resulte em flexibilidade na observação dos resultados das inevitáveis aproximações na hora de decidir".[47]

Sem dúvida nenhuma, hoje diríamos as coisas de outra forma, mas permanecendo fiel à mesma inspiração:

> O trabalho pedagógico é, antes de tudo, um trabalho de prospecção nos saberes a ensinar, um trabalho incansável para descobrir como, a partir de sua lógica própria, de sua coerência interna, de sua epistemologia de referência e das limitações que lhe impõe a situação escolar, pode-se inventar meios para torná-los acessíveis a outros sujeitos além daqueles que já são capazes de dominá-los... É um trabalho que consiste em apoderar-se dos objetivos de aprendizagem, examiná-los, analisá-los, interrogá-los, escrutá-los em todos os sentidos, prospectá-los e prospectar também sua organização, interrogar o tempo todo sua inteligibilidade para captar todas as suas nuances, identificar suas articulações, descobrir suas contradições... até que mais nenhum rosto se feche e o vínculo social vá sendo construído pouco a pouco na classe. Procurar, tentar, quebrar a cabeça para tentar fazer compreender em que medida aquilo que se ensina é objeto de inteligibilidade, abertura possível para o exercício da inteligência... sabendo estar atento a esses rostos que nos alertam para os nossos próprios limites e apelam-nos de algum modo a inventar outra coisa quando caímos "na banalidade, na embriaguez da autoridade e no delírio" de que fala Albert Thierry.[48] Estar atento a esses rostos, ao rosto do aluno que não compreende... porque esse rosto é um apelo à minha própria inteligência, uma interpelação de minha razão e, através de minha razão, do próprio ato de construção de uma razão universal que se esboça na classe.

Assim é antes a relação do ensino com o saber que é interrogada... mas que é interrogada porque o rosto de um aluno concreto vem romper o caráter "suficiente" dessa relação. E é preciso entender aqui a palavra

---

[47] *Apprendre en groupe? 2 – Outils pour apprendre en groupe*, ibid., p. 97.
[48] *L' homme en proie aux enfants*, p. 124.

"suficiente" em sua sugestiva polissemia: se foge ao olhar do aluno, o professor é suficiente, basta a si mesmo e despreza a massa daqueles que "não conseguem acompanhar"; se ignora o olhar interrogador daquele que não compreende, o professor fecha-se na suficiência que a filosofia chama às vezes de solipsismo e a psiquiatria de loucura.

Nesse sentido, o momento pedagógico pode ser descrito como o instante em que o aluno concreto, impenetrável em sua singularidade psicológica, mas plenamente identificável em sua identidade pessoal, *reconduz o saber à ordem dos conhecimentos*. É o momento em que um sujeito, um "nome", interpela a coerência de um discurso ou de um dispositivo não para adaptá-los às suas "necessidades", e sim para explorar diante dele, com ele, outros caminhos... para que o professor volte a prospectar o território em todos os sentidos, com a obsessão de um encontro possível no horizonte. Trabalho difícil, para o qual pode ser útil, de fato, dispor de alguns pontos de apoio, mas que é antes de tudo, e fundamentalmente, um trabalho sobre o saber que se ensina. E dizemos "o saber que se ensina" particularmente conscientes de que muitas dificuldades pedagógicas experimentadas nas salas de aula no dia-a-dia – voltaremos a isto – devem-se ao fato de que o professor domina apenas mediocremente o saber que ensina e seu nível epistemológico; em geral, ele domina os saberes universitários, que estão em um outro nível de complexidade, mas não é exagero dizer que às vezes ele não compreende verdadeiramente a coerência própria daquilo que deve ensinar a seus alunos. É por isso que, se não estiver atento aos seus rostos, ele os condenará irremediavelmente à exclusão.

....

Neste capítulo, procuramos aproximar "algo" que se encontre na origem do pedagógico e o definimos como essa surpresa em face da existência do outro, o rosto do aluno que não compreende, que não consegue, não pode ou não quer apropriar-se de um saber para constituir seus conhecimentos. E, sem dúvida, o termo "origem" é inadequado aqui: o momento pedagógico, tal como o definimos, seria antes de tudo uma espécie de "núcleo resistente" que se encontra no centro de todas as experiências pedagógicas, aquilo que Jean-Toussaint Desanti considera como o objeto por excelência da conduta filosófica, tal como a fenomenologia incorporou-o, em sua busca constante da "dureza das coisas"[49] e da "brecha para abalar a dureza da coisa, sua estranheza, por

---
[49] *Introduction à la phénoménologie*, Paris: Folio-Essais, 1994, p.42.

assim dizer",[50] "a brecha que, rompendo a dureza maciça da coisa, a revela, respeitando seu teor, na especificidade do conteúdo próprio".[51] Não é fácil "revelar" o pedagógico naquilo que o institui, instaura, torna possível... Foi o que tentamos fazer, convencidos de que o leitor talvez também possa experimentar essa "brecha" que permite, se não compreender verdadeiramente, pelo menos aproximar-se daquilo sem o que nenhum discurso e nenhuma atitude, a nosso ver, podem ser qualificados de "pedagógicos".

---

[50] Ibid., p. 43.
[51] Idem.

Capítulo 3

Do "momento pedagógico" à "conduta pedagógica"

Tese: *O "momento pedagógico", quando busca tornar-se operacional, desdobra-se em uma "conduta pedagógica", que, ao longo da segunda metade do século, assumiu duas formas aparentemente antagônicas, mas, na realidade, intimamente complementares: a condução das almas e a instrumentalização dos espíritos. Além disso, essa conduta parece encerrar a pedagogia em um dilema: delimitar a liberdade ou antecipá-la prematuramente.*

"A obra do educador será suficientemente nobre e valiosa", explica Freinet, "se permitir aos indivíduos reconhecer-se, encontrar-se, realizar-se, crescer conforme a lei de sua vida. Ele que não se intrometa, deus de má cepa a amoldar os espíritos, a curvá-los à sua fantasia, para conduzi-los nem ele sabe onde, pois nada ainda nos indicou com segurança um outro objetivo para a vida que não este impulso misterioso que é, para todos os homens, uma razão suficiente para acreditar e lutar".[1] Assim, admite Freinet, retomando um tema sempre recorrente na história das doutrinas pedagógicas, o professor deve abandonar suas veleidades demiúrgicas e colocar-se a serviço do "impulso misterioso" que já está presente em cada um dos alunos que lhe são confiados.

Com razão, muitos verão aqui, ao mesmo tempo, a expressão um pouco ingênua de uma filosofia da imanência e a manifestação de um vitalismo naturalista no qual mergulhou em boa medida a corrente da Nova Educação. As metáforas hortícolas, analisadas por Daniel Hameline e onipresentes nos escritos da corrente, são um forte testemunho disso.[2] Porém, apesar das aparências, não se deve ver nisso a expressão

---

[1] *L' éducation du travail*, Paris: Delachaux et Niestlé, 1978, p.237.
[2] Daniel Hameline fala do "grande sonho hortícola" (*L' éducation: ses images et son propos*, Paris: ESF éditeur, 1986, p.182) e mostra que, longe de se limitar a uma metáfora anedótica, facilitando o

de uma espécie de "abstenção educativa" que remeteria a uma "psicologia dos dons", cujo despertar o pedagogo presenciaria placidamente. Na realidade, de forma totalmente inesperada, estamos aqui diante do reconhecimento dessa resistência do outro sobre a qual se articula aquilo que chamamos de "momento pedagógico". Demarcar suas ambições educativas postulando um "impulso", ou mesmo uma "natureza" sobre a qual o educador não teria poder, não é necessariamente uma prova de resignação; pode significar simplesmente que em qualquer circunstância, seja qual for seu público e seja qual for o contexto institucional no qual ele exerce sua função, o educador deve sempre "fazer com"... Assim, tanto na postulação de um "dado" quanto na convicção tão difundida na bondade natural da criança e na confiança em seus recursos ilimitados,[3] haveria o testemunho de uma vontade e a afirmação de uma renúncia: vontade de educar e de fazer tudo o que estiver ao seu alcance para que todo "filhote humano" tenha acesso àquilo que os homens elaboraram de mais grandioso; renúncia ao treinamento sob todas as suas formas, da mais radical – a criação *ex nihilo* – à mais banal – a chantagem cotidiana da punição ou da perda da afeição.[4]

Talvez isso explique a fascinação dos pedagogos – de resto, militantes infatigáveis contra todas as formas de fatalismo – pelas tipologias caracterológicas de todas as espécies, assim como pelos testes ou provas que supostamente trazem à luz a "personalidade profunda" do indivíduo... Enquanto de todos os lados "se"[5] deseja aniquilar a infância na criança, normatizar seus comportamentos, repassar-lhe saberes anônimos... enquanto por toda parte a instituição escolar (compreenda-se "os métodos

---

entendimento de uma proposição que seria de outra natureza, esta remete a um "funcionalismo biológico [...] legitimando decisões e avaliação de práticas em nome de uma 'ciência' que coincide com o imaginário 'psicologista' dominante: a criança em primeiro lugar, suas aptidões, seus dons; e a incorporação, nesse ideal modelar, da universalidade das leis e da singularidade das diferenças, elas próprias imputáveis à natureza" (ibid., p. 188).

[3] Sabe-se que a imensa maioria dos "pedagogos" aqui presta obediência a Rousseau... de Pestalozzi, seu discípulo mais direto, embora confrontado com situações que poderiam levá-lo a duvidar dessa "bondade natural", até Neill (que, nesse ponto, diverge de Freud para se aproximar de Reich), passando por Jacotot, Tolstoi, Ferrer, Dewey, Montessori, Claparède, Cousinet, Rogers, etc.

[4] Cf. Georges Mendel, que, neste ponto, revela-se perfeitamente alinhado com os pedagogos ao denunciar em *Pour décoloniser l' enfant* (Paris: Payot, 1971) todas as formas de autoridade que se fundamentariam apenas na ameaça da sanção e em sua suspensão provisória.

[5] O pronome indefinido "se" é utilizado de maneira particularmente freqüente nos escritos pedagógicos. Assim, pode ser encontrado até mais de trinta vezes em uma única página da obra de Freinet que citamos na introdução deste capítulo, *A educação do trabalho*. Sem dúvida, poderíamos ver nisso a expressão desse "complô" contra a infância que apontamos no capítulo anterior como uma das representações mais tradicionais presentes no discurso pedagógico.

tradicionais") deseja impor programas e avaliações, o pedagogo, por sua vez, abre espaço à existência do aluno, entende sua resistência, faz de todos as heranças de que é portador e, sem com isso renunciar a educar, devolve a si mesmo o reconhecimento dessa resistência. Ele chega mesmo a se indagar sobre sua determinação e sua competência para transformar objetos de saber necessários ao desenvolvimento da criança em objetos de partilha em uma relação educativa: educativa porque o aluno apropria-se verdadeiramente daquilo que se troca, pois desse modo ele compreende as coisas e assim se liberta de relações de divinização ou de submissão que muitas vezes regem o universo escolar.[6]

Estranha reconciliação entre, por um lado, a paixão de educar e seu voluntarismo às vezes insuportável e, por outro, o respeito à pessoa, respeito ingênuo, irritante, que assume formas filosófica e psicologicamente inadmissíveis muitas vezes, mas que parece impor-se como uma espécie de "imperativo categórico" do discurso pedagógico: "De seus olhos, de seus lábios, flui uma torrente em que passam seus ancestrais, em que passa e escoa esse universo que os produziu e que eles vão reproduzir, em que também eu passo inteiro, mais frágil que um reflexo de nuvem em uma espuma. Absurda, absurda futilidade que ridiculariza em mim minhas velhas angústias, com o fervor cego de minha lógica, para submeter a meus diques essas liberdades e essas fatalidades inesgotáveis, durante dois anos tentei 'edificar almas'".[7] "Edificar almas" e, para isso, esmerar-se em inventar novos métodos, em estabelecer novas situações, em exortar regularmente a classe com toda a convicção de que se é capaz, a ensinar-lhe os princípios sem os quais o indivíduo será apenas o produto "de determinismos sórdidos". "Edificar almas": projeto pretensioso, talvez, mas que se torna tolerável se o professor reconhece a dificuldade da empreitada e aceita a resistência do aluno concreto às suas tentações demiúrgicas. Projeto totalitário de emancipação forçada, conduzido com rigor em nome do "bem supremo", da "civilização" ou da "verdade", projeto capaz de fechar os olhos às suas próprias contradições, de degenerar em loucura e violência se nada o deter. Projeto que supõe, para ser tolerável, que a resistência do outro me remeta à minha própria responsabilidade, à indagação sobre a legitimidade de minha conduta, à minha capacidade de explicar, de convencer,

---

[6] Sobre este ponto, e o que chamei de a "pedagogia do supercílio", ver Jean-Pierre Astolfi, *L'école pour apprendre* (Paris: ESF éditeur, 1992, em particular p. 22 e ss.) e Philippe Perrenoud, *Métier d'élève et sens du travail scolaire* (Paris: ESF éditeur, 1994).

[7] Albert Thierry, *L'homme en proie aux enfants*, p.156.

de obter a adesão apenas pelo poder de minha argumentação, pela clareza de minha explicação ou pelo rigor de meu dispositivo.

Assim, o momento pedagógico pode ser compreendido como esse encontro exigente de duas pessoas que se envolvem em uma partida em que nada é jogado com antecedência e em que a "dureza" do objeto de transação, sua coerência interna, sua estrutura própria regulam permanentemente a relação. É nisso que o momento pedagógico, embora remeta inevitavelmente a uma relação entre dois parceiros, nada tem a ver com o "relacional" concebido com a mera empatia recíproca de duas subjetividades que se expandem. O que separa irremediavelmente o "relacional" do "pedagógico" é o "controle sobre o objeto da transação interindividual", o trabalho comum de elucidação do que se deve compreender daquilo que se diz, do que se deve partilhar na compreensão daquilo que se transmite. O "relacional" sempre considera, de algum modo, o didático – e, mais genericamente, toda forma de interposição de saberes – como um ruído, um obstáculo à transparência sonhada das relações humanas. O "pedagógico", por sua vez, considera as aprendizagens como uma oportunidade para que a relação não caia nas armadilhas afetivas e na tentação da fusão, mas se erga a um nível de exigência no qual a explicitação permanentemente reelaborada daquilo que se troca eleva os interlocutores à categoria dos sujeitos que se julgam progressivamente dignos da partilha que travam.

Assim, muitas vezes encontramos professores que "recuperam" no relacional os fracassos de sua prática didática... Então, eles se lançam, com sua classe em projetos insignificantes, em trocas sem qualquer valor intelectual, mas com o sentimento de cumprir tanto mais sua tarefa quanto são pagos com o reconhecimento imediato por parte das crianças e dos adolescentes fascinados por algum tempo – mas raramente por muito tempo – com a ilusão de uma relação de igualdade com o adulto. No outro extremo, encontram-se também professores que, totalmente imbuídos de seus saberes universitários, os impõem às suas classes, para as quais isso não passa de verborragia sem importância nem interesse verdadeiros, ou apenas uma ocasião para o adulto dominar um grupo de crianças submetidas ao poder institucional não partilhado de um professor cujos diplomas o colocam acima de qualquer crítica.

Afastado dessas duas tentações, o pedagogo poderia ser definido como aquele que "trabalha sobre o saber que ensina"... Grande banalidade, alguém diria! Sem dúvida nenhuma... mas banalidade essencial, na medida em que esse trabalho é subestimado por muitos professores, na medida em que ele é ignorado pela maioria das instituições de formação de professores, ao passo que, a nosso ver, é esse trabalho que faz toda a diferença. "Trabalhar sobre o saber que se ensina" é, antes de mais nada, estar atento à especificidade epistemológica daquilo que se é incumbido de ensinar a alunos de um determinado nível escolar (a física que se ensina na *quatrième** não tem muita coisa a ver com a física mais próxima da matemática da universidade); é compreender também os princípios organizadores da disciplina considerada em função dos imperativos dos programas (a história não é organizada da mesma maneira – em torno da mesma "matriz disciplinar"– na escola primária e na *terminal* :** a idéia de "causa", por exemplo, não remete ao mesmo paradigma); é igualmente identificar os objetivos-núcleos em sua especificidade e em sua complexidade (todas as noções gramaticais aprendidas em francês não têm muito sentido se não estiverem relacionadas à noção de frase que, por sua vez, raramente é objeto de uma aprendizagem específica... no máximo, aprende-se a reconhecer uma frase, raramente a construí-la!)... e assim poderíamos multiplicar os exemplos. Poderíamos mostrar até que ponto os saberes acadêmicos universitários que o professor leva para a classe, que ele domina relativamente bem, devem ser questionados, trabalhados, retomados, explicitados, permanentemente reelaborados com os alunos aos quais se destinam.[8]

Contudo, a nosso ver, esse trabalho não pode ser reduzido a uma operação formalizada de "transposição didática", tal como a descreve Yves Chevallard[9]... operação anônima que busca a boa distância entre um saber muito próximo dos saberes sociais (que desvalorizaria o professor) e um saber muito próximo do saber teórico (que seria denunciado como alheio às preocupações das crianças), operação que permite assegurar a possibilidade de programação dos saberes escolares, de inseri-los em uma relação social e de submetê-los a avaliações escalonadas... operação de "dessincretização" do saber que torna possível sua descontextua-

---

* N. de T. Equivale à sétima série do ensino fundamental no sistema brasileiro.

** N. de T. Equivale ao último ano do ensino médio no sistema brasileiro.

[8] É por isso que a obra coordenada por Michel Develay, *Savoirs scolaires et didactiques des disciplines: une encyclopédie pour aujourd' hui* (Paris: ESF éditeur, 1995) é tão importante: de fato, ela se empenha em elucidar as características específicas, no plano epistemológico, dos saberes ensinados, os princípios organizadores desses saberes e as conseqüências didáticas que se pode tirar disso. Ela constitui uma verdadeira ferramenta de "compreensão das situações de ensino" para permitir aos professores realizar esse "trabalho sobre o saber que se ensina", que chamamos de nossos votos.

[9] Cf., em particular, *La transposition didactique: du savoir savant au savoir enseigné*, Grenoble: La Pensée sauvage, 1985, e (em colaboração com M.-A. Joshua) *Les processus de la transposition didactique et leur théorisation*, Grenoble: La Pensée sauvage, 1991.

lização e favorece sua difusão mais ampla. Porém, o conjunto desse processo de transposição didática é, sem dúvida, um fenômeno observável pelos didatas que analisam as transformações sofridas pelos saberes teóricos quando ensinados em sala de aula; e, sem dúvida nenhuma, é útil acompanhá-los nesse terreno para compreender melhor a especificidade dos saberes escolares, assim como é essencial complementar sua análise, a exemplo do que fez Michel Develay,[10] ao introduzir as "práticas sociais de referência" e ao se colocar a questão da distância entre o saber ensinado e o saber realmente aprendido pelos alunos.

Entretanto, tudo isso não pode, em nenhum caso, permitir que se crie um impasse quanto ao trabalho de exploração pessoal dos saberes ensinados, trabalho para o qual a interpelação do aluno concreto é absolutamente essencial, assim como a decisão do professor – decisão ética, como vimos – de ajustar o foco daquilo que transmite até que os conhecimentos que ele domina possam ser captados por esse aluno concreto. Nenhum processo formalizado de transposição, por mais sofisticado que seja, por mais atento que esteja às contribuições da psicologia, da sociologia e da epistemologia escolar, não pode substituir aqui a decisão do professor de entender a resistência do aluno e de reconsiderar aquilo que deve transmitir a ele para que essa transmissão dê poder ao aluno sobre o objeto de sua transação... Nenhuma informação, e nem mesmo nenhuma formação didática, desencadeará mecanicamente esse movimento ético quando, enfim, o professor vê "o Marcel moreno sofrer submetido ao seu pensamento como se sofre submetido ao ferro em brasa" e, dado que essa visão no mesmo momento torna-se insuportável para ele, toma partido de se indagar sobre o que diz e sobre a maneira como diz, a fim de que a transmissão não seja mais um momento de exclusão, e sim um meio de partilha.

Entre o patético e o tecnológico

Da forma como acabamos de defini-lo, enquanto trabalho sobre a resistência do sujeito à própria vontade de educá-lo, o discurso pedagógico é facilmente identificável na história das idéias e, se seu interesse, sua importância, seu valor são discutíveis, não se pode criticar sua opacidade ou suas segundas intenções. Além disso, os pedagogos que citei antes, de Pestalozzi a Freinet, não se prendem muito a precauções orató-

---

[10] Cf., *De l'apprentissage à l'enseignement, pour une épistémologie scolaire*, Paris: ESF éditeur, 1992.

rias; eles dizem o que têm de dizer, de preferência carregando no traço e manipulando sem escrúpulos uma retórica em que o embalo épico pretende servir a uma intenção básica: *instalar o ato educativo em sua contradição básica, lá onde se chocam projetos contraditórios, porém perfeitamente legítimos, lá onde a vontade de instruir bate de frente com a história, o desejo, a incompreensão daquele a quem ela deseja libertar.*

É por isso que tantos textos pedagógicos assemelham-se com *A canção de Roland*... na qual vemos essa luta insana entre forças que superam, e de muito longe, os protagonistas em questão, essa escansão* da narrativa que a lança permanentemente para além dos acontecimentos que poderiam encerrá-la, essas retomadas de temas em múltiplas variações, esses apelos aos procedimentos mnemônicos e às fórmulas encantatórias, essa vontade estranha de "tornar definitivo", mesmo sabendo que o definitivo ainda não existe ali, e talvez nunca venha a existir. Makarenko e seu *Poema pedagógico*, Neill e *Crianças livres de Summerhill*, assim como Freinet e *Os ditos de Mathieu* tomam emprestado da epopéia esse gosto pela encenação, essa vontade de instalar, em um combate de proporções universais, o projeto pedagógico, esse desejo de obter a adesão carregando nas tintas e amplificando as conseqüências do menor gesto, a opção por colocar no centro do discurso essa relação única entre um ser determinado a educar e um ser que resiste a essa vontade e em relação ao qual o educador evoca uma estranha ternura. Esta é uma ternura que não renuncia à educação – mesmo quando assume a forma, como em Pestalozzi, de uma extirpação necessária da "ignomínia"[11] –, mas é uma ternura que não aceita jamais que tal extirpação seja uma violência cometida contra o outro. É uma ternura que remete permanentemente o educador à sua própria capacidade de obter a adesão e de suscitar a compreensão. E é essa ternura que se pode observar em Albert Thierry, em suas surpreendentes confissões, assim como em Korczak, tanto em seus textos pedagógicos quanto em seus romances para crianças.[12] É uma ternura militante que pretende ser

---

* N. de R.T.: Equivale a uma subida de tom nas notas musicais. Em lingüística e psicanálise, trata-se da elevação do tom de uma palavra em relação à cadência usual de quem a profere.

[11] *Lettre de Stans*, p. 21.

[12] O mais célebre é *O rei Mathias I*, obra cujo pessimismo patético está perfeitamente de acordo com a vontade de Korczak de "mobilizar o mundo inteiro", como ele próprio dizia, a serviço de uma criança em perigo. (N. de T.: Esse livro foi traduzido e editado no Brasil, em 1971, pelo Dr. Kazimiers de Vantour-Sinkiewicz, e distribuído pela Editora Melhoramentos, sob o título *Rei Mateuzinho primeiro*. O tradutor resume assim a história: "Este livro esboça a vida de um rei órfão que, desde os seis anos de idade, rege seu país. É uma extraordinária vida de criança em luta entre os desejos da vida normal com os seus semelhantes e a disciplina e o dever de ser rei...").

contagiosa e não hesita em mobilizar todos os artifícios da retórica para atingir seus fins... A dupla raiz da palavra "epopéia" encontra aqui sua verdadeira dimensão: ela é, simultaneamente, palavra (*epos*) e ação (*poiein*), ação da palavra e palavra para a ação.[13] E não é particularmente significativo, a propósito disso, que uma recente edição dos escritos pedagógicos de Sébastien Faure seja precedido justamente de um texto intitulado "Pelo centenário de um orador"?[14]

Sob muitos aspectos, e ainda há poucos anos, as coisas estavam claras, e nenhum desses autores pedagógicos que acabamos de evocar reivindicava a condição de "cientista"... escritores eles eram, escritores eles se assumiam. O que complica a situação hoje, depois de quase um século, é que o discurso pedagógico agora vem mascarado, adotando formas que até então lhe eram estranhas, metamorfoseando-se contra qualquer expectativa, usando disfarces que não lhe caem muito bem e que contribuirão em grande medida para confundir as coisas. Evidentemente, quando se observa de perto, a solicitude ainda é elementar, básica, mas assumirá duas formas radicalmente diferentes: "a condução das almas" e "a instrumentalização dos espíritos"; a primeira exaltando um discurso com ressonâncias psicossociológicas, políticas, ou mesmo religiosas, a segunda assumindo todas as características do discurso tecnocrático.

A primeira forma de solicitude – a condução das almas – expressava-se tradicionalmente através das veleidades educativas de "grandes educadores"; insistia-se no valor exemplar e na importância da atitude do educador; um amor despojado da exigência de reciprocidade, o *amorevolezza*, como dizia D. Bosco,[15] "o amor libertador" de que falava Korkzack.[16] Contudo, passadas algumas décadas, esses termos caíram em desuso; é certo que se abusou deles para camuflar algumas relações suspeitas, ou mesmo perversas, que a psicanálise oportunamente tratou de revelar. Mas será que isso significa que as realidades apontadas desapareceram? É pouco provável. Hoje elas se expressam através de uma psicologia predominantemente rogeriana que, desde os anos cinqüenta, tor-

---

[13] Cf. *Dictionnaire historique de la langue française*, organizado por Alain Rey, Paris: Éditions Robert, 1992, t.1, p. 711.

[14] *Écrits pédagogiques de Sébastien Faure* (Paris: Éditions du monde libertaire, 1992). Trata-se do texto da conferência de René Louzon em celebração ao centenário do nascimento de Sébastien Faure.

[15] Cf. Xavier Thévenot, "Don Bosco éducateur et le système préventif", *Éducation et pédagogie chez Don Bosco* (organizado por Guy Avanzini, Paris: Éditions Fleurus, 1989, p. 95 a 134): "A afeição educativa é aquela que abre um caminho que permita libertar o educando de seu educador".

[16] *Comment aimer un enfant*, Paris: Robert Laffont, 1978, em particular p.211 e ss.

nou-se a vulgata inevitável dos educadores e assistentes sociais. Congruência, empatia, visão positiva incondicional, qualidade da relação de atenção, importância da reformulação, presença desinteressada... há tantos "conceitos" e atitudes que são sistematicamente valorizados no discurso pedagógico, como se pode observar, a ponto de ele ser confundido, por alguns, com o "discurso psicológico" e de ser reduzido a uma colcha de retalhos na qual se misturam indistintamente Carl Rogers, Françoise Dolto, Jacques Salomé e alguns outros, em uma hipotética e improvável "teoria do desenvolvimento pessoal".

Assim, é compreensível a desconfiança que pode surgir entre os professores quando se evoca o termo "tutorado" e a profunda inquietação das lideranças sindicais quando se levanta a possibilidade de se interessar na escola pela socialização dos alunos... "Os professores não são assistentes sociais", reafirmava recentemente, mais uma vez, a responsável por um grande sindicato de professores francês. Em outras palavras: "Não queremos que nossas tarefas de instrução, essenciais a nosso ver, sejam dissolvidas em práticas sociais de assistencialismo, impregnadas de toda uma ideologia 'psicológica', originária das ciências humanas tão grosseiramente vulgarizadas". É compreensível tal reação de defesa... Afinal, as coisas eram muito mais claras antes de serem assim "psicologizadas": as tarefas de instrução poderiam perfeitamente continuar sendo prioritárias; bastaria reconhecer que elas só seriam possíveis justamente se buscassem apoiar-se em uma solicitude básica... uma "moral", como diziam os grandes tenores da pedagogia republicana há um século.

Já a segunda forma de solicitude – a instrumentalização dos espíritos – manifesta-se, por sua vez, no discurso pedagógico, através de todas as experiências que se pretendem mais ou menos inspiradas na técnica ou na "racionalidade". Evidentemente, também aí poderíamos encontrar precursores: das primeiras ferramentas didáticas de Itard até a organização minuciosa da "lição" de Herbart... dos primeiros esforços para organizar, nas instituições de caridade, um meio favorável para o desenvolvimento da criança até os dispositivos didáticos mais sofisticados construídos na esteira de Piaget,[17] é sempre a intenção que está em curso: dominar a construção da inteligência. Todavia, esses trabalhos ainda seriam aceitáveis se tolerassem uma boa parte de aleatório, se desde logo se revelassem modestos, tanto em relação a seu projeto (se-

---

[17] Na realidade, há muito pouco; a obra mais significativa a esse respeito é a de Hans Aebli, *Didactique psychologique: application à la didactique de la psychologie de Jean Piaget* (Neuchâtel e Paris: Delachaux et Niestlé, 1951).

ria importante que as aprendizagens visadas por eles se limitassem a aquisições instrumentais de base) quanto em relação a seu público (que geralmente era constituído por crianças muito desfavorecidas, ou mesmo portadoras de deficiências, com as quais todas as outras formas de ensino falharam). Eles seriam aceitáveis, sobretudo, na medida em que não questionassem a parte essencial do professor (como ela é patente para Herbart, no qual porém as cinco etapas da lição são muito formalizadas), que inclusive contribuiriam para reforçar. E, é claro, por intermédio da posição do professor, o que se buscaria valorizar seria o caráter absolutamente central e irredutível do encontro entre inteligências, relegando o "arsenal tecnológico" a um apoio secundário.

No entanto, a mudança essencial, se não no conteúdo pelo menos na forma, intervém com a irrupção no campo pedagógico daquilo que se denominará de "pedagogia por objetivos" e, posteriormente, de "pedagogia do controle".[18] Ao menos aparentemente, a ambição é bem outra: a questão é submeter o conjunto dos saberes escolares a um tratamento muito particular, de modo que, ao final dele, objetivos formulados em termos de comportamentos observáveis e situados de maneira linear uns após os outros permitam esperar que todos os públicos possam ter acesso – isto será apenas uma questão de tempo e de tecnologia! – ao conjunto dos conhecimentos humanos... A coisa é tanto mais preocupante na medida em que, apesar de suas incontestáveis contribuições (esclarecimento da relação pedagógica, retorno a uma saudável modéstia após a afetação maximalista do período não-diretivo, ferramenta valiosa para uma individualização dos percursos de formação e para uma gestão mais transparente dos dispositivos de avaliação), a pedagogia por objetivos parece oferecer graves perigos para a ação pedagógica: ela se apóia em um behaviorismo contestado no próprio campo psicológico, não hesita em assinalar seu parentesco com o ensino programado e com um determinismo skinneriano sob muitos aspectos indefensável, descarta os objetivos de alto nível taxonômico, cria o impasse sobre a complexidade das operações mentais, contribui para despojar os saberes de finalidades e para atomizar a relação pedagógica.

De resto, esses perigos foram denunciados desde cedo por aque-

---

[18] Surgida nos Estado Unidos com os trabalhos de B.S. Blomm, que, desde os anos cinqüenta, tentam configurar taxonomias de objetivos pedagógicos nos âmbitos cognitivo, socioafetivo e psicomotor, popularizada por "manifestos" como os de R. F. Mager, que vê na definição dos objetivos o meio de resolver todos os problemas do ensino (compreendida a delicada questão da motivação dos alunos), a pedagogia por objetivos foi primeiramente difundida na língua francesa graças aos trabalhos de G. e V. de Landsheere: *Définir les objectives de l' éducation* (Paris: PUF, 1976).

les mesmos que contribuíram para introduzir, com extremas precauções, essa tecnologia: já em 1976, com a publicação nos *Cahiers Pédagogiques* de um texto de Daniel Hameline que terá várias reedições,[19] este alerta os adeptos da pedagogia por objetivos para os "limites" e os "grandes inconvenientes" desse "método". Ele retoma mais sistematicamente tal análise em sua obra de síntese,[20] na qual a clareza da apresentação não deixa dúvida quanto à distância tomada pelo autor em relação a seu objeto. Um pouco mais tarde, outros, como Linda Allal[21] ou eu mesmo, não deixaram de assinalar que o behaviorismo latente da pedagogia por objetivos comportava "perigos terríveis, não tão alheios quanto esta às especulações futuristas mais pessimistas";[22] eles procuraram divulgar os trabalhos de Louis d'Hainaut ou de Robert Gagné, que tentavam livrar-se do behaviorismo para elaborar modelos mais abertos, nos quais objetivos continuariam sendo ferramentas de regulação da ação pedagógica, mas não se renunciaria definitivamente a "ensinar por objetivos".[23] Porém, os adversários dos pedagogos não prestaram muita atenção às inquietações e às reservas daqueles que contribuíam para implantar a pedagogia por objetivos... Eles viram nisso apenas o enorme perigo de um projeto tecnocrático de treinamento que comprometeria a própria idéia de uma educação possível.[24]

---

[19] "Formuler des objectifs pédagogiques: mode ou voie d'avenir?", *Cahiers Pédagogiques*, 1976, 148-149, p. 21 a 45.

[20] *Les objectifs pédagogiques en formation initiale et continue*, Paris: ESF éditeur, 1979.

[21] *L' évaluation formative dans un enseignement differencié*, L. Allal, J. Cardinet e Ph. Perrenoud, Berna e Frankfurt: Peter Lang, 1979, p.130 a 156.

[22] Philippe Meirieu, *Apprendre en groupe? 1 – Itinéraire des pégagogies de groupe*, Lyon: Chronique social, 1984, p.169.

[23] Louis d' Hainaut, *Des fins aux objectifs de l' éducation*, Bruxelas e Paris: Labor et Nathan, 1977. Robert Gagné, *Les principes fondamentaux de l' apprentissage*, Montreal: H. R. W., 1976.

[24] É preciso reconhecer, em sua defesa, que os "formadores" nem sempre tomaram todas as precauções necessárias – e isso em razão do caráter relativamente improvisado da implantação da formação contínua de professores. Para compreender como isso foi possível, seria preciso, evidentemente, repassar a história da formação de professores e, em particular, examinar bem de perto o que ocorreu na França com a criação, em 1992, das MAPFEN (Missions Académiques à la Formation des Personnels de L' Education Nationale, criadas a partir do relatório encaminhado por André de Peretti ao ministro Alain Savary). Antes da criação das MAPFEN, praticamente não havia formação contínua de professores, a não ser em registros estritamente disciplinares e sob a forma de conferências pedagógicas; os corpos de inspeção eram os únicos a serem reconhecidos como "formadores institucionais". Porém, a necessidade de uma formação pedagógica (em particular em torno do tema das aprendizagens e da diferenciação pedagógica) fez-se sentir rapidamente pela pressão exercida sobretudo pela implementação da renovação dos colégios. Para intervir nos estabelecimentos escolares, as MAPFEN recorreram a um perfil de professor muito particular: tratava-se de militantes pedagógicos ou sindicais (essencialmente, nesse caso, militantes do SGEN, sindicato da "nova esquerda", abertos às propostas pedagógicas e fortemente inspirados no cristianismo soci-

Porém, as duas modalidades do discurso pedagógico que acabamos de mencionar rapidamente, cujo rastro podemos seguir na história das doutrinas pedagógicas desde há meio século, que se entrecruzam com mais ou menos êxito em muitos autores, e que foram tão magistralmente teorizadas por Daniel Hameline,[25] são, na realidade – e é importante jamais perder isso de vista –, a expressão de um mesmo projeto em relação à criança. Além disso, se lemos um pouco mais atentamente os textos dos autores que acabamos de citar, não será difícil descobrir nas entrelinhas ou no centro de uma obra alguma dessas "profissões de fé" que evoquei antes. É preciso ser muito cego para não ver, através dessas metamorfoses do discurso pedagógico, que se está buscando, sob novas formas, uma tradição consolidada, uma tradição de solicitude em relação à criança que devemos ajudar a crescer e sobre a qual o adulto

---

al); esses militantes eram líderes em seus estabelecimentos escolares, coordenadores de equipes de campo e, mais raramente, membros de grupos de pesquisa em didática da matemática constituídos nos IREM (Instituts de Recherche sur l' Ensignement des Mathématiques, que existiam há muitos anos e dos quais váios diretores tornaram-se chefes de MAPFEN). Com raríssimas exceções, esses formadores não tinham formação universitária na área de ciências humanas; ignoravam, no essencial, a história da pedagogia e, se tinham algumas convicções sobre a necessidade de democratizar o acesso aos saberes, de "partir da criança e colocá-la em situação de atividade", de "criar situações de aprendizagem", ao invés de se contentar com situações de ensino... eles não dispunham nem de ferramentas teóricas, nem de ferramentas de formação para pôr em prática essas convicções e, *a fortiori*, para colocá-las em perspectiva.

Nessas condições, eles utilizaram amplamente alguns textos, relativamente pouco numerosos, disponíveis no mercado editorial e acessíveis aos professores sem muita base teórica. Muitos levantamentos realizados pelo INRP (N. de T.: Institut National de Recherche Pédagogiche), coordenados por Christiane Etévé (ver *Pour une bibliothèque idéale des enseignants*, INRP, 1990, e a tese de Christiane Etévé: *Le cas des minorités lectrices dans les établissements scolaires*, defendida em 1983) mostram bem quais eram esses textos: as obras de Antoine de la Garanderie, de Louis Legrand, de André de Peretti e também minhas, às quais devem ser acrescentadas as fichas que apareceram na época a um ritmo intenso nos *Cahiers Pédagogiques*. Esses textos não eram maus e não é o caso renegá-los hoje; o que é patente, no entanto, é o fato de serem recebidos como uma nova "bíblia pedagógica" e utilizados antes de se discernir suficientemente seus desafios e seus limites. Paradoxalmente, o esforço que eu e alguns outros tivemos de fazer para elaborar uma linguagem pedagógica "intermediária", eqüidistante das obras puramente especulativas e dos livros do professor, uma linguagem capaz de transformar os professores em "verdadeiros atores", como dizíamos, voltou-se em parte contra nós. Embora pretendêssemos transferir a responsabilidade aos professores, nossos textos pareceram-lhes normalizadores, intimidatórios, às vezes culpabilizantes. Além disso, a referência às ciências da educação parecia atribuir-lhes uma legitimidade acadêmica, embora no âmbito dessa disciplina universitária os produtores desses textos fossem considerados marginais, pouco científicos, não contribuindo para fundamentar o estatuto epistemológico da disciplina... A tese que está sendo elaborada atualmente por Christiane Valentin, na Universidade Lumière – Lyon 2, sobre os efeitos da implantação das MAFPEN de 1982 a 1985, parece confirmar em grande parte essa análise e poderá ajudar a compreender muitos elementos do "debate pedagógico" hoje.

[25] Em particular, na passagem de *La liberté d'apprendre – situation II (rétrospective sur un enseignement non directif)*, Paris: Éditions ouvrières, 1977, aos *Objectifs pédagogiques en formation initiale et continue*, Paris: ESF éditeur, 1979.

deve debruçar-se, em sentido próprio e em sentido figurado, para ouvir o que ela tem a lhe dizer e estabelecer com ela uma educação que não seja treinamento.

Todavia, o principal acontecimento das duas últimas décadas em matéria educativa parece ser exatamente a recusa cada vez mais agressiva dessas duas formas de solicitude que acabamos de descrever, a afirmação cada vez mais veemente e mais dura de que não é preciso "debruçar-se" sobre a criança, que isso é uma fraqueza imperdoável, o sinal de uma recusa de educar, de uma verdadeira negação da educação.

A suspeita infiltra-se primeiramente através das análises clínicas da intenção de instruir e de educar. Em seguida, ela é destilada, em meias-palavras, no questionamento das experiências não-diretivas. Desenvolve-se através da crítica sistemática da pedagogia por objetivos e de referenciais de todos os tipos.[26] Depois há o famoso texto de Hannah Arendt, tão freqüentemente citado e tão freqüentemente lido com rapidez, no qual muitos vêem o "manifesto antipedagógico por excelência". A autora pretende – pelo menos essa é a leitura que em geral se faz – reverter a solicitude educativa em responsabilidade assumida pelo mundo que se deve apresentar à criança, sem estados de alma inúteis; e a força que é preciso investir nisso está no vigor empregado pela autora para separar, à sua maneira, o joio do trigo: "Quem se recusa a assumir essa responsabilidade pelo mundo tal como ele é não deveria nem ter filho, nem ter o direito de participar de sua educação"...[27] Está mais do que claro: educar não é, não pode ser, debruçar-se sobre a criança infeliz para transmitir-lhe calor humano ou a cultura de que se é portador. Educar é pedir à criança para manter-se ereta diante do adulto que corporifica a continuidade do mundo e a autoridade necessária para "apresentar esse mundo à criança". Que essa postura seja motivo de sofrimentos, ou mesmo de exclusão, isto não é, ou não é mais, o problema. Não se mede a educação pela escala do homem, mas pela es-

---

[26] É verdade que esses referenciais multiplicam-se, vindo de todos os lados e geralmente garantidos pela própria instituição... isto quando não é ela quem os elabora (como no ensino técnico ou no ensino primário quando da implantação dos ciclos). Contudo, também aí, observamos um empobrecimento considerável em relação às teorias de referência a que se recorre, empobrecimento de que são testemunhos as aproximações e os desvios terminológicos de todas as espécies (objetivo, meta, competência, capacidade, etc.). Por outro lado, quase sempre interpretam-se esses referenciais confundindo "programa" (conjunto de objetivos finais a serem atingidos no fim do ano) e programação (organização da progressão conforme a ordem estrita do referencial). Apenas alguns trabalhos, como os do CEPEC de Lyon, esforçam-se por introduzir um rigor necessário nessa conduta (cf. Paris: *Construire la formation*, Paris: ESF éditeur, 1991).

[27] Hannah Arendt, *La crise de la culture*, Folio-Essais, 1989, p. 243.

cala da "humanidade": doravante, o que rege o mundo e supostamente decide seu futuro é uma abstração racional. A solicitude é sempre sinal de fraqueza; é admitir que o outro – no caso a criança – tem algum poder sobre nós e que já não bastamos a nós mesmos. A idéia da perfeição investida na auto-suficiência, central no pensamento ocidental, é posta em questão de forma radical pelo discurso pedagógico.[28] O homem ocidental não deseja isto: ele teve de suportar o peso de todas as suspeitas, presenciou o fracasso de todos os mitos progressistas... Ninguém irá mostrar-lhe: ele sabe o que tem de fazer... e o primeiro passo é impor-se sem estados de alma inúteis. Se conseguir isso, todo o resto virá de acréscimo.

Desde então – e sempre em referência a esse texto místico – que, como mostraremos mais adiante, pode ser objeto de leituras menos caricaturais –, os "intelectuais" não cansam de denunciar o pedagogismo: a solicitude em relação à criança infeliz ou oprimida, assim como sua versão modernizada e laicizada da "democratização do sistema educativo", são ambas perseguidas sob todas as suas formas. Acusa-se o pedagogo de ser, ao mesmo tempo, um líder espiritual duvidoso e um tecnocrata manipulador. Os filósofos evocam os sofistas. O rogerismo, embora abandonado até mesmo por aqueles que o promoveram, é assassinado regularmente por sede de vingança. O discurso racional e sua mais viva criação – a pedagogia por objetivos – são rejeitados em nome de uma razão que não pode resignar-se a assistir à dissolução das finalidades da escola em uma infinidade de manipulações taxionômicas...[29] Em suma, a pedagogia é "satanizada" e, embora essa atitude não seja muito recente[30], ela se torna ainda mais veemente, até mesmo nas colunas de periódicos tradicionalmente respeitados por sua seriedade e seu senso de medida, como *Le Monde Diplomatique*, que publica, em dezembro de 1992, a propósito da reforma dos liceus, a carta de um leitor, que tomamos a liberdade de citar *in exten-*

---

[28] Cf. Gabriel Marcel, *Journal métaphsyque* (citado por Emmanuel Lévinas, *Noms propres*, Paris: Biblio-Essais, 1987, p. 9): "O perfeito não é aquele se basta a si mesmo, ou, pelo menos, essa perfeição é própria de um sistema e não de um ser". Temos aqui a inversão da ontologia ocidental, tal como a expressou Lévinas ao longo de toda a sua obra, mostrando que para criar a possibilidade de uma ética é necessário abandonar esse esforço de "perseverança em seu ser" que impede nosso encontro com o outro.

[29] Fizemos um apanhado rigoroso dessas críticas e tentamos rebatê-las na obra que escrevemos junto com Michel Develay, *Émile, reviens vite... ils sont devenus fous* (Paris: ESF éditeur, 1992).

[30] Como mostra muito bem Daniel Hameline em seu texto "L' École, le pédagogue et le professeur", *La pédagogie: un encyclopédie pour aujourd' hui* (organizado por Jean Houssaye, Paris: ESF éditeur, 1993, p. 327 a 341).

so, visto que ela resume perfeitamente os argumentos antipedagógicos dominantes:

Esta reforma (a implantação de módulos em classe de segunda*) [31] supõe e implica a adoção, por um corpo de professores ligados por essas novas estruturas, de uma pedagogia abrangente. Na verdade, sob a capa de uma fraseologia de pretensão científica, o que se impõe é uma ideologia. Uma ideologia que visa a desqualificar o professor enquanto transmissor de saberes. O historiador, o matemático devem dar lugar ao "cientista da educação", mestre em teoria geral da transmissão – a didática –, disciplina mestra à qual todas as outras devem submeter-se.

As instruções fornecidas aos professores de história da segunda são particularmente esclarecedoras a esse respeito. O ensino torna-se uma "tecnologia": "trata-se de separar o conteúdo ensinado e o processo cog-

---

* N. de T.: No original *classe de seconde*, equivalente à primeira série do ensino médio no sistema brasileiro.

[31] Vale lembrar que a implantação de módulos nos liceus foi proposta pelo Conseil National des Programmes (cf. *Quel lycée pour demain? Propositions du Conseil national des programmes sur l'évolution des lycées*, Paris: Livre de Poche-CNDP, 1991). Para o CNP, os módulos representavam a possibilidade, no âmbito das diferentes vias de formação, de propor aos alunos programas complementares específicos, enriquecendo sua formação sobre temas que permitissem, ao mesmo tempo, utilizar as várias competências dos professores e oferecer aos estudantes de liceu (N. de T.: No original *lycéens:* o equivalente aos estudantes do nível médio no sistema brasileiro.) opções de escolha, mediante as quais pudessem explorar campos de conhecimentos mais especializados e, assim, preparar sua orientação. Estava previsto que os módulos seriam objeto de programas específicos, bem como de uma avaliação adequada (op. cit., p. 32 a 37). O relatório do CNP propunha ainda outros dispositivos (apoio, auxílio pedagógico, etc.). Na realidade, os textos ministeriais propunham, sob a denominação de "módulos", uma fusão de diferentes propostas do CNP, esvaziando essa estrutura de seu aspecto institucional específico (equilíbrio das vias de formação) e de sua originalidade pedagógica (programa nacional particular, permitindo um tratamento por intermédio de metodologias mais comprometidas). Muito distante das proposições do CNP, a *Note de service du 25 mai 1992 sur la rénovation pédagogique des lycées* limita-se a afirmar que os módulos devem constituir uma resposta adequada à heterogeneidade dos alunos. Na prática, essa mudança sutil teve conseqüências particularmente nefastas: dificuldades de organização por falta de diretrizes claras, implantação de módulos de conteúdos totalmente heterogêneos, mas, em geral, centrados no "apoio metodológico" ou na "ajuda ao trabalho pessoal", ausência de avaliação, etc. A propalada preocupação com uma ajuda mais individualizada (que poderia evoluir para os "grupos de necessidade" que havíamos proposto para o colégio [N. de T.: No original *college*, equivalente às séries finais do ensino fundamental no sistema brasileiro]) não se concretizou, a não ser de maneira muito pontual, na maioria das vezes graças a equipes de professores particularmente mobilizados (bons exemplos dessa aplicação são fornecidos na obra coordenada por Françoise Clerc, *Former à l'enseignement modulaire: bilan et perspectives*, CRDP de Nice, 1993, assim como no livro de Dominique Raulin e Jean-Claude Passegand, *Les modules – Vers de nouvelles pratiques pédagogiques au lycée*, Paris: CNDP–Hachette Éducation, 1993)... Mais uma vez, a falta de coragem pedagógica e política dos que decidem prejudicou a implantação de uma proposta que poderia constituir uma poderosa alavanca de mudança nos estabelecimentos escolares. Isso também permitiu aos "antipedagogos" – mas, no fim das contas, este é apenas um efeito secundário sem grande importância – desencadear sua fúria. Contudo, ninguém duvida que eles teriam agido assim por qualquer outro pretexto se os módulos não tivessem sido implantados dessa maneira!

nitivo desencadeado por sua apropriação a fim de desmontar os mecanismos do próprio processo. O aluno é colocado diante da construção do saber, ou seja, da tecnologia do trabalho intelectual" (sic).

Exemplo dessa "tecnologização" é a técnica de identificação de "palavras-chave" no comentário de texto. Não adianta buscar esse "conceito" na lingüística, que vocês não encontrarão, pois trata-se apenas de uma técnica de classificação informática, sem qualquer ligação com a análise científica do discurso. Prova disso é este exercício extraído das famosas instruções: deduza a palavra-chave da seguinte frase: "Graças ao fogo, o homem pré-histórico sobreviveu ao tempo frio"... A resposta é "aquecimento"... Assim, ficamos sabendo que o homem pré-histórico não inventou o fogo... mas o aquecimento.

A fim de mascarar melhor sua natureza tecnocrática, o discurso pedagogista veste o disfarce da afetividade triunfante: um bom professor tem o dever de amar seus alunos-crianças; uma finalidade do módulo é "a melhoria do ambiente da sala de aula", "do ambiente relacional fundado em um (re)conhecimento mútuo mais profundo". Surgem aqui os sonhos narcisistas ou os terrores dos pedagogos que fugiram das salas de aula para os grupos de pesquisa em didática. Na pior das hipóteses, "o módulo pode ser assegurado pelo professor de história de uma outra classe, o que favorece os desbloqueios de situações conflituosas".

Na melhor das hipóteses, estabelece-se uma relação do aluno sozinho com o professor-tutor, do aluno fraco com o aluno forte-monitor em um contexto de prof.-G.O., estilo Club Med. No caso, o professor perde seu estatuto: ei-lo transformado em uma "pessoa-recurso" (sic), ou seja, pessoa. Ele é recurso apenas na medida em que responde à "demanda"– e eis o mercado! – com base em um "contrato personalizado".

Seria particularmente interessante analisar esse texto em detalhe, indagar-se sobre o uso feito de citações, sobre a inversão em torno da qual ele é construído... Contudo aqui nos bastará identificar como ele manipula a dupla crítica correspondente às duas formas de solicitude pedagógica que definimos: a relacional e a tecnológica. É claro que também seria extremamente fácil inverter o sentido do texto e mostrar que um ensino que não incorporasse nenhuma técnica e que não desse qualquer atenção à gestão da classe seria impossível e sem valor. Também seria fácil pinçar alguns exemplos absurdos a que levaria tal recusa. Porém, não queremos entrar aqui nessa lógica polêmica e preferiríamos tentar captar o que esse tipo de discurso antipedagógico tem a nos dizer... Tanto mais quanto podemos encontrá-lo em escritos muito mais enérgicos e informados, como o de Jacques Billard,[32] que em um artigo

---

[32] Presidente da Associação de Professores de Filosofia do Ensino Público e autor de uma tese de

da *Revue de l'Enseignement Philosophique*,[33] dedicado à análise de teses de didatas da filosofia,[34] enunciou, com algumas páginas de intervalo, as três afirmações seguintes, as quais constituem a espinha dorsal de sua demonstração:

1. A pedagogia, no fundo, é apenas uma maneira de circunscrever um aluno.[35]
2. O quadro geral dessa pedagogia, como se pôde constatar, é o da pedagogia por objetivos. De resto, não existe, no momento atual, um outro quadro de referência em uso nas ciências da educação.[36]
3. Tudo (nos procedimentos pedagógicos atualmente em uso) provém, de fato, das técnicas da dinâmica de grupos restritos.[37]

A pedagogia tentada pela manipulação

Seria muito fácil, naturalmente, limitarmo-nos a ridicularizar posições que, tão deliberadamente, constatam a dupla referência contraditória do discurso pedagógico e responder que esta constitui justamente uma garantia contra os riscos de manipulação que são invocados o tempo todo. No entanto, isso seria mais ou menos fácil. De um lado, porque a afirmação segundo a qual o projeto pedagógico tem como objetivo "circunscrever a liberdade do aluno" não é tão recente nem original quanto esta; de outro lado, porque, longe de serem excludentes, as duas críticas feitas à pedagogia podem justamente se reforçar ao ponto de pretender, segundo a expressão do próprio Jacques Billard, "a extinção da humanidade no homem".[38]

---

doutorado, *Philosophie, histoire, religion et l' idée d' instruction publique dans la pensée française de 1815 a 1848 – François Guizot, Victor Cousin* (Universidade Paris I, Panthéon-Sorbonne, 1994), em que conclui sobre o perigo eminente que o pensamento pedagógico comporta: "Uma educação que nunca recorre a uma verdadeira interioridade transforma o homem, ou em escravo, ou em bárbaro. [...] a pedagogia não desnatura o homem, ela o extingue..." (p. 420 e 421).

[33] "Sciences de l'éducation et pédagogie de la philosophie", *L' Enseignement Philosophique*, ano 41, 4, março-abril de 1993, p. 39 a 64.

[34] ... e, em particular, as teses de Michel Tozzi expostas em *Apprende à philosopher dans les lycées d'aujourd' hui* (Paris: CNDP-Hachette, 1992), *Étude d'une notion et d'un texte philosophiques* (CNDP de Montpellier, 1993) e *Penser par soi-même: initiation à la philosophie* (Lyon: Chronique sociale, 1994).

[35] Op. cit., p. 41.

[36] Ibid., p. 45.

[37] Ibid., p. 56.

[38] Ibid., p. 63.

Lembremos que, de fato, Durkheim comparava a atividade pedagógica à hipnose e explicava: "A criança encontra-se naturalmente em um estado de passividade perfeitamente comparável àquele em que o hipnotizado é colocado artificialmente. [...] Esse paralelo mostra como é necessário que o educador esteja desarmado; pois sabemos toda a força que tem a sugestão hipnótica".[39] E o fato de Durkheim argüir aqui essa comparação para encorajar o educador e mostrar-lhe a extensão de seu poder não nos autoriza, de modo algum, a rechaçar o argumento: em toda atividade pedagógica, há uma vontade e mesmo uma necessidade de "subjugar" a classe, como explica o próprio Albert Thierry.[40] Que essa vontade tradicionalmente se expresse no discurso magistral, cuja força intrínseca supostamente faria calar todas as individualidades para captar uma atenção propensa a "escapulir"[41] ao bel-prazer de cada um... que esse discurso magistral seja exatamente o que os próprios filósofos exaltam e que utilizam como meio para arrancar a criança de todas as aderências psicológicas e sociais para fazer dela um ser provido de razão disponível à racionalidade que se expõe... tal fato não muda em nada a força da argumentação filosófica.

A filosofia não critica o pedagogo por "subjugar" a classe – coisa que, ao contrário, ela recomenda –, mas por "manipular" a classe, isto é, por seduzi-la e manobrá-la mediante um conjunto de dispositivos sofisticados quando deveria obter sua adesão por meio da expressão de uma racionalidade exigente. Em certo sentido, a recusa da magistralidade hipnótica é denunciada como o risco supremo: paradoxalmente, essa magistralidade garante a possibilidade de se "desligar" do discurso do professor – após uma seção de hipnose, sempre se desperta e, então, eventualmente, pode-se avaliar seus efeitos. A captação no momento, durante um curso fortemente ritualizado, revela de imediato seus próprios limites, visto que ela restringe sua influência ao quadro estrito da "lição"... visto que, sobretudo, a ruptura entre a classe e a "sociedade civil" garante que a consciência do aluno possa confrontar aquilo que lhe for dito na classe com o que ele encontrar lá fora. Assim, para o filósofo, a "clausura escolar" não é apenas uma forma cômoda de tornar o aluno mais disponível ao que se passa na classe; ela é também um meio perfeito de lhe devolver sua liberdade na saída da classe. A hipnose na classe só é libertadora quando acompanhada de uma abstenção educativa radical fora

---

[39] Citado por Jean-Claude Filloux, *Durkheim et l'éducation*, Paris: PUF, p. 119.

[40] *L' homme en proie aux enfants*, p. 69.

[41] Idem.

da classe. A escola encontra a justificativa de sua autoridade no fato de que ela não tem autoridade fora da escola... e desse fosso pode surgir uma coisa muito diferente da "autonomia de um aluno" (com que sonha o pedagogo): a "liberdade de um cidadão" (justamente o que o filósofo procura formar).

Nessas condições, podemos entender o que se critica na pedagogia, quando esta já não é apenas a expressão de um "momento", mas desdobra-se em uma "conduta": é justamente o fato de suprimir a fronteira entre a escola, como lugar de expressão da racionalidade que se expõe, e a "sociedade civil", como conjunto de determinações, de representações, de paixões e de intenções de todos os tipos. Ao pretender a todo custo "criar vínculos" entre a racionalidade escolar e a vida da criança, a pedagogia impede-a de "tocar sua vida". Impedindo o aluno de "se desdobrar",[42] ela o impede de instalar uma distância libertadora entre o que ele é e o que aprende. Buscando desesperadamente articular o que ele aprende com o que ele é e o que ele é com o que ele aprende, ela o impede de questionar o que ele é pelo que ele aprende e o que ele aprende pelo que ele é. Mais grave ainda: desdobrando-se em uma dupla conduta, carismática e tecnológica, o projeto da pedagogia contemporânea é apoderar-se totalmente do espírito do aluno, torná-lo disponível à criação de um ambiente caloroso e em seguida orientá-lo no labirinto de objetivos voltados à formação de "competências" que ele só precisará usar mecanicamente depois.

Assim, é preciso compreender, parece-nos, o estatuto paradoxal da noção de "transferência de conhecimentos" na pedagogia contemporânea: enquanto a maior parte dos pedagogos trabalha no sentido de encontrar os meios para essa transferência e identificar as condições que permitam a um sujeito utilizar fora da escola o que ele aprendeu na escola[43]... enquanto para isso os pedagogos procuram partir de experiências, de representações, da "vivência" do aluno, o professor – pelo menos como o filósofo idealiza-o – gostaria de manter a barreira e justamente deixar essa transferência à iniciativa da pessoa para garantir sua liberdade. Ajudar a "dominar" a transferência de conhecimentos, a trans-

---

[42] Freinet afirma: "quando as crianças chegam à escola, é preciso evitar a qualquer preço que elas se desdobrem e se despersonalizem ao atravessar a soleira, ficando na porta o pensamento e a afetividade da criança, entrando na classe que lhe impõe suas normas o aluno" (*La santé mentale de l'enfant*, Paris: Petite collection Maspéro, 1978, p. 97).

[43] Este era o projeto do Colóquio Internacional sobre as transferências de conhecimentos na formação inicial e contínua realizado em Lyon, organizado por Michel Develay e eu mesmo, de 29 de setembro a 2 de outubro de 1994. O volume com as contribuições e os documentos preparatórios foi editado pela Universidade Lumière- Lyon 2 e as atas estão sendo impressas atualmente no CNDP.

formar "conhecimentos escolares" em "competências sociais", significa, para ele, instalar-se em uma vontade de controle que se opõe àquilo que pretenderia ser uma educação emancipadora.

Entre suas veleidades relacionais, que remetem à vontade de tornar a criança maleável mediante um conjunto de "técnicas de ganhar confiança", e suas veleidades tecnológicas, que testemunham a vontade de levá-la infalivelmente a adotar comportamentos instalados para sempre em sua vida, a conduta pedagógica representa assim uma espécie de "perseguição" insuportável... e compreende-se que ela seja vista como um projeto particularmente perigoso. Compreende-se também que a manipulação seja considerada tanto mais eficaz na medida em que se apóia sobre o conhecimento prévio dos mecanismos cognitivos e afetivos da criança, que é preciso dominar cada vez melhor para maior proveito do educador-manipulador.

Todavia, precisamente nesse âmbito, convém observar mais de perto a história recente da pedagogia. De fato, seria relativamente fácil ignorar o trabalho, os debates e as contradições que permearam a própria reflexão pedagógica. Hervé Boillot e Michel Le Du vão com muita sede ao pote quando em seu panfleto *A pedagogia do vazio*[44] parecem acreditar que todo o movimento pedagógico considera o conhecimento da criança em suas dimensões psicológicas e sociológicas como uma condição prévia a toda ação pedagógica; eles também criticam violentamente o que chamam de "objetivismo tecnológico da psicopedagogia", que imporia um aprisionamento do sujeito em "leis" estabelecidas previamente e produziria uma gestão tecnocrática das diferenças. Mobiliza-se aqui Michel Foucault contra os piagetianos, a antropologia contra a psicologia e a "pedagogia diferenciada", definida pelos autores com base em três projetos radicais:

> 1. Compilar os estilos ou perfis de aprendizagem, com todas as ambigüidades que já indicamos a propósito da "gestão mental": vemos operar-se aí mais o empenho de "marcar um destino" que de "modificar a situação". O saber psicopedagógico é intrinsecamente classificatório: veremos que, de fato, o "diferencialismo" recobre o processo de objetivação das diferenças, sua perfilagem e sua calibragem.
>
> 2. Praticar uma pedagogia na qual a função de perícia e de diagnóstico precede e suplanta as tarefas de instrução. A temática da avaliação formativa está bem situada nessa configuração das relações entre o ensino e a avaliação.

---

[44] *La pédagogie du vide*, Paris: PUF, 1993.

3. Traduzir os objetos dos saberes em objetivos psicológicos pedagogicamente administrados em uma objetivação que deduz os saberes dos comportamentos observáveis [...]; e, conseqüentemente, preparar e aplicar dispositivos programados de aprendizagem por objetivos que se assemelham a dispositivos psicológicos de condicionamento por reforço e seguem a linha do behaviorismo (ou comportamentalismo).[45]

Dissemos antes como se poderia compreender a evocação dos pedagogos a um "já presente", que não é mobilizado em uma perspectiva fatalista e de modo algum condena o sujeito ao imobilismo, mas que estimular o professor a aceitar a resistência do outro ao seu ensino e a experimentar tal resistência como uma interpelação ética para que partilhe, e não imponha, seus conhecimentos. Admitir que o aluno resiste ao ensino que recebe, ter lucidez sobre os obstáculos à aprendizagem quando eles aparecem e mesmo postular – como uma espécie de anteparo às suas veleidades de adestramento – uma hipotética "natureza" do sujeito, isso não significa *de facto* que se poderá deduzir os métodos utilizados dessa "natureza". A resistência do outro pode ser experimentada – já o mostramos – como limite de meu poder sobre ele e estímulo a exercer meu poder sobre mim. Em outros termos, essa resistência pode desencadear uma conduta tanto epistemológica quanto psicopedagógica. E, ao contrário de afirmar, com Hélène Pierron, que todo aluno deve ser submetido a testes prévios e sistemáticos, cujos "resultados são anotados, seja do ponto de vista da operação mental predominante que é necessária a seu êxito (compreensão, crítica, invenção), seja do ponto de vista da natureza dos problemas colocados (inteligência verbal, numérica, lógica e inteligência geral sob a forma de simples bom senso). Aferido cada um desses pontos, é fácil para o orientador traçar o perfil da criança examinada e tirar conclusões sobre suas possibilidades..."[46] nós preferimos, com Philippe Perrenoud, estimular ao "trabalho do sonho": quando o professor, diante de uma dificuldade, "vive um estado de dúvi-

---

[45] p.168 e 169.

[46] BINOP, setembro de 1952, número especial; citado por André Caroff (*L' organization de l' orientation des jeunes en France*, Paris, 1987, p. 86). Do mesmo autor, podem-se encontrar também argüições estranhas, fortemente assentadas em uma enorme quantidade de estatísticas e de "pesquisas experimentais", como esse texto sobre "a influência do mês de nascimento no desenvolvimento intelectual da criança", em que o autor, baseado no estudo de uma amostra de 11.308 crianças, não hesita em afirmar que "as crianças concebidas no inverno e na primavera apresentam melhores resultados na escola e nos testes de inteligência geral do que as crianças concebidas no verão ou no outono" (*Bulletin de l' Institut National d' Étude du Travail et d' Orientation Professionnelle*, 2ª série, 3º ano, setembro-outubro de 1947, p.146). Essas afirmações seriam simplesmente risíveis se, por um lado, não se revestissem de uma cientificidade que pretendem irrecusável e se, por outro, não as víssemos ressurgir hoje, sob diferentes formas, seja no sistema educativo, seja nas técnicas de recrutamento.

da, de hesitação, de reflexão, de formulação de hipóteses, ou de estratégias"; "pois alguém que não sonha é alguém que jamais duvida, que sabe o tempo todo o que pode e o que deve fazer, que não conhece nem a incerteza, nem a hesitação, que não perde um segundo sequer a arquitetar planos que não realizará; essa pessoa não se arrisca a inventar o que quer que seja, pois a condição de sua eficácia é enfrentar apenas os problemas cuja solução é conhecida desde que os dados sejam identificados; o desperdício de idéias às vezes significa energia e tempo perdidos, mas é também a condição da criatividade.[47]

Agora podemos ir mais longe e mostrar como a própria inspiração pedagógica que deu origem àquilo que se chama hoje de pedagogia diferenciada está profundamente dividida sobre essa questão.[48] De fato, desde 1905 e o início da experiência de individualização do ensino na escola da Dalton, nos Estados Unidos, Miss Parkhust, sua inspiradora, assinalava a existência de consideráveis inconvenientes desse sistema: divisão excessiva do trabalho, renúncia a objetivos muito complexos, criação de fenômenos de automatização do trabalho.[49] Da mesma maneira, Freinet será levado a introduzir o trabalho individual por fichas autocorretivas a partir de testes prévios, mas terá o cuidado de não fazer disso o centro de sua pedagogia, articulando estreitamente esses exercícios aos projetos coletivos elaborados pelo grupo-classe.[50]

E, no plano teórico, a Édouard Claparède, que em 1921 descreve em *A escola sob medida*[51] "os tipos gerais de espíritos" (os observadores, os reflexivos, os "combativos", os práticos, os artistas, os positivos, os sonhadores, os rápidos e os lentos, os ativos e os passivos) e propõe

---

[47] Philippe Perrenoud, *La pédagogie à l' école des différences*, Paris: ESF éditeur, 1994, p. 40 e 41.

[48] Analisei o campo semântico dos conceitos de individualização e de diferenciação em uma comunicação ao colóquio de professores e pesquisadores em ciências da educação em dezembro de 1991; nesse texto, mostro que o campo é muito vasto, mas que ele se reflete sempre em dois paradigmas contraditórios: o da ação controlada (com diagnóstico *a priori*) e o da ação regulada (com a implantação de procedimentos metacognitivos). Cf. *Individualiser les parcours de formation*, Lyon: AECSE, 1993, p. 9 a 33).

[49] Cf. "La préhistoire de la différenciation", Michel Ménard, *Cahiers Pédagogiques*, número especial *Différencier la pédagogie*, Paris, 1987, p. 46.

[50] Eu mesmo mostrei, em meus trabalhos, que os procedimentos de individualização em Freinet, inspirados inicialmente no sistema de certificados do escotismo, visavam em primeiro lugar a rebater os efeitos da divisão do trabalho conforme competências já existentes, efeitos inerentes ao "grupo de produção" que Freinet estabelece para dar finalidade ao trabalho dos alunos (cf. *Apprendre en groupe? 1 – Itinéraire des pédagogies de groupe*, Lyon: Chronique Sociale, 1984, p. 57 e ss.).

[51] *L' école sur mesure,* Neuchâtel e Paris: Delachaux et Niestlé, 1921. Claparède inclusive redigirá, alguns anos mais tarde, um manual: *Comment diagnostiquer les aptitudes des écoliers* (Paris: Flammarion, 1924).

organizar a escola em função dessas observações prévias, responde Henri Bouchet, que em 1933 em sua obra *A individualização do ensino*, recusa vigorosamente aquilo que chama de "a pedagogia *a priori*" e condena qualquer esforço para extrair, de forma mecânica, "conseqüências práticas das leis da individualidade".[52] A Adolphe Ferrière e seu esforço desesperado para elaborar, em sua obra de 1943, *Por uma classificação natural dos tipos psicológicos*,[53] "uma classificação natural dos tipos psicológicos com suas correspondências tipocósmicas fundamentadas em milhares de observações e de estatísticas comparadas", responde a firme colocação de Maurice Debesse, que se pergunta, em um texto publicado em 1947, sobre o valor desse gênero de classificação e vê nisso apenas um meio provisório e sempre passível de revisão de "evitar a dispersão" na organização pedagógica da escola, uma espécie de chave de distribuição que pode ser utilizada na medida em que não é muito mais arbitrária do que a que preside a organização tradicional das classes,[54] mas que deve ser imperativamente superada e, em nenhum caso, implicar um valor prescritivo para um sujeito.[55]

E, mais recentemente, após a criação por Louis Legrand da fórmula "pedagogia diferenciada" em 1971 – a partir, é verdade, da expressão "psicologia diferencial" –, não param de surgir divergências de orientação aos olhos de todo observador atento: quem achar que vale a pena, realmente não deixará de identificar linhas de clivagem, ou mesmo fraturas, entre aqueles que afirmam o caráter absolutamente imperativo do diagnóstico *a priori* e concebem rigorosas progressões a partir de taxonomias de objetivos lineares[56]... e aqueles que afirmam o caráter absolutamente provisório de todo diagnóstico e fazem da reflexão metacogniti-

---

[52] *L' individualization de l' enseignement – l' individualité des enfants et son rôle dans l' éducation*, Paris: PUF, 1993.

[53] *Vers une classification naturelle des types psychologiques*, Nice: Éditions des Cahiers astrologiques, 1943.

[54] Poderíamos, de resto, levantar a hipótese, amplamente confirmada pelos trabalhos dos sociólogos da educação, de que as classes que estruturam os estabelecimentos escolares obedecem, na realidade, a tipologias caracterológicas invisíveis, que correspondem por sua vez a classificações psicológicas "selvagens" ("sério", "aplicado", "brilhante", etc.), as quais refletem amplamente a relação social dos alunos com o saber. Sobre essa questão, Pierre Bourdieu oferece valiosos esclarecimentos em *La distinction, critique sociale du jugement* (Paris: Éditions de Minuit, 1979).

[55] "Types et groupes de caractères", *Psychologie de l' enfant* (organizado por M. Debesse, Paris: Armand Colin-Bourrelier, 1956, p.190 a 192).

[56] É o caso de muitos daqueles que estão efetivamente inseridos na órbita das grandes taxonomias anglo-saxãs, como Bloom... e podem-se encontrar manifestações dessas concepções pedagógicas, por exemplo, em *La pédagogie du succès* (César Birzéa, Paris: PUF, 1982) ou em *Une pédagogie pour demain* (organizado por Anna Bonboir, Paris: PUF, 1974).

va com o aluno um meio privilegiado para o seu desenvolvimento cognitivo. Eis o ponto de vista que nós mesmos defendemos[57] e que foi notavelmente ilustrado, na vertente da análise sociológica, pelos trabalhos de Philippe Perrenoud.[58] Eis o único ponto de vista que nos parece legitimar hoje a continuidade da reflexão sobre a diferenciação pedagógica como ferramenta capaz, ao mesmo tempo, de garantir aquisições a todos os alunos e de permitir a cada um descobrir progressivamente o que constitui a especificidade de sua abordagem e de suas estratégias de aprendizagem. Eis o único ponto de vista verdadeiramente coerente com o estatuto da própria pedagogia, em que o conhecimento provém em boa parte da ação e em que seria grave, sob todos os aspectos, primeiro conhecer o "perfil" de cada um, seu nível de desenvolvimento cognitivo, sua relação social com o saber e suas aquisições escolares anteriores para depois lhe propor uma aprendizagem.

Assim concebida, a pedagogia diferenciada não coloca a "sondagem psicológica do aluno" acima de toda atividade pedagógica; ao contrário, ela estabelece dispositivos variados que constituem os meios para permitir ao aluno tornar-se o sujeito de suas próprias aprendizagens, ao epistemólogo de seus conhecimentos e ao analista de estratégias de aprendizagem, que não é importante apenas "descobrir", mas também enriquecer pela sondagem, pela troca, pela avaliação, pela regulação coletiva da atividade de sala de aula.

Nessa perspectiva, a análise por objetivos não tem outra função a não ser ajudar no esclarecimento do "contrato escolar" e permitir um comando progressivo pelo aluno de suas aprendizagens. Instrumento de comando e não de programação, a pedagogia por objetivos perde então seu caráter manipulatório: a questão não é mais listar comportamentos observáveis por ordem de complexidade crescente, mas fornecer, simultaneamente, um referencial e um referente para a transação pedagógica. Um referencial que possibilite saber o que já se adquiriu e o que falta adquirir, que não imponha nem uma ordem, nem uma conduta unívoca, mas que permita dar sentido à atividade cotidiana... e um referente que mediatize a relação introduzindo deliberadamente um objeto-terceiro, do qual os parceiros possam apoderar-se para que a palavra instaurar-se sobre algo que não sejam vagas satisfações ou frustrações afetivas...

---

[57] Cf. *L'école, mode d'emploi* (Paris: ESF éditeur, 1985, p.162 a 167): falo aí da "linha divisória" entre duas concepções da diferenciação. Cf. também *Enseigner, scénario pour un métier nouveau* (Paris: ESF éditeur, p. 65 a 82): eu denuncio nesse texto os abusos de todas as espécies das tipologias caracterológicas e defendo a idéia de uma "diferenciação controlada pelo aluno".

[58] Cf. *La pédagogie à l'école des différences*, Paris: ESF éditeur, 1995.

um referente que permita iniciar o diálogo sobre uma realidade que resiste a todas as captações recíprocas e sobre a qual o professor e o aluno possam verdadeiramente entrar no jogo.[59]

A pedagogia e o paradoxo da antecipação

Se o pedagogo é reconhecido por seu esforço de livrar sua atividade de ensino de todas as formas de manipulação, não se pode suspeitar que ele perca em um outro quadro o que parece ter ganho aí? Fazer da diferenciação uma dinâmica no interior da qual se trabalha permanentemente a relação do sujeito com os saberes não é antecipar de forma prematura o estatuto do aluno como sujeito? Não é, de uma certa maneira, considerar a educação como já concluída, supondo que o aluno seja capaz de operar escolhas e de comandar ele próprio seus processos de aprendizagem? Há uma diferença central da reflexão pedagógica, dificuldade particularmente assinalada no famoso texto de Hannah Arendt que citamos antes.

De fato, para além de certos esquematismos desse texto, que se devem, sem dúvida, ao ambiente educativo dos Estados Unidos nos anos cinqüenta,[60] para além da denúncia legítima de uma certa "puerilatria", para além da caricatura de uma psicologia permissiva do "menino-rei", há nesse texto uma questão de peso, colocada de maneira rápida mas fulminante nas últimas páginas, *a questão da fronteira entre a infância e a idade adulta, a criança que se deve educar e o adulto que não se tem mais o direito de educar.*[61]

---

[59] Desenvolvi longamente esses pontos em "Analyse par objectifs et différenciation pédagogique" (*Les amis de Sèvres*, 127, 1987, p. 25 a 34). Nesse texto, mostro, em particular, que a função da análise por objetivos não é de modo algum permitir a programação da diferenciação pedagógica, como levou a crer toda a corrente originária do ensino programado. Acrescento ainda que a linearidade e a progressividade da pedagogia por objetivos são ilusões *a posteriori* que o partidário desse tipo de pedagogia compartilha com partidários do enciclopedismo mais tradicional. Insisto no fato de que a questão não é – salvo degenerar no adestramento – "aprender por objetivos" e de que, se me permitem uma metáfora, os objetivos podem ser considerados como os elementos de um controle de bordo... que não pode substituir nem o motor, nem o combustível, nem, *a fortiori*, a reflexão sobre a direção a ser tomada.

[60] *Between Past and Future* foi publicado nos Estados Unidos em 1954, época em que triunfavam as teses de Moreno, Lewin, Rogers e Piaget, no âmbito de uma vulgarização psicológica de baixa qualidade. A tradução francesa data de 1972. Utilizamos aqui o texto publicado na coleção Folio-Essais, em 1989, sob o título *La crise de la culture*. O texto "La crise de la éducation" ocupa as p. 223 a 252. (N. de T.: O livro de Hannah Arendt foi publicado no Brasil sob o título *Entre o passado e o futuro*, São Paulo: Perspectiva, 1972, e encontra-se disponível no mercado sua 5ª edição, 2000.)

[61] Aristóteles já havia colocado essa questão, muito tempo atrás, mostrando que tal fronteira era necessária para pensar, ao mesmo tempo, a educação (e a pertinência das atividades, dos espetácu-

Primeiramente, seria preciso compreender que o papel da escola é ensinar às crianças o que é o mundo, e não lhes inculcar a arte de viver. Dado que o mundo é velho, sempre mais velho que elas, o aprender é inevitavelmente voltado ao passado, sem levar em conta a proporção de nossa vida que será dedicada ao presente. Em segundo lugar, a linha que separa as crianças dos adultos deveria significar que não se pode nem educar os adultos, nem tratar as crianças como gente grande.[62]

A questão colocada aqui pode parecer banal; todavia, ela é absolutamente essencial: a partir de quando uma pessoa pode ser considerada como um sujeito? É no momento em que a educação é concluída ou não há uma condição prévia? Se é no momento em que a educação é concluída, como se pode identificar isso? Em contrapartida, se não há uma condição prévia a essa consideração, para que serve a educação?

Conhecemos a resposta "pedagógica" a essa questão em sua forma mais banal: toda criança, desde seu nascimento, já seria um sujeito e deveria ser vista como tal. Nessa perspectiva, é o estatuto que o educador dá à palavra da criança, ao seu menor sinal, que lhe permite ser sujeito, sem nenhuma condição... De resto, se houvesse condições a preencher para ser reconhecido como sujeito, ninguém preencheria todas e ninguém jamais seria reconhecido como tal. Nesse sentido, a educação supõe o reconhecimento do sujeito na criança, sem pré-requisitos, sem esperar que ela tenha acesso à palavra, à "idade da razão" ou à maioridade civil. A educação consiste em estabelecer uma relação de escuta sem nenhum tipo de condição, em supor sistematicamente a intencionalidade, em atribuir sentido ao que se troca, ao menor gesto, ao menor grito, à menor transação afetiva e cognitiva, pois – como é bem conhecido hoje e inclusive tornou-se lugar-comum na literatura educativa – "o bebê já é uma pessoa". Assim compreendida, a educação não requer do outro senão um olhar, e o encontro entre sujeitos não supõe a mediação de uma cultura preexistente... ao contrário, é esse encontro que permite o acesso à cultura, a toda forma de cultura.

Poderemos reconhecer nessa posição, ao mesmo tempo, *uma postura filosófica essencial* – a que descreve, por exemplo, Vladimir Jankélévitch quando denuncia o fato de impor a menor condição, de qualquer

---

los e dos ensinos propostos às crianças para assegurar seu desenvolvimento) e a política como governo dos "homens feitos": "Quanto à criança, é fácil compreender que estando, por assim dizer, em um estado de imperfeição absoluta, a virtude não é em si absoluta ou unicamente relativa a ela própria, mas relativa ao homem feito e àquele que a dirige e a governa." (*Politique*, livro 1, Paris: Didot, 1930, p. 54; ver também os livros 7 e 8).

[62] Hannah Arendt, *La crise de la culture*, Paris: Folio-Essais, 1991.

ordem que seja, para o reconhecimento da pessoa como sujeito[63] –, *uma atitude em grande parte originária da psicossociologia rogeriana* – que faz da empatia e da congruência do educador a condição para qualquer transmissão de saber –, e *um pressuposto pedagógico particularmente difundido* – segundo o qual as crianças jamais serão capazes de se tornar cidadãos se, desde a escola maternal, não forem colocadas em situação de exercer livremente sua "cidadania"... Em outros termos, e nessa perspectiva, a escola não prepara para a vida, mas – como não cansam de repetir todos os pedagogos – ela própria deve "ser a vida" e mesmo "a verdadeira vida"! É por isso que, desde a escola, desde o próprio nascimento, o educador percebe o homem na criança e a considera como tal, ao mesmo tempo que lhe oferece os meios para tornar-se. Não se justifica uma ruptura entre a infância e a idade adulta: é apenas uma questão de gradação, de graus sucessivos de autonomia, de uma autonomia que representa a finalidade essencial da vida humana e que pode manifestar-se desde o nascimento sob formas correspondentes a cada nível de desenvolvimento do sujeito. Então, o papel do educador é antecipar essa autonomia para possibilitar seu advento, honrar a criança com uma confiança da qual ela sempre saberá, mais dia menos dia, de uma maneira ou de outra, mostrar-se digna.

    Podemos ver que Hannah Arendt toma o caminho inverso dessa posição: para ela, a educação deve preparar a criança para tornar-se um sujeito e, por isso ainda não pode tratá-la como tal. Mais fundamentalmente, a educação deve ser circunscrita para permitir a emergência do cidadão. Pouco importa o caráter arbitrário da fronteira... que pode assumir a forma de um rito de iniciação brutal em uma sociedade primitiva ou do primeiro diploma do ensino superior na sociedade americana. O importante, o essencial, é que a fronteira exista e que, para além dela fique claro que a educação não é mais possível... resta-lhe apenas a aprendizagem, mas uma aprendizagem que se desenvolve por iniciativa do adulto e sobre objetos que ele próprio decide estudar. Prosseguir a educação para além dessa fronteira é, na verdade, desencadear um processo totalitário que nada deterá, pois a educação, exatamente nessa perspectiva, jamais termina. É preciso – e para Hannah Arendt é uma espécie de "imperativo categórico" que possibilita a constituição da *polis* – que a educa-

---

[63] Cf. *Le paradoxe de la morale*, Paris: Le Seuil, 1981, em particular p. 40 e ss.: "O homem que é o sujeito moral dos direitos do homem e dos deveres do homem, esse homem não é o homem considerado como tal ou qual, o homem enquanto isto ou aquilo, em suma, o homem enquanto, mas o homem pura e simplesmente; o homem sem qualquer especificação ou qualificação; o homem sem *quatenus*" (p. 43).

ção seja circunscrita e que o acesso do adulto à cidadania tenha esse caráter indiscutível que nenhum argumento de tipo psicológico sobre a "maturidade", a "consciência" ou o "nível de desenvolvimento" do sujeito pode negar. O menor limite que se impusesse ao exercício dessa cidadania aniquilaria a possibilidade de qualquer governo democrático, colocando indivíduos em posição de julgar a pertinência do estatuto de "cidadão" de seus semelhantes.

Simetricamente, a educação, que é anterior, deve ser assumida como um tempo de submissão necessária: durante sua educação, a criança deve ser mantida sob a autoridade do adulto que a protege da violência e da manipulação de homens que ela ainda não tem condições de enfrentar. Nessa perspectiva, o educador deve ser aquele que "apresenta o mundo à criança"; ele não é apenas o que dispõe de competências sobre esse mundo, mas é também aquele que investe sua autoridade na educação e, por sua autoridade, investe a criança "no mundo".[64] Ao contrário do que se afirmava a todo momento, a educação não é a experiência de um encontro que, por sua qualidade própria, permitiria introduzir a cultura, mas ela própria é a introdução da cultura, dessa cultura irremediavelmente já presente no mundo e sem a qual as pessoas não existiriam ou, pelo menos, não poderiam encontrar-se. A esse respeito, há na obra de Hannah Arendt, *Condição do homem moderno*,* uma metáfora particularmente esclarecedora: o "mundo" é comparado a uma mesa em torno da qual os homens estão sentados; assim como a mesa, "o mundo ao mesmo tempo une e separa os homens". Se a mesa for retirada, a situação muda, e os indivíduos "cairão uns sobre os outros": "Estranha situação que lembra uma seção espírita na qual os adeptos, por algum truque de magia, subitamente vissem a mesa desaparecer, de sorte que

---

[64] A noção de "mundo" é absolutamente central na obra de Hannah Arendt e, como assinala Olivier Mongin, "o mundo não deveria ser reduzido à mera conotação política, pois ele se refere ao domínio da obra (que é representação), e não apenas ao domínio da ação (o que dispensa representação). [...] Portanto, a noção de mundo é rica de reflexão sobre o senso comum" ("Du politique à l' esthétique", *Esprit*, 6, junho de 1980, p. 103). Na realidade, veremos mais adiante que "o mundo", em Hannah Arendt, é aquilo que, na humanidade, dispõe de uma estabilidade que possibilita aos homens revelar-se, "a que surge entre os homens e onde tudo aquilo que cada um oferece para sua criação pode tornar-se visível e audível..." (Hannah Arendt, *Vies politiques*, Paris: Gallimard, 1974, p.19).

* N. de T. O título original em inglês é *The human condition*, traduzido na França como *Condition de l' homme moderne*. A mesma obra foi editada no Brasil sob o título *A condição humana* pela Editora Forense Universitária, do Rio de Janeiro. Atualmente, encontra-se disponível no mercado em sua 8ª edição, 2000. Há muitas divergências, nos trechos citados por Philippe Meirieu, entre as duas traduções, a francesa e a brasileira, algumas inconciliáveis. Optamos por nos ater à edição citada pelo autor.

as pessoas sentadas umas diante das outras já não estariam separadas, mas tampouco teriam qualquer relação tangível entre si".[65] E, mais adiante, Hannah Arendt insiste na necessidade de manter um "mundo" que resiste aos imprevistos das histórias individuais, um mundo que permita a essas histórias individuais penetrar no âmbito propriamente humano:

> O nascimento e a morte pressupõem um mundo que não está em constante movimento, mas cuja durabilidade e relativa permanência tornam possível o aparecimento e o desaparecimento, um mundo que existia antes da chegada do indivíduo e que sobreviverá à sua partida. Sem um mundo ao qual os homens vêm ao nascer e do qual se vão ao morrer, nada existiria a não ser o eterno retorno, a perenidade imortal da espécie humana contra outras espécies animais.[66]

Nessas condições, o educador deve assumir sua tarefa sem estados de alma: ele deve instruir a criança sobre o mundo e resistir à tentação pedagógica de abandonar os "conteúdos de conhecimentos" em proveito de metodologias sem valor cultural próprio, isto é, sem um poder verdadeiro de criar o vínculo social. Ele também deve deliberadamente introduzir a criança no trabalho intelectual exigente, que é uma condição para chegar ao entendimento do mundo, e não satisfazer seu gosto pelas atividades lúdicas e tentar atrair seu interesse a qualquer preço.[67] Ele deve isolar a criança, sempre que necessário, das violências psicológicas e físicas que ela não pode nem compreender nem enfrentar. Ele deve, finalmente e acima de tudo, desconfiar da ilusão da "democracia infantil" e resistir às pressões daqueles que lhe fazem crer que as crianças podem governar a si mesmas: se fosse assim, não seria necessário educá-las[68]... Novamente nos deparamos com a "fronteira" tão fun-

---

[65] Paris: Calmann-Lévy, 1993, p. 63.

[66] Ibid., p. 110.

[67] É esta exigência intelectual que garante aquilo que Hannah Arendt considera como o potencial "revolucionário da criança". Sem pontos de apoio sólidos no "mundo", o educador priva os recém-chegados da menor possibilidade de contestação, da menor "chance de empreender qualquer coisa de novo, qualquer coisa que não tenhamos previsto" ("La crise de l'éducation", *La crise de la culture*, Paris: Folio-essais, 1991, p. 252). Para uma exposição detalhada sobre esse aspecto das teorias de Hannah Arendt, ver Joël Roman, "Arendt: l'éducation entre privé et public", Pierre Kahn, André Ouzoulias, Patrick Thierry, *L' éducation, approches philosophiques*, Paris: PUF, 1990, p. 211 a 225.

[68] Nós mesmos mostramos a que ilusões e a que perigos expunham-se as concepções ingênuas sobre a "democracia infantil", tal como a promoviam, por exemplo, os pedagogos libertários de Hamburgo ou Adolphe Ferrière, em *L' autonomie des écoliers dans les communautés d' enfants* (Neuchâtel e Paris: Delachaux et Niestlé, 1950). Ver a esse respeito *Apprendre en groupe? 1 – Intinéraire des pédagogies de groupe*, Lyon: Chronique sociale, 1984, em particular p. 66 e ss.

damental para Hannah Arendt, essa fronteira essencial entre o mundo das crianças submetidas à autoridade e o dos adultos que exercem a cidadania, fronteira sem a qual toda a *polis* degenera no caos totalitário. E não podemos deixar de observar que esse caos não está muito distante daquilo que Hannah Arendt conheceu durante a ascensão do nazismo, quando as comunidades de crianças podiam denunciar às autoridades os educadores cuja ideologia não estivesse de acordo com suas expectativas, enquanto grupos inteiros de adultos, reunidos em estádios ou em outra parte, eram infantilizados, submetidos aos abusos de um imaginário de mau gosto que supostamente promoveria sua educação.

....

Assim, ao final deste capítulo, estamos aparentemente diante de um difícil dilema: vimos o discurso pedagógico entrelaçar-se em um "momento" que ainda consideramos essencial em toda conduta educativa, um momento permanentemente ameaçado por múltiplas derivas, mas salvo, *in extremis*, por uma inversão ética que fundamenta a possibilidade de toda pesquisa didática, pesquisa obstinada sobre os saberes ensinados, sua coerência e sua inteligibilidade. Vimos como essa inversão no sentido da relação do professor com seu próprio saber permitia escapar da sondagem psicológica, que busca o tempo todo quebrar a resistência do outro, de algum modo "penetrando" nele para prendê-lo em sua própria armadilha... Também vimos, nas últimas décadas, o desdobramento do discurso pedagógico em condutas que parecem aniquilar o "momento pedagógico", dissolvê-lo nas técnicas de condicionamento psicológico ou transformá-lo em um percurso estritamente determinado. Contudo, surgiu uma esperança: a de uma pedagogia que voltava as costas resolutamente ao condicionamento e à manipulação para dar lugar ao sujeito gestor de suas próprias aprendizagens... Esta não seria apenas mais uma ilusão? De que forma se pode instaurar o sujeito aprendiz como organizador de suas próprias aprendizagens, se tal postura parte do pressuposto de que a educação já foi dada? O dilema parece insolúvel. A não ser, talvez, que se deixe de considerar o discurso pedagógico como um conjunto de propostas teóricas que constitui um sistema. A não ser que se veja nele a expressão de contradições que é preciso assumir para compreender verdadeiramente o que se trama quando um indivíduo assume o projeto insano de educar um outro.

Capítulo 4

Das prescrições pedagógicas à pedagogia como entendimento das contradições educativas

> Tese: *As críticas feitas à pedagogia são, em grande parte, fruto da incompreensão do estatuto específico do discurso pedagógico enquanto expressão das contradições constitutivas do projeto educativo. E, muitas vezes, o pedagogo busca em vão reduzir essas contradições pela "astúcia"... antes de resolver assumi-las.*

Como já se observou muitas vezes, o discurso pedagógico não deve ser entendido como um sistema de pensamento coerente, constituindo um conjunto homogêneo, cujos diferentes elementos se articulariam harmoniosamente entre si de maneira perfeitamente racional. Ele é, ao contrário, uma soma de textos heterogêneos, de fragmentos heteróclitos e de estatutos diferentes que, no interior da obra de cada autor e no vasto conjunto que elas constituem, permite desenhar um cenário complexo e caótico no qual se sucedem, sem coerência aparente, os jardins à inglesa* das "classes naturais" e os labirintos futuristas do ensino programado. É uma paisagem ilusória, cuja unidade é dada apenas por uma temática comum – a solicitude em relação à infância – e por um ponto de fuga, na maioria das vezes ausente do quadro, mas que coloca em perspectiva os elementos que o compõem: o momento pedagógico como a atenção à resistência do outro ao projeto educativo de que ele é objeto. Assim, não se deve tomar ao pé da letra cada fragmento do discurso, escritos que se tornariam ininteligíveis uma vez isolados de seu contexto e das polêmicas que os envolvem; deve-se considerá-los como uma tomada de posição, geralmente conjuntural, às vezes inconsciente

---

* N. de T. O *jardin à la anglaise* (jardim à inglesa) ou *jardin anglais* (jardim inglês) imita a *natureza (Le Nouveau Petit Robert*, Paris, 1996).

de seu próprio impacto, que tende a restaurar em algum ponto não um equilíbrio, mas uma tensão... uma tensão que garante que o cenário não desmorone, que não se deforme muito, que algumas partes não sejam totalmente cobertas por outras e que, assim, os atores não percam a possibilidade de se inserir em um perspectiva comum.

Todavia, a metáfora esbarra aqui na polissemia do termo perspectiva: a perspectiva pedagógica, de fato, não é a expressão de uma espécie de lei preexistente ao quadro, como é o caso da perspectiva geométrica na pintura clássica. Ela não é tampouco apenas o produto de arranjos conjunturais... Ela é projeto e intenção, ela é decisão e ação; ela é vontade de educar, mas não a qualquer preço, de orientar e não de impor, de conduzir o outro àquilo que se imagina ser o melhor para ele, mas com o máximo de precaução, instigando sua liberdade, e não manipulando seu constrangimento. A perspectiva pedagógica é "querer para o outro", porém antes agir sobre si a fim de que o outro zele por ele mesmo. Assim, quando o pedagogo fala em "impulso vital", como Freinet, quando ele afirma a "bondade natural da criança", isso deve ser entendido como a expressão dessa renúncia a fazer do outro o objeto de uma educação à qual ele teria simplesmente de se submeter. E, quando Albert Thierry fala de "edificar almas", é preciso ler nessa determinação a vontade de jamais se resignar ao fracasso, de jamais aceitar que um homem seja excluído do círculo dos humanos. Afirmações contraditórias sob muitos aspectos e que não devem ser entendidas como posições teóricas nas quais os autores estariam definitivamente assentados, mas como posturas provisórias, necessárias para restituir a perspectiva, para assegurar ao projeto de educar a complexidade que o constitui.

Por isso é tão importante hoje pôr fim a um mal-entendido: a não-diretividade jamais existiu verdadeiramente... é, como diz tão bem Daniel Hameline, "um lugar de onde todo mundo volta sem nunca ter ido". E a "pedagogia do controle" ninguém jamais praticou, tampouco a avaliação formativa ou formadora, tampouco a pedagogia diferenciada! Ninguém jamais praticou porque, em um sistema escolar submetido a restrições de funcionamento particularmente rígidas, é impossível gerir uma classe no dia-a-dia desconsiderando essas restrições, ignorando as expectativas dos responsáveis, dos pais e dos próprios alunos. Com exceção, talvez, de alguns professores de filosofia dos anos sessenta, ninguém vai se instalar no fundo da sala no primeiro dia de aula, esperando que o grupo organize-se, administre seus conflitos e estruture suas demandas. Com exceção de alguns professores após um estágio sobre a pedagogia por objetivos, com duração de algumas horas ou no máximo de alguns dias, ninguém construiu progressões taxonômicas individualizadas capazes de estruturar a totalidade de um ensino. A própria diferenciação pedagógica, embora seja um horizonte partilhado por muitos, não é em nenhum caso e para ninguém uma prática sistemática: adaptar a cada instante e a cada aluno uma situação de aprendizagem levando em conta tanto suas estratégias de aprendizagem quanto sua relação social com o saber e todos seus conhecimentos já estabilizados... isso exigiria, como demonstra Philippe Perrenoud,[1] gerir uma tal quantidade de microdecisões em um tempo tão curto, que nem mesmo um computador conseguiria fazê-lo. Felizmente, é claro, pois é difícil imaginar – ou, ao contrário, é muito fácil – as conseqüências de uma análise por objetivos instaurada como sistema permanente de ensino ou de uma pedagogia diferenciada que imaginasse poder conhecer o bastante cada aluno antes de lhe propor uma "solução" que fosse estritamente adequada a ele.

Para colocar os fatos em outros termos, e com o risco de parecer provocador, estamos profundamente convencidos de que é preciso ler a maior parte dos textos pedagógicos como se lê textos literários... ainda que o prazer que se encontre neles seja incontestavelmente menor! Os três gigantescos volumes da taxonomia de Bloom, em seu desígnio grandioso de traduzir em objetivos comportamentais o conjunto de atividades humanas a fim de que todos possam ter acesso a todos os conhecimentos possíveis, representam para a pedagogia o mesmo que *A utopia* de Thomas More representa para a política: um projeto sedutor, mas terrivelmente reducionista, cristalizando para sempre os seres e as coisas em categorias imutáveis, com uma ordenação tão perfeita que deixa sérias dúvidas quanto ao bem e, sobretudo, à liberdade que elas possam promover. Da mesma maneira, muitas obras inscritas na corrente da "pedagogia do controle" e a maioria dos referenciais de competência que foram produzidos e que estão em circulação hoje representam para a sociedade escolar o mesmo que *O melhor dos mundos* representa para a sociedade ocidental: um sonho perigoso em que o triunfo da tecnologia e a satisfação que seus formuladores possam tirar disso mal conseguem mascarar os terríveis perigos a que as pessoas estariam submetidas se seu programa fosse estritamente aplicado.

No outro extremo, pode-se compreender perfeitamente os imperativos rogerianos à escuta incondicional e à autenticidade absoluta na re-

---

[1] *La pédagogie à l'école des différences*, Paris: ESF éditeur, 1994. (Em português: A pedagogia na escola das diferenças. Porto Alegre: Artmed, 2001.)

lação pedagógica como aspirações românticas a uma comunicação perfeita, livre de todos os compromissos do cotidiano e de todas as restrições que impõe inexoravelmente a materialidade das coisas: o educador tentado pela transparência, imaginando um encontro enfim liberto de todas as restrições inerentes aos objetos culturais que atravancam inutilmente a classe. De alguma maneira, René apelando para a morte em suas preces para não ter mais de sofrer os horrores da mediocridade social. René... com espírito de menos e apego demais a uma psicossociologia "científica".

Contudo, não devemos iludir-nos: não se trata de achar agora que esses discursos são inúteis. Inclusive porque ainda acreditamos que tínhamos motivo para elaborá-los. Sem dúvida, porém fizemos mal em nos calar sobre seu estatuto. Simplesmente deveríamos ter dito muito antes que "ninguém faz isso", não faz isso até o fim, entenda-se... simplesmente porque isso não é possível e também – e fundamentalmente – porque não é a finalidade da operação.

Quanto aos objetivos, deveríamos ter dito com mais firmeza, é útil e, mais do que isso, de grande valia para ajudar os professores em formação a analisar sua prática... é útil e, mais do que isso, determinante para elaborar "cadernetas escolares", redigir "contratos" e individualizar os percursos de formação... é útil e, mais do que isso, fundamental para entender a especificidade da relação pedagógica e lutar contra essa divinização que transforma a preparação de nossas provas e exames em treinamento para a participação em jogos televisivos... é útil, em suma, como bem resumiu Daniel Hameline, "definir e negociar objetivos, colocá-los em prática, avaliá-los, reconsiderá-los, trabalhá-los: há nisso uma promessa de seriedade e de dinamização em uma corrente humana na qual as pessoas reúnem-se para aprender".[2] Porém dito sem nenhuma omissão, a questão não é ensinar todo dia anunciando a cada instante aos alunos os resultados esperados em termos de comportamentos observáveis, multiplicando as avaliações binárias para ver quem atingiu o objetivo e quem deve voltar para trás e, finalmente, por uma compulsão tão perigosa quanto maléfica, restringindo o ensino ao binômio objetivo/avaliação reproduzido ao infinito.

Da mesma maneira, existem, é claro, situações relacionais particularmente difíceis, nas quais uma atenção empática pode contribuir para amenizar o ambiente, permitindo que se retome um trabalho educativo mediatizado. Também existem casos em que a aflição da pes-

---

[2] *Les objectifs pédagogiques en formation initiale et continue*, Paris: ESF éditeur, 1979, p.190.

soa, às vezes sua mera solidão, exige que se dê tempo para deixá-la "falar de si", para simplesmente ouvir o que ela tem a dizer de si e para lhe transmitir com a maior simplicidade possível uma expectativa confiante. Sem esses momentos, reservados e breves, sem essa disponibilidade que para o outro às vezes pode parecer apenas um bom meio de escapar ao aparato institucional, os mecanismos funcionais oferecem o risco de congelar as situações pedagógicas a ponto de os alunos convencerem-se de que, decididamente, "a vida de verdade está em outro lugar". Também nesse caso, é Daniel Hameline que oferece a fórmula justa, falando de não-diretividade como "higiene mental": "Ela provém, definitivamente, de uma moral profissional [...]. Para nós, ela continua sendo atual como resposta modesta e esporádica à instituição massiva e diversificada de atitudes defensivas que o sistema de ensino engendra, e que acentua nos alunos a passividade ou o escapismo, no mesmo círculo vicioso".[3] Sem pretender renunciar a ela um só instante, é claro que a não-diretividade, quando se erige em sistema pedagógico, traz sempre o risco de submeter a cultura a perdas e ganhos, de empregar de forma imprudente a psicoterapia[4] e de deixar que a classe evolua para uma comunidade onde os mais favorecidos inevitavelmente tomarão o poder.[5]

Com certeza, já dissemos tudo isso... mas, sem dúvida, dissemos muito a *mezza voce* e "entre nós". Sem dúvida, não demos atenção suficiente ao rumo que poderiam tomar algumas idéias pedagógicas, expostas com toda prudência e situadas em um contexto crítico, quando a instituição se apoderasse delas e as transformasse em projetos acabados ou em ferramentas supostamente capazes de resolver por um milagre todos os problemas. Sem dúvida, não evocamos insistente e publicamente o bastante a perspectiva pedagógica naquilo que ela tem de específico, a ponto de ser confundida com esta ou aquela proposta provisória elaborada por nós. Sem dúvida, sobretudo, não insistimos suficientemente no fato de que, em matéria de pedagogia, o êxito não se encontra jamais na perfeição de um dispositivo, seja ele tecnológico ou psicossociológico. A perfeição aprisiona... é a imperfeição que permite o trabalho permanente de ajuste, no que chamamos de metacognição e

---

[3] Daniel Hameline e Marie-Joëlle Dardelin, *La liberté d'apprendre – situation II*, Paris: Éditions ouvrières, 1977, p. 291.

[4] É Fernand Oury quem esclarece muito bem que tentar praticar a psiquiatria em sala de aula é tão perigoso quanto fazer uma cirurgia em um armazém empoeirado!

[5] Daniel Hameline desenvolve com perfeição esses impasses da pedagogia não-diretiva erigida em sistema na obra anteriormente citada, p. 265 a 272.

onde acreditamos que se constrói verdadeiramente a inteligência e, ao mesmo tempo, a liberdade dos atores.[6]

Por isso, é preciso voltar mais uma vez a Pestalozzi e ao vigoroso alerta da *Carta de Stans*: "Nunca sonhe com uma obra acabada".[7] De fato, nada seria pior que acreditar na possibilidade da realização plena daquilo que nossos discursos prescrevem. Pois o discurso pedagógico pensa sempre *a maxima*, de maneira bastante polêmica, distorce as coisas sistematicamente; ele insiste com vigor no que considera uma enorme injustiça (como, por exemplo, o fato de não levar em conta a heterogeneidade dos alunos), mas sabe muito bem – os pedagogos mais lúcidos, pelo menos, sabem muito bem – que, se levasse até o fim aquilo que prescreve, criaria uma injustiça tão grande quanto esta (por exemplo, restringir os alunos em grupos muito homogêneos ou estimulá-los a uma individualização excessiva dos processos de aprendizagem): *summus jus, summa injuria...* Melhor do que em qualquer outra parte, essa máxima pode ser verificada na pedagogia, e estamos convencidos disso em razão do próprio estatuto dos discursos que ela sustenta.[8]

---

[6] Mostrei isto muito concretamente ao relatar uma experimentação pedagógica que coordenei a partir de 1979 e que era consagrada justamente à diversidade de itinerários de aprendizagem: "L'expérience du collège Saint-Louis Guillotière", *Éducation et pédagogie à Lyon de l'Antiquité à nos jours*, Lyon: CLERSE, 1993, p. 335 a 346.

[7] *Lettre de Stans*, p. 55.

[8] Tenho plena consciência de que esse discurso, escrito por mim, corre o risco de parecer uma apostasia e de ser mal compreendido, particularmente por aqueles que se engajaram nos movimentos pedagógicos ou na formação contínua de professores para introduzir práticas capazes de contribuir para uma verdadeira democratização do acesso aos saberes. Assim, Françoise Clerc, conhecida pela qualidade de sua reflexão e de sua ação pedagógicas (em particular no âmbito da implantação de módulos nos liceus e da formação inicial e contínua de professores), em resposta a uma intervenção minha na universidade de verão do CRAP – *Cahiers pédagogiques*, em 12 de julho de 1993, escreveu um texto, publicado em 1994 nos *Cahiers pédagogiques*, sob o título "La boue et les étoiles" (320, janeiro de 1994, p. 54 e 55), no qual manifesta seu desacordo: "Acusam-nos de ser ignorantes, arrogantes, iluminados, sonhadores. Mas será que nossos sonhos são tão loucos? [...] Nossas querelas às vezes duras, nossas chicanas às vezes mesquinhas, nossos erros geralmente evitáveis não devem ser imputados aos nossos sonhos. Longe disso, eles sinalizam que já chega de ficar parado à margem do caminho, de torcer os calcanhares nas sendas, de se espetar nos espinhos. Porém, existe um caminho sem margem, sendas ou espinhos? [...] Não quero fazer o *mea culpa*. Não desejo penitenciar-me. Não somos culpados. Fizemos o que achávamos que devíamos fazer. Podemos avaliar nossa ação sem má consciência. Podemos fazer uma triagem, permanecer lúcidos, severos, mas não depressivos. [...] Sofremos apenas por ter caído de nariz nas sendas e na lama do caminho. Mas sempre podemos nos reerguer e olhar as estrelas". Não posso deixar de concordar com essa análise de Françoise Clerc... mas, aproveitando sua metáfora, estou convencido de que entre a lama e as estrelas o pedagogo deve ficar atento à "paisagem", tanto social quanto intelectual, e de que sua lucidez quanto a isso só ajudará a reforçar sua determinação e a garantir sua eficácia.

A contradição básica entre a educação como instrumentalização e a educação como interpelação

Os discursos pedagógicos devem ser compreendidos, de fato, não como a expressão daquilo que se deve fazer exatamente, mas como a expressão do que se deve *dizer* – e até mesmo *pensar* – neste ou naquele momento da evolução dos debates sobre a educação para *fazer* aquilo que se deseja verdadeiramente fazer... e que, justamente, nem sempre se diz!

Nesse sentido, as duas formas de solicitude que apontamos – a solicitude relacional e a solicitude tecnocrática – podem ser compreendidas como as duas extremidades entre as quais é estendida a tela – o cenário, para aproveitar a metáfora que já utilizamos – em que desenhamos precariamente nossas atividades pedagógicas cotidianas. Elas permitem esboçar práticas educativas para serem trabalhadas, ao mesmo tempo, pelo desejo de controlar para melhor instrumentalizar e pelo desejo de estar mais presente para melhor interpelar a liberdade do outro e então se dissolver diante dele.

Assim, a pedagogia não é, ao contrário do que fazem crer seus adversários, a associação perigosa de uma direção de consciência duvidosa e de dispositivos didáticos manipuladores;[9] ela é a dupla afirmação, permanentemente retrabalhada:

1. de que toda educação para a liberdade impõe uma instrumentalização dessa liberdade;

2. de que toda racionalização didática requer uma preocupação constante com aquilo que permite ao outro escapar ao projeto tecnocrático que ela exerce sobre ele.

Em outros termos, o pedagogo deve investir, lançando mão do que chamamos várias vezes de uma salutar "obstinação didática", na prospecção incansável de formulações que permitam apreender aquilo que se quer transmitir. Ele deve inventar permanentemente novas situações de aprendizagem, investir sua energia na busca de demonstrações mais eficazes e de mediações que permitam ao aluno ter acesso à cultura que o livrará de seus preconceitos e que lhe oferecerá os meios de se pensar no mundo. É por isso que seu trabalho parece uma espécie de "caça ao aleatório", uma procura sistemática dos obstáculos que impedem de

---

[9] Cf. Philippe Meirieu, *L'envers du tableau*, Paris: ESF éditeur, 1992, p. 13 a 20.

aprender e um esforço constante para trabalhar os saberes e trabalhar sobre os saberes até se conseguir superar tais obstáculos.

Ao mesmo tempo, o pedagogo sabe que jamais pode agir diretamente nos recônditos do desenvolvimento de um sujeito, que ele jamais pode decidir aprender qualquer coisa no lugar do outro, que ele jamais pode impor nada ao outro pela violência de seus dispositivos, pois, em matéria de educação, impor é o maior sinal de fraqueza: é admitir que se é incapaz de tornar desejável aquilo que se quer transmitir, de suscitar a livre adesão do outro: "É desconhecer a educação e a moral", escreve Éric Weil, "criticar a educação por não impor a moral ao indivíduo, por não lhe impor aquilo que, desde que se envolve a liberdade, pode ser apenas proposto".[10] E, além disso, ainda que se pretendesse impor-lhe a menor adesão, impor-lhe somente aprender quando nós decidíssemos, seríamos absolutamente incapazes de fazê-lo. Os cortes taxonômicos mais sofisticados, os dispositivos mais elaborados não têm aqui um poder direto sobre a decisão do aluno: mesmo que eu concebesse uma progressão rigorosa de 167 objetivos entre a entrada no recinto da piscina até o *crawl* da competição, eu não eliminaria a imperiosa necessidade de ele decidir jogar-se na água... e, se sou tomado pelo desejo de empurrar o aluno na piscina sem pedir sua opinião, nada me garante que ele tentará voltar à superfície e não afundará. Isto acontece porque há uma diferença irredutível que opõe, de um lado, todos os esforços da preparação, a perfeição técnica da situação estabelecida, a existência de recursos e de limites necessários, a atenção aos dados psicológicos e sociológicos de todos os tipos e, de outro, a decisão individual de assumir o risco, que nunca pode ser programada, que nenhuma intervenção externa pode acionar mecanicamente... quer se trate de aprender a ler, de pedir a palavra em público, de começar a redigir uma dissertação acadêmica, de declarar seu amor ou, *a fortiori*, de "pensar por si mesmo".

Nesse sentido, a pedagogia é, ao mesmo tempo, uma gramática dos saberes capaz de ordenar o caos dos conhecimentos humanos em um conjunto progressivamente acessível ao espírito do aluno e a experiência irredutível do limite do poder do homem sobre o homem, em outros termos, a experiência irredutível do sujeito.[11]

---

[10] *Philosophie politique*, Paris: Vrin, 1966, p. 50.

[11] Philippe Gaberan está preparando atualmente uma tese na Universidade Lumière – Lyon 2 sobre a obra de Condillac, filósofo e suposto fundador de uma pedagogia materialista puramente manipuladora como a de Itard, na qual mostra justamente como Condillac articula seu pensamento sobre essa tensão.

Em suas contradições, os discursos pedagógicos revelam, portanto, uma ruptura fundamental e permanentemente reinstaurada entre *o que podemos organizar* (e que jamais acabaremos de explorar) e *o que o outro pode tornar-se* (e que jamais poderemos decidir por ele). Na ordem de nossas atividades pedagógicas – a ordem da instrumentalização – não há limite possível à nossa busca e à nossa imaginação; na ordem do desenvolvimento de um sujeito – a ordem do acompanhamento – não dispomos de nenhum poder direto a não ser o de nos *retirar*, de nos desligar, de "soltar", como costumamos dizer, adotando o modelo de Vygotsky, sem dúvida o psicólogo que melhor entendeu o sentido da atividade pedagógica.[12]

A pedagogia constitui-se, então, como atividade em tensão permanente entre "o que escraviza e o que alforria",[13] atividade geralmente medíocre, sempre frágil, mas na qual às vezes se pode resgatar um pouco de humanidade. E é a própria contradição do discurso pedagógico que o torna não apenas tolerável, mas, a nosso ver, absolutamente insubstituível: "A não-contradição, como se pode sustentar por uma dedução do discurso de princípios universalmente admitidos, é o caráter menos importante do discurso, uma forma vazia que é preenchida graças à contradição dos fenômenos, dominando-a, mas não a negando: se o homem nunca mais se deparasse com uma contradição, todos os problemas se extinguiriam, mas também qualquer possibilidade de ação (que não é senão a luta – a contradição – contra a contradição) e, ao mesmo tempo, se extinguiria qualquer possibilidade de o homem tomar consciência de si mesmo e da natureza", explica ainda Éric Weil.[14]

---

[12] Já abordamos este aspecto em várias ocasiões, em particular em nossa obra conjunta com Michel Develay, *Émile, reviens vite... ils sont devenus fous* Paris: ESF éditeur, 1992, p.116 e ss.

[13] ... parodiando o belo título de Daniel Hameline, (*Le domestique et l' affranchi*) *O escravo e o alforriado*, Paris: Éditions ouvrières, 1977.

[14] *Logique de la philosophie*, Paris: Vrin, 1967, p. 46.

A contradição inevitável entre a educação como formação do sujeito e a educação como reconhecimento do sujeito

"Eu procurava obter deles, na condução da casa, uma força de autonomia cada dia mais firme, sem que esses olhos de anjos se transformassem em olhares de víboras", escreve Pestalozzi a propósito de sua experiência de Stans.[15] Projeto espantoso, quando se pensa nisso: *obter das crianças* (pela educação) *uma autonomia* (que lhes permita escapar ao projeto do educador), *conquistando sua simpatia* (isto é, fazendo de modo que essa autonomia as una afetivamente àquele que quer libertá-las e permita-lhe assegurar-se da adesão delas a seus princípios!). Projeto espantoso, mas projeto tão comum, e mesmo trivial, em todas as situações educativas, quer sejam familiares, sociais ou escolares, que acabamos não nos surpreendendo mais. Projeto assombroso que, à sua maneira, expressa a dificuldade fundamental que Hannah Arendt já apontou e à qual é preciso retornar se quisermos compreender o que está em jogo no projeto educativo: a educação deve preparar a criança, pela autoridade da transmissão cultural, para o acesso à cidadania ou, ao contrário, deve reconhecer a criança *a priori* como um igual, um sujeito com quem se pode ter uma aproximação que, por si só, tornará possível o acesso à cultura? Deve-se assumir a educação como um "golpe de força inicial"[16] que "introduz a criança no mundo" até que ela transponha "a fronteira" e possa decidir livremente sobre sua vida e suas escolhas? Ou é preciso respeitar nela, desde seu nascimento, um sujeito que decide sobre sua existência, a quem podemos apenas oferecer possibilidades, comprometendo-a permanentemente com sua própria educação?

Esse problema pode ser tratado, a nosso ver, em três níveis: o nível político, o nível psicológico e o nível pedagógico. E gostaríamos de dizer uma palavra sobre os dois primeiros antes de abordar mais longamente o terceiro.

No plano político, Hannah Arendt, sem dúvida alguma, tem razão:

---

[15] *Lettre de Stans*, p. 41.

[16] Cf. André Ouzoulias, "Platon ou l'éternel pédagogique": "A pedagogia não escapa a um golpe de força inicial. Na medida em que a alma, por si mesma, não abandona a aparência do sensível pela matemática, cabe ao pedagogo forçá-la a aprender. A pedagogia é, assim, a arte de gerir esse golpe de força inicial; este é constitutivo de toda pedagogia da progressividade: é somente no final do percurso que a ordem dos exercícios, para o discípulo, assume seu pleno significado." (P. Kahn, A. Ouzoulias, P. Thierry, *L' éducation, approches philosophiques*, Paris: PUF, 1990, p. 43).

a existência de uma fronteira além da qual a educação deixa de ser legítima é o que fundamenta a possibilidade de um Estado democrático. Pois um Estado que se arrogasse o direito de educar os adultos se veria na obrigação de designar indivíduos para assumir a responsabilidade de decidir sobre os adultos que deveriam ser educados (aqueles que, provavelmente, ainda não eram!) e, ao mesmo tempo, de realizar essa educação (escolhendo os princípios e os conteúdos adequados justamente às exigências desse Estado). Essa maneira de proceder, como se pode ver, acabaria eliminando qualquer possibilidade de uma democracia: ela autorizaria todas as manipulações e abriria as portas ao totalitarismo. Em contrapartida, a existência de um limiar além do qual a educação não é mais possível, além do qual os adultos devem escolher por si mesmos os objetos e os métodos de suas aprendizagens, por mais arbitrário que seja esse limiar, ele representa uma garantia essencial ao exercício dos "direitos humanos". O seu caráter arbitrário, a bem da verdade, não é grave em comparação com o arbítrio infinitamente mais inquietante que tornaria possível a existência de "educadores de adultos" encarregados de decidir o que é bom para os outros, qual seu verdadeiro interesse e se eles são ou não capazes de exercer seus direitos de cidadãos... Inversamente, o fato de, antes de chegar à idade adulta, a criança ser submetida às restrições do "mundo" e poder desenvolver-se protegida contra a violência dos homens é uma garantia de estabilidade, de continuidade, que permite garantir o vínculo social entre gerações. Por outro lado, esse imperativo é tanto mais necessário hoje na medida em que, pela primeira vez na história da humanidade, os conhecimentos e o ambiente social e cultural renovam-se mais rapidamente que as gerações, o que, se não se tomar cuidado, pode aniquilar completamente a *polis*; a ausência de uma autoridade educativa para "inaugurar o mundo", o "mesmo mundo" para todas as crianças, no interior do domínio público, teria conseqüências catastróficas: o recolhimento sistemático ao nicho familiar, os fenômenos dos clãs e das tribos, o confronto de coletividades cujo único vínculo seria de ordem afetiva e cujas lutas, ao final, acabariam levando-nos de volta à barbárie.

No plano psicológico, em compensação, não é seguro que o raciocínio de Hannah Arendt possa realmente ser sustentado até o fim: ele suporia uma definição estabilizada da maturidade que, saindo do arbítrio jurídico, mais uma vez erigiria indivíduos em especialistas soberanos das capacidades de cidadão dos outros. Além disso, esse raciocínio postularia que, em um dado momento, o indivíduo pudesse ser declarado definitivamente "sujeito", "acabado", livre de uma vez por todas de seus preconceitos e de suas paixões, adulto, enfim, e para sempre. Porém, essa descrição é contrária àquilo que nos ensinam os pesquisadores sobre o desenvolvimento ininterrupto da pessoa,[17] suas possíveis regressões e as diferenças consideráveis entre um indivíduo e outro. Além disso, ela impediria o exercício de atividades de ajuda e de apoio junto àqueles que sofrem por viver em situação de dependência afetiva, profissional ou social, sob o pretexto de que esses indivíduos são adultos que supostamente atingiram em definitivo sua maioridade. Inversamente, ela baniria ou, pelo menos, colocaria sob suspeição a expressão daqueles que, apesar de não serem reconhecidos como adultos ainda, teriam coisas importantes a dizer aos adultos: Rimbaud seria então desacreditado sob o pretexto de não ter concluído sua educação quando escreveu seus poemas... e a palavra de uma criança de quinta [*] que denuncia sevícias de seus pais ou de seus educadores não poderia ser ouvida, pois os adultos em questão seriam considerados como, *de facto*, já iniciados no "mundo" que assumem e conhecem, enquanto a criança, por ignorar esse mundo e seus verdadeiros interesses, não poderia ser levada a sério.

Significa dizer que a análise psicológica da posição de Hannah Arendt torna obsoleta sua posição política? De modo algum! Isto apenas nos alerta para a imperiosa necessidade de separar radicalmente o registro político, que remete ao universo do direito, do registro psicológico, que diz respeito à ajuda ao desenvolvimento contínuo da pessoa. Isto significa, mais radicalmente ainda, que o psicológico não tem direito de cidadania no político desde que o político não procure avassalar o psicológico para fazer dele um instrumento de seu poder. Assim, seria tão intolerável procurar relativizar os direitos dos cidadãos usando como argumento sua insuficiente maturidade psicológica quanto querer estatuir sobre o nível de desenvolvimento de alguém com base apenas em seu estatuto jurídico. A política, por definição, postula a cidadania daqueles que ela reconheceu juridicamente como tais. Já o psicológico não deve permitir-se argumentar a partir do estatuto jurídico de uma pessoa para lhe oferecer ou negar a ajuda de que ela pode necessitar.

Resta, então, a dimensão pedagógica da questão, sem dúvida a

---

[17] Cf. Charles Hadji, *Penser et agir l'éducation*, Paris: ESF éditeur, 1972, em particular p. 87 e ss.: "A faculdade de auto-organização (que as pesquisas contemporâneas trazem à luz), que torna possível esta construção, é, ao mesmo tempo, um sinal de incompletude, pois um ser acabado não teria de prosseguir em sua construção, e uma manifestação de liberdade, pois permite escapar ao aprisionamento em um meio específico..." (p. 89).

[*] N. de T. Corresponde à 6ª série do ensino fundamental no sistema brasileiro.

mais delicada,¹⁸ pois enquanto nos âmbitos político e psicológico é a radicalidade da posição que a torna aceitável, no âmbito pedagógico essa radicalidade parece impossível: para aquele que sustenta que a criança já é um sujeito e que deve ser imediatamente entendida e reconhecida como tal, é fácil responder que ela é um sujeito precário e que o adulto, independentemente do que ela diga, escolhe por ela o que é essencial para sua construção... O adulto escolhe a língua, os valores, os estudos nos quais e pelos quais a criança será educada; em suma, ele decide, independentemente do que ela diga, "introduzir a criança em um mundo", um mundo que é o do adulto que o assume com uma autoridade cujo fundamento a criança não pode julgar... porque ela ainda não foi educada! Porém, reciprocamente, àquele que sustenta que a criança não é um sujeito, e sim um sujeitado, e que deve submeter-se à autoridade do adulto para poder um dia assumir suas responsabilidades no mundo, é fácil mostrar que ninguém passa milagrosamente de uma posição de sujeitado a uma posição de sujeito e que o decreto jurídico não tem qualquer eficácia aqui. Àquele que, por sua autoridade, pretende impor o mundo e a cultura à criança, é preciso lembrar que ninguém é verdadeiramente capaz de levar essa posição até o fim... é preciso insistir no fato de que, justamente por amar o mundo e estimar a cultura, o adulto tem de parar, mais ou menos conscientemente, de induzir a criança a querer aquilo que ele tenta impor-lhe. Àquele que pretende respeitar o sujeito na criança o tempo inteiro e apenas lhe propor a assimilação de conteúdos culturais quando estes venham esclarecer e enriquecer suas relações, é preciso lembrar que, mesmo com a maior boa vontade do mundo, nem tudo é negociável e que a exigência intelectual não é espontaneamente objeto de desejo. Àquele que pretende assumir serenamente sua autoridade, é preciso lembrar

---

¹⁸ Sobre este debate, pode-se reportar às trocas de argumentos entre Alain Finkielkraut e seus opositores, que testemunham a complexidade do problema. Assim, Alain Finkielkraut afirma: "Tratar a criança como pessoa não responsável é respeitá-la. Tratar a criança como pessoa responsável é correr o risco de lançá-la para sempre no abismo." ("La mystification des droits de l' enfant", *Les droits de l' enfant*, CNDP/CRDP d' Amiens, 1991, p. 56)... ou: "Tratar a criança em igualdade com o adulto, afirmar que ela é responsável por seus atos, que é preciso acreditar na sua palavra e confiar ingenuamente na sua adesão não é respeitá-la, é garantir a impunidade daqueles que a manipulam" (*Le Monde*, 9 de janeiro de 1990). A isso Jean-Pierre Rosenczveig responde: "A criança tem responsabilidades, no seu nível, como criança, nem mais, nem menos. É fato hoje que os pedagogos – não todos! – têm medo das liberdades de pensamento, de opinião, de expressão e de associação que amanhã serão reconhecidas formalmente às crianças. Não se teme o outro quando se duvida de si? Amanhã o professor, assim como o pai ou a mãe, será respeitado se for confiável, e não por ser instituído." (citado por René de la Borderie, *20 facettes du système éducatif*, Paris: Nathan, 1994, p. 115).

sempre que ele não pode imaginar – salvo estar completamente cego – ter erradicado toda forma de sedução de seus comportamentos. Àquele que pretende respeitar o sujeito livre na criança em desenvolvimento, é preciso lembrar sempre que ele não pode eliminar definitivamente da educação – salvo estar totalmente iludido – todo comportamento autoritário, todo arbítrio e, com certeza, toda violência.

Voltemos mais uma vez a Albert Thierry para verificar até que ponto as duas atitudes que Hannah Arendt apresenta como irredutivelmente antagônicas entrelaçam-se de modo permanente na ação pedagógica. Assim, ao mesmo tempo em que Thierry se imbui de sua missão, investe-se da tarefa que lhe foi confiada pela República até o limite do dogmatismo ("Tenho a missão de lhes fornecer a cultura: eles beberão dela, para recorrer à questão da água. [...] Trabalhamos para a humanidade e para a pátria; não trabalhamos para os indivíduos"[19]), ele está confiante na possibilidade de cada um liberar aquilo que constitui sua individualidade, sua personalidade anterior a qualquer ensino e a qualquer cultura: "Ele vai emitir a palavra desconhecida que ouço, essa palavra irresistível onde se expressaria uma verdadeira infância, a quem nenhum professor, nenhum livro, nenhuma mãe teria ensinado a hipocrisia do conhecimento?".[20] E, mais adiante, o professor reconhece mais uma vez o caráter essencial de seu lugar e da autoridade que ele representa para além dele mesmo e de sua pessoa: "Eu sou um Acontecimento para essas crianças. [...] Durante todo o ano, elas dirigirão a mim uma boa parte de seus pensamentos; durante todo o ano, elas se nutrirão de minhas idéias, de fatos que revelarei a elas, de trabalhos e de punições que lhes infligirei. Serei para elas um patrão, um guarda, um padre, um amigo. Sobre meus passos, elas adentrarão na Sociedade e na Beleza".[21] Se ele é um "Acontecimento" para seus alunos, se os introduz, por uma autoridade que está além dele, em um mundo que está além dele, ele também reconhece que é frágil, eminentemente frágil, que depende deles e mantém com eles relações que mesclam de modo complexo dissimetria cognitiva e simetria afetiva: "Eles também são um Acontecimento para mim. Os quarenta, a minha classe, acho que dependo deles quase tanto quanto eles dependem de mim. Onde eles me levarão? Ao meu passado, ao seu futuro?".[22] De fato, a importância institucional de sua missão, a vontade de

---

[19] *L' homme en proie aux enfants*, p. 69.
[20] Ibid., p. 72.
[21] Ibid., p. 86.
[22] Idem.

assumir as exigências da República não extinguem por decreto a solicitude primária e sua fragilidade constitutiva. Ele considera um dever honrar a confiança que a instituição depositou nele, reconhece que "o que deve levar em conta é a classe, seu grupo", mas nem por isso se resigna a sacrificar sua paixão pela emergência de cada sujeito em sua irredutível individualidade: "Porém, são apenas homens! ouço gritar minha paixão individualista: cada um deve existir em particular para você!".[23] Apaixonado pelo que considera como o que há de mais grandioso na produção humana, ele põe na cabeça que deve ler para seus alunos as grandes obras da cultura e, quando em uma manhã de inverno decide introduzi-los na "dolorosa história de Tristão", ele se põe a delirar diante de uma classe indiferente e descobre de súbito que "eles não acreditam nisso"... até essa confissão terrível, mas uma confissão que não é nem resignação, nem abdicação, mas que assinala a contradição do estatuto do educador: "O que tenho como certo talvez seja falso e absurdo: eu consinto, Marcel, Marcel, Henri, que os ideais de minha juventude sejam usados como adubo para os seus".[24] Porém, Thierry continua... ele consente, mas continua. Ele sabe exigir o melhor e aceitar o pior... ele sabe, sobretudo, continuar exigindo o melhor tendo aceito o pior.[25] Ele vive seu ofício na contradição, até o ponto de oscilar entre duas posições radicalmente opostas: "Eis o segredo da pedagogia, mas os pedagogos não querem que seja contado às crianças: as crianças não têm alma".[26] Apesar de tudo, porque "é preciso de vez em quando", o professor que incorpora sua autoridade, o professor que assume plenamente sua missão institucional não é menos vulnerável a essas atitudes tão ordinariamente contrárias ao caráter sagrado de sua missão, essas atitudes tão trivialmente necessárias, que consistem em invocar uma liberdade que é justamente o que se pretende formar: "Vocês já são suficientemente razoáveis para saber se devem aplicar-se ou não".[27] E, se eles são suficientemente razoáveis, isso significa que o essencial de sua educação já foi cumprido? E, se eles não são suficientemente razoáveis, como fazê-los ouvir a razão e por que tentar convencê-los disso? A autoridade impõe-se somente para quem não tem acesso à razão. Mas como fazer emergir a razão justamente para que um dia a autoridade deixe de ser necessária?

---

[23] Ibid., p. 121.
[24] Ibid., p. 124.
[25] Cf. Philippe Meirieu, *Le choix d' éduquer*, Paris: ESF éditeur, 1992, p. 81 e ss.
[26] Ibid., p.132.
[27] Ibid., p.109.

Está certo! Contudo, é preciso dizer, Albert Thierry sempre cultivou o paradoxo: republicano vinculado ao Estado e à sua missão emancipadora, ele é também um anarquista em luta contra qualquer forma de instituição suspeita de impedir a livre expressão dos indivíduos... arauto da cultura por convicção e rebelde por intuição a qualquer forma de normatização... ele não seria, de fato, verdadeiramente representativo do professor de hoje, e não haveria um certo abuso em apresentar suas angústias como a justa expressão das contradições educativas? Alguns inclusive poderão pensar que tais contradições, nesse caso, são meras construções literárias que refletem apenas os estados de alma de um personagem fora do comum, mas já superado em nossos dias. Não achamos que isso seja verdade, pois, ainda recentemente, um de nossos alunos de mestrado, professor iniciante em um subúrbio difícil de Lyon, após uma aula em que tivemos uma discussão áspera justamente sobre teses de Hannah Arendt, escreveu-me um texto que tem uma estranha ressonância com as preocupações de Albert Thierry:

> A tese que considera a educação como a preparação da criança para se tornar sujeito e que, portanto, sugere não tratá-la ainda como tal, é uma ferramenta de leitura interessante em vista da situação que se vive hoje nas zonas ditas difíceis... Se consideramos que a educação prepara a criança para se tornar sujeito, reconhecê-la como tal desde o início implica o risco da abstenção educativa. Nesse caso, "o poder fica vago" e, se o professor não o exerce, quem o exercerá? Visto que as famílias fazem isso de maneira muito parcimoniosa, visto que a *polis* não tem ou não tem mais uma vontade efetiva a esse respeito, o poder parece dividido entre o mais forte fisicamente, a televisão e até o fundamentalismo religioso. Consciente desse fenômeno, será que nosso dever de professor é exercer nosso poder para manter a criança sob nossa autoridade a fim de preservá-la, de protegê-la do mundo e da violência? Aqueles que acreditam que a educação não está mais presente e já não garante esse período de sujeição logo se deparam com a violência do mundo ou com a doutrinação, cujo projeto não é a emancipação das pessoas nas quais ela investe. Além disso, essa violência ameaça ganhar a escola se os professores, inconscientes do que se passa do lado de fora, e sob o pretexto de considerar a criança como sujeito, abstiverem-se de querer "influenciá-la" e de lhe concederem um poder excessivo.

Esse professor acrescenta logo em seguida:

> Em compensação, parece-me indispensável que o adulto, ao proteger a criança do mundo, ao inseri-la em uma tradição e ao possibilitar-lhe o acesso a uma cultura, também lhe ofereça os meios para construir sua

liberdade. Mas para isso é preciso, naturalmente, que o adulto aceite que a criança deva assumi-la.[28]

Quando a astúcia não permite escapar das contradições

Assim, Hannah Arendt, com sua reflexão sobre a necessidade de uma fronteira entre a criança que deve ser educada autoritariamente e o adulto que não pode ser, lançou-nos no interior de uma contradição educativa que parece ainda mais radical que a anterior. Já sabíamos que o pedagogo deve organizar tudo para que a criança aprenda e que, ao mesmo tempo, tem de estar ciente de que uma aprendizagem não pode ser acionada mecanicamente; sabíamos que ele deve demonstrar obstinação didática e, simultaneamente, reconhecer que nada poderá ser feito se não houver a "coragem de começar", a qual não pode ser acionada mecanicamente por um procedimento ou um método. Agora sabemos também que o pedagogo, de algum modo, está condenado a se impor e a impor, por sua autoridade, um "mundo" sem o qual a própria continuidade entre gerações estaria comprometida e a criança seria lançada prematuramente à violência dos homens e às paixões sociais. No entanto, vimos que essa postura, apesar de sua coerência política e de seu fundamento pedagógico, não se sustenta no dia-a-dia da educação e que o professor, ao assumir sua autoridade, tem de interpelar a liberdade da criança, cobrar-lhe responsabilidade, embora não a considere capaz ainda de exercê-la!

Essa contradição ameaça paralisar o educador, até mesmo nos menores gestos de sua vida cotidiana: a organização das aprendizagens, a gestão do tempo e do espaço, a recompensa e a sanção... pois sempre está em jogo, de uma maneira ou de outra, um dos dois termos da contradição: impor "o mundo" e oferecer as ferramentas necessárias para sua compreensão, ou respeitar o sujeito, seu desejo e sua trajetória... assumir a autoridade institucional do professor para transmitir ao aluno uma cultura cujo sentido ele só perceberá realmente quando de sua passagem à vida adulta, ou tentar propor aprendizagens que correspondam, desde a escola, às necessidades e aos interesses do aluno.

Todos se recordam, sem dúvida, da resposta tradicional da história da pedagogia a essa questão... ela já aparece inteira em *Emílio* de Rousseau, e os autores pedagógicos a retomarão com incontáveis e sutis variações:

---

[28] François Turaud, réplica escrita após debate em uma aula de filosofia da educação, ISPEF, Universidade Lumière – Lyon 2, 7 de dezembro de 1994.

Tome um caminho inverso com seu aluno; que ele acredite ser o professor, mas que você continue sendo. Não há sujeição tão perfeita quanto a que guarda a aparência de liberdade; assim se cativa a vontade. O pobre menino que nada sabe, que nada pode, que nada conhece não está à sua mercê? Você não dispõe, em relação a ele, de tudo o que o envolve? Você não tem o poder de interferir sobre ele como lhe aprouver? Seus trabalhos, seus jogos, seus prazeres, suas dores, tudo isso não está em suas mãos sem que ele saiba? Evidentemente, ele só deve fazer o que quiser, mas não deve querer senão aquilo que você quer que ele faça; não deve dar um passo que você não tenha previsto, não deve abrir a boca que você não saiba o que vai dizer.

É então que ele poderá entregar-se aos exercícios do corpo que sua idade exige, sem embrutecer o espírito; é então que, ao invés de aguçar sua astúcia tentando escapar de um incômodo império, você o verá ocupar-se unicamente de tirar o partido mais vantajoso de tudo o que o circunda para o seu bem-estar atual; é então que você se surpreenderá com a sutileza de suas invenções para se apropriar de todos os objetos que ele pode alcançar e para desfrutar verdadeiramente das coisas sem o recurso da opinião. E, permitindo-lhe assim ser dono de suas vontades, você não fomentará seus caprichos. Fazendo apenas o que lhe convém, logo ele fará apenas o que deve fazer; e, ainda que seu corpo esteja em movimento contínuo, quando se tratar de seu interesse presente e sensível, você constatará o quanto ele é capaz de desenvolver a razão muito melhor e de maneira muito mais apropriada para ele do que nos estudos puramente especulativos.

Assim, não o vendo disposto a contrariá-lo, não desconfiando de você, não tendo nada a lhe esconder, ele não o enganará, não mentirá para você; ele se mostrará como é sem medo; você poderá estudá-lo à vontade e dispor em torno dele as lições que deseja transmitir-lhe e que ele nem percebe que está recebendo.[29]

Perdoem-nos a longa citação, justificada por sua importância na história das doutrinas pedagógicas. É que, de uma certa maneira, Rousseau define aí o referencial que será incorporado por muitos pedagogos depois dele. Ele dá a chave – pelo menos uma chave – para escapar da contradição. Quando não há outra solução, quando a pessoa se vê diante de duas exigências que parecem contraditórias, resta apenas uma saída, *a astúcia*: trata-se, então, de criar as condições que permitam à criança realizar livremente as aprendizagens que foram decididas de forma autoritária pelo adulto, já que supostamente só ele sabe quais são seus verdadeiros interesses. A especificidade da educação como "apresenta-

---

[29] Jean-Jacques Rousseau, *Émile ou De l'éducation*, Paris: Garnier-Flammarion, 1966, p.150 e 151.

ção do mundo à criança" é preservada, da mesma forma que o respeito pela criança que realiza por si só, à sua maneira, as aprendizagens que lhe convêm. Rousseau, maliciosamente, ainda acrescenta que somente assim é possível realmente exercer a autoridade sobre a criança, pois qualquer outro método – e em particular aquele que pretendesse ditar-lhe exteriormente seus atos – provocaria sua resistência e ela até poderia pôr o adulto em xeque! É preciso que o educador transfira sua autoridade da relação direta para a organização de situações "pré-reguladas" de modo que a liberdade da criança seja ao mesmo tempo destituída e respeitada: a criança não poderá recusar o que lhe é proposto justamente porque a situação lhe possibilitará agir "conforme suas próprias leis".

A lição teve efeito, e Rousseau fez numerosos discípulos. Claparède, entre muitos outros, formalizou a astúcia rousseauniana ao definir o que ele chama de "educação funcional": "A atividade de um escolar deveria ser simplesmente um meio empregado por ele para satisfazer a uma necessidade que criamos nele".[30] Sob muitos aspectos, pode-se inclusive considerar que a "pedagogia de projeto", tão cara a Dewey e cultivada atualmente na escola primária ou no âmbito do ensino tecnológico, nada mais é que uma organização didática elaborada da astúcia rousseauniana: a situação é construída de maneira tal, que o projeto escolhido permite identificar determinados obstáculos que, por sua vez, serão selecionados em função dos conhecimentos que trarão ao sujeito: assim, ao realizar uma tarefa, o aluno descobre e assimila conhecimentos que correspondem justamente aos programas decididos em outro lugar... É claro que isso não é simples e as armadilhas são inúmeras: a lógica da produção pode tomar o lugar da lógica da aprendizagem, a bricolagem pode substituir a reflexão, os menos competentes podem ser marginalizados em nome da qualidade do produto a elaborar, os obstáculos encontrados na realização da tarefa podem ser simples demais ou complexos demais, não permitindo "implantar" corretamente as aprendizagens exigidas pelos programas e pelo nível de desenvolvimento do aluno![31] Foi por essa razão que os pedagogos sofisticaram o dispositivo ao ponto de conceber "situações-problema", nas quais o objetivo da aprendizagem fica de algum modo oculto na tarefa e sua aquisição é imposta por um sistema sofisticado de restrições e de recursos[32]... Todavia, isso sempre se faz sob a mesma inspiração rousseauniana: "Fazer tudo sem

---

[30] *L' éducation fonctionelle*, Neuchâtel e Paris: Delachaux et Niestlé, 1973, p.146.

[31] Cf. Philippe Meirieu, *Apprendre en groupe? 1 – Itinéraire des pédagogies de groupe*, Lyon: Chronique sociale, 1984.

fazer nada".[33] "Fazer tudo" para se manter fiel à missão do educador no mundo e também porque a criança, antes de ser educada, não tem qualquer possibilidade de escolher o que deve fazer parte de sua educação... "sem fazer nada" porque esta é a condição tanto da eficácia do projeto (não se obterá nada da criança contrariando as "leis da natureza") quanto da autenticidade da educação (que forja a vontade colocando a criança sistematicamente em situação de pô-la em prática).[34]

Evidentemente, poderíamos encontrar outros modelos pedagógicos que, à sua maneira, empregam a astúcia rousseauniana: os pedagogos libertários, como se sabe, abandonam a autoridade institucional do professor, mas logo a recuperam, encarnada em uma autoridade carismática, e nisso Neill e Winneken[35] são especialistas da astúcia; eles pretendem abdicar de seu poder, mas jamais conseguem, recuperando-o sob uma forma até mais eficaz, mais sutil, como sedução.

Assim, a posteridade de Rousseau está garantida e não há por que nos inquietar quanto a esse aspecto: didatas e psicólogos cognitivistas, adeptos da não-diretividade declarada, promotores dos "métodos ativos" de todas as espécies... todos tentam conciliar os contrários e criar situações em que a autoridade do adulto e a iniciativa da criança estejam em perfeito equilíbrio para maior proveito do educador.

Feitas todas essas considerações, não precisaríamos ir mais longe. Poderíamos inclusive mostrar que a astúcia pedagógica, nesse sentido, é o oposto da renúncia: uma organização sofisticada do poder que dá ostensivamente com uma mão e tira sub-repticiamente com a outra. Aqueles que se preocupam com a renúncia dos pedagogos se tranqüilizariam. Aqueles que temem a manipulação pedagógica poderiam convencer-se da eficácia de dispositivos capazes de permitir a apropriação de saberes que capacitariam o sujeito para realmente compreender e dominar o mundo, a cultura e sua própria razão, ao término de sua educação.

---

[32] Cf. Philippe Meirieu, *Apprendre... oui, mais comment*, Paris: ESF éditeur, 3.ed., 1988, "Guide méthodologique pour l'élaboration d'une situation-problème", p.165 a 180.

[33] Ibid., p.149.

[34] No que diz respeito às situações-problema, apesar do caráter técnico do dispositivo, encontramos essas mesmas dimensões: "fazer tudo" organizando uma situação perfeitamente adaptada a uma certa aprendizagem... "sem fazer nada", isto é, respeitando a trajetória singular da criança que constrói seu saber, como revela a psicologia cognitiva. Contudo, isso não significa de modo algum que a noção de situação-problema possa ser considerada como uma dedução dessa psicologia. Ela é uma invenção pedagógica à qual a psicologia cognitiva apenas fornece os indicadores de pertinência.

[35] Gustav Winneken foi um dos líderes das escolas libertárias de Hamburgo (cf. J.-R. Schmidt, *Le maître-camarade et la pédagogie libertaire*, Paris: Maspéro, 1971).

Entretanto, tudo isso seria fácil demais, simples demais e, se fosse pos-sível, sem dúvida, já teria sido feito, e os debates sobre a educação teriam se encerrado há muito tempo. A questão é que a astúcia nada mais é que uma astúcia... e ela toma um partido, embora faça menção de tomar um outro. A astúcia é um aparato do poder educativo e uma legitimação da posição de autoridade. A astúcia afasta a contradição, aplaca as angústias e suprime a culpabilidade do educador. A astúcia dá ao indivíduo a sensação de sempre se sair bem, de estar livre de todas as suas angústias, protegido de todas as suas inquietações... Contudo, na realidade, a astúcia mantém intactas as contradições que apontamos: permite-se ao aluno expressar sua liberdade apenas para controlá-la melhor; sugere-se que ele incorpore conhecimentos que se julgam importantes para ele, mas abstendo-se de afirmar claramente essa importância; respeita-se uma conduta individual, que se manipula habilmente, e rebaixa-se a cultura, aos olhos do aluno, a aprendizagens ocasionais, acidentais, por assim dizer. Além disso, a astúcia não me diz o que devo fazer justamente quando o aluno desmascara a astúcia, quando ele escapa à situação, quando o medo do desconhecido toma conta dele, quando espera que eu enfrente a dificuldade por ele reprovando-me em silêncio. A astúcia não me diz o que de fato se trama entre o educador e o educado. A astúcia dissimula a resistência do aluno, não faz dela o centro vital do trabalho pedagógico; portanto, não dá margem a uma relação ética de interpelação e de exigência recíproca.

Evidentemente, a astúcia ainda tem um belo futuro à sua frente e seria muito pretensioso o educador que dissesse aqui: "Fonte, da tua água não beberei"... Todavia, isso não é motivo para nos resignarmos a fazer dela o centro e o único motor de toda atividade pedagógica.

....

Tentamos mostrar, neste capítulo, que os discursos pedagógicos não deveriam ser entendidos como constitutivos de sistemas de pensamento organizados de maneira homogênea e racional. Eles são na verdade modos de expressão, geralmente polêmicos e excessivos, pelos quais os pedagogos tentam reproduzir a tensão constitutiva de seu projeto. É por isso que as críticas feitas a esses discursos esquecendo-se seu estatuto, pretendendo de algum modo tomá-los ao pé da letra, têm tanta facilidade em denunciar seus perigos e de apontar neles concepções bastante perversas da educação. Contudo, podemos inverter as coisas e, ao invés disso, tentar identificar as contradições presentes no discurso pedagógico, atentos ao que elas têm a nos dizer sobre a realidade da educação. Foi o que pretendemos fazer, trazendo à luz duas contradições fundamentais presentes no discurso pedagógico: por um lado, a contradição entre sua dimensão instrumental e sua dimensão interpelativa e, por outro, a contradição entre a educação como reconhecimento de um sujeito já existente e a educação como formação de um sujeito que só terá esse estatuto no final do processo educativo. Vimos que, diante do peso dessas contradições, é grande a tentação de afastá-las pelo uso sistemático da astúcia rousseauniana: "Fazer tudo sem fazer nada". Mas a astúcia é apenas a astúcia e as contradições, quando se imagina ter-se livrado delas, aparecem de novo... Porém, gostaríamos de mostrar que são justamente essas contradições, quando as consideramos em toda a sua amplitude e sem tentar minimizá-las, que podem levar à abertura de um espaço de inteligibilidade dos saberes pedagógicos.

Capítulo 5
Em busca de um espaço de inteligibilidade dos saberes pedagógicos

> Tese: *O discurso pedagógico, quando assume suas contradições, torna possível a construção de um espaço de inteligibilidade dos saberes pedagógicos. Nesse espaço, a inventividade pedagógica pode desenvolver-se no interior de uma "cartografia pragmática" que permita abandonar as oscilações binárias e explorar uma infinidade de ações possíveis para fazer frente ao "momento pedagógico".*

Pestalozzi, em um texto traduzido e apresentado por Michel Soëtard,[1] oferece-nos um quadro bastante sugestivo, no qual, refletindo sobre a educação de seu filho Jakob, apresenta argumentos em favor de uma "pedagogia da liberdade" e de uma "pedagogia da obediência". Do lado da liberdade, há pontos de vista que ainda hoje mantêm toda sua força e que podem ser facilmente encontrados em obras de vulgarização pedagógica:

> Não se pode tolher a liberdade da criança sem merecer até certo ponto sua aversão. Além disso, a experiência mostra que as crianças que mais sofreram restrições compensam-se mais tarde pelo desregramento. Não se pode contrariar a vontade das crianças sem alimentar os sentimentos mais diversos... A liberdade, conduzida com sabedoria, dispõe a criança a manter o olho aberto e o ouvido atento. Ela difunde tranqüilidade, humor constante e alegria no coração das crianças...[2]

Como se vê, isto não difere muito do que apregoam hoje os opositores de Françoise Dolto! Porém, Pestalozzi opõe a essa argumentação

---

[1] "Fragments du journal de Pestalozzi sur l'éducation de son fils Jakob (27 janvier - 19 février 1774)", *Études Jean-Jacques Rousseau*, apresentação e tradução de Michel Soëtard, Reims: Éditions "A l'écart", 1992, p. 5 a 33.

[2] Ibid., p. 30 e 31.

uma série de razões a que nenhum de nós, mesmo que se trate de um não-diretivo convicto, deixará de apelar mais dia menos dia:

> Sem obediência nenhuma educação é possível, pois, mesmo nas circunstâncias mais favoráveis, não se deve deixar a criança à mercê de sua vontade um só instante. Há centenas de casos gritantes em que a liberdade total da criança significa a morte. Há certas aptidões e certos hábitos necessários à vida em sociedade que é impossível formar sem restringir a liberdade...[3]

E Pestalozzi acrescenta, perplexo: "Onde está o erro? A verdade não é unilateral. A liberdade é um bem, assim como a obediência".[4] O que leva Michel Soëtard a concluir que o problema de Pestalozzi é "criar a unidade dessas duas condutas em sua ação [...]: paradoxo insustentável que a todo momento manda pelos ares a ação de Pestalozzi",[5] "que detona a ação", pois essa unidade parece impossível, tal é o antagonismo desses dois pólos e "os ganhos educativos de cada uma dessas condutas anulam-se mutuamente"[6]... Por isso, serão necessárias várias experiências educativas, entre as quais a experiência exemplar de Neuhof,[7] e uma reflexão cada vez mais profunda sobre sua ação para que Pestalozzi aceite essas contradições como fundamentais e busque inserir na tensão entre elas um "método" que nada tenha a ver com a oscilação infernal entre duas posturas incompatíveis.

É em Stans, quando terá de enfrentar a situação trágica que todos conhecem, que ele superará as hesitações permanentes e as injunções paradoxais de antes: "Você deve fazer isto para o seu bem, mesmo que não compreenda que isto é para o seu bem (porque você ainda não foi

---

[3] Idem.

[4] Ibid., p. 31.

[5] Ibid., p. 9.

[6] Ibid., p. 10.

[7] "Pestalozzi quer promover a felicidade do povo. Porém, desiludido com a política e a corrupção na cidade, tomará o caminho da educação e da educação no campo. Logo começam a chegar a Neuhof (a nova fazenda) pequenos indigentes que costumam percorrer os campos, ociosos, pedindo e furtando. Pestalozzi os fará trabalhar na terra, cuidando de sua formação. [...] Isto era para ser a felicidade de Clarens. Contudo, na realidade, em pouco tempo se tornará um pesadelo." (Michel Soëtard, "Johan Heinrich Pestalozzi", *Quinze pédagogus*, organizado por Jean Houssaye, Paris: Armand Colin, 1994, p. 37-50, p. 39). Pesadelo porque Pestalozzi quer criar em Neuhof uma verdadeira coletividade economicamente autônoma e formativa para todos os seus membros: as exigências a que tem de responder são múltiplas e contraditórias... a rentabilidade, que impõe uma direção e orientações administrativas muito rígidas, e a educação para a liberdade, que impõe total liberdade para que cada um tome as iniciativas que desejar e o mínimo possível de restrições... os interesses das famílias que querem que os filhos mandem dinheiro para casa, perpetuando, assim, um sistema de exploração que Pestalozzi condena, e o interesse educativo das crianças, que exigiria uma ruptura com seu ambiente... a autonomia necessária à "aprendizagem da vida" e os limites impostos pela simples "sobrevivência".

educado) e mesmo que eu não aceite que você o faça apenas por estar submetido a mim ou por me obedecer com uma confiança cega".[8] É em Stans que ele deixará de evocar simplesmente a alegria compartilhada como referência última da qualidade da relação educativa... "Tanto a liberdade quanto a obediência pode ser útil, desde que assumida com uma alegria íntima pela criança e pelo educador",[9] escrevia ele alguns anos antes. Em Stans, a alegria não está presente todos os dias, e a situação não é favorável a Pestalozzi. Ele chega a se descrever como um homem em luta com crianças que é preciso libertar "da abjeção e da grosseria de seu ambiente, que as aviltou interiormente e as reduziu ao estado selvagem".[10] Naturalmente, ele agora tem convicções firmes:

> Tanto quanto o homem deseja espontaneamente o bem, a criança oferece-lhe espontaneamente um ouvido atento; porém, ela não deseja para você, professor, ela não deseja para você educador, ela deseja para ela mesma. [...] Ela deseja tudo o que a torne amável. Ela deseja tudo o que a torne respeitável. Ela deseja tudo o que desperta nela grandes expectativas. Ela deseja tudo o que lhe dá forças, tudo o que lhe permite dizer "Eu sou capaz disto"...[11]

No entanto, Pestalozzi compreendeu que essa "vontade" não é uma realidade preexistente a qualquer ato educativo, que bastaria usar com bom senso; também sabe que ela não emerge espontaneamente, que ela não surge milagrosamente apenas por obra da exortação ou até mesmo do exemplo; sabe que ela não é "produzida pelas palavras": "As palavras não dão a coisa mesma, mas apenas uma visão clara e a consciência dela".[12] Ele sabe, ele prova no cotidiano, como tantos professores e educadores hoje, a que ponto os seres resistem às melhores intenções de educá-los, de "formá-los", de instruí-los:

> Habituados à ociosidade, a uma vida sem freios, a comportamentos de selvagens, ao gosto pela desordem, frustrados em sua esperança de ganhar comida sem ter de fazer nada, como era o costume dos conventos, muitos logo começaram a reclamar que não estavam gostando, que não queriam ficar. Muitos falaram de uma febre que se apodera das crianças quando elas ficam ocupadas o dia todo aprendendo.[13]

---

[8] Cf. Ibid., p. 32.
[9] Ibid., p. 33.
[10] *Lettre de Stans*, p. 31.
[11] Ibid., p. 24.
[12] Idem.
[13] Ibid., p. 27.

Apesar de tudo, Pestalozzi recusa-se a ver nessa resistência a má vontade de uma criança perdida que a autoridade do educador poderia quebrar sem dificuldade, assim como se recusa a ver nisso a legítima insurreição de "naturezas ideais" contra um educador abusivamente normatizador. Ele procura – e é nisso que se torna verdadeiramente "pedagogo" – "trabalhar essa resistência", sem impor regras que apenas provocariam a rejeição,[14] mas sem para isso renunciar às suas próprias exigências quando as considera absolutamente essenciais exatamente para formar essa "vontade", cujo estatuto ele agora compreende melhor:

> O silêncio que eu exigia quando estava presente e ensinando era para mim um meio precioso para atingir minha meta, como também a postura que eu exigia das crianças quando estavam sentadas à minha frente. [...] Eu exigia, entre outras coisas, como uma forma de descontração, que ao repetirem as frases que eu pronunciava diante delas mantivessem o olhar fixo em seu dedo médio. É incrível como o apego a pequenas coisas como essa pode ser, para o educador, o ponto de partida para metas mais elevadas[15]...

"Trabalhar a resistência" significa então, para ele, aceitar que o outro seja o que ele é e não uma imagem ilusória ou o produto de uma elaboração ideológica; é substituir uma representação da infância pela realidade concreta da criança e tentar "fazer com". No entanto, "trabalhar a resistência" também é "resistir a essa resistência", não abrir mão de nada daquilo que se acredita ser justo e necessário para o desenvolvimento da criança e para a elaboração do vínculo social... é iniciar uma história com ela, engajar-se verdadeiramente na educação.

Das contradições assumidas aos espaços de inventividade redescobertos

Nesse sentido, trabalhar sobre a resistência do outro ao projeto que se tem para ele e aceitar o caráter fecundo desse trabalho é, antes de mais nada, reconhecer as contradições educativas que desvendamos, bem como aceitar que não se deve deixar de lado arbitrariamente um dos termos dessas contradições, e sim tentar perceber em que medida sua existência abre espaços possíveis para a inventividade educativa. "Trabalhar a resistência" é, ao mesmo tempo, considerar a criança ou o

---
[14] Ibid., p. 32.
[15] Ibid., p. 36 e 37.

adolescente como um *sujeito constituído*, capaz de me interpelar como um igual, e como um *sujeito em formação*, a quem devo impor conhecimentos e métodos para que ele possa assumir plenamente sua responsabilidade. "Trabalhar a resistência" é, simultaneamente, reconhecer aquele que se educa como *uma liberdade que podemos apenas suscitar*, e que por isso jamais aprenderá "sob comando", e como *um indivíduo que se deve instrumentalizar*, buscando por todos os meios à nossa disposição uma forma de levá-lo a se apropriar dos conhecimentos que se julga necessários ao seu desenvolvimento pessoal e à sua inserção social.

É então que, lá onde se enfrentava contradições insolúveis, lá onde se corria o risco de ser levado por oscilações infernais, lá onde o educador era permanentemente ameaçado por rupturas patogênicas, lá onde a ação pedagógica ameaçava "explodir", perfila-se, por um estranho cruzamento – que não é apenas um artifício de apresentação –, um espaço de inteligibilidade de saberes pedagógicos. Primeiro, vamos apresentar esse espaço, antes de justificar, de maneira detalhada, sua configuração e seus conteúdos:

	o aluno como indivíduo a instrumentalizar	o aluno como pessoa a interpelar
o aluno como sujeito já constituído	CONTINUIDADE	SUSPENSÃO
o aluno como sujeito em formação	RUPTURA	RISCO

Temos consciência de que a introdução de um quadro aqui corre o risco de parecer artificial. Como podemos, após ter definido o momento pedagógico em sua dimensão ética, tentar torná-lo operacional quando seu caráter formal ameaça arruinar a intenção básica? Além disso, não incorremos no perigo de reduzir tensões de caráter irredutível, como vimos, propondo soluções de "equilíbrio" que nos permitiriam fugir das escolhas fundamentais? Não acreditamos nisso... Evidentemente, não somos ingênuos quanto ao caráter metafórico do conceito de "espaço de inteligibilidade" que propomos. Falar de espaço quando a questão é trabalhar sobre práticas pode parecer reducionismo, como se a ação fosse conduzida a uma espécie de "diagonal", para situarmos a metáfora no âmbito da geometria, ou à "resultante" de forças divergentes, para a situarmos no campo da física. Contudo, se a mantivermos afastada dessas duas interpretações reducionistas, a metáfora pode ser fecunda: ela sugere a possibilidade de se abandonar as referências "paroxisticamente binárias", para usar a expressão de Félix Guattari,[16] e abrir um campo às explorações, às tentativas aventureiras, às trajetórias imprevistas, às sondagens, geralmente imprecisas, às vezes engenhosas, das quais surgirá uma descoberta inesperada. Assim, a dúvida obsessiva quanto à direção correta a ser tomada pode desaparecer, por um instante, no cruzamento de dois caminhos; o questionamento perde essa radical e terrível simplicidade que aprisiona o sujeito em um dilema implacável; a situação torna-se mais complexa e delimita setores, domínios que sugerem abandonar em uma exploração incerta, ainda que timidamente, os caminhos já traçados, aqueles que só permitem avançar ou recuar... para tentar encontrar por si mesmo seu caminho.

Assim, à alternativa binária, à vacilação psicótica ou à polêmica acirrada antepõe-se a possibilidade de se orientar, de se situar entre pontos cardeais que, como se sabe, não são realidades geográficas conhecidas, mas ficções necessárias, jamais alcançadas, como o Oriente ou o Ocidente, ou regiões inóspitas onde é impossível permanecer, como o Norte e o Sul. Assim, o diagrama cartesiano não constitui apenas uma referência geométrica que permita instalar um espaço abstrato, mas representa simbolicamente a possibilidade que se oferece a uma exploração criativa para a atividade humana[17]: ele nos sugere que sempre há outras soluções que não aquelas impostas por uma oposição binária. Ao invés de nos aprisionar em uma intersecção, de paralisar nossos atos, obrigando-nos a justificar com segurança a direção a tomar, ele abre territórios, autoriza novas investigações, permite partir para a descoberta de uma multiplicidade de posições possíveis e constitui o que Félix Guattari chama de "cartografia pragmática".[18] "Cartografia" porque permite situar nossos arranjos cotidianos e dar-lhes sentido. "Pragmática" porque não decide *a priori* a justeza de cada posição, e sim tenta respeitar seu processo de invenção aleatória e arriscada. Uma "cartografia pragmática" que não tem qualquer pretensão de implantar um sistema cristalizado que possa aspirar a qualquer cientificidade, mas que autoriza a aventura da criação sem,

---

[16] *Chaosmose*, Paris: Galilée, p. 83.

[17] Correndo o risco de parecer solicitar excessivamente Descartes, talvez pudéssemos sugerir que, ao construir o espaço geométrico na intersecção de duas dimensões (um eixo vertical opondo Deus aos homens e um eixo horizontal opondo o servo ao seu senhor), ele abandona definitivamente o imobilismo econômico e social que caracterizava a Idade Média para abrir a possibilidade de inventar uma infinidade de posições intermediárias e de construir um espaço de inovação, de exploração e de mobilidade, característico da modernidade que inaugura.

[18] *Chaosmose*, op. cit., p. 24, p. 89.

para isso, abandoná-la completamente a um empirismo utilitarista. "Minha perspectiva", explica Félix Guattari, "consiste em fazer com que as ciências humanas e sociais transitem dos paradigmas científicos aos paradigmas ético-estéticos".[19] E, mais adiante, ele se pergunta: "Como fazer da classe uma obra de arte?"[20] ... questão à qual retornaremos, mas que, desde já, leva-nos a indagar sobre como fazer da sala de aula um lugar de invenção, de imaginação e de encontros, um lugar distanciado das mortíferas transmissões miméticas, sem, com isso, perder-se na divagação. Pois é exatamente disto que se trata: encontrar um meio de situar-se fora dos eixos, beneficiando-se da existência de referências.

Tanto Bloom, com seu gigantesco projeto taxonômico,[21] quanto Rogers, com sua inverossímil esperança na transparência das relações educativas que prescindiriam de mediações culturais, ainda permanecem nos eixos: eles indicam direções – isso que chamamos de instrumentalização e interpelação –, mas nenhum deles constrói espaços abertos a uma inventividade pedagógica que aceite conviver com a complexidade dos seres e das coisas. Do mesmo modo que Hannah Arendt, que aponta vigorosamente para a necessidade de uma fronteira absoluta entre a criança e o adulto, ou certos psicólogos que não hesitam em afirmar que "toda criança é um sujeito desde seu nascimento ou seus primeiros dias de vida":[22] também aí, uns e outros assinalam exigências, porém preservam posições que, a bem dizer, não encontram sustentação no concreto e no decurso do tempo. Freinet compreendeu bem tal fato, ele que, no "conselho",[*] permite às crianças votar em decisões importantes, mas que jamais abdica de intervir autoritariamente quando julga necessário.[23] Constitui-se, assim, uma classe na qual se exploram

---

[19] Ibid., p. 24.

[20] Ibid., p. 183.

[21] Cf., além dos três tomos da taxonomia, a obra na qual B.S. Bloom especifica as ambições de seu projeto: *Caractéristiques individuelles et apprentissages scolaires*, Bruxelas e Paris: Labor et Nathan, 1979. Nela são enunciados os princípios básicos da "pedagogia do controle": divisão estrita dos saberes em unidades seqüenciais articuladas, individualização absoluta dos procedimentos de aprendizagem mediante uma adaptação do tempo e de uma diferenciação das ajudas em função das necessidades individuais dos alunos, objetivos sempre formulados em termos de comportamentos observáveis e permitindo uma progressão regular "com margem de erro mínima"... convicção de que, por esses métodos, 95% dos alunos poderão atingir todos os objetivos fixados.

[22] Cf., por exemplo, Hubert Montagner, *L' enfant, acteur de son développement*, Paris: Stock, 1993.

[*] N. de T. O conselho cooperativo, encarregado da gestão participativa, foi uma das inovações introduzidas por Freinet da célebre Escola de Vence, entidade privada e laica que fundou em 1934.

[23] Cf. Philippe Meirieu, *Apprendre en groupe? 1 – Itinéraire des pédagogies de groupe*, Lyon: Chronique sociale, 1984, em particular p. 59 e ss.

"as vias possíveis de sua singularização, fonte de 'existência' das crianças que a compõem",[24] desde que essa exploração não perca de vista os desafios e o sentido dos atos praticados.

Continuidades e rupturas, suspensão e riscos

A aposta que desejamos fazer aqui consiste, portanto, em propor uma configuração possível para os saberes pedagógicos que possa mobilizar o educador. Para isso, acreditamos ser possível definir quatro divisões na intersecção das duas tensões fundamentais que identificamos.

•Se consideramos o aluno como um sujeito já constituído, cujas representações, desejos e interesses devem ser levados em conta, e se acreditamos na necessidade de lhe fornecer ferramentas intelectuais necessárias ao seu desenvolvimento, o operador pedagógico será exatamente a *continuidade*: continuidade entre sua história e seu projeto, continuidade entre o sujeito reconhecido como tal e as responsabilidades que deverão ser confiadas a ele, continuidade entre sua inserção cultural e social e os saberes que lhe serão ensinados.

• Se consideramos o aluno como um sujeito em formação que se deve libertar de todas as aderências psicológicas e sociais que o prendem a uma infância que ele terá de abandonar irremediavelmente um dia, se essa concepção é acompanhada da convicção de que os saberes são justamente os meios que lhe permitirão aceder à condição de adulto, o operador pedagógico será a *ruptura*: ruptura entre o caráter aleatório e caprichoso de seus desejos e a racionalidade universal de uma cultura emancipadora, ruptura entre seus caprichos, suas decisões imaturas, e a reflexão profunda que requer o acesso à cidadania, ruptura entre os ritos e a violência da sociedade infantil e o poder de argumentação que está na base de uma sociedade de adultos.

• Se percebemos o aluno sobretudo como uma pessoa que se deve interpelar para que encontre em si mesmo a coragem exigida para estabelecer um contato com outros seres e com outros saberes, e se, por outro lado, o consideramos como um sujeito já constituído, então o operador pedagógico será a *suspensão*: suspensão da imediaticidade dos posicionamentos, que é preciso reconhecer como legítimos, mas que se deve pedir que os reavalie quando um outro se opuser a ele, suspensão de seus compromissos institucionais, sociais ou mesmo po-

---
[24] Félix Guattari, op. cit., p.183.

líticos aos quais ele tem direito, mas que se procurará inserir em um conjunto de regras de funcionamento que permitam o debate sem violência... suspensão da expressão de uma personalidade digna de ser reconhecida como tal, mas que também deve aceitar e reconhecer o direito dos outros à sua própria expressão.

• Se consideramos o aluno como um sujeito em formação, cujas posições são ainda muito frágeis e aleatórias para que se possa alimentar nele a ilusão de participar de uma vida democrática prematura, porém se fixamos como objetivo educativo essencial para ele a perspectiva de um engajamento pessoal e a "coragem de começar", então o operador pedagógico será o *risco*: risco de um sujeito que aprende a se colocar em cena sem recorrer à reprodução ou à imitação, risco de um sujeito que, pela interpelação pedagógica, escapa aos conformismos sociais, assim como às imagens de si mesmo, nas quais sua história e o olhar dos outros ameaçam aprisioná-lo, risco que a educação deve ensinar o sujeito a assumir, mas sem alimentar nele a ilusão de que isso já lhe dá direito, antes mesmo de ingressar na sociedade adulta, a um reconhecimento incondicional.

Apresentadas dessa forma, as coisas podem parecer confusas e sugerir práticas pedagógicas que continuariam sendo incompatíveis entre si... De fato, cada operador pedagógico permite pôr em prática e desenvolver atitudes e situações que parecem irredutíveis umas às outras. Por isso, é preciso avançar na análise e tentar questionar mais especificamente quais os objetivos e métodos possíveis quando se produz uma interação entre esses operadores pedagógicos. Porém, se examinamos as propostas pedagógicas disponíveis hoje à luz da configuração que acabamos de propor, descobrimos que elas podem articular-se de maneira coerente: de fato, *continuidade e ruptura*, por um lado, *suspensão e risco*, por outro, são articulações que permitem situar os saberes pedagógicos acumulados há séculos pelos pedagogos em uma dinâmica que, sem dúvida, constitui o núcleo de toda atividade educativa.

Continuidades e rupturas

Como lembrou Georges Snyders em várias de suas obras,[25] continuidade e ruptura são inseparáveis na educação: o acesso à cultura que reúne os homens naquilo que eles elaboraram de mais edificante exige, de fato,

---

[25] Cf., em particular, *La joie à l'école*, Paris: PUF, 1986. A obra contém inúmeros exemplos, sobretudo nos últimos capítulos, que mostram bem como se pode operar concretamente a articulação continuidade/ruptura em diferentes âmbitos. Ela continua bastante atual.

uma ruptura radical com os centros de interesses conjunturais que variam ao gosto das filiações sociológicas e das histórias individuais. No entanto, tal ruptura só terá sentido se incidir sobre uma realidade previamente considerada, uma realidade passível de ser apreendida pelo aluno e cujos limites pode-se descobrir com ele; sem essa consideração, o trabalho educativo inevitavelmente produziria no aluno uma desmaterialização do mundo, que desapareceria ou seria colocado entre parênteses, protegido de qualquer questionamento, em benefício dos códigos escolares e dos saberes convencionados, que permitem "distinguir-se" na instituição, mas não favorecem muito uma evolução pessoal refletida.[26] Por isso é tão perigoso querer destituir os alunos de seus interesses espontâneos sem trabalhar com eles para que descubram seus limites... é tão arriscado totemizar seus interesses e aprisioná-los a estes em nome do respeito que lhes é devido. É por isso que, se desejamos compreender a articulação continuidade/ruptura nas práticas pedagógicas, pecisamos especificar, por um lado, o que pretendemos levar em conta e por que meios e, por outro, as metas que estipulamos para eles e as situações passíveis de evitar que a ruptura degenere em um corte normatizante. É nesse espírito que propomos o quadro a seguir, cujos principais elementos retomaremos em seguida.[27]

---

[26] Jean-Louis Derouet mostra bem, a propósito do ensino da história da Revolução Francesa em uma classe de segunda (N. de T.: Corresponde ao primeiro ano do ensino médio no sistema brasileiro.), que o esforço para introduzir um pensamento crítico que rompa com as representações e os "saberes positivos" já constituídos acaba produzindo resultados estranhos: os alunos incorporam o pensamento crítico sob a forma de uma exigência escolar tradicional e o utilizam para "distinguir-se" na classe, sem que se tenha trabalhado sobre o objeto desse pensamento crítico... Em última análise, explica Jean-Louis Derouet, ele é movido pelo sentimento de uma "imaterialidade do mundo da cultura escolar", o que arruína todo o esforço da educação escolar (Conferência na Universidade Lumière-Lyon 2, Colóquio "Dos saberes teóricos aos saberes ensinados", 4 de fevereiro de 1995).

[27] É evidente que, se pretendemos apresentar uma configuração possível para pensar os saberes pedagógicos, se procuramos oferecer alguns exemplos e referências, o que se segue de modo algum tem a pretensão da objetividade ou da exaustividade. Trata-se aqui de "ferramentas de inteligibilidade" que, utilizadas pelos práticos, poderão ser enriquecidas ao longo de suas leituras e de suas experiências.

Continuidade e ruptura na ação pedagógica

LEVAR EM CONTA...		... PARA PERMITIR O ACESSO	
o quê?	como?	a quê?	como?
- *os centros de interesse*	- por uma pedagogia de projeto	- *a um deslocamento da satisfação afetiva para os objetos culturais*	- pela demonstração do poder do objeto cultural de dar acesso a formas superiores de satisfação
- *as aquisições já realizadas*	- por uma individualização dos percursos de formação	- *a uma extensão dos conhecimentos*	- por uma exploração sistemática das imbricações de idéias
- *as representações*	- por um levantamento sistemático destas e pela identificação de sua funcionalidade e de sua coerência	- *a uma desestabilização do sistema de representações e a uma reestabilização em um nível superior*	- pela derrocada de um sistema de representações e pela construção de um sistema mais eficaz
- *as estratégias individuais de aprendizagem*	- por pausas metodológicas sistemáticas	- *a um enriquecimento dos recursos metodológicos do sujeito*	- pela metacognição praticada de maneira coletiva
- *a relação social com o saber*	- pela elucidação dos desafios pessoais das aprendizagens já realizadas	- *à libertação de uma relação unívoca com o saber*	- pela variação sistemática das apostas mobilizadas nas aprendizagens propostas
- *a inserção familiar e local*	- pela parceria com associações, instituições e órgãos locais	- *à capacidade de compreender as aderências locais específicas, suas riquezas e seus limites*	- pela descoberta progressiva de outros ambientes
- *a cultura de referência*	- pela atenção aos códigos, às referências, aos valores e às histórias nos quais se insere o sujeito.	- *a um esforço permanente de universalização da cultura*	- pelo confronto, pela perspectiva e pela contra-argumentação recíproca

→ Dos interesses imediatos dos alunos à descoberta de novos objetos de desejo

A primeira lição deste quadro é, a nosso ver, revelar certas objeções que decorrem da confusão entre os diferentes níveis de ação pedagógica: levar em conta os centros de interesse dos alunos não tem como principal função conduzi-los a uma cultura universal, e nem mesmo ao exercício de sua razão, para que julguem a pertinência de suas representações deste ou daquele conceito matemático ou filosófico... Além disso, esta seria uma conduta ilusória: os alunos descobririam rapidamente o caráter artificial do enxerto e desenvolveriam estratégias de êxito puramente escolares, rebaixando os objetos culturais a simples "utilidades acadêmicas", de forma a satisfazer as avaliações institucionais permanecendo, no essencial, ligados a uma cultura e a valores considerados por eles como exclusivos de sua esfera privada.

Do mesmo modo, quando o pedagogo fala do "interesse dos alunos", quando explica que é essencial trabalhar sobre esses interesses e empreender projetos que os valorizem, tal atitude apenas pode ser tomada na perspectiva deliberada de pôr em relevo o caráter limitado das satisfações que eles podem obter com isso, com a disposição de mostrar seus limites e, sobretudo, de deslocar progressivamente a satisfação afetiva dos alunos para os objetos culturalmente valorizados. Nesse sentido, a questão do interesse dos alunos está no prazer de aprender; ela remete à capacidade do professor de ressaltar a incompletude dos interesses imediatos, seu caráter limitado, aleatório ou conjuntural, e de mostrar que a satisfação é possível fora dali, mais longe, em um registro que os alunos ainda ignoram, mas que indica os interesses latentes que eles já manifestam. O papel do pedagogo é trabalhar sobre esse deslocamento e não tentar, de forma mais ou menos artificial, enxertar questões de programa nas motivações do momento.

A diferença não é desprezível: em um caso, as coisas geralmente assumem a forma de uma mercadoria ("Eu lhes concedo uma atividade que vai ao encontro de suas preocupações, mas em troca vocês aceitam aprender o que eu quero ensinar-lhes"); no segundo caso, trata-se de um trabalho coletivo para identificar os centros de interesse dos alunos e, desde que se consiga compreender qual o sentido de suas motivações, propor-lhes avançar em direção àquilo que possa assegurar-lhes maior satisfação e alegria. No primeiro caso, estamos no registro do desvio; no segundo, no do acompanhamento. No primeiro caso, trata-se de um artifício; no segundo, de um trabalho coletivo de busca de sentido. Por isso, uma verdadeira "pedagogia de projeto" não é senão a descoberta de uma dimensão oculta, de uma perspectiva desconhecida, de um obstáculo imprevisto que se faz com os alunos e que permite ao professor caminhar com eles. Por isso, uma verdadeira "pedagogia do projeto" implica antes de mais nada "levar a sério" os alunos, descobrir o que há de sensato e ao mesmo tempo de parcial em seus interesses, em que medida eles trazem satisfações e permitem antever satisfações ainda maiores. E nenhuma técnica, nenhum dispositivo da "pedagogia de projeto" pode assegurar a articulação continuidade/ruptura se não estiver inserido nessa dinâmica básica.

LEVAR EM CONTA...		...PARA PERMITIR O ACESSO	
os centros de interesse dos alunos	por uma pedagogia do projeto	a um deslocamento da satisfação afetiva para objetos culturais	pela demonstração do poder do objeto cultural de dar acesso a formas superiores de satisfação
UMA PERSPECTIVA BÁSICA	*Pestalozzi:* "Associar tudo o que eles conhecem por sua experiência pessoal [...] aos termos técnicos que abarcam os conceitos gerais de sua experiência. [...] Levar à perfeição as coisas que eles aprendem, mesmo as mais insignificantes" (Lettre de Stans, p.52 e 53).		
DUAS REFERÊNCIAS	- *John Dewey* (*L' école et l' enfant*, Neuchâtel e Paris: Delachaux et Niestlé, 1967)... para deixar bem claro que o mais célebre entre os iniciadores da "pedagogia de projeto" jamais concebeu a consideração dos interesses das crianças como um fim em si, nem mesmo como um conjunto de "desvios ou truques de método para tornar um objeto interessante" (p.114), mas como uma conduta que acompanha o desenvolvimento do espírito da criança e aumenta sua receptividade a um aporte cultural. - *Louis Legrand*, (*Pour une pédagogie de l'étonnement*, Neuchâtel e Paris: Delachaux et Niestlé, 1960)... para entender bem a função real da consideração dos interesses dos alunos: não o apego àquilo que já está dado, mas a capacidade de introduzir, a partir do que está dado, o enigma de sua incompletude, o que permitirá empreender novas aquisições.		
TRÊS FERRAMENTAS	- *a pedagogia por alternância*, com a condição de que esta seja realmente um meio de perceber a insuficiência dos saberes empíricos e busque articular aos problemas encontrados no estágio conhecimentos que permitam compreendê-los e superá-los. Isto supõe um trabalho conjunto entre os "professores de estágio" e os "formadores", assim como o uso de ferramentas de gestão especificamente concebidas (grupos de regulação, diário de bordo, etc.).		

> - *a "pedagogia do projeto"*, no sentido mais corrente desse termo, que remete ao direcionamento das atividades dos alunos para tarefas socialmente valorizadas, como a produção de um diário ou da maquete de uma cidade romana. Porém, essa fórmula será fecunda apenas se permitir a descoberta de dimensões ignoradas e se for capaz de deslocar o investimento inicial na realização da tarefa para um investimento na compreensão de situações inéditas, o que permitirá a conquista progressiva de mais autonomia.
> - *a pedagogia das situações-problema*, na medida em que esta não se limite a um conjunto de regras de funcionamento, de restrições e de recursos que permitam atingir um objetivo preciso, mas assuma sua "função erótica" fazendo do prazer de compreender e de solucionar uma dificuldade o motor da aprendizagem (Philippe Meirieu, *Apprendre, oui... mais comment*, Paris: ESF éditeur, 1988, p.164 a 180).

→ **Das aquisições já realizadas
à descoberta de novos conhecimentos**

A segunda perspectiva aberta por nosso quadro geral remete ao estatuto da noção de individualização dos percursos de formação:[28] evidentemente, está claro para a maioria dos professores que uma aprendizagem só é possível quando articulada aos saberes anteriores, que possibilitam o acesso a ela. Mas, para isso, como nós mesmos tentamos mostrar, não se poderia ficar preso a uma visão linear e programática das aprendizagens. A linearidade expositiva é, de modo geral, apenas uma ilusão *a posteriori*, a ilusão daquele que já encontrou, por caminhos infinitamente mais estranhos e complexos do que ele próprio poderia acreditar, e que já colocou em ordem tudo o que encontrou, organizando os conceitos e os exemplos, procurando preencher os vazios e descartar os elementos inúteis ou redundantes.[29]

Isto não significa de modo algum que não exista lógica na aprendizagem, mas sim que essa lógica é de ordem heurística, que ela não pode restringir-se antecipadamente a uma racionalidade que paralisaria qualquer investigação, que ela joga com o acaso, com as condições particulares da pesquisa, com a história singular do sujeito e com as descobertas que possa fazer. Nessa perspectiva, evocamos inúmeras vezes a fecundidade do conceito de "bricolagem", tal como o define Claude Levi-Strauss,[30]

---

[28] Sobre esta noção e para uma exposição completa dos desafios que ela comporta, ver *Individualiser les parcours de formation*, Lyon: AECSE (Atos do colóquio de 6 e 7 de dezembro de 1991), 1993.

[29] Cf. *Apprendre, oui... mais comment*, Paris: ESF éditeur, 1987.

[30] *La pensée sauvage*, Paris: Plon, 1962, p. 26 a 33.

e é fácil demonstrar que muitas aprendizagens funcionam à imagem da conduta do artífice que ele descreve: o sujeito trabalha primeiramente "com o que tem à mão", tenta "fazer alguma coisa" que seja interessante ou inteligível com os objetos que estão à sua disposição, volta o olhar àquilo que já possui ou domina e tenta inventar ajustes originais, "dar sentido" às aproximações inesperadas ou não impostas: "A totalidade dos meios disponíveis (deve) ser implicitamente apurada ou estimada, para que se possa definir um resultado que será sempre um compromisso entre a estrutura do conjunto e a estrutura do projeto"[31] ...

Assim, quando se trata de se apropriar de conhecimentos específicos ou de elaborar novos saberes, é na busca da coerência e da racionalidade que se situará o "projeto" de que fala Claude Levi-Strauss. Contudo, esse projeto não pode, sob pena de paralisar a investigação, constituir o princípio organizador único da conduta, como tentaram fazer o ensino programado ou a pedagogia por objetivos, particularmente quando esta foi tomada de um frenesi taxonômico e pôs-se a construir progressões individuais estritamente lineares. Esse projeto de racionalidade é aqui um "princípio regulador" que permite reconstruir cadeias coerentes, manter o interesse na reconstrução racional, sem, para tanto, descartar uma busca, mais errante mas com certeza mais eficaz, dentro de um campo disciplinar ou de idéias. Poderíamos até mesmo falar aqui de uma busca "aos pulos", que se demarca ao mesmo tempo da linearidade esclerosante, da obsessão enciclopédica de Bouvard e Pécuchet, ou do Autodidata que Jean-Paul Sartre põe em cena em *A náusea*, sem cair na improvisação diletante.

Trata-se, de todo modo, de se apoiar no que o aluno já sabe, e não de aprisioná-lo em uma programação que não desse espaço à curiosidade e à inventividade; trata-se de suscitar um modo de exploração ao mesmo tempo organizado e aberto: aberto porque pode movimentar-se dentro de um campo de idéias, fazer incursões à margem, vislumbrar aproximações com idéias conexas, ou mesmo com outros campos de idéias... organizado porque está permanentemente em busca de coerência e de unidade, em busca de "elos perdidos" e, finalmente, porque se sabe que é preciso retomar a lógica expositiva, que possibilitará àqueles que não percorreram o caminho conosco, àqueles que tentaram apropriar-se dos conhecimentos fazendo um pouco de "economia de história", que descubram o que eles próprios tiverem construído. É por essa razão que uma verdadeira individualização das aprendizagens só ocorre na individualização das condutas de pesquisa, no esforço de oferecer ao alu-

---

[31] Ibid., p. 31.

no os recursos e os métodos que lhe possibilitem uma exploração intelectual tanto aventureira quanto sistemática. A individualização dos percursos de formação remete, então, a práticas pedagógicas que suscitam a investigação individual mais ampla e mais rigorosa possível, sem aprisionar os sujeitos em progressões taxonômicas rígidas.[32]

LEVAR EM CONTA...		...PARA PERMITIR O ACESSO	
as aquisições já realizadas	por uma individualização dos percursos de formação	*a uma extensão dos conhecimentos*	por uma exploração sistemática das imbricações nocionais
UMA PERSPECTIVA BÁSICA	*Célestin Freinet:* "Entusiasmem suas crianças para que elas caminhem cada vez mais rápido e cada vez mais longe. Vocês só terão de prever atividades suficientes – e felizmente somos ricos disso – para alimentar a necessidade de criar e de realizar. [...] Não restrinjam antecipadamente de forma arbitrária a infinidade de sondagens e a multiplicidade de soluções para os problemas complexos. Não desencorajem suas crianças fazendo de sua escola uma via de mão única, cuidadosamente rodeada de barreiras. [...] Se a criança se interessa e se apaixona por sua cultura, se ela "quer" criar, instruir-se, enriquecer-se, talvez ela chegue a isso por ilógicos atalhos, mas em um tempo recorde, com uma segurança e uma plenitude edificantes para nós." (*Les dits de Mathieu*, p. 55, 83 e 101).		
DUAS REFERÊNCIAS	- *Roger Cousinet*, (*Une méthode de travail libre par groupes*, Paris: Le Cerf, 1949)... porque apesar de algumas ilusões (confiança em uma organização espontaneamente igualitária do grupo, subestimação dos fenômenos de divisão do trabalho, etc.), Cousinet mostra como as atividades de conhecimento e as atividades de criação podem ser articuladas nas propostas pedagógicas. Ele também explica como as crianças podem deslocar-se "aos pulos" de uma noção a outra, de um campo de conhecimentos a outro, recobrando a coerência exigida na apresentação do resultado final. - *Pierre Faure*, (*Un enseignement personnalisé et communautaire*, Tournai: Casterman, 1979)... porque esse autor mostra clara-		

---

[32] À sua maneira, Joseph Jacotot propõe a mesma coisa quando elabora seu método de "ensino universal" e sugere ater-se primeiramente a um livro e apenas um para, em seguida, a partir dele, dar um passo adiante e empreender um trabalho de exploração sistemática: "O que parece impossível torna-se um jogo quando se começa por conhecer um livro. É fácil perceber que todos os outros livros são apenas o comentário e o desenvolvimento de idéias contidas no primeiro. Essa observação, esse exercício que chamamos 'tudo está em tudo' favorece a aquisição de uma quantidade ilimitada de conhecimentos. Portanto, nunca aprendam nada sem estabelecer uma relação com seu primeiro objeto de estudos. Esse exercício deve durar a vida toda." (*Enseignement universel – Langue maternelle*, Louvain: Éditions de Paw, 1823, p.10). Sobre a obra de Jacotot, pode-se ler o trabalho de Jacques Rancière, *Le maître ignorant* (Paris: Fayard, 1987).

	mente os interesses e os limites de toda individualização programática (trabalho por fichas, ensino assistido por computador, etc.). Ele também analisa as condições necessárias para que as atividades individualizadas, ao contrário de levar a criança a pôr um ponto final em sua aquisição e em seu esforço, de se satisfazer com o que já conquistou e incorporou, preparem-na para o que ele chama de "contra-ataque", isto é, a capacidade de ampliar seu campo de conhecimentos, de ultrapassar e de ir além da programação inicial.
TRÊS FERRAMENTAS	- *o "trabalho individualizado"* foi desenvolvido sob diversas formas (trabalho por cartões no início, "correspondência escolar" e fichas autocorretivas em Freinet, ensino assistido por computador, etc.). Trata-se de um método que permite a cada um trabalhar no seu ritmo sobre objetivos particulares, em função de suas necessidades e de seus recursos específicos. Ele pode assumir uma forma programática e linear, e também pode utilizar ferramentas concebidas "em arborescência", que abrem caminho à descoberta e à exploração de campos insuspeitados. Porém, em nenhum caso, pode ser utilizado como método único e deve ser sempre complementado por fases exploratórias e fases de trabalho de grupos. Nestas últimas, poderá ser utilizada a fórmula do "trabalho autônomo": concebido originalmente como um trabalho em pequenos grupos sobre temas ou atividades conjuntas, ele pode constituir uma ferramenta interessante para possibilitar aos alunos partilhar seus recursos e suas perspectivas por meio de interações sociais relativamente aleatórias. Albert Moyne, na obra que consagrou a essa noção, ressalva que "não há evidências de que o trabalho autônomo possa acrescentar algo no âmbito do pensamento. Mas há evidências de que ele acrescenta no âmbito da inventividade e da descoberta" (Le travail autonome, Paris: Fleurus, 1982, p.197). Portanto, trabalho individualizado e trabalho autônomo devem ser sempre complementados por um esforço sistemático de reorganização das aquisições. - *o "método de construção autônoma de saberes"*, elaborado por Gabrielle di Lorenzo (Questions de savoirs, Paris: ESF éditeur, 1991), permite associar a mobilização e a estruturação de conhecimentos. Ele utiliza diversos procedimentos que respeitam os saberes já adquiridos e propõem organizá-los de maneira sistemática a fim de introduzi-los em uma lógica de exploração e de construção de conhecimentos. O método aqui não é uma formalização abstrata a priori; ele representa, na verdade, o movimento pelo qual os conhecimentos são mobilizados, trabalhados e enriquecidos. - *os "intercâmbios recíprocos de saberes"* estão presentes na proposta elaborada por Claire e Marc Héber-Suffrin (ver, entre outras obras, Le cercle des savoirs reconnus, Paris: Desclée de Brower, 1993), que sugere partir das demandas de cada um e organizar o intercâmbio de saberes entre as pessoas. Trata-se, então, de lhes oferecer recursos para que elas consigam, ao expor seus conhe-

> cimentos, restituir a sua coerência e, ao enriquecê-los com aportes de outro, ampliá-los ou mesmo descobrir novas perspectivas. Assim, visto que todas elas são ao mesmo tempo "mestre" e "aprendiz", podem trabalhar em dois registros identificados por Bachellard quando diz que "um ensino recebido é psicologicamente um empirismo, e um ensino dado é psicologicamente um racionalismo" (*La formation de l' esprit scientifique*. Paris: Vrin, 1972, p. 246).

Das representações à construção de saberes

A terceira dimensão da tensão continuidade/ruptura diz respeito à questão bastante explorada atualmente pelos didatas das "representações".[33] Graças a inúmeros trabalhos, hoje sabemos de fato a que ponto os alunos estão amarrados a uma infinidade de representações de todas as espécies, antes mesmo que se inicie o ato de ensino. O professor nem abriu a boca, e eles já "sabem" o que é uma "revolução", a eletricidade, a digestão ou o sujeito de uma frase... eles sabem com uma certeza infinitamente maior que imaginamos, a ponto de essas representações subsistirem ou ressurgirem quando, pela lógica, o rigor de uma exposição deveria tê-las erradicado e substituído por verdadeiros "saberes". Nesse sentido, as representações talvez sejam uma das expressões mais visíveis dessa "resistência" do aprendiz, sobre a qual falamos longamente, que ao ser levada em conta produz aquilo que, a nosso ver, constitui a especificidade do "momento pedagógico". Resistência irritante que somos sempre tentados a ignorar ou a quebrar; resistência que também testemunha a dificuldade central de todo projeto educativo: criar a possibilidade de o outro ser questionado pelo saber que lhe ensinam, o que exige reconsiderar obstinadamente a maneira de ensinar.

É por isso que a pedagogia deve evitar duas armadilhas opostas: a ignorância metódica dessas representações e a ilusão de que o ensino poderia facilmente "purgar" os alunos delas, desde que adotasse como objetivo explícito o acesso à racionalidade. Pois, se as representações resistem tanto a qualquer esforço didático, é porque elas comportam duas dimensões essenciais: por um lado, no plano funcional, elas são muito "úteis" para resolver certas situações da vida cotidiana ou para fazer rapidamente

---

[33] Sobre o conceito de representação, suas origens epistemológicas e seus usos didáticos, não podemos deixar de remeter aos trabalhos de Jean-Pierre Astolfi e Michel Develay: pode-se encontrar uma exposição sintética em seu livro conjunto *La didactique des sciences* (Paris: PUF, "Qui sais-je?", 1989, p. 31 a 42), assim como inúmeros esclarecimentos na obra de Jean-Pierre Astolfi, *L' école pour apprendre* (Paris: ESF éditeur, 1992, p.78 a 100), e na de Michel Develay, *De l'apprentissage à l'enseignement* (Paris: ESF éditeur, 1992, p.75 e ss.).

os exercícios escolares, como também podem constituir valiosas ferramentas para enfrentar a complexidade das coisas e permitir a comunicação com outro; por outro lado, as representações formam entre elas uma espécie de rede, envolvem muitos campos disciplinares e organizam-se em torno de princípios que lhes conferem uma verdadeira coerência. Assim, pode-se observar em um aluno de quarta* que a representação da "natureza de uma palavra" na gramática, da "causa" na história ou da "força" na física fazem parte daquilo que Gaston Bachelard chama de "obstáculo substancialista": "Uma substância preciosa deve ser buscada, por assim dizer, em profundidade",[34] uma substância que isola os elementos e permite defini-los sem relacioná-los uns aos outros e sem considerá-los como conceitos inscritos em uma concepção paradigmática da disciplina considerada. As realidades são dadas como "coisas em si", dotadas de uma energia particular, remetendo a entidades eternas e imutáveis, extraídas da epistemologia, que permite compreender seu significado e sua importância: sua "substância" explica por si só sua função e seu uso. E é por isso que o trabalho sobre as representações é um dos elementos determinantes do êxito de uma aprendizagem: sem um trabalho sistemático de elucidar, de referenciar, de relacionar representações, a ruptura introduzida pelo ensino será apenas superficial ou provisória. Ao contrário, se o professor "trabalha" as representações, se ele põe em jogo e reexamina permanentemente sua pertinência, então a ruptura torna-se possível e, com ela, a reconstrução de um sistema mais eficaz de inteligibilidade das coisas por permitir integrar elementos novos e atingir um nível superior de complexidade.

	LEVAR EM CONTA...		...PARA PERMITIR O ACESSO	
as representações	por um distanciamento sistemático destas e uma identificação daquilo que constitui sua funcionalidade e sua coerência	*a uma desestabilização do sistema de representações e a uma reestabilização em um nível superior*	pela derrota de um sistema de representações e pela construção de um sistema mais eficaz	
UMA PERSPECTIVA BÁSICA	- *Albert Thierry* (L' homme en proie aux enfants): "Eles por acaso acreditam em tudo o que lhes dizem, em tudo o que vêem, em tudo o que lêem e mesmo em tudo o que inventam? Foi por isso, sem dúvida, que lhes atribuíram uma reputação de sinceridade que eles jamais mereceram. Por outro lado, como explicar isso?			

---

* N. de T. Corresponde à 7ª série do ensino fundamental no sistema brasileiro.
[34] *La formation de l' esprit scientifique*, Paris: Vrin, 1972, p.120.

	Eles também não são mentirosos. Contudo, diríamos que eles ainda não sabem distinguir as imagens ou as idéias das coisas, nem o que há de real dos sonhos." (p. 38 e 39).
DUAS REFERÊNCIAS	- *Gaston Bachelard* (La formation de l'esprit scientifique, Paris: Vrin, 1972)... porque o filósofo mostra nesta obra que os obstáculos não são acidentes secundários na gênese dos saberes, mas que eles constituem etapas necessárias pelas quais é preciso passar e que requerem, todas elas, que se consiga desembaraçar-se deles para ter acesso a um conhecimento mais elaborado, um conhecimento cujo poder explicativo seja maior e permita libertar-se progressivamente das ilusões da imediaticidade. - *André Giordan e Gérard de Vecchi* (Les origines du savoir: des conceptions des élèves aux concepts scientifiques, Neuchâtel e Paris: Delachaux et Niestlé, 1987)... porque os autores descrevem com precisão o trabalho pedagógico que consiste em levar em conta as concepções dos alunos e transformá-las. Uma análise didática dos "erros" dos alunos mostra que estes não decorrem de uma falta de atenção ou de trabalho, e sim de concepções organizadas em estruturas conceituais que precisam ser reorganizadas pela integração de novos elementos, mediante um procedimento pessoal que a situação didática pode tornar possível.
TRÊS FERRAMENTAS	- *o levantamento das representações:* esta não é uma situação fácil, ao contrário do que se possa imaginar. De fato, os alunos comumente usam de astúcia com o professor quando este os interroga e respondem interpretando suas expectativas mais do que expondo de verdade suas concepções. Por isso, às técnicas habituais (questionários, testes, entrevistas, etc.) é preciso acrescentar meios mais elaborados que permitam identificar as representações pela maneira como os alunos tentam resolver este ou aquele problema, realizar esta ou aquela tarefa. - *a organização de situações experimentais*: nelas, as representações dos alunos são postas à prova e, às vezes, demovidas. O bloqueio que surge permite circunscrever o obstáculo constituído por uma representação inadequada. A partir daí, pode-se construir em torno desse obstáculo a situação de ensino/aprendizagem (esse modelo é desenvolvido por Michel Develay em sua obra *De l'apprentissage à l'enseignement*, Paris: ESF éditeur, 1992). - *a construção de "redes de idéias"*: aqui são oferecidas ao aluno condições de articular diversas representações de modo a identificar a estrutura da rede que elas constituem e circunscrever as noções que não se situam no mesmo registro conceitual, ou que escapam à coerência do conjunto. Esse trabalho também permite distinguir o sentido de determinada representação, conforme o campo epistemológico em que ela seja mobilizada. Além disso, ele é um meio excelente para fazer um inventário lógico dos conceitos estudados no quadro de uma disciplina e extrair a matriz disciplinar que preside sua organização.

→ *Das estratégias de aprendizagem*
espontâneas ao exercício da metacognição

A quarta dimensão da tensão continuidade/ruptura também é muito familiar aos pedagogos, pois envolve um tema que, nos últimos anos, tem sido objeto de inúmeras publicações destinadas ao "grande público de professores";[35] trata-se da consideração das diferenças interindividuais – aquilo que nós chamamos de "variáveis-sujeito" – na aprendizagem.[36] Já indicamos mais acima o interesse e os limites dos esforços pedagógicos para levar em conta aquilo que é dado como representativo da "personalidade cognitiva" de um sujeito; seria preciso complementar essas observações assinalando a extrema dificuldade de apreender aquilo que, em um momento singular, constitui a "estratégia de aprendizagem" de um sujeito... Sem dúvida, intervêm nessa constituição fatores relativamente estáveis da personalidade (tais como a dependência ou a independência em relação ao campo[37]), porém esses fatores são apenas um ponto de partida: a estratégia de aprendizagem empregada deverá apoiar-se neles, mas também levar em conta os limites e as especificidades do objeto a ser apropriado. Para isso, nossas pesquisas mostraram que o sujeito sempre busca relacionar a tarefa a ser enfrentada com tarefas que realizou anteriormente; assim, ele verifica o que aprendeu com suas experiências, relacionando os meios que utilizou, os êxitos que obteve, bem como o custo cognitivo, afetivo e social que isso representou para ele, a maneira como aproveitou os recursos do ambiente e adaptou-se aos limites que este lhe impunha... não há nada aí que se assemelhe a uma mera aplicação de um método único consagrado para sempre e utilizável em todas as circunstâncias. Também não se vislumbra aí qualquer possibilidade de criar tipologias exaustivas capazes de determinar todas as estratégias ou "perfis" possíveis em que o professor simplesmente classificaria os alunos e a partir dos quais poderia propor a cada um "o bom método".[38]

---

[35] Como, por exemplo, as obras de Antoine de la Garanderie e as propostas de "métodos" como a PNL (N. de T. Programação neurolingüística).

[36] Cf. Philippe Meirieu, *Enseigner, scénario pour un métier nouveau*, Paris: ESF éditeur, 1989, em particular p. 65 a 77.

[37] Cf. Michel Huteau, *Style cognitif et personnalité,* Presses Universitaires de Lille, 1987, e *Les conceptions cognitives de la personnalité*, Paris: PUF, 1985.

[38] Sobre o tema da metacognição, tomamos como base os resultados de uma pesquisa realizada no âmbito do Instituto de Ciências e Práticas de Educação e Formação da Universidade Lumière – Lyon 2, por uma equipe formada por Anne Bazin, Anne-Marie Dolly, Michel Grangeat, Robert Girerd e Emmanuelle Yanni. Em pouco tempo, essas pesquisas dariam lugar a publicações decisivas.

Em face da infinidade de situações de aprendizagem e de problemas que ela apresenta, o sujeito certamente buscará descobrir invariantes e estabelecer sistemas de correlação eficazes ("Para realizar esse tipo de tarefa, a experiência ensinou-me que..."). Contudo, os resultados das inúmeras conversas com alunos e o exame cuidadoso de seus trabalhos (do primeiro esboço no rascunho até o resultado final) mostram que essa redução, se permite ganhar em eficácia imediata e enfrentar a urgência, a médio e longo prazos não permite esperar senão resultados médios, ou mesmo medíocres. A redução da complexidade dos parâmetros a alguns princípios metodológicos consagrados produz, de fato, um desperdício importante de atividades mentais e, às vezes, tende a cristalizar o sujeito em uma estratégia conveniente que não enriquece absolutamente seu repertório cognitivo e inclusive constitui um freio a seu desenvolvimento. Por isso, nesse âmbito, não se deveria satisfazer-se com conselhos definitivos ou receitas miraculosas; ao contrário, é importante multiplicar as situações de análise precisa do conjunto de fatores que estão em jogo e não limitar essas análises a exercícios formais no final da aprendizagem.[39] Por isso, o papel do pedagogo é estimular a tomada de consciência desses fatores, analisar com o aluno as diferentes possibilidades que se abrem para ele e enriquecer sua memória de trabalho, implantando na classe períodos de tempo especificamente consagrados à metacognição.[40] Operação delicada, que muitas vezes pode parecer perda de tempo em relação às exigências do programa, mas que é a única que permite a expectativa de uma articulação, na continuidade psicológica de um sujeito, das rupturas provocadas inevitavelmente pelas descobertas realizadas em conjunto.

LEVAR EM CONTA...		...PARA PERMITIR O ACESSO	
as estratégias individuais de aprendizagem	*mediante pausas metodológicas sistemáticas*	a um enriquecimento dos recursos metodológicos do sujeito	*pela metacognição praticada de maneira coletiva*
UMA PERSPECTIVA BÁSICA	- *Célestin Freinet* (Les dits de Mathieu, p. 82): "Nunca existe, na base ou ao longo dos declives, uma solução única, um caminho exclusivo, mas caprichosos atalhos mais ou menos paralelos, formando a cada curva um leque de outros caminhos que se abrem para outros horizontes."		

---

[39] Anne-Marie Dolly mostrou, por meio de várias observações de alunos em sala de aula, que a atividade metacognitiva era favorecida quando se empregavam simulações e dispositivos ao longo de toda atividade do aluno, e não somente ao final desta.

[40] Cf. Philippe Meirieu e Michel Develay, *Émile, reviens vite... ils sont devenus fous*, Paris: ESF éditeur, 1992, p.137 a 184.

DUAS REFERÊNCIAS	- *Henri Bouchet* (*L' individualism de l' enseignant*, Paris: PUF, 1933)... porque se trata de um texto básico e, sob muitos aspectos, premonitório: o autor descreve com precisão a existência de diferenças interindividuais nas aprendizagens. Porém, também assinala os perigos de aplicações pedagógicas de testes e tipologias de todas as espécies ("nada de pedagogia a priori", repete várias vezes) e insiste na necessidade de abrir perspectivas enriquecendo o meio de trabalho e variando as atividades, ao contrário de tentar ajustar-se em vão às "necessidades" individuais. - *Antoine de la Garanderie* (*Les profils pédagogiques,* Paris: Le Centurion, 1980)... porque esta obra constituiu um acontecimento pedagógico importante (a par a importância de sua difusão e de seu impacto) e propiciou a inúmeras inovações pedagógicas. Apesar de referências psicológicas discutíveis hoje (a psicologia introspectiva de Burloud), de uma certa tendência à esquematização (a insistência na oposição auditivos/visuais e a identificação de quatro "parâmetros" que não parecem corresponder a operações mentais identificáveis), depreende-se da obra uma perspectiva positiva, na medida em que ela incita os professores a irem além da simples "pedagogia impressa" e a se interrogarem sobre a atividade mental dos alunos para ajudá-los a colocá-las em prática.
TRÊS FERRAMENTAS	- *a avaliação formativa* é um método elaborado por Go Nunziati e sua equipe, que constitui, sem dúvida, uma ferramenta valiosa para permitir um trabalho metacognitivo. De fato, ao propor ao professor estabelecer com seus alunos um "mapa de estudo" (um conjunto de critérios de êxito das tarefas propostas), a avaliação formativa fornece ao aprendiz uma "base de orientação" para sua atividade. Antes de tudo, ele deve saber exatamente o que se espera dele e não se envolver em processos de divinização; com isso, ela libera boa parte de sua energia cognitiva, que poderá ser consagrada à reflexão metacognitiva; finalmente, ela fornece um referente que permite julgar a pertinência dos meios utilizados em relação aos resultados obtidos. - *a entrevista de explicitação*, aperfeiçoada por Pierre Vermersch, tem como objetivo fazer com que o aluno descreva com o máximo de precisão possível o meio que utilizou para realizar a tarefa ou resolver o problema. Sabe-se, de fato, que é freqüente os alunos chegarem a um resultado sem conseguir explicar e nem transferir a fortiori a técnica utilizada. Porém, os esforços dos professores para ajudar na explicação muitas vezes produzem efeitos contrários às suas expectativas (o aluno esquiva-se, foge à descrição para ater-se às intenções ou a representações inexatas). Portanto, é preciso realizar entrevistas que permitam restituir a coerência própria da ação e assim julgar sua pertinência (Pierre Vermersch, *L' entretien d' explicitation*, Paris: ESF éditeur, 1994). - *o conselho metodológico* consiste em trabalhar sistematicamente com os alunos sobre os métodos que utilizaram para realizar

> uma determinada tarefa (aprender uma lição, revisar uma prova, organizar dados em forma de gráfico, etc.). Essa maneira de proceder, contrariamente à anterior, nem sempre permite descrever com precisão os procedimentos mobilizados; sua principal função é abrir perspectivas, mostrar a diversidade de caminhos possíveis e estimular a inventividade dos alunos nesse domínio. A reflexão pode ser organizada em quatro eixos principais:
>
> *1. a percepção de indícios no enunciado e nos materiais propostos* (o que eles nos revelam sobre o que é perguntado? O que se depreende da estrutura do problema apresentado e do contexto específico no qual ele é apresentado?);
>
> *2. a mobilização de conhecimentos e experiências anteriores* (quando foram encontradas situações semelhantes ou conhecimentos mobilizáveis aqui?);
>
> *3. o planejamento e a organização da atividade de trabalho* (como enfrentar isto? Em que ordem efetuar as diferentes fases do trabalho?);
>
> *4. o confronto do resultado com os critérios de êxito* (qual a representação que se faz da tarefa cumprida? Como se saberá se se cumpriu o que foi pedido?). Pode-se propor uma discussão coletiva antes e depois de cada tarefa; ela deve oferecer indicações por escrito e ser renovada regularmente.

→ De uma relação socialmente determinada com o saber a um questionamento sobre o sentido das aprendizagens realizadas

A quinta dimensão da tensão continuidade/ruptura remete a reações que são amplamente reconhecidas pelos sociólogos da educação e perceptíveis atualmente para todos os professores: quem não vê que uma criança não mantém a mesma relação com os saberes escolares dependendo do meio do qual provenha? Assim, explica Bernard Charlot:

> a burguesia e as classes populares não mantêm a mesma relação social com o poder e transmitem a seus filhos, pela impregnação cotidiana, uma concepção diferente do valor social do saber. Nas classes populares, o saber é valorizado por permitir resolver problemas específicos, melhorar práticas efetivas: o saber vale enquanto instrumento [...] Para a burguesia, ao contrário, o saber é valorizado por permitir aquilo que Bourdieu chama de distinção, isto é, por me colocar acima dos outros: o saber vale enquanto indicador social. Assim, não basta saber, é preciso saber mais, melhor, diferentemente dos outros e, sobretudo, é preciso mostrar que se sabe.[41]

---

[41] Rudolf Bkouche, Bernard Charlot, Nicolas Rouche, *Faire des mathématiques: le plaisir du sens*, Paris: Armand Colin, 1992, p. 236.

Naturalmente, há estudos recentes que relativizam essa clivagem e mostram que os destinos escolares e intelectuais individuais não são estritamente determinados pela origem social dos alunos.[42] Acrescente-se, no entanto, que a descrição de Bernard Charlot continua sendo bastante pertinente e ainda configura em boa parte tanto as representações dos professores quanto as práticas pedagógicas e a própria organização da instituição escolar.

Porém, o que vemos hoje? Enquanto alguns adolescentes lançam-se com mais ou menos prazer à leitura de Mallarmé e às equações de segundo grau, outros, em outras classes ou em outros estabelecimentos escolares, aprendem laboriosamente a ler folhas de pagamento e a fazer curativos. Enquanto nos estabelecimentos de maior prestígio a importância de uma disciplina escolar é inversamente proporcional à sua utilidade social direta (é por isso que neles a matemática é mais respeitada que a física, a física mais que a tecnologia, a tecnologia mais que os trabalhos manuais e os trabalhos manuais mais que a mecânica), em outros estabelecimentos os programas são organizados em torno do uso imediato dos conhecimentos adquiridos, e as disciplinas gerais são sacrificadas ou tristemente reduzidas a aquisições instrumentais: a literatura cede lugar à elaboração de acordos amigáveis, a filosofia à negociação de um contrato de trabalho e a história a alguns fragmentos de legislação...

Esta é uma situação, sob muitos aspectos, paradoxal: por um lado, porque essa separação desenvolveu-se na órbita de uma certa "pedagogia do concreto" que se pretendia progressista ao articular os saberes escolares às preocupações concretas dos alunos. Por outro lado, porque os defensores da "cultura", críticos ardorosos dos "métodos ativos" e das "bricolagens" de todas as espécies, quando se trata de aplicar essas condutas aos estabelecimentos de ensino geral, parecem satisfazer-se plenamente com tal clivagem... Talvez, secretamente, desejem mesmo perpetuá-la, pois ao relegar os alunos ao "espírito concreto" nos estabelecimentos profissionalizantes, ao encaminhar cada vez mais cedo os "alunos em dificuldade" às classes especiais, podem dedicar-se com menos embaraços a um ensino "inteiramente cultural" com os felizes eleitos. No entanto, essa situação, a nosso ver, não é apenas paradoxal: ela é absolutamente escandalosa, pois afasta a possibilidade de construir o vínculo social através da escola, ao mesmo tempo em que compromete a possibilidade de pensar e de transmitir uma verdadeira "cultura": reduzida ao

---

[42] Cf. Bernard Charlot, Élisabeth Bauthier, Jean-Yves Rocheix, *École et savoir dans les banlieues... et ailleurs*, Paris: Armand Collin, 1993.

utilitário, à instrumentalidade, esta perde todo significado e todo poder emancipador; distanciada de qualquer envolvimento concreto na vida das pessoas, a cultura acadêmica torna-se uma espécie de universal abstrato que, por sua vez, será utilizado apenas para garantir o êxito nas avaliações escolares. Nos dois casos, os indivíduos deixam a escola profundamente prejudicados, amputados de uma dimensão essencial, incapazes de pensar suas capacidades e de incorporar seus saberes. A escola, ao desatar o que constitui efetivamente o nó de toda cultura autêntica, condenando uns à "distinção" e outros ao "utilitarismo", abdica de sua missão essencial, a de construir, para uns e outros, saberes que tenham sentido.

Por isso é tão importante não confundir o fato de levar em conta a relação social com o saber dos alunos e o de inserir deliberadamente as práticas pedagógicas no seu prolongamento. Por isso é importante buscar sempre questionar as capacitações que se propõem às "crianças em dificuldade" da perspectiva do que levou à sua constituição e dos desafios que elas representaram na história humana, associá-las às questões fundamentais sobre o sentido de sua existência e às grandes narrativas constitutivas da humanidade. Desse ponto de vista, um contrato de trabalho pode efetivamente servir como ponto de partida a um conjunto de atividades de ensino, mas desde que estas não se limitem à aquisição de mecanismos elementares, desde que a noção de contrato seja contextualizada, por meio de um verdadeiro trabalho histórico, no combate travado pelos homens para libertar o trabalho assalariado da servidão e do arbítrio, desde que sejam pensadas e discutidas as noções de engajamento e de reciprocidade, desde que esses conceitos sejam incorporados através de textos que permitam descobrir verdadeiros desafios. Tarefa difícil, sem dúvida nenhuma, que requer uma verdadeira colaboração interdisciplinar, mas tarefa essencial quando se pretende evitar restringir-se ao imediatamente utilitário e à cegueira inevitável que decorre disso... Tarefa tão difícil quanto aquela oposta que tenta mostrar até que ponto os textos mais abstratos, os saberes mais matemáticos, os conhecimentos mais libertos das "contingências deste mundo" dizem respeito, pessoalmente, a cada um dos alunos; tarefa que, por sua vez, impõe a contextualização dos conteúdos dos programas dentro das preocupações cotidianas mais triviais que, justamente graças a esse trabalho, deixam de ser cotidianas e triviais para inserirem o sujeito em uma história, para estabelecê-lo no "mundo".[43]

Todavia, é preciso compreender bem que há duas questões aqui

---

[43] Cf. Philippe Meirieu, "Instruire ou éduquer". *Revue de psychologie de la motivation*, 1994, p.15 a 31.

que não podem ser confundidas: *uma escolha da sociedade*, que diz respeito à organização das fileiras escolares e à sua articulação com as estruturas econômicas,[44] e *um imperativo propriamente pedagógico* que impõe, quaisquer que sejam as escolhas institucionais realizadas, estar atento a esse questionamento permanente das capacitações pelos saberes e dos saberes pelas capacitações. Sem essa circularidade que emana verdadeiramente da responsabilidade do pedagogo, é inevitável que a escola, que todas as escolas desviem-se de sua verdadeira missão.[45]

	LEVAR EM CONTA...		...PARA PERMITIR O ACESSO	
a relação social com o saber	pela elucidação das metas pessoais das aprendizagens	*à libertação de uma relação unívoca com o saber*	pela variação sistemática das metas mobilizadas nas aprendizagens	
UMA PERSPECTIVA BÁSICA	*- Janusz Korczak* (*Comment aimer un enfant*, p.82): "Diga-me quem te educou e eu te direi quem és; sim, mas nem sempre. [...] O que faz com que de uma família virtuosa surja às vezes um criminoso? Por que do meio mais vulgar desponta subitamente um espírito excepcional? Seria preciso, paralelamente às pesquisas sobre as determinações, realizar pesquisas sobre o meio educativo. Talvez assim se encontrasse resposta para muitos enigmas".			
DUAS REFERÊNCIAS	*- Pierre Bourdieu* (*La distinction*, Paris: Éditions de Minuit, 1979): neste livro volumoso, o autor analisa as relações sociais com os objetos, as instituições e os saberes. Ele mostra, em particular, que se "a escola reproduz as desigualdades sociais" é porque ela privilegia um certo tipo de relação com o saber, caracterizada pela "negação estética do escolar". O "bom aluno", "brilhante", que "tem futuro" é também aquele que aparentemente é capaz de livrar-se de toda relação de necessidade e de utilidade com os saberes para dissolver todo esforço empregado na sua preparação no milagre do resultado. Contudo, a negação de todo utilitarismo oculta a demanda por uma verdadeira "ordenação" que lhe abra as portas para o êxito social (cf. também Pierre Bourdieu, *Raisons pratiques*, Paris: Le Seuil, 1994, p. 50).			

---

[44] Já mencionamos, desde a introdução, a importância desta questão... que, no entanto, não é objeto da presente obra e que não tratamos aqui. Com certeza, ela merece uma pesquisa específica.

[45] François Dubet mostra muito bem a que ponto os estudantes de liceu vivem hoje em um universo completamente clivado: por um lado, eles prestam fidelidade às "utilidades escolares" em uma perspectiva inteiramente consumista; por outro, "vivem sua vida", em um universo cultural que não é mais questionado pela cultura escolar, do qual apenas exigem, em troca de sua submissão aos imperativos dos programas escolares, que os deixem em paz. (Cf. *Les lycéens*, Paris: Le Seuil, 1991; cf. também Robert Ballion, *Le lycée, une cité à construire*, Paris: Hachette, 1993).

	- *Bernard Charlot et al.* (*École et savoir dans les banlieus et ailleurs*, Paris: Armand Colin, 1993): a partir do método original dos balanços do saber, os autores mostram que, se a origem social continua sendo determinante no êxito dos alunos, existem notáveis exceções devidas à possibilidade que o ambiente pedagógico oferece de atribuir sentido aos conhecimentos ensinados e, com isso, de permitir ao aluno construir uma história singular. Eles denunciam a "pedagogia do simples" que, sob o pretexto de adaptar-se às dificuldades dos alunos, propõem-lhes apenas saberes reduzidos a habilidades triviais que não os estimulam.
TRÊS FERRAMENTAS	- *o giro pela história* permite aos alunos compreenderem os desafios dos saberes que lhes são apresentados; permite mostrar que os saberes são sempre polêmicos, que se apresentam para resolver determinada dificuldade, que estão expostos a contestações e que remetem a concepções do homem e da sociedade: ele arranca os conhecimentos de sua neutralidade escolar e os reinsere em seu contexto de emergência. Trata-se, de algum modo, de percorrer com os alunos o caminho inverso daquele que conduziu à "transposição didática". - *a mobilização pela complexidade* consiste em abandonar ao menos por um momento a progressividade programática, em esquecer os pré-requisitos e em imergir os alunos em textos, questões, problemas, que, aparentemente, estão além deles e não são do seu interesse. Assim posta, a exigência pode evidentemente desestimular os alunos que se sentirem incapazes de enfrentá-la. Ela também pode ser tomada como uma interpelação, uma consideração da qual devem mostrar-se dignos. Nessa perspectiva, as grandes questões fundamentais, as questões científicas mais difíceis, as narrativas e os mitos constitutivos têm uma função essencial ao longo de toda escolaridade: eles são capazes de mobilizar os alunos em torno de saberes de que estes nem suspeitam, desde que se enfrente a verdadeira complexidade, ao invés de satisfazer-se com diálogos sobre "questões da sociedade". - *a diferenciação das dimensões do sentido* leva o professor a não usar sempre os mesmos mecanismos para mobilizar o aluno em torno dos saberes: ele utiliza diferentes meios para demonstrar a importância e os desafios dos conhecimentos a serem adquiridos: metas escolares e extra-escolares, no registro funcional ou no registro simbólico... levantamentos, tarefas a realizar, enigmas a resolver, desafios a responder, ajuda a ser oferecida a um terceiro, etc. Em todos os casos, trata-se de direcionar os conhecimentos, levando à descoberta de contextos nos quais eles possam intervir. A exigência aqui é nunca se ater a um único método, o que restringiria o aluno a um único tipo de relação com o saber (cf. Philippe Meirieu, *L' école, mode d'emploi*, Paris: ESF éditeur, 1988; ver, em particular, a síntese da p.185).

→ Do reconhecimento da inserção familiar e local à abertura para novas perspectivas que permitam transformar sua própria história

À medida que avançamos na prospecção dos saberes pedagógicos que nos permitam gerir a tensão continuidade/ruptura, percebemos cada vez mais claramente a questão da singularidade e da universalidade. Essa questão, presente desde o início, não nos abandonará mais e é ela que, de certa maneira, abordaremos agora ao confrontar a inserção familiar e local dos sujeitos e a capacidade de compreender a riqueza e os limites dessa inserção.

Devemos recordar que, na perspectiva de Jules Ferry, o "local" é, de algum modo, o inimigo: é o dialeto contra a língua nacional, é o poder dos clérigos e das personalidades contra o do Estado-Nação, é a superstição contra a ciência, é a afetividade devoradora contra o exercício do julgamento esclarecido, a desigualdade das condições e a concessão de privilégios contra o acesso democrático aos saberes e a igualdade de oportunidades..., em suma, é uma infinidade de influências de todos os tipos, das quais é preciso arrancar a criança para que ela possa ter acesso ao entendimento do coletivo nacional, da "humanidade em marcha". Se por muito tempo essa concepção parecia estar diretamente relacionada à existência da escola como "instituição do Estado", se havia em torno dela um consenso relativo dos atores dessa instituição aos quais apenas se opunham os defensores de um ensino profissionalizante industrial ou rural, que eram vistos como partidários de uma ideologia herdada do romantismo do "enraizamento", preconizado por Joseph de Maistre ou Louis de Bonald... hoje as coisas mudaram – e muito!

De todas as partes e quaisquer que sejam suas referências políticas, vozes erguem-se para assinalar a importância do local como lugar de produção de riquezas, território de um enraizamento necessário ao desenvolvimento pessoal e coletivo, mas também espaço aberto para uma ação combinada de pessoas que possam ter nas mãos um destino, engajar-se nas lutas necessárias à sua sobrevivência, organizar uma sociabilidade solidária, resistir às tecnocracias insensíveis dos especialistas ou fazer contrapeso aos entusiasmos às vezes irracionais das eleições nacionais. De fato, a história mostrou-nos que nem sempre se pode associar racionalidade e maioria, o exercício do poder central e a pertinência das decisões políticas, a organização estatal e a responsabilização dos cidadãos.⁴⁶ É por isso, sem dúvida, que de vinte anos para cá vêm-se desenvolvendo, no âmbito escolar, concepções que valorizam o projeto de estabelecimento, insistem na colaboração com os parceiros locais, na mobilização das forças presentes a fim de promover uma educação mais ajustada.⁴⁷ É também com esse espírito que o "retorno ao local" é apresentado como um meio de integração de alunos dos quais não se pode esperar que se libertem das influências que os rodeiam sem antes disporem dos meios para se tornarem atores de verdade no local onde vivem. É por isso também que já se observam hoje iniciativas no sentido de possibilitar aos professores trabalhar em estreita colaboração com parceiros associativos, administrações locais, artesãos e empresas, artistas e médicos, jornalistas ou pais de alunos.⁴⁸

Nessa perspectiva, não se trata de abandonar a responsabilidade da instituição escolar a uma infinidade de grupos de pressão que repartiram entre si, conforme sua influência, os despojos de uma escola que já não tem qualquer ambição nacional; também não se trata de abrir mão de papéis essenciais que os professores devem preservar a todo custo – como a definição dos objetivos da aprendizagem, o acompanhamento dos alunos, sua avaliação: "O profissional continua sendo o profissional e o professor torna-se o profissional da transposição didática", explica Corinne Mérini⁴⁹... Mais ainda, o professor, a nosso ver, deve preservar-se como um profissional capaz de compreender que a lógica da produção, que é a da eficácia social imediata, não se associa espontaneamente à lógica das

---

⁴⁶ Cf., sobre este ponto, a análise de Chantal Millon-Delsol em *L' État subsidiaire* (Paris: PUF, 1992), que defende a tese segundo a qual a existência de um "Estado-providência" tiraria a liberdade de autonomia dos cidadãos. Ver também o conjunto de obras apresentadas na bibliografia temática de *L' École et le territoire* (organizado por Bernard Charlot, Paris: Armand Collin, 1994, p.175 a 206).

⁴⁷ Sobre a questão da emergência do estabelecimento escolar como entidade específica no sistema educativo e dos novos problemas que ela coloca, ver a obra bastante completa e com um diagnóstico bastante preciso publicado pela Association des Enseignants et Chercheurs en Sciences de l' Education (Atas do colóquio de 21 e 22 de outubro de 1989): *L' établissement, politique nationale ou stratégie locale?* (Paris: AECSE, 1990). Leia-se também, de Jean-Pierre Obin, *La crise de l' instituition scolaire*, Paris: Hachette, 1993.

⁴⁸ Cf., a esse respeito, as pesquisas publicadas por Danielle Zay (org.), *La formation des enseignantes au partenariat* (Paris: PUF, 1994). Ver também a obra de Agnès Henriot-Van Zanten, Jean-Paul Payet, Laurence Roulleau-Berger, *L' école dans la ville* (Paris: L' Harmattan, 1994); essa obra analisa a experiência de Oullins (N. de T.: subúrbio de Lyon) e tenta mostrar como uma política municipal, que assume como objetivos prioritários a cultura e o urbanismo, consegue mobilizar a escola e em que medida a intervenção de artistas, especialistas, políticos nos estabelecimentos escolares contribui para sua evolução no sentido de uma melhor integração escolar e social dos alunos. Ver também a obra publicada por Dominique Glasman (org.), *L' école réinventée*, Paris: L' Harmattan, 1993); esse estudo analisa com inúmeros exemplos e com muita pertinência a riqueza e os limites da "parceria".

⁴⁹ Danielle Zay, op. cit., p.164.

aprendizagens... e que, inclusive, deve haver rupturas entre elas, uma descontextualização que permita distanciar-se e compreender os desafios intelectuais, políticos e sociais dos saberes e das capacitações em circulação. Todavia, isso exige uma abertura por meio de outras abordagens menos diretamente acessíveis, de um trabalho insubstituível que constitui a própria especificidade da instituição escolar: *o entendimento da distinção fundamental entre a tarefa e o objetivo*.[50] Pois os profissionais, os pais, os próprios artistas privilegiam sempre a tarefa, o resultado visível e socialmente rotulado, o que obrigará a sociedade ao pagamento, ao reconhecimento, ao afeto, e que é sempre objeto de uma "transação social". E não é exagero dizer que a escola hoje está sendo corroída pela confusão entre a tarefa e o objetivo... a tal ponto que a maioria dos alunos considera totalmente natural realizar as tarefas que lhe são solicitadas "a qualquer preço", inclusive permitindo que sejam realizadas por alguém mais competente que eles, e não compreende a presunção do professor de criticá-los. Se isso ocorre, porém, é porque não se estabeleceu claramente nas práticas pedagógicas a separação entre a *tarefa* – como objeto sem dúvida necessário, mas terrivelmente fugaz, simples indicador de conhecimentos ou de competências – e o *objetivo* visado por meio dela – infinitamente menos visível por se tratar de uma destreza mental estabilizada, de um saber apropriado e passível de ser aplicado em outras situações.[51]

Assim, a parceria só tem sentido à medida que as colaborações oferecidas permitam operar essa distinção. Ela só é educativa à medida que as contribuições realizadas pelos parceiros externos sejam retomadas, despojadas de seus interesses econômicos ou afetivos imediatos, repensadas, remetidas ao que eles realmente permitem compreender, e não apenas ao serviço social que eles podem prestar ou às satisfações imediatas que possam proporcionar. Nesse sentido, se a parceria é indu-

---

[50] Recordamos aqui brevemente esse tema básico, sob muitos aspectos, da maior parte de nossos próprios trabalhos, desde nossa tese de Estado (*Apprendre en groupe?* dois tomos, Lyon: Chronique sociale, 1984), na qual mostramos a que ponto os "métodos ativos" podem levar a perigosos desvios (a prioridade dada à tarefa, quase sempre eliminando as sondagens e o tempo exigido para as aprendizagens), até *L' envers du tableau* (Paris: ESF éditeur, 1993), em que procuramos questionar a noção de "projeto de estabelecimento", situando a participação de parceiros e pregando uma radical "separação de poderes" entre a escola, a família e a malha associativa ou industrial... separação de poderes que é a condição de uma colaboração educativa (p.140 a 152 e p. 217 a 229).

[51] É isto o que explica, de uma outra maneira, o filósofo e psicanalista Laurente Cornaz em *L' écriture ou le tragique de la transmission* (Paris: L' Harmattan, 1994) quando atribui como missão ao professor "estabelecer uma distinção conseqüente entre verdades científicas que provocam, que obrigam ao debate, e a muda eficácia técnica. A meta, jamais alcançada, é possibilitar, lá onde o risco de sugestão é máximo a escrita do saber, um espaço de ficção onde a questão da relação do sujeito com a verdade permaneça viva" (p.186 e 187).

bitavelmente uma fonte de integração, se ela permite direcionar os saberes, ela deve ser obrigatoriamente acompanhada de uma vigilância que impeça qualquer confusão de papéis. Paradoxalmente, uma parceria que não permitisse separar os saberes que ela contribui para introduzir na escola as condições de seu uso social aprisionaria os alunos em uma visão puramente utilitarista desses saberes. Isto os impediria até mesmo de examiná-los, de compreender o processo de sua produção e as condições de seu uso, de perceber sua riqueza e seus limites, de descobrir outros ambientes com a curiosidade e a distância que permitam relativizá-los, apropriar-se deles ou recusá-los com conhecimento de causa.

	LEVAR EM CONTA...		...PARA PERMITIR O ACESSO	
a inserção social e familiar	pela parceria com instituições, associações e órgãos locais	*à capacidade de compreender as aderências locais específicas, suas riquezas e seus limites*	pela descoberta progressiva de outros ambientes
UMA PERSPECTIVA BÁSICA				
DUAS REFERÊNCIAS	- Albert Thierry (*L' homme en proie aux enfants*, p.83): "Se o pai e eu dizemos a mesma coisa, então é verdade; é o mesmo que um consentimento universal; a sensação maléfica do respeito diante das idéias; a servidão do espírito; o dogmatismo livresco... Se o pai e eu dizemos coisas diferentes em um tom diferente são duas verdades: ou, mais do que isso, é a contradição cruel e útil do saber e da experiência, da fórmula e da busca; é a batalha do mundo contra a escola... Concordo em ser vencido, desde que me combatam."			
	- Alain (*Propos sur l' éducation*, Paris: PUF, 1986)... porque Alain reafirma veementemente a função da instituição escolar e as condições para que as aprendizagens realizadas sejam de fato emancipadoras: "À medida que um sujeito o afeta vivamente, por uma razão ou por outra, você não tem condições de dominá-lo pelo pensamento. É preciso sobretudo usar o sentimento" (p. 27). Ainda que Alain pareça ignorar às vezes que para "usar o sentimento" é preciso partir dele... ainda que ele pareça imaginar que a racionalidade requer uma suspensão da afetividade (suspensão impensável, naturalmente, pois – parodiando o próprio Alain ao tratar da questão do tempo: "Quanta afetividade é necessária para suspender a afetividade?")... ainda que ele queira fazer da escola um verdadeiro "monastério laico" inteiramente devotado à racionalidade... ele assinala oportunamente que o trabalho escolar consiste em separar os conhecimentos de seus interesses imediatos, afetivos ou sociais, para que não se pergunte mais "Para que serve isto?" e sim "Do que isto pode me livrar? (p. 46).			

	- *Jean Baubérot* (*Vers un nouveau pacte laïque*, Paris: Le Seuil, 1990)... porque o autor, a partir de uma abordagem histórica da laicidade, mostra que ao lado de uma "laicidade de combate", que busca erradicar as influências do local e eliminar todas os particularismos, é possível pensar uma "laicidade deliberativa", que reconheça que "um indivíduo só existe através da densidade profana de suas diversas identidades" (p. 225), que assegure a todos a possibilidade de expressar suas identidades, suas filiações, seus interesses, ou mesmo suas paixões, mas que inscreva essas expressões na perspectiva sistemática do "livre-arbítrio": assim, o papel da escola não é mais arrancar brutalmente o indivíduo de suas particularidades contingentes, mas colocá-lo incansavelmente em contato com outros indivíduos, outras posturas, outros textos, em "um conjunto de atividades que historicamente constituem o livre-arbítrio: uma relação direta com o texto, com pouca ou nenhuma mediação sacralizada; uma forma de ter acesso ao universal, onde a instituição é instrumentalizada" (p.188).
TRÊS FERRAMENTAS	- *as intervenções plurais* permitem aos alunos o confronto com diversos interventores externos que possam trazer esclarecimentos sobre uma noção ou um problema que foi ou será tratado em sala de aula. Assim, a pluralidade de interventores e o confronto de suas intervenções com a abordagem didática feita pelo professor possibilitam a abertura de um espaço de reflexão. Os deslocamentos das noções, os contextos diferentes de suas utilizações, os interesses heterogêneos postos em jogo, as abordagens e as implicações diversas podem ajudar a situar os saberes apresentados em espaço à parte, de modo a permitir o distanciamento, a percepção de seus limites e de sua riqueza, a prospecção de outros pontos de vista. - *o "contrato de colaboração"* apresentado por Corinne Mérini (La formation des enseignantes au partenariat, organização de Danielle Zay, Paris: PUF, 1994, p.157 a 170) consiste em inserir a intervenção de um parceiro externo (profissional, representante associativo, político, representantes dos serviços públicos) em uma seqüência didática elaborada, especificando exatamente a natureza da contribuição desejada. É preciso deixar bem claro o que se espera do interventor e definir o estatuto de seu discurso perante os alunos (um testemunho não tem nem o mesmo sentido nem a mesma importância que uma demonstração, que a exposição de princípios, etc.). Essa intervenção pode ter assim diversas funções: direcionamento da aprendizagem, aporte de informações novas ou sob formas inéditas, desestabilização das representações sociais dominantes, explicitação da importância política desta ou daquela noção, delimitação das diferenças necessárias entre a lógica da aprendizagem escolar e a das capacitações em questão, confronto de identidades pessoais e profissionais, remanejamento dos modelos de funcionamento habituais da classe, etc.

> - os "ateliês" coordenados por profissionais são uma forma de parceria bastante conhecida e muito utilizada atualmente. Eles têm a vantagem de permitir aos alunos o confronto com um prático que tenha uma relação com os saberes diferente da do professor. Eles podem operar "reconciliações" eficazes, oferecendo abordagens distintas daquelas propostas habitualmente pela instituição escolar. Porém, para evitar o risco do "desvio produtivo", devem ser objeto de um trabalho de acerto prévio que especifique os objetivos visados – e não somente as tarefas a serem realizadas –, bem como os elementos que servirão de base à avaliação final de cada aluno individualmente.

→ *Da atenção à cultura de referência do sujeito a uma reflexão sobre o caráter universalizável dos valores aos quais ele adere*

Sob muitos aspectos, este último ponto retoma e fundamenta os precedentes, pois a questão da cultura ainda é a mais irrefletida e, ao mesmo tempo, a prova última do pensamento pedagógico. Irrefletida porque a pedagogia, totalmente absorvida pela questão dos meios e pela necessidade de atender à emergência, muitas vezes obscurecida pelas contradições que a permeiam e que procuramos descrever, muitas vezes convencida de que não há necessidade de reformular o que lhe parece da ordem da evidência, em certas ocasiões inquieta-se diante de um conceito que tem dificuldade de compreender, é levada, como que à revelia, a deixar de lado essa questão, a minorar sistematicamente sua importância ou a delegar a preocupação e a responsabilidade por ela aos administradores e aos políticos. Porém, o problema da cultura é também a prova última da pedagogia: prova última porque coloca irredutivelmente a questão das finalidades, obriga o pedagogo que a toma com seriedade a abandonar o registro das metáforas hortícolas – "a floração da criança", "o jardineiro das almas" – para dizer claramente o que pretende formar no homem e em que medida os objetos culturais sobre os quais trabalha contribuem para "a emancipação das pessoas"... emancipação pela qual ele roga permanentemente, mas cuja evocação presta-se muitas vezes apenas para justificar seus atos e dar conta de seus projetos.

No entanto, por esse desprezo à questão da cultura, a pedagogia corre sérios riscos: risco do relativismo absoluto que faz da satisfação do sujeito, de seu "desenvolvimento harmônico", o único critério válido de êxito; risco de fechar os olhos ao que ela realmente produz em sala de aula; risco de se deixar levar pelos modismos e de servir a interesses imediatos da sociedade civil; risco de comprometer o vínculo social, anulando involuntariamente os esforços que desenvolve em outro sentido. Por isso, é preciso tentar sempre captar o movimento e identificar as mediações culturais que possibilitem realmente aos homens escapar às determinações que os limitam, aos preconceitos que os aprisionam, às paixões que os dividem.[52] Por isso, é preciso reconciliar-se sempre com tudo aquilo que permita aos homens escapar ao servilismo, ao utilitarismo individualista, ao aprisionamento no dado imediato, à individualidade erigida no absoluto que, como bem demostrou Éric Weil, não pode conduzir os homens senão "ao crime, à loucura ou ao silêncio".[53] Por isso, é preciso estar atento a esses avanços decisivos pelos quais os homens testemunham o caráter libertador daquilo que Jacques Muglioni chama de "a audácia do pensamento".[54] Audácia que lhe permite elevar-se acima dos determinismos de todas as ordens e descobrir o que os diferencia e, ao mesmo tempo, os aproxima. Audácia que constitui, à parte de todas as doutrinas filosóficas às quais ela deu origem, a inspiração primeira e sempre fecunda das Luzes: "O que são as luzes?", indaga Kant.

> A emancipação do homem de sua minoridade, pela qual ele próprio é responsável. A minoridade é incapaz de se valer de seu entendimentio sem a direção de outro, minoridade pela qual ele mesmo é o responsável, se é verdade que a razão disso não é uma insuficiência do entendimento, mas uma falta de coragem e de resolução para usá-la sem a direção de outro. *Sapere aude*. "Tenha coragem de se valer de seu entendimento", este é o emblema das Luzes.[55]

Porém, as coisas não são simples e a beleza das fórmulas não nos deve fazer esquecer aqui as contradições a serem enfrentadas. A universalidade e a racionalidade das Luzes foram arrastadas na tormenta instrumental da sociedade industrial, a ponto de muitas vezes serem utilizadas por pessoas esclarecidas para estender seu poder e explorar para os seus próprios fins os que tiveram a infelicidade de escapar a isso. Do mesmo modo, o slogan do "direito à diferença", sem dúvida necessário quando o Ocidente racionalista impunha ao mundo inteiro suas normas

---

[52] Em nosso prefácio à obra de Jacques Billard, *Le pourquoi des choses* (Paris: Nathan, 1994, p. 3 a 7), tentamos compreender esse "movimento" que se instaura no ato mesmo de apropriação dos conhecimentos e permite perceber o mundo como um objeto do pensamento e o pensamento como um esforço no sentido da verdade.

[53] *Philosophie politique*, Paris: Vrin, 1966, p. 53.

[54] *L' école ou le loisir de penser*, Paris: CNDP, 1993, p.131.

[55] *Réponse à la question: "Qu'est-ce que les Lumières?"*, Paris: Nathan, 1994, p. 67.

de vida social e suas formas de pensamento, confundindo, assim, emancipação dos povos e normalização tecnocrática ou moralizadora de seus comportamentos, hoje é um conceito vazio. O pluralismo impôs-se em nossas sociedades ocidentais, assim como no mundo inteiro, e qualquer tentativa de tolher a expressão é rechaçada imediatamente como uma forma latente de colonialismo, o que paradoxalmente reforça as tensões identitárias e as divisões entre os homens. O universal não tem *a priori* nenhuma chance de se impor, de tal modo foi comprometido com os totalitarismos, cujos enormes desgastes podem ser observados hoje: a cada tentativa de libertar os homens à sua revelia, de emancipá-los contra sua vontade, de lhes impor um modelo único, a história sempre nos alertou que, por uma reviravolta sistemática, o jugo ineslutavelmente terminaria um dia, mas que então emergiriam os ódios ancestrais e a unificação prometida seria substituída pelos conflitos mais devastadores. Não se acaba com as diferenças autoritariamente, pela imposição de um modelo único, mesmo que fundado na razão e apregoado em nome do bem de todos e da reconciliação através da razão emancipadora.[56]

Todavia, o descrédito dessa atitude, hoje amplamente constatado, o reconhecimento de que não se eliminam as diferenças pela violência, que não se reúnam os homens pela força e que as diferenças, sob muitos aspectos, são irredutíveis... tudo isso mantém vivo, na ação pedagógica, o problema das relações entre a consideração de culturas de origem, de identidades específicas e da necessidade de criar um "lugar comum",[57] uma *res publica*, "coisa comum a todos", onde os homens possam dialogar, respeitar-se, pôr à prova juntos suas convicções recíprocas, encontrar forças para se livrar daquelas que os separam e os submetem para adotar as que lhe permitem encontrar-se e libertar-se.

E ninguém há de negar que nisso reside um desafio pedagógico essencial; todos haverão de compreender que os "casos" que constantemente agitam a opinião pública, como o do chamado "véu islâmico", não passam de manifestações excessivamente mediatizadas de uma questão

---

[56] Como se sabe, esta é uma das grandes lições de Habermas, tal como a avalia Jean-Marc Ferry (*Habermas, l'éthique de la communication*, Paris: PUF, 1987) e tal como é apresentada, por exemplo, em *Raison et légitimité* (Paris: Payot, 1978). É o que mostra também, com seu gosto habitual pela provocação, mas em uma constatação a que não podemos ser indiferentes, Paul Feyerabend em *Adieu la raison* (Paris: Le Seuil, 1989): "Torna-se claro, a partir das reações dos membros menos dotados da tribo, que os racionalistas que reclamam em altos brados a objetividade e a racionalidade não fazem outra coisa a não ser vender seu próprio credo tribal" (p. 343).

[57] Cf. Hannah Arendt, *Condition de l' homme moderne*. Paris: Calmann-Lévy, 1993, em particular p. 60 e ss.

que se coloca a todo instante, para todo educador, em todos os lugares onde o objetivo é educar um grupo de homens para que eles possam reconhecer-se fundamentalmente semelhantes, mas também se enriquecer com suas diferenças: "A educação não poderia ser senão universal, mas ela impõe a vontade de compreender o indivíduo em sua individualidade como tal [...]; não é menos verdade que a violência é um dado, que ela não deve nem ser admirada nem provocada, mas transformada, e que o problema continua sendo o da universalização do indivíduo".[58] De uma certa maneira, esta é a questão que coloca o pedagogo contra a parede, a questão que o obriga a repensar o próprio conceito de universalidade,[59] a questão que mais solicita sua atenção e sua inventividade, a questão que, de alguma forma, ele tem de enfrentar e da qual não pode esquivar-se.[60]

	LEVAR EM CONTA...		...PARA PERMITIR O ACESSO
a cultura de referência	pela atenção aos códigos, às referências, aos valores e às histórias nos quais o sujeito está inserido	a um esforço permanente de universalização da cultura	pelo confronto, pela contextualização e interargumentação recíproca
UMA PERSPECTIVA BÁSICA	- Albert Thierry, (L' homme en proie aux enfants, p.132): "E essas crianças que brincam ali, diante de mim, elas já não repetem mais minhas frases nem as frases de seus pais, nada mais se interpõe entre a imensa vida em torno delas e sua vida frágil: as faíscas que saltam de uma a outra finalmente estão liberadas! O tempo todo cercadas de imitação e de confiança, refazendo tudo o que vêem fazer, acreditando em tudo o que ouvem dizer, eis que se despojam, discutem e inovam."		
DUAS REFERÊNCIAS	- Jacques Muglioni (L' école ou le loisir de penser, Paris: CNDP, 1993): O diretor de ensino de filosofia, guru de toda uma geração de "antipedagogos", opositor das ciências da educação, propõe ali uma série de textos que colocam questões fundamentais: interroga-se sobre o papel da escola e mostra que ela deve ser o lugar onde cada aluno possa experimentar a exigência da verdade. Ele denuncia uma escola que estaria a serviço de inte-		

---

[58] Éric Weil, *Philosophie politique*, Paris: Vrin, 1966, p.52.

[59] Abordamos longamente esta questão em *Le choix d'éduquer* (Paris: ESF éditeur, 1992), tentando mostrar que "a conduta pedagógica consiste em submeter aos outros meu universal para fazer dele um objeto de adesão e não em submetê-los ao meu universal em uma relação de sujeição" (p. 73 e ss.).

[60] Assim, explica Michel Soëtard, evocando a obra de Pestalozzi, "a educação será precisamente essa capacitação pela qual o pedagogo saberá produzir a universalidade através da particularidade, a particularidade através da universalidade" (*Quinze pédagogues*, organizado por Jean Houssaye, Paris: Armand Collin, 1994, p. 49).

	resses imediatos da sociedade civil e afirma a necessidade de fazer dela um lugar preservado, onde os alunos possam encontrar um pensamento vivo em ação (a "lição" do professor), em um espaço e um tempo distantes dos modismos e das relações de força: "Na escola, a questão não é apenas ter êxito, mas compreender e acima de tudo satisfazer a exigência da Verdade" (p. 58)... Ainda que o autor indubitavelmente reduza o papel dos mediadores pedagógicos para chegar a essa "verdade", ainda que ele não se indague sobre os meios de transmitir a razão àquele que não se encontra no registro do racional, suas reflexões continuam sendo um convite salutar à reflexão. - *Olivier Reboul* (*Les valeurs de l' éducation*, Paris: PUF, 1992): Uma reflexão sólida que não foge à exigência de universalidade e à necessidade de liberar cada um dos particularismos que o atrapalham ("O particular, o que é próprio a um meio e a uma época é arbitrário e, portanto, limitador. O universal, ao contrário, é o que cada um pode encontrar em si mesmo, e que portanto o torna livre...", p. 77). Mas a obra também abre espaço a uma concepção de universalidade livre de qualquer tentação autoritária ou totalitária. Olivier Reboul mostra que o valor que nossa cultura, assim como todas as culturas trazem em si é "o encontro": "O encontro é ele próprio o valor universal, pois é por meio dele que a consciência moral torna-se realmente uma consciência, é por meio dele que se chega ao universal" (p.78). Uma tese que abre um campo para a atividade pedagógica e confere-lhe pleno sentido.
TRÊS FERRAMENTAS	- *a descentração* é uma "operação mental" descrita pelos psicólogos e, em particular, por Piaget. Ela consiste em abrir mão de seu ponto de vista e situar-se do ponto de vista do outro para examinar seus próprios atos, seu próprio trabalho, os desafios de suas próprias escolhas, os valores que assume. Essa operação mental pode ser objeto de formação, na medida em que são implementados dispositivos que possibilitam, por um sistema de rotação das tarefas, de mudança de papéis, examinar sistematicamente seus trabalhos, suas produções e suas referências, argumentando do ponto de vista do adversário ou daquele que não compreende. É evidente que o dispositivo deve ser progressivamente agilizado a fim de que o sujeito possa interiorizar essa atitude e colocá-la em prática por iniciativa própria... Porém, se o dispositivo oferece um ponto de apoio para a libertação de seus preconceitos e a correção progressiva de seus erros, se constitui uma abertura para o pensamento crítico, ele não pode substituir completamente o trabalho do professor, que põe em prática com seus alunos esse mesmo procedimento. Ele também não poupa de um confronto com objetos culturais que, por exigência de sua expressão, podem interpelar as referências imediatas do aluno. - *o confronto* com os textos básicos da cultura é, de fato, uma condição essencial de acesso ao encontro. Na medida em que

expressam as questões fundamentais do homem, na medida em que os alunos podem encontrar aí elementos capazes de dar sentido às suas vivências, na medida em que permitem confrontar-se com exigências extremas, esses textos constituem pontos de apoio essenciais para o questionamento de suas próprias referências e para a superação de formulações ou expressões conjunturais. Contos e narrativas na escola primária, textos mitológicos e grandes textos históricos no ensino primário e secundário, obras de arte para todos os alunos... para o pedagogo, tudo isso significa, de algum modo, retomar as formulações essenciais daquilo que constitui "a humanidade". Mas isso deve ser feito sem uma seleção prévia dos alunos que compreendem imediatamente: aqui são necessárias mediações, assim como uma grande disponibilidade para as questões que preocupam os alunos e que essas obras podem ajudar a esclarecer ou a superar.[61]

- *a criação artística*, infelizmente sempre reduzida a exercícios de imitação ou a "técnicas de criatividade", é bastante subestimada na escola. Porém, é indubitavelmente através da criação artística exigente, individual ou coletiva, que se opera, para a criança e o adolescente, sua relação com a cultura. É no confronto com a necessidade de exprimir e de poder comunicar suas emoções, suas angústias e suas esperanças que ele pode encontrar os outros e reconhecer-se, apesar de suas diferenças, como participante da mesma humanidade. Contudo, isto supõe inscrever os trabalhos de criação dentro de uma exigência de perfeição – em todos os âmbitos – que, apenas ela, pode levar a uma superação das formas primárias e aproximativas da expressão. Isto supõe igualmente que a criação não seja confiscada por uns poucos, mas permita a cada um investir-se dela.

---

[61] Um trabalho particularmente interessante e promissor, nessa perspectiva, é realizado por Charles Moracchini, IEN e pesquisador na Universidade Lumière – Lyon 2 em Ciências da Educação: ele está tentando implantar, na circunscrição de Thiers, uma aprendizagem de ler e escrever a partir de textos mitológicos (particularmente da *Odisséia*); os primeiros resultados mostram, com toda evidência, o duplo poder desses textos, como eficazes suportes instrumentais de aprendizagem e como ferramentas de interpelação, de reflexão e de formação. Assim, explica Charles Moracchini, esses textos permitem "compreender que o saber pode ter sentido em si mesmo para a criança e que é primordial levar cada aluno a elaborar essa relação com o saber que, sociologicamente, não é uma coisa simples. Esse trabalho sobre textos mitológicos, implantado a partir de uma prática oral nutrida pelo poder do imaginário e orientada para o acesso à escrita, parece-nos desenvolver eficazmente uma pedagogia do sentido, da compreensão e da cultura" (documento de trabalho, fevereiro de 1995, p. 3).

Suspensão e riscos

A pedagogia institucional[62] foi, sem dúvida, a que trabalhou com mais obstinação e rigor sobre a tensão suspensão/risco no projeto pedagógico e é a ela que devemos muitas propostas que se seguem.[63] Ao ler os trabalhos de Fernand Oury e de seus companheiros, pode-se observar, de fato, que toda a atividade pedagógica que eles desenvolvem está inserida nessa tensão que, de algum modo, é seu respiradouro e permite-lhe escapar a todos os estrangulamentos: estrangulamento pelas "técnicas" que sempre podem tornar-se meros truques, estrangulamento pelos fantasmas de uns e de outros e as "transferências devoradoras" que suscita a relação binária com o "sujeito que se supõe saber", estrangulamento pelas obsessões de todas as ordens e as duplas restrições que o educador manipula de forma permanente e um tanto involuntária: "Eu lhe ordeno que aprenda livremente".

Como definir esses dois movimentos de suspensão e de risco que se entrelaçam permanentemente na ação pedagógica? Isto não é fácil, na medida em que estamos aqui diante da complexidade das "questões humanas", e é por isso, sem dúvida, que apenas as monografias podem permitir entrever com alguma precisão como as coisas acontecem. Porém, tentaremos ao menos esboçar uma perspectiva: acreditamos que a

---

[62] Entendemos aqui por "pedagogia institucional" a corrente de reflexão e de proposições da qual Fernand Oury constitui uma figura essencial. O surgimento dessa corrente remonta a 1962, no momento em que o Grupo de Técnicas Educativas separa-se do ICEM, fundado por Freinet. Pode-se dizer que, nesse momento, os professores urbanos, confrontados com novas dificuldades sociológicas, tiveram de tomar distância da "escola do campo", totalmente imbuída de um otimismo vital, representada por Freinet e seus discípulos. Mais profundamente, esse trabalho bastante específico sobre o que entra em jogo em uma classe em termos de "desejo", sobre a incorporação à reflexão pedagógica das contribuições da psicanálise, a reflexão sobre as contradições básicas do ato educativo reveladas por um trabalho "à margem", com alunos em ruptura com a instituição escolar, foi que levou Oury a tomar distância de Freinet, embora reconhecendo seu papel primordial... Dois anos mais tarde, em 1964, Oury e seus amigos separam-se do grupo que também reivindica a "pedagogia institucional", mas que é constituído essencialmente por acadêmicos "revolucionários" (Lobrot, Lourau, Lapassade, etc.) que criticam em Oury seu reformismo excessivamente prudente. De nossa parte, consideramos que as contribuições do grupo de Fernand Oury constituem um avanço decisivo na reflexão pedagógica, um avanço que ainda hoje se mantém inteiramente atual. Assim, quando falarmos em "pedagogia institucional", estaremos referindo-nos essencialmente a esse grupo (F. Oury, R. Fonvielle, A. Vasquez, C. Pochet, R. Laffitte, F. Imbert, J. Pain, etc.). Os outros autores (R. Lourau, M. Lobrot, G. Lapassade, R. Hess, P. Boumard, etc.) estão mais ligados, a nosso ver, a "pedagogias institucionalistas", e, quanto a esse aspecto, divergimos fundamentalmente da análise de Jacques Ardoino e René Lourau, que põem em relevo estes últimos em detrimento dos trabalhos do grupo de Oury (*Les pédagogies institutionnelles*, Paris: PUF, 1994).

[63] Desenvolvemos esta hipótese na obra coordenada por Jacques Pain: *De la pédagogie institutionnelle à la formation de maîtres*, Vigneux: Matrice, 1994, p.13 a 18.

ação pedagógica deva trabalhar a relação suspensão/tensão oferecendo "dispositivos" que permitam ao aluno tanto envolver-se quanto distanciar-se. O envolvimento seria a forma de o aluno entrar no jogo, de escapar da armadilha que muitas vezes representa a imagem que os adultos fazem dele e que ele às vezes interioriza amplamente; "envolver-se" seria assumir o risco de uma palavra que vem dele, que rompe com os jogos de papéis que acabaram por aprisioná-lo ao longo de todo o seu percurso escolar, uma palavra que lhe permita expor sua própria diferença. Mas, como se vê, esse envolvimento é inseparável de um esforço de libertação: libertação de seu impulso imediato, distanciamento em relação à primeira reação, decisão de suspender a violência espontânea como a reação bruta ou brutal, vontade de ter tempo para pensar e refletir, de ter tempo sobretudo para submeter sua expressão pessoal ao grupo... Estranha imbricação de dois movimentos, que faz dessa tensão pedagógica, que tentamos explorar agora, a articulação de uma "pedagogia da coragem" e de uma "pedagogia da suspensão", de uma pedagogia do envolvimento, pela qual o sujeito "se põe em jogo", e de uma pedagogia do distanciamento, pela qual ele pode manifestar essa "contenção", sem a qual nada de humano – nem a inteligência, nem a compaixão – pode surgir. É para mostrar o sentido dos saberes pedagógicos que operam sobre essa imbricação que propomos um quadro sintético, cujos diferentes elementos, profundamente ligados uns aos outros, como veremos, retomaremos em seguida sucessivamente.

Suspensão e risco na ação pedagógica

SUSPENDER...		...PARA SE DEDICAR	
o quê?	como?	a quê?	como?
- a violência de seus impulsos	- pela proibição da passagem da palavra ao ato	- a examinar a legitimidade de seu comportamento	- pela implementação de dispositivos sistemáticos para conter a ação
- seus engajamentos espontâneos	- pela compreensão das situações sociais e escolares nas quais eles se inserem	- a se colocar a questão do sentido e da importância de seus atos	- pela elucidação do estatuto de seus atos e palavras, pela descoberta do que está em jogo na complexidade das posturas recíprocas
- a obediência ou a resignação à lei do mais forte	- pela intermediação de um terceiro capaz de regular as relações interpessoais	- a distinguir a força do direito	- pela referência possível a uma instância na qual se podem construir regras preservando a integridade física e psicológica das pessoas
- os papéis que foram atribuídos ao sujeito pelo grupo	- pela rotação regular das tarefas nas atividades coletivas	- à exploração de novos papéis possíveis	- pela implementação de dispositivos que preparem para o exercício de novos papéis e tornem possível esse exercício
- a imagem de si na qual se aprisionou	- pela abertura de possibilidades que permitam ao sujeito libertar-se do projeto de relações duais	- a abandonar o lugar que o sujeito ocupa na imaginação do outro	- pela introdução de mediações que permitam impor-se e ser reconhecido em seu desejo
- suas próprias dificuldades pessoais, sua "patologia"	- pelo trabalho sobre os componentes patológicos da pessoa e o apelo à sua vontade	- a se situar do ponto de vista da racionalidade, excluindo o afeto das situações de aprendizagem	- pela construção de uma relação objectual com os saberes
- sua ignorância, sua incapacidade, seu fracasso ou seu medo	- pela confiança, pela contenção do educador e pelo "acionamento" dos dispositivos de formação	- a tentar alguma coisa que nunca se fez e que nem se sabe fazer ainda	- pela criação de situações pedagógicas em que todo aluno possa "entrar no jogo"

→ *Do impulso à reflexão*

"Para começar, seria preciso antes saber fazer os lances", explica Marcel Mauss,[64] "fazer os lances" para imaginar esta "miraculosa Távola Redonda em torno da qual os cavaleiros não se batessem mais"[65]... "É inútil ir muito longe procurar o que é o bem e a felicidade. Isso está lá, na paz imposta, no trabalho bem ritmado, coletivo e solitário alternadamente, na riqueza acumulada e depois redistribuída, no respeito mútuo e na generosidade recíproca que a educação ensina".[66] Mas como ensinar a fazer os lances? Como ensinar essa suspensão sem a qual é resolutamente impossível aquilo que Marcel Mauss chama de "a civilidade"? Como ensinar isso em especial àquele que recusa, àquele que não quer discutir, àquele que não se interessa muito pela partilha das riquezas comuns? A suspensão da violência primária é uma das condições do exercício da razão. Só podemos raciocinar com quem aceitou realizar tal suspensão e exercer sua inteligência. Em contrapartida, é sempre impossível transmitir a razão àquele que não escolheu a razão.

Portanto, é inútil para o pedagogo tentar qualquer operação de demonstração ou de convencimento; a única coisa que pode acontecer é ele desperdiçar sua energia e acabar caindo no fatalismo ou no desespero. Não se convence facilmente um aluno violento, um aluno que humilha seu colega, um aluno que arranca seu caderno... Tentar convencê-lo seria voltar àquela utopia não-diretiva que supunha que toda pessoa estaria o tempo todo disponível para a argumentação recíproca, bastando simplesmente que esta fosse "autêntica", que o grupo estivesse "à escuta" e que o formador soubesse "reformular". No entanto, os práticos da pedagogia institucional sabem muito bem que não é nada disso e que acima de toda troca entre duas pessoas existe a lei, esse "grau zero da lei", como eles dizem:[67] a proibição da passagem ao ato, a proibição da violência, único elemento que permite ao sujeito refletir e exercer seu julgamento. Marcel Mauss diz a mesma coisa quando se refere à "paz imposta", não que ele imagine que se possa erradicar a violência por decreto, mas porque ele sabe que é preciso, em um determinado momento, que uma autoridade assuma o sacrifício das pulsões imediatas e aceite arcar com a responsabilidade das frustrações inevitáveis que isso provocará. E é preciso que tal autoridade saiba que essa não

---

[64] "Essai sur le don", *Sociologie et anthropologie*, Paris: PUF, 1990, p. 278.

[65] Ibid., p. 279.

[66] Idem.

[67] Cf., em particular, Jacques Pain, *La pédagogie institutionnelle d'intervention*, Vigneux: Matrice, 1993.

é uma posição nada fácil, que está envolvendo-se em uma história difícil e que corre o risco de "ser pego pelo pescoço", como dizem os moleques, até que cada um descubra que o sacrifício de suas pulsões imediatas abre-lhe um campo infinito de satisfações comuns.

Com certeza, assim como todo professor, e como todo mundo, o prático da pedagogia institucional sabe que provavelmente é impossível erradicar totalmente a violência das relações entre os homens, mas sabem também que apenas a suspensão dessa violência pode evitar que se caia na barbárie e que se regrida ao caos inicial. Porém, a suspensão só é possível se, em algum lugar, alguém determinar a proibição de assumir essa proibição. É nisso, sem dúvida, que reside a grande lição da tradição judaica e uma das formas de expressar aquilo que fundamenta nossa tentativa de ter acesso à civilização: "Haveria sempre uma raiz ética, além do conteúdo positivo do pensamento. A raiz ética é o fundamento das 'verdades' *que estão fora de debate, mas sem as quais o debate não é possível*".[68] É por isso que os pedagogos devem assumir a lei sem estados de alma inúteis, sem essa nostalgia adolescente de uma relação de integração em pé de igualdade com a criança, que não permite "conduzir a criança no mundo"; eles devem aceitar as frustrações inevitáveis e provisórias da suspensão da violência e não se culpar por isso, pois o educador deve ser o guardião de uma lei que é a única a permitir a discussão de todas as regras. Sem essa lei, é inútil tentar discutir; nada mais pode ser negociado, nada mais pode ser decidido... as decisões serão arrancadas pela força ou pela sedução, pelo medo ou pela chantagem.

Aqui se vê claramente o inverso da relação "regras/lei", hoje presente em muitos estabelecimentos escolares: quando a lei é ultrajada impunemente todos os dias, porque se atinge a integridade psíquica ou física das pessoas sem se incorrer na menor sanção e nem mesmo ser vítima da menor suspeição... e porque, em contrapartida, a instituição mostra-se escrupulosa, ou até intransigente, quanto ao respeito às regras, sem dúvida necessárias, mas também eminentemente discutíveis e, enfim, relativamente secundárias.[69] O que é um atraso, o esquecimento de um caderno de

---

[68] Marc-Alain Ouaknin, *Méditations érotiques, Essai sur Emmanuel Lévinas*, Paris: Balland, 1992, p.174.

[69] É o que afirma com veemência Maria Montessori quando assinala que "a liberdade da criança deve ter como limite o interesse coletivo, como 'forma' aquilo que chamamos de educação das maneiras e dos atos. Portanto, devemos proscrever à criança tudo o que possa prejudicar os outros ou ofendê-los, tudo o que tenha o significado de indelicadeza e de ato sem dignidade. Mas todo o resto, toda manifestação que tenha um objetivo útil – qualquer que seja ele e a forma como seja explicado – deve ser não apenas permitida, mas observada por professor." (*Pédagogie scientifique*, Paris: Le Centurion, 1970, p. 67).

textos, uma saída no corredor sem autorização diante de uma humilhação pública, de uma anotação no boletim que lança qualquer um definitivamente nas trevas de uma "estupidez incurável", de uma iniciação degradante ou de uma situação na qual, à vista dos adultos e com a concordância deles, um líder faz imperar na classe sua própria lei? Que credibilidade podem ter educadores que, com tanta freqüencia, eriçam-se sobre os regulamentos e ao mesmo tempo fecham os olhos aos graves atentados à lei fundamental de toda sociedade? Como podem orientar as crianças no mundo quando preferem usufruir da contemplação de uma ordem arbitrária, ao invés de colocar-lhes a exigência difícil de suspender a violência?[70]

Contudo, não se pode crer, por esse motivo, que os dispositivos que os pedagogos venham a implantar sejam capazes de garantir por um milagre a passagem definitiva à paz social; a "Távola Redonda", com certeza, não é algo que se encontre no mundo aqui embaixo! E os pedagogos sabem da infinita precariedade das coisas humanas; eles sabem principalmente que a lei não institucionaliza nada: impor a lei não cria magicamente a instituição democrática. Impor a lei é uma condição necessária, que apenas os ingênuos ou os impostores – ou ainda aqueles que confundem a lei e as condições de exercício de seu próprio arbítrio – acreditam poder fazer dela uma condição suficiente. A lei deve ser mantida, e o professor é a garantia disso... mas ele é também aquele que forma, na atividade de troca e através dela, no respeito à lei. E é ele que ensina a diferenciar, não simplesmente porque é preciso diferenciar, mas porque diferenciar torna mais inteligente, mais eficaz e mais feliz... também e porque esta é uma realidade que ele pode mostrar ou, melhor ainda, que se pode descobrir junto. Todos conhecemos bem instituições escolares onde se pretende fazer respeitar a lei: "Não responda de imediato com a violência... espere... você dirá isso mais tarde... ao conselho". Contudo, não existe conselho! Os guardiães da lei tornam-se, assim, guardiães de um templo vazio ou dos interesses – quando não da tranqüilidade – de um grupo de adultos. Então, não é de se surpreender que os alunos transgridem a lei: "Queremos uma lei que seja de fato! Uma lei que não decrete a proibição da violência de uns para dar maior garantia ao exercício da violência de outros. Queremos uma lei que permita a todos construir juntos regras de funcionamento e que nos ajude a suspender a violência primária da qual somos escravos!".

---

[70] Cf. Bernard Defrance, *La violence à l'école*, Paris: Syros, 1988.

SUSPENDER...		...PARA SE DEDICAR	
a violência de seus impulsos	pela proibição da passagem ao ato	*a examinar a legitimidade de seu comportamento*	pela implementação de dispositivos sistemáticos para adiar a ação
UMA PERSPECTIVA BÁSICA		- *Janusz Korczak* (*Comment aimer un enfant*, p.290): "Nossa tarefa é ensinar as crianças a esperar uma resposta, ao invés de exigir ali mesmo, não importa o momento... a separar as coisas: distinguir entre seus desejos, seus sofrimentos, suas dúvidas, o que é importante e o que é menos... a refletir, a motivar uma ação, uma decisão."
DUAS REFERÊNCIAS		- *Emmanuel Lévinas* (*Entre nous, essais sur le penser-à-l'autre*, Paris: Grasset, 1991): Aparentemente, em vários aspectos de nossas preocupações pedagógicas imediatas, a filosofia permite-nos realizar primeiro em nós mesmos a "suspensão do ato". De fato, seus textos buscam compreender como é possível se "desinteressar" de si, renunciar à violência primária que atira à barbárie... para acolher a visão do outro; eles trabalham sobre "a obrigação em relação ao outro anterior em qualquer contrato" (p. 264) e as condições dessa ruptura do eu com a perseverança incondicional em seu ser: "O que é importante é que a relação com o outro seja a prontidão e o arrefecimento; que a prontidão seja obrigação. Vocês me dizem: mas essa obrigação não é precedida de uma livre decisão? O que me importa é a responsabilidade pelo outro como um compromisso mais antigo do que qualquer deliberação memorável constitutiva do humano" (p.132). - *Fernand Oury, Aïda Vasquez*, (*De la classe coopérative à la pédagogie institutionnelle*, Paris: Maspéro, 1991): tão concreto e próximo das práticas ("Não dizer nada que não tenhamos feito", repete Fernand Oury) quanto o livro anterior pode parecer teórico e abstrato, essa obra é, a nosso ver, uma obra essencial para a reflexão pedagógica: nela o "conselho" é apresentado como uma instância essencial, articulada ao conjunto das atividades propostas aos alunos e na qual podem ser discutidos os papéis, os atos e os comportamentos de cada um. É um lugar em que as pessoas podem colocar-se em jogo e ser criticadas em função das responsabilidades que assumem e dos objetivos que perseguem. Instituído pelo professor, ele próprio "submetido à lei comum para autenticar a função de guardião que assegura a ela" (Daniel Hameline, *Le domestique et l' affranchi*, Paris: Éditions ouvrières, 1977, p. 92), o conselho permite impor ao aluno a suspensão de suas reações imediatas, sem para isso pedir-lhe que renuncie a elas ("Não fale agora... você falará no conselho."). É também uma "máquina de desdramatização que ensinará a falar adequadamente mediante o ritual que estabelece" (F. Oury e A. Vasquez, op. cit., p. 86).

TRÊS FERRAMENTAS	- *o conselho* tem um papel determinante em um conjunto de dispositivos pedagógicos, desde que não se reduza a uma conversa fútil ou a um acerto de contas entre as pessoas. Sua prática requer, portanto, uma verdadeira "instituição", regras de funcionamento imperativas e válidas para todos, um ritual que permita que a palavra se expresse e que a troca surja progressivamente do tumulto (essas regras podem variar conforme a idade das crianças e a evolução do grupo: os pequenos passam entre ele um objeto e só podem tomar a palavra quando estão de posse deste; posteriormente, pode-se também designar um presidente e um secretário da seção, ater-se a um relatório escrito que servirá de ponto de partida para a seção seguinte, utilizar um quadro no qual os alunos anotem ao longo da semana questões que gostariam de pôr em discussão, etc.). Em todos os casos, é essencial que o conselho tenha um caráter regular e que sua prática não caia em desuso quando os "imperativos escolares" tornarem-se mais prementes. Muitos alunos não acreditam mais nesse tipo de dispositivo, pois ele é implementado no primeiro trimestre e logo depois abandonado, quando é preciso "tratar de coisas sérias" e preparar a passagem para a série superior! - *a mediação pela escrita* é enormemente subestimada nos dispositivos pedagógicos nos quais ela é inserida, em geral, apenas para ser avaliada e julgada pelo professor. Além disso, considera-se que a passagem para a escrita representa uma prova insuperável para certas crianças... o que decorre justamente do uso exclusivamente "escolar" da escrita. Em compensação, se o professor escreve pessoalmente a um aluno para lhe participar seu ponto de vista, se ele estimula os alunos a terem seu diário, a escreverem uns aos outros, se inclusive os obriga a utilizarem a escrita quando o debate oral é impossível... ele cria assim os meios para que todos tenham oportunidade de examinar o fundamento daquilo que diz, para que se realizem, para que aprendam a levar a sério a palavra do outro, a examiná-la atentamente antes de lhe dar uma resposta. - *a antecipação*, como se sabe, é uma das operações mentais que contribui para o desenvolvimento da inteligência e, em particular, da lógica hipotético-dedutiva (se... então...). Nesse sentido, ela permite que, ao invés de se repetirem indefinidamente os mesmos erros, estabilizem-se certos esquemas possíveis de pensamento e de ação. Enquanto exercício pedagógico, ela é também uma ferramenta valiosa que possibilita aos alunos trabalhar individualmente ou em grupos sobre o que poderia levar a esta ou aquela ação, a esta ou aquela posição. Trata-se de pensar as conseqüências a curto, médio e longo prazos de uma determinada atitude, de fazer um levantamento muito preciso dessas conseqüências (de colocá-las no papel, se necessário) e, levando a lógica até o fim, de se indagar sobre a legitimidade desse ato. De certa maneira, oferece a possibilidade de trabalhar

> com os alunos de modo a que eles se coloquem o mais freqüentemente possível a questão kantiana da "possibilidade de que a máxima que preside uma ação seja erigida em lei universal".

→ *Do envolvimento espontâneo
ao acesso a um pensamento crítico*

Como mostrou bem Daniel Hameline, a "educação crítica" é um "conceito fugaz".[71] A aquisição do espírito crítico, reivindicada por todos como um dos objetivos maiores da escola, em muitos casos apenas recobre realidades pedagógicas medíocres: a análise de alguns cartazes ou slogans publicitários, questionários imprecisos sobre as objeções que se poderia fazer a determinado texto, a exortação inútil a "enxergar adiante do próprio nariz". A noção de "espírito crítico" é perigosa e muito difícil de manipular, pois, se ele não for restringido, circunscrito previamente aos objetos sobre os quais pode ser aplicado, ameaça atingir o próprio dispositivo escolar e pôr em perigo até mesmo aqueles que buscam promovê-lo. Em compensação, se ele é limitado, se seu uso é estritamente regulado, perde toda consistência e pode, inclusive, tornar-se um meio de se inserir em uma relação de submissão, voltando-se apenas sob comando a objetos estritamente selecionados e cuja escolha escapará rigorosamente a seu exercício. Enfim, o espírito crítico corre sempre o risco de ser recuperado como instrumento de seleção, como indicativo de uma cumplicidade social, cujo poder no processo de orientação escolar todos conhecem: entre pessoas bem-educadas, sabe-se bem qual deve ser o alvo de seu espírito crítico... isto às vezes muda com o tempo, mas as pessoas seguramente se reconhecem em seu exercício!

Tal fato é motivo para renunciar a ele? Isto seria paradoxal, pois levaria a que se resignasse a deixar o aluno manifestar suas preferências, seus preconceitos, seus engajamentos pessoais espontâneos, sem lhe oferecer a possibilidade de examiná-los e submetê-los a um exame crítico. Com certeza, já evocamos esse ponto várias vezes e alguns verão nisso um retrocesso, uma retomada da tensão continuidade/ruptura longamente analisada anteriormente. Todavia, trata-se aqui de ir além, de trabalhar, de algum modo, na raiz de atitudes de ruptura com o que é dado, que permitem submeter um ponto de vista à questão de sua universalização. Trata-se de fundamentar uma vontade, de susten-

---

[71] *Le domestique et l' affranchi*, Paris: Éditions ouvrières, 1977, p. 66 e ss.

tar a determinação de "não se deixar levar"... mesmo pelo professor que o estimula a isso. Vemos, então, que não existe educação crítica que não se articule a uma crítica da educação, uma crítica instituída no próprio funcionamento do lugar onde ela se exerce. Uma crítica que escape ao poder daquele que a torna possível. Uma crítica que escape também à recuperação sutil daquele que a institui, sempre esperando, de forma mais ou menos confusa, beneficiar-se de um aumento de estima, de um reconhecimento suplementar pelos riscos que assume, ou mesmo de uma fascinação pela coragem que demonstra.

Então, estaríamos condenados, nesse âmbito, ao engodo permanente e à mercê da contingência de situações individuais capazes de promover encontros miraculosos que favorecessem um distanciamento sem a contrapartida da sujeição a um novo tirano? Seria preciso abrir mão de libertar os alunos das tiranias de suas paixões, da fidelidade cega à sua herança e de todas as manipulações demagógicas? Evidentemente, compreende-se bem o caráter emancipador que pode ter o confronto exigente com um objeto cultural, mas tal emancipação só é efetiva se a própria relação que a construiu é questionada. Por isso, o pedagogo não tem muita escolha: "A educação enquanto tal, assimilação de saberes, controle de instrumentos de análise e da comunicação, formação pessoal de objetivos e de ideais, é, à primeira vista e por natureza, uma atividade em situação 'crítica', na medida em que não pode ser separada, a não ser por uma negação do político, do acesso à tomada de consciência de sua própria socialização pelos membros de uma determinada sociedade..."[72] Exigência impossível, poderíamos dizer: impossível com crianças pequenas incapazes de compreender o político; impossível sem degenerar na agitação estéril de um questionamento permanente; impossível sem se enclausurar na propaganda ou alimentar ilusões de uma "democracia escolar".[73] Mas isto é tão seguro? Não é possível imaginar meios que permitam sair do impasse? A definição de objetivos visados, um exame detalhado das restrições institucionais, o esclarecimento de situações de poder nas quais se insere a classe e tudo o que se faz nela, a redefinição dos papéis, em primeiro lugar o do professor, de suas prioridades, de suas contradições, a precisão incansável e permanentemente revista do sentido e da importância das avaliações, a elucidação do estatuto do discurso que cada um põe em jogo... tudo isso talvez ajude a fazer da classe uma verdadeira instância crítica.

---

[72] Ibid., p.106.
[73] Cf., sobre este ponto, a crítica que fizemos aos pedagogos institucionalistas em *Apprendre en groupe? 1 – Itinéraire des pédagogies de groupe*, Lyon: Chronique sociale, 1984, p.101 a 127.

Alguém dirá, então, que tudo isso representa um investimento muito pesado, tão pesado que ameaça engolir qualquer outra atividade e, em especial, as atividades de ensino. Mais uma vez, a lição da pedagogia institucional é decisiva aqui: ela não significa politizar artificialmente a palavra, mas instalar o político como instância de regulação de toda palavra, impondo sistematicamente a cada um que especifique que fala ou age *enquanto*.[74]

"Falar enquanto" não é renunciar a falar, e sim é dizer simultaneamente o que se diz e a título de que se diz. A professora primária tem o direito de falar enquanto pessoa tocada afetivamente pelo fracasso de um aluno, desde que explicite que fala a esse título, e não enquanto representante da instituição. Ela também tem o dever de se opor a atividades que ponham em perigo a segurança de seus alunos, mas enquanto responsável juridicamente. O professor universitário, na medida em que participa de um projeto de democratização do acesso aos conhecimentos, deve apoiar o aluno ao longo de todo o seu trabalho, acompanhá-lo com os encorajamentos necessários, assinalar seus menores progressos e felicitá-lo sistematicamente por seus esforços; contudo, enquanto garantia do funcionamento institucional, ele também tem o dever de informá-lo regularmente sobre seu nível verdadeiro em relação às exigências da instituição. O aluno de terminal* pode reivindicar que o professor conclua o programa, mas enquanto parte de um contexto em que essa exigência seja contratual. O aluno de terceira,** encarregado de garantir o lançamento do jornal escolar no prazo previsto, tem o direito de chamar a atenção de seus colegas em atraso, mas não porque seja seu chefe imposto pela força, e sim porque isso decorre diretamente da responsabilidade que lhe foi confiada... Vamos mais longe: o aluno tem direito de assistir e de gostar de um folhetim televisivo que seu professor considera fraco se, por outro lado, enquanto aluno, ele respeitar os compromissos que ambos negociaram. Ele tem o direito de praticar a religião que escolher – a de seus pais ou uma outra – se, enquanto membro de uma comunidade laica, não comprometer o trabalho do grupo do qual faz parte. O professor tem o direito, enquanto responsável por assegurar a qualidade do trabalho coletivo, de exigir que todos os alunos respeitem tal condição, mas não pode pedir-lhes, a esse título, que

---

[74] Cf., em particular, F. Oury e A. Vasquez, *Vers une pédagogie institutionnelle*, Paris: Maspéro, 1974, p. 94. Ver também a belíssima obra de que voltaremos a falar mais adiante, *L' année dernière, j' étais mort, signé Miloud* (Catherine Pochet, Fernad Oury e Jean Oury, Vigneuse: Matrice, 1986).

* N. de T. Corresponde ao último ano do ensino médio no sistema brasileiro.

** N. de T. Corresponde à 8ª série do ensino fundamental no sistema brasileiro.

abdiquem de suas crenças. Ele também tem o dever, enquanto responsável por uma missão social de integração cultural, de lhes propor textos, situações, dispositivos que os ajudem a contextualizar tudo aquilo em que acreditam e sobre o que pensam; porém, se ele não faz isso quando as crenças do aluno lhe desagradam... também não deveria fazer quando estas estivessem de acordo com as suas, pois desse modo abandonaria todo o projeto de educação crítica em relação aos que compartilham.

Assim, falar "enquanto" não é amordaçar-se, privar-se da palavra, renunciar a toda autenticidade, esperar em vão uma comunicação sem mal-entendido ou restringir-se ao jargão institucional... mas é inserir sua palavra, tanto quanto possível, em uma situação que permita dar a ela seu verdadeiro sentido, compreendê-la em sua especificidade; é saber preservar-se para não ser totalmente devorado por sua função ou sua afetividade; é saber tornar-se "palavra social" quando preciso, ou seja, ser capaz de se reconhecer e de se fazer reconhecer em sua função social, demarcando a distância que permitirá ao outro tomar sua própria distância.

"Falar e agir enquanto" não é renunciar à unidade da pessoa, o que levaria à sua desintegração em uma infinidade de posturas incompatíveis entre si; é, ao contrário, "preservar" essa unidade, protegê-la e permitir que se constitua; é contribuir para produzir nela a vontade necessária para operar a suspensão e incorporar um determinado registro, o que não seria possível se essa suspensão representasse para ela um abandono completo de suas convicções; é propor-lhe transições possíveis, deslocamentos sucessivos, que lhe possibilitem modificar seu ponto de vista sem negar-se. Porém, "falar e agir enquanto" não é tampouco renunciar a uma verdade que esteja acima da multiplicidade inevitável de posturas pessoais e institucionais; é, ao contrário, devolver-lhe toda a sua força inserindo-a em um processo deliberado e anunciado enquanto tal, evitando confundir os pontos de vista conjunturais adotados em meio à multiplicidade de situações cotidianas e a busca de uma universalidade que se sobreponha a eles. "Falar e agir enquanto" é também se abrir a outras posturas, a outras palavras, a uma pluralidade de palavras que autorizam os alunos, progressivamente, a arriscar a sua * e a compreender seu sentido e seus desafios: uma criança tem o direito de falar enquanto membro de uma comunidade religiosa, de reivindicar uma identidade e compromissos sociais... mas ela também tem o direito – que a escola deve assegurar-lhe – de falar "enquanto aluno-aprendiz", participante de uma determinada situação de aprendizagem, de uma atividade

---

* N. de R.T. Entenda-se esta expressão como as equivalentes em português: fazer das suas; "aprontar".

coletiva, membro de uma instituição escolar que possui suas próprias regras e que goza de uma autonomia real em relação à sociedade civil. E são esses múltiplos deslocamentos em geral imperceptíveis, mas obviamente necessários que possibilitam a um sujeito suspender seus compromissos espontâneos e permitir-se uma verdadeira distância crítica.

SUSPENDER...		...PARA SE DEDICAR	
seus compromissos espontâneos	pela compreensão das situações sociais e escolares nas quais estão inseridos	*a pensar a questão do sentido e da importância de seus atos*	pela elucidação do estatuto de seus atos e palavras, pela descoberta daquilo que está em jogo na complexidade das posturas recíprocas
UMA PERSPECTIVA BÁSICA	- Pestalozzi (*Lettre de Stans*, p. 49): "Para mim, aquilo que chamamos propriamente de instrução é uma forma de exercer as faculdades da alma em geral; eu insistiria particularmente para que o exercício das faculdades de atenção, de reflexão e de memória precedesse o exercício da faculdade de julgar e de tirar conclusões, na medida em que é preciso assegurar as primeiras para que as outras não conduzam, mediante a aquisição de uma faculdade de linguagem puramente exterior, à superficialidade de um julgamento pretensioso e falso."		
DUAS REFERÊNCIAS	- *Santo Agostinho* (*De magistro*, Paris: Klincksieck, 1988): o discípulo cristão de Platão coloca o problema da função da linguagem na aprendizagem e mostra que o verdadeiro conhecimento remete a uma illuminatio, revelação interior que o professor pode proporcionar, mas que não é criação sua... Pois "haveria quem buscasse o saber de forma tão insana a ponto de mandar seu filho à escola apenas para saber o que pensa o professor?" (p. 82). De algum modo, o pedagogo nega aqui seu poder de "transmissão" e assume a tarefa não de impor seus pontos de vista ou seus próprios envolvimentos, e sim de remeter o sujeito a si mesmo, àquilo que em Santo Agostinho assume a forma da revelação do "mestre interior", mas que hoje também pode significar para nós o exame crítico de tudo o que se apresenta como espontâneo, ou que procura impor-se à consciência sem que ela perceba seu sentido. - *Daniel Hameline* (*Le domestique et l' affranchi*, Paris: Éditions ouvrières, 1977): neste "ensaio sobre a tutela escolar", o autor explora as respostas pedagógicas possíveis ao desafio colocado pelo projeto de uma "educação crítica" e, de forma mais ampla, de uma "educação para a liberdade"... Educação que se insere em uma multiplicidade de contradições, pois é obrigada a aparelhar a instituição escolar de maneira sofisticada para tornar pos-		

	sível, com a ajuda de artefatos, a expressão de uma individualidade sempre imprevisível... Educação que, por esse motivo, corre sempre o risco de restaurar a tutela por seu empenho em emancipar o outro... Educação que se realiza no "quadro do impossível" para tentar uma pedagogia do possível, que "consiste em negociar com as condições de exercício atuais": "Assim caminham os professores que ainda têm esperança de se tornarem atores, ao lado de seus alunos ou de seus estudantes, de uma libertação furtiva, lá onde o sistema de ensino dirige-os e instrumentaliza-os para seus papéis subalternos na configuração de coisas e dos fantasmas" (p.181).
TRÊS FERRAMENTAS	- *a atividade coletiva,* sem dúvida, não tem como objetivo principal permitir a cada aluno realizar as aprendizagens cognitivas de que necessita; ela é, antes de mais nada, um meio pelo qual cada um poderá libertar-se de uma dada postura no grupo e, pela mediação de uma responsabilidade específica, ter uma participação que se diferencie do registro de seus compromissos espontâneos. Ela deve permitir a cada aluno perceber as restrições específicas, os direitos e os deveres relacionados a uma tarefa, as características de uma situação e da gestão dos lugares e dos papéis que impõe. Ela também funciona como um analista e, simultaneamente, permite a libertação de todos os seus compromissos espontâneos, libertação pela qual ela fornece, a cada situação, um pretexto e um ponto de apoio valiosos. - *o balanço do saber* (tal qual é proposto e implementado por Bernard Charlot e sua equipe em École et savoir dans les banlieus... et ailleurs, Paris: Armand Colin, 1992): esse método tem como objetivo permitir a cada aluno envolvido compreender o que está em jogo em sua relação com os saberes escolares e sociais, como ele se situa em relação às proposições da escola, em que lances apropria-se deles e como mobiliza-os. O interesse aqui é tomar distância do processo de produção dos saberes individuais, compreender se ele está inserido em uma relação de objetivação (construção intelectual de objetos culturais), de imbricação (busca da utilização concreta) ou de distanciamento (aquisição de uma atitude que permita comunicar-se melhor com o outro). Contudo, sem querer chegar a uma tipologização tão aprofundada, o balanço do saber pode permitir ao aluno indagar-se sobre as próprias práticas pedagógicas e tomar distância das reações espontâneas que possa ter a seu respeito. - *a separação dos poderes* não é uma "ferramenta" propriamente dita, embora tenha conseqüência sobre questões muito concretas (como a dos deveres de casa ou do controle pela escola das atividades de lazer). Ela diz respeito a três instâncias que, a nosso ver, devem contribuir para a educação da criança e do adolescente: a família, a escola e o tecido associativo e cultural (Cf. Philippe Meirieu, *L' envers du tableau*, Paris: ESF éditeur, 1993, p.140 a 152). Essas três instâncias são absolutamente essenci-

> ais, exatamente na medida em que constituem lugares onde se podem desenvolver atitudes diferentes que, por sua própria diferenciação, tornam possível a emergência de uma consciência crítica. A família continua sendo o lugar da filiação, da aquisição de referências psicológicas básicas, a escola é o lugar da reflexão mais livre e racional, o tecido associativo e cultural é o lugar onde é possível um investimento pessoal específico, ao abrigo da afetividade familiar e da avaliação escolar... Na impossibilidade de cada um, por sua própria iniciativa, limitar sua influência sobre a criança, pode-se imaginar que o envolvimento da criança nos três e as inevitáveis diferenciações de posturas que experimentará permitirão a ela relativizar seus compromissos espontâneos e examinar com uma distância crítica ainda maior as situações nas quais está envolvida.

→ *Da força ao Direito*

Como sempre assinala Bernard Defrance,[75] a escola nada tem a ver com uma "sociedade de Direito". Paradoxalmente, essa situação deve-se menos ao excesso ou à violência dos alunos que à incoerência das regras impostas pelos adultos, ao arbítrio de suas decisões, à ausência de estruturas de regulação, à ignorância dos direitos mais elementares da pessoa. Nessa perspectiva, Philippe Perrenoud recentemente tentou formular a lista dos "direitos imprescritíveis" do aprendiz, entre os quais alinha "o direito de não estar constantemente atento", "o direito a seu foro íntimo", "o direito de não obedecer de seis a oito horas por dia", assim como o de "não colaborar em seu próprio processo".[76] E ele está convencido de que a instituição escolar precisa reconsiderar suas práticas quanto a isso, no mínimo para não entrar em contradição com aquilo que supostamente deve formar nos alunos. Nesse sentido, os esforços realizados no contexto da elaboração e da realização dos projetos de estabelecimentos escolares, assim como o trabalho sistemático em equipes pedagógicas para harmonizar as exigência recíprocas, podem constituir meios valiosos para que a situação evolua. Do mesmo modo, a integração do pessoal encarregado da vida escolar, sua participação nas tarefas de gestão dos cursos dos alunos, sua preocupação em desenvolver a participação dos alunos na vida da escola, em particular pela formação de delegados dos alunos, representam um avanço decisivo. À medi-

---

[75] Cf. *La violence à l' école*, Paris: Syros, 1988, e *Le plaisir d'enseigner*, Paris: Quai Voltaire, 1992.

[76] "Les droits imprescriptibles de l' apprenant... ou comment rendre le métier d' élève plus vivable", *Educations*, 1, dezembro de 1994 - janeiro de 1995, p. 56 a 62.

da que essa "vida escolar" não esteja desligada das funções de instrução e não constitua uma espécie de "enclave sociocultural" na escola, encarregando-se das questões de socialização das quais o professor seria totalmente liberado, ela representa uma oportunidade considerável de fazer da escola uma verdadeira instância de socialização.

Entretanto, também é preciso que todas essas iniciativas tenham como referência princípios educativos consagrados, que evitem alimentar ilusões quanto às verdadeiras responsabilidades de uns e de outros e que sejam verdadeiramente capazes de introduzir os alunos em uma sociedade de Direito, na qual amanhã eles serão os atores, mas para a qual é necessário prepará-los, e não lançá-los prematuramente. Também nesse caso, não se podem confundir os meios e os fins... salvo assumir risco de fazer crer que uma sociedade de Direito consiste apenas na aplicação de princípios formais, como o voto para eleger delegados, a constituição de "conselhos" que supostamente administram de forma autônoma setores inteiros da atividade escolar, a realização de assembléias gerais para decidir orientações do estabelecimento. Todavia, é claro que essas instâncias não representam o acesso ao Direito, uma superação das relações de força, a não ser que os que nelas têm assento estejam determinados a não se alinhar, por facilidade ou por medo, à lei do mais forte... a não ser que não estejam lá simplesmente para recobrir com um "verniz democrático" as situações sociais preexistentes e, assim, sancionar a dominação dos líderes naturais ou institucionais. Pois o acesso ao Direito supõe sempre uma ruptura, um difícil rompimento das relações duais que ameaçam permanentemente degenerar na violência.

É verdade que hoje as relações duais de enfrentamento gangrenam a instituição escolar: oposições entre uma classe e um professor, oposições de bandos e de clãs, oposições de indivíduos que disputam entre si a dominação sobre um grupo ou o amor de um terceiro, oposições entre seres que buscam reciprocamente desafiar o outro, quebrar sua resistência, avassalá-lo ou excluí-lo. É um fato também que esses enfrentamentos subvertem as relações hierárquicas habituais e dificultam o funcionamento institucional: quer se trate de um dever não cumprido, de um comportamento anômico que compromete o desenrolar de uma aula, de uma recusa irredutível de "entrar no jogo", o mero apelo à autoridade já não funciona muito e assiste-se, então, a ataques de violência em que, sob o olhar apaixonado de espectadores habituados aos "jogos de circo", os indivíduos elevam o tom, levam cada vez mais longe as ameaças e a provocação até a derrota final de um dos dois parceiros, sua abdicação, sua humilhação e sua exclusão.[77] O fato de essas situações produzirem-se em estruturas "formalmente democráticas" não muda em nada sua natureza e não favorece uma reflexão sobre o que poderia reduzir a violência e fazer com que todos aceitassem submeter seus atos à mediação de um terceiro:

> Quando duas pessoas embatem-se, empurram-se, insultam-se, em uma crise de proximidade, estamos diante da agressão do ambiente, que Lorenz considera "natural", um mero lapso de violência. Esta é a problemática da relação dual, simétrica, em que se interpõe a triangulação, que hoje os clínicos da família tornaram sistêmica, e que designa a relação humana objetiva como um combinatório obtido da explosão nas instituições de seu potencial agressivo.[78]

Este é exatamente o nó da questão: não se constrói uma sociedade de direito a não ser quando a vítima não pode erigir-se em juiz, quando os parceiros são separados e uma arbitragem externa torna-se possível. Em uma sociedade de Direito, a vítima jamais pode ser juiz, pois, embora ela tenha as melhores razões do seu lado, seu julgamento, engessado na relação dual, sempre parecerá uma vingança e provocará uma outra vingança. Em uma sociedade de Direito, a vítima jamais pode ser juiz... mesmo que ela disponha de um poder hierárquico, mesmo que se trate de um professor ou de um educador acima de qualquer suspeita! O que está em jogo aqui não é, de fato, nem a competência, nem a sinceridade, nem a boa vontade das pessoas, mas a própria estrutura da situação e a ausência de mediação. É justamente por isso que a educação não pode poupar a mediação, mas, ao contrário, deve procurar introduzir metodicamente sistemas de mediação que permitam desbloquear as relações duais e introduzir um referente externo; é por isso que o trabalho do educador, mais uma vez, consiste em possibilitar a todos a experiência da suspensão. Na falta dessa experiência, a adesão às paixões do momento e aos interesses pessoais impede qualquer acesso à determinação individual, sem a qual todas as estruturas participativas e todas as iniciações para a vida democrática correm o risco de se tornar meras cortinas de fumaça.

---

[77] Cf. Éric Debarbieux, *Violence dans la classe*, Paris: ESF éditeur, 1990.

[78] Jacques Pain, "Violence en milieu scolaire et gestion pédagogique des conflits", *La pédagogie, une encyclopédie pour aujourd'hui*, organizado por Jean Houssaye, Paris: ESF éditeur, 1993, p. 201-210, p. 204 e 205. Cf. também Jacques Pain, *Écoles: violence ou pédagogie*, Vigneux: Matrice, 1987.

SUSPENDER...		...PARA SE DEDICAR	
a obediência ou a resignação à lei do mais forte	pela introdução de um terceiro mediador capaz de regular as relações interpessoais	*a distinguir a força e o Direito*	pela referência possível a uma instância em que se podem construir regras que preservem a integridade física e psicológica das pessoas
UMA PERSPECTIVA BÁSICA		- *Celestin Freinet* (*Les dits de Mathieu*, p.59): "Entre o estado selvagem e a domesticação intermedeia a criação de um clima, de uma atmosfera, de normas de organização, de vida e de trabalho coletivos, uma educação que excluirá a mentira, a esperteza e a violência, e esse medo instintivo, e essa insuportável obsessão dos animais selvagens e das crianças de ver fecharem-se às suas costas as portas da luz e da verdade."
DUAS REFERÊNCIAS		- *Jean Piaget* (*Le jugement moral chez l'enfant*, PUF, Paris, 1985): este estudo do psicólogo genebrino e de alguns de seus colaboradores muitas vezes é contestado em razão de uma metodologia que permite analisar os "julgamentos" de uma criança em face de situações difíceis ou conflituosas que se propõe que ela examine, mas não diz nada sobre o que a criança faria realmente nem sobre as razões íntimas que presidem seus julgamentos. A hipótese aqui é que o julgamento moral está estreitamente ligado ao desenvolvimento cognitivo e evolui conforme os estádios que lhe são paralelos. Em um primeiro momento, a criança considera como moral aquilo que corresponde aos critérios impostos pelos adultos; em um segundo momento, ela procura analisar as intenções e compreender as instâncias íntimas do indivíduo; em um terceiro momento, tenta articular normas sociais e compreensão da pessoa. Retomada e desenvolvida por Lawrence Kohlberg (*Child psychology and childhood education: a cognitive-developmental View*, Cambridge: Longman, 1987), a concepção piagetiana tem o mérito de situar a construção dos referentes morais em uma tensão entre restrições institucionais e reconhecimento do valor da intenção. Sem dúvida, é exatamente nessa tensão, quando verbalizada, que se pode inserir uma verdadeira educação. - *Anton Makarenko* (*Oeuvres pédagogiques*, Moscou: Éditions du Progrès, 1967): no entusiasmo revolucionário que se segue à revolução soviética, Makarenko passou a dirigir várias "colônias" ou "centros de educação" que acolhiam essencialmente um público de crianças difíceis e abandonadas. Convencido da necessidade de "forjar um novo homem", ele implantou práticas pedagógicas centradas na socialização pelo trabalho coletivo: sem jamais ceder ao arbítrio, nem acreditar na emergência espontâ-

	nea de condutas democráticas, ele buscava ter sempre clareza sobre as coisas que aconteciam e permitir que a reflexão sobre as condutas individuais fosse feita com calma, sem julgamentos precipitados nem acertos de conta. Muitas vezes, isso o obrigava a intervir autoritariamente para interromper o ciclo de violência antes de travar uma discussão da qual se pudessem extrair regras que permitissem articular "a disciplina coletiva e a iniciativa individual" (t.1, p.678).
TRÊS FERRAMENTAS	- *a sanção diferida*: as situações de emergência na escola hoje são inúmeras e supõem, como se crê às vezes, uma reação imediata. Evidentemente, essa reação é legítima para preservar a integridade psicológica e física de uma pessoa que esteja sendo ameaçada; porém, no que diz respeito à própria sanção, é preciso fazer o contrário: jamais decidir na hora, dar-se tempo para relativizar as coisas e separá-las dos jogos passionais... não se envolver em uma relação de forças, mas deixar a decisão para mais tarde, quando se poderá tomar distância, consultar a jurisprudência local, envolver mediadores. Nesse sentido, a proposta de Bernard Defrance de implantar em todo estabelecimento escolar um "tribunal de primeira instância", em que os professores, os quadros educacionais e os representantes dos alunos pudessem alternar-se para examinar até mesmo os menores delitos, é, sem dúvida, uma proposta interessante. - *o regulamento negociado*: trata-se de uma fórmula desejável, na medida em que envolve os alunos e os instaura como co-legisladores de sua própria vida social. Contudo, as múltiplas experiências pedagógicas nesse âmbito mostram que isto não é simples e requer várias condições: que fique claro de início o que não é negociável; que os adultos assumam sua função fazendo com que se respeite a lei, garantindo o respeito à integridade das pessoas; que a própria negociação seja realizada conforme esse princípio e que as decisões assumidas sejam escrupulosamente aplicadas no prazo, sem impedir que o regulamento seja aplicado sempre que necessário. - *o método de cenários*: entre a aplicação diferida de uma sanção decidida por outro e a capacidade de elaborar regras que permitam o bom funcionamento de um grupo, é preciso que os alunos reflitam sobre o que pode tornar possível a vida social em um grupo. O método de cenários consiste em apoiar-se em uma situação externa aos envolvimentos imediatos das pessoas (que pode ser fornecida por um texto literário ou um artigo de imprensa, por exemplo); a situação é descrita com o máximo de precisão possível, é objeto de inúmeras reformulações para oferecer uma interpretação verossímil, e os alunos são estimulados a transpô-las para outros contextos de modo a poder entender sua estrutura e seus desafios ("a grandeza épica" é uma fórmula bem adequada no caso). Em seguida, o grupo é estimulado a explorar os possíveis desdobramentos da situação e a imaginar suas con-

> seqüências, dependendo das decisões que sejam tomadas. Esse trabalho pode ser realizado segundo modalidades e com suportes adequados à idade e à situação das crianças; além disso, deve favorecer uma interiorização progressiva da sociabilidade e de suas exigências.

→ **Dos papéis atribuídos à exploração de papéis possíveis**

Os psicossociólogos, já há muitos anos, mostraram muito bem que nenhum grupo humano pode ser constituído sem que, de início, cada um esteja relacionado a um lugar, designado para um papel, envolvido em um jogo complexo de expectativas de todos os tipos.[79] Assim, conforme o caso, os índices que permitem atribuir um papel a cada um são diferentes: índices físicos ou vestimentares, traços lingüísticos, sinais comportamentais geralmente presentes, eles próprios tributários de representações sociais heteróclitas e arbitrárias. A maneira de dirigir seu olhar para o outro, de andar, de se sentar, de tomar a palavra ou de guardar silêncio, de escolher seus vizinhos ou de se instalar em um lugar deixado ao acaso... tudo isso contribui para construir uma configuração grupal da qual não se livrará facilmente. E, na classe, desde os primeiros anos de escolaridade, a situação fica ainda mais complexa: nem sempre se conhece exatamente o passado escolar e social de cada um, mas busca-se situá-lo, em um julgamento, a partir de informações diversas captadas aqui ou ali.[80] Basta começar o trabalho e as coisas rapidamente se cristalizam, colocando em funcionamento, em geral com a cumplicidade involuntária do professor, categorias que emanam do "senso comum escolar": o bom aluno tímido, o medíocre, o preguiçoso, o palhaço, o individualista ardoroso, aquele que está sempre disposto a tudo para obter a amizade de seus colegas, o habilidoso, o esportista, aquele que sempre coloca as más perguntas e o que sempre sabe as boas respostas, o apaixonado por geografia, ou aquele que, decididamente, jamais aprenderá ortografia... Basta propor um trabalho de grupo e essa maquinaria social entrará em ação para garantir a eficácia na produção coletiva: cada um ocupará o lugar que lhe cabe e obedecerá escrupulosamente ao líder "natural", que não deixará de se manifestar nessa ocasião.

---

[79] Sobre este tema, ver os trabalhos de Jean-Marc Monteil, *Éduquer et former – perspectives psychosociales,* Grenoble: Presses universitaires de Grenoble, 1989.

[80] Estes fenômenos foram analisados por Claude Pujade-Renaud e Daniel Zimmermann em vários livros, em particular em sua obra conjunta *Voies non verbales de la relation pédagogique* (Paris: ESF éditeur, 1975) e na obra de Daniel Zimmermann, *La sélection non verbale à l'école* (Paris: ESF éditeur, 1982).

Surge, então, o sério perigo de que os papéis transformem-se em identidades assumidas e que cada um ajuste seus comportamentos às expectativas dos outros. É justamente nesse ponto que a responsabilidade do pedagogo é permitir que os papéis sejam redistribuídos permanentemente, que as imagens sociais sejam rompidas e que os alunos possam descobrir-se sob um ângulo nunca antes imaginado. Contudo, também nesse caso, os procedimentos formais podem revelar-se completamente ineficazes: a mudança de rótulo, ainda que acompanhada de uma ordem oficial, pode reduzir-se a uma "representação de papéis" superficial que possibilitará o rápido ressurgimento das configurações iniciais. Para que seja possível uma verdadeira exploração de novos papéis, é necessário que se "abra", de algum modo, o campo relacional; e mesmo essa abertura exige que o próprio professor ponha em jogo suas representações, libere o aluno das relações binárias que cada um mantém com ele, renuncie a seus próprios preconceitos, aceite ser desestabilizado, surpreendido, contradito... Ele tem de se livrar da maquinaria social na qual está envolvido, colocando-se em jogo sempre que possível. É essa atitude decisiva do adulto que desconstrói permanentemente o sistema de suas próprias expectativas, que constitui o elemento decisivo; é ela que autoriza o aluno a se libertar do papel que lhe foi atribuído, que o acompanha em sua exploração e que garante com isso a eficácia dos dispositivos implantados.

Significa que não basta atribuir um novo papel a um aluno, designá-lo oficialmente de outra forma, contradizer, mesmo publicamente, os julgamentos que o grupo faz sobre ele; é preciso também, permanentemente, "devolver sua liberdade" para que ele possa colocar-se de outra forma, assumir os riscos, exercitar-se verdadeiramente em novos papéis, com a convicção do possível. Significa que é preciso fazer da sala de aula no dia-a-dia um espaço em que nada nem ninguém é cristalizado, um espaço em que o adulto ponha em prática aquilo que Daniel Hameline chama de "a atitude não-diretiva", *"anteceder* em *antecipar, valorizar* sem *julgar, regular* sem regularizar":[81] acolher o outro sem jamais aprisioná-lo naquilo que estava previsto, anunciado, definido antecipadamente pelos outros ou por ele mesmo. Um espaço aberto, mas também um espaço de segurança em que o risco seja possível, o erro tolerado, as tentativas aceitas, sem gracejos, humilhações, nem julgamentos definitivos. Isto quer dizer igualmente que, se não se deseja espojar-se na efervescência de tentativas abortadas, é preciso instrumentalizar essa liberdade, equi-

---

[81] *La liberté d'apprendre – Situation 2*, Paris: Éditions ouvrières, 1977, p. 291.

pá-la para essa incorporação de papéis possíveis fornecendo-lhes os recursos necessários para pôr em prática suas tentativas, ajudando-a a adquirir os saberes e as habilidades sem os quais fracassaria. Nesse sentido, a atenção incansável àquilo que em cada um constitui uma promessa, ainda que tênue, de uma possível mudança de papel é essencial, assim como a proposta de um trabalho individual prévio que constituirá um valioso ponto de apoio ao se assumir o risco; assim como a aceitação explícita de que, contra qualquer expectativa, os fatos contradizem os prognósticos do professor; assim como o reconhecimento de que nada, para ninguém, está definitivamente dado.

SUSPENDER...		...PARA SE DEDICAR	
os papéis que foram atribuídos ao sujeito pelo grupo	pela rotação regular das tarefas nas atividades coletivas	*à exploração de novos papéis possíveis*	pela implantação de dispositivos que preparam para o exercício de novos papéis e tornam possível esse exercício
UMA PERSPECTIVA BÁSICA	- *Célestin Freinet* (*Les dits de Mathieu*, p. 81 e 82): "Que cada um de seus alunos possa, a qualquer momento, tomar a frente do pelotão e brilhar em uma das múltiplas tarefas que a escola moderna oferece a seus discípulos: você terá o mestre escritor, o desenhista, o narrador, o contador, o trágico, o cômico, o impressor, o gravador, o marceneiro, o mecânico, o arquivista, o amante da ordem, o músico, o cantor, o jardineiro, o comissário, o acendedor de lareira... Será fácil para você encontrar trinta funções para suas trinta crianças e redistribuí-las regularmente."		
DUAS REFERÊNCIAS	- *R.-A. Rosenthal e L. Jacobson* (*Pygmalion à l' école*, Paris: Casterman, 1973): a obra conheceu seu momento de glória e muito se escreveu a seu respeito; hoje está um pouco esquecida, e isto é tanto mais lamentável na medida em que vários trabalhos, sejam no âmbito da psicologia social ou da sociologia da avaliação, reforçam sua conclusão: o aluno tem a tendência a ajustar seus comportamentos à expectativa do adulto a seu respeito e às representações que constrói para si do julgamento que ele faz dele. Por isso, esse texto incita à vigilância em relação aos papéis espontâneos que temos a tendência a atribuir aos alunos e evoca a bela lição de Alain: "Se a arte de instruir tem como finalidade apenas esclarecer as mentes, temos de rir, pois as mentes lançam-se ao primeiro apelo, e livram-se do perigo. Contudo, os que se detêm em toda parte e enganam-se sobre tudo, os que estão sujeitos a perder a coragem e a duvidar de sua inteligência, é a estes que é preciso ajudar..." (*Propos sur l' éducation*, Paris: PUF, 1986, p.53).		

	- *J.-L. Moreno* (*Psychothérapie de groupe et psychodrame*, Paris: PUF, 1965): na realidade, encontram-se em Moreno duas concepções da representação de papéis que, transpostas ao campo da pedagogia, permitem circunscrever uma "ruptura epistemológica" essencial. Concebida inicialmente como uma ferramenta terapêutica de "descoberta de si", na perspectiva de trazer à luz uma "natureza profunda", a representação de papéis torna-se depois "um método de exploração de mundos desconhecidos e de extensão do eu" (p.269). Assim, graças às descobertas que permitem entrever, favorecem condutas pessoais que se tinha até mesmo considerado impossíveis ou que se tinha proibido.
TRÊS FERRAMENTAS	- *a pedagogia de contrato*: é no mínimo paradoxal falar de contrato em uma instituição escolar na qual os parceiros nunca estão realmente em situação de paridade e apenas contratam por ordem daquele que detém o poder institucional e que, com isso, beneficia-se do direito de romper o contrato unilateralmente e impunemente. Porém, a expressão foi incorporada na linguagem pedagógica corrente e, desde que utilizada com prudência, pode designar esse momento particular da relação pedagógica, em que a promessa de um futuro vislumbrado é objeto da busca de meios que se pode pôr em prática para retê-la. Procedimento exaustivo que requer a passagem pela escrita e a persistência no prazo, sob pena de dissolver-se no enunciado convencional de intenções irrealizáveis, o contrato não deve ser desrespeitado; em todo caso, isto nunca acontece sem que a credibilidade do educador seja comprometida. - *os ofícios*: na pedagogia institucional inspirada em Freinet, representam uma ferramenta valiosa para permitir a exploração pelo aluno de novas possibilidades. No entanto, é preciso estar atento ao fato de que esse método pode visar, na realidade, a dois objetivos distintos que é preciso distinguir: por um lado, uma mutualização dos recursos recíprocos pelo uso de competências já reconhecidas que assim são reforçadas e, por outro lado, o esforço para conferir aos alunos responsabilidades que não correspondam àquilo que eles já sabem fazer, ao lugar que eles ocupam até o momento no grupo. É essa segunda representação que nos interessa aqui e, como se vê, ela apenas é possível se a classe for "um lugar seguro", onde se possa assumir riscos sem incorrer em outro, o de ser destruído em caso de desacerto ou de fracasso. Essa prática exige, além disso, que a incorporação do papel seja preparada e acompanhada pelo professor, o que corresponde ao sistema de "titulações" em Freinet... Sobre esse tipo de dispositivos, pode-se consultar, além das obras já citadas, *Techniques pour communiquer*, André de Peretti, Jean-André Legrand, Jean Boniface, (Paris: Hachette, 1994). - *o grupo de aprendizagem*: fórmula na qual se assegura que a tarefa confiada a um grupo requer imperativamente a participação de cada um dos membros para ser realizada e que estes

> disponham dos recursos exigidos para assumi-la. Portanto, os papéis são definidos antecipadamente de uma maneira que deve ser aleatória (tirar a sorte, por exemplo) e cada papel é objeto de uma preparação individual específica com a ajuda de materiais e recursos fornecidos pelo professor. Assim definido, o grupo de aprendizagem pode ser apresentado como uma espécie de "teatralização" dos saberes, em que o envolvimento do aluno não é suposto, mas organizado, em que a aceitação do risco é sustentada pela igualdade de tratamento a todos, apoiada em um trabalho prévio sistemático de cada um e direcionada por uma atividade coletiva (Cf. Philippe Meirieu, *Apprendre en groupe? 2 – Outils por apprendre en groupe*, Lyon: Chronique sociale, 1984).

→ *Do aprisionamento no imaginário dos outros à expressão de seus próprios desejos*

Por intermédio de sua bela interpretação de *Metamorfoses*, de Ovídio, Francis Imbert mostra como é necessário, para sair do caos original, que a cada um seja atribuído um lugar:

> Diante da criança meteórica, aquela que está em toda parte e em lugar nenhum, que não consegue inserir-se em nenhum trabalho, em nenhuma troca, que de algum modo parece isolada, sem lastro, qual a resposta? A única resposta é a que se articula através [...] do estabelecimento de uma trama simbólica que abre o campo a uma rede, na qual cada um possa dispor de um lugar – de um lastro – onde se inserir como um entre outros. Sem poder dispor desse lugar, a criança mantém-se na posição de *infans*, de criança todo-poderosa, perdida em sua bolha.[82]

É que, ao contrário do que se acredita geralmente, o perigo maior para a criança não é que ela exprima seus próprios desejos, mas que, de algum modo, ela seja aprisionada no desejo do outro, no desejo dos outros. O perigo maior é ela inserir-se em uma relação dual em que aspire somente a satisfazer o que o outro deseja para ela e, assim, fechar-se em uma atitude na qual toda referência pessoal é abolida.

Esse fenômeno é bastante conhecido e foi longamente analisado pelos psicanalistas na relação familiar, mas suspeita-se menos dele na escola onde, imagina-se, essas coisas jamais acontecem, impedidas que são por uma infinidade de dispositivos institucionais e pela mediação de um saber objetivo que refreia as paixões possessivas. Isto implica esquecer que a instituição pode justamente favorecer esse tipo de situações ao privilegiar

---

[82] *Médiations, instituitions et loi dans la classe*, Paris: ESF éditeur, 1994.

massivamente a relação dual: na sala de aula tradicional, cada aluno é único diante do professor e joga sua partida buscando satisfazer as expectativas do "sujeito – suposto – saber". Em muitos casos, esse jogo é puramente conjuntural, é uma estratégia de momento que permite obter tranqüilidade ou esperar o êxito: com isso, mantém-se o professor na ilusão de sua importância, sabendo, no seu íntimo, que "o essencial está em outro lugar" e que, ao atravessar a porta da sala de aula, reconquista-se a independência, com um certo desprezo por aquele que o constrangeu a essa aparente submissão. Porém, é preciso muito pouco para que a máquina derrape: que o aluno, por outro lado, não tenha conseguido livrar-se de uma onipotência materna, que jamais tenha ousado expressar um desejo que possa "valer a pena a seus pais" e contradizer a imagem que projetaram sobre ele... ou que, ao contrário, ele tenha se livrado brutalmente, em um sofrimento que deixou abertas graves feridas e a falta de coragem de tentar mais uma vez a aventura... que não tenha encontrado espaço, em sua história, onde manifestar o que lhe passa pelo coração e que contradiz todas as expectativas de que é objeto... que não tenha conseguido separar-se desses saberes primários transmitidos por seres cuja afeição não lhe deixa dúvidas... e o império da relação dual pode surgir então com seu cortejo de dependências e de contradependências, suas oscilações infernais entre atração e repulsa, suas atitudes de fuga no silêncio ou na violência, no delírio ou na prostração.

    Talvez se diga que a transação intelectual, os próprios conhecimentos escolares, em sua objetividade programática, são capazes de romper essa lógica: é esquecer que os saberes, inclusive os mais elaborados, podem ser apreendidos, engolidos na relação dual, da qual eles se tornam simples meios. O êxito escolar pode estar nisso, atestando na aparência de uma restituição fiel da coisa transmitida a autonomia daquele que a recebeu... o que não muda nada; o aluno continua aprisionado em uma imagem de si mesmo que paralisa qualquer iniciativa e impede qualquer tentativa de assumir o risco. Os dispositivos de rotação das tarefas que descrevemos, a atitude empática do professor ou sua distância profissional, a preocupação em estar alerta a tudo o que constitui uma esperança de mudança... tudo isso continua inoperante enquanto o aluno não sair do imaginário do outro.

    E é assim que, às vezes, observam-se nas salas de aula essas "duplas" descritas pelo psicanalista R.W. Byon;[83] o grupo torna-se uma espécie de cofre no qual se realizam, no plano imaginário, algumas alianças fusionais que monopolizam a energia do professor: ele passa a dar

---

[83] Cf., em particular, *Recherches sur les petits groupes*, Paris: PUF, 1976.

aulas apenas para alguns eleitos que esperam com devoção o olhar que será lançado sobre eles ou a pergunta que, oficialmente dirigida a todos, é apenas um meio para que eles se enredem nas expectativas do adulto. Captação da qual se podem ver também as imagens invertidas no espelho quando o professor é paralisado pela violência esperada daquele que vai impedir-lhe a palavra, que vai "tirar-lhe do sério", colocar em perigo o próprio funcionamento da classe... aprisionamento na dupla infernal fascínio/repulsa, que faz esquecer todo o resto e inibe qualquer outro desejo que não o de enfrentar mais uma vez o outro, cristalizado, assim como ele, em uma aparelhagem de pulsões mortíferas.

Portanto, é preciso que ocorra uma separação, um corte às vezes doloroso, mas sempre necessário, para que cada um possa escapar do império do outro. É preciso que o aluno descubra que o professor não vive apenas para ele, que outros adultos e outros objetos podem preencher seu desejo e mover suas paixões. É preciso que descubra também que ele próprio pode investir suas energias em outro lugar e em outra coisa... e essa descoberta, paradoxalmente, deve ser trazida pelo adulto para que este ponha em prática a educação. No entanto, a tarefa é áspera, à altura do enorme risco que se tem de assumir; ela passa pela compreensão e pela difícil construção pelo aluno de sua própria história: em primeiro lugar história escolar, depois história pessoal. História escolar que é preciso trabalhar dia após dia a fim de operar os "descolamentos" da própria situação escolar, dos hábitos adotados, das redes de relações pacientemente construídas e sub-repticiamente mantidas, dos embotamentos da vontade que se desfaz nas expectativas recíprocas, da facilidade das reações convencionais e repetidas ao infinito. Depois, história pessoal, que o educador deve "autorizar", deve progressivamente fazer do outro seu "autor", permitindo-lhe "tomá-la e largá-la", suscitando o confronto entre o que ele diz e aprende com o que vive fora dali, levando-o a retomar, ou mesmo a desviar, as aquisições de sua educação por sua própria iniciativa.

É quando, então, o desejo do sujeito pode ser reconhecido e escapar, ao mesmo tempo, da sua avaliação sistemática, lentamente interiorizada ao longo do percurso escolar ("Nada de bom pode vir de meu próprio desejo") e à superestimação inevitável, única revanche possível para todas as frustrações sofridas ("Nada pode vir que não seja a realização pura e simples de meu mero desejo"). Assim, o desejo separa-se progressivamente da sua violência primária; ele encontra outros desejos e pode apoderar-se de novos objetos. Ele permite experimentar outros tipos de prazer: o prazer da descoberta e da superação, o prazer de uma relação com o outro em que o medo, a ameaça e a intimidação dão lugar à troca e ao enriquecimento recíproco... o prazer de um encontro com um objeto cultural que livra dos jogos de pulsões incontroladas e permite descobrir-se idêntico e diferente ao mesmo tempo, reconhecido e ligado, aceito mas não cristalizado, inserido em uma história que, finalmente, dá-se o direito de escrever por si mesmo.[84]

SUSPENDER...		...PARA SE DEDICAR	
a imagem de si em que se está aprisionado	pela abertura de possibilidades que permitem ao sujeito libertar-se do império das relações duais	*a deixar o lugar que o sujeito ocupa no imaginário de outro*	pela introdução de mediações que permitam assumir e ser reconhecido em seu desejo
UMA PERSPECTIVA BÁSICA	\- *Albert Thierry* (*L' homme en proie aux enfants*, p.72): "Ele pronunciará a palavra desconhecida que espero, essa palavra irresistível em que se expressaria uma infância verdadeira, a quem nenhum professor, nenhum livro, nenhuma mão teria ensinado a hipocrisia do conhecimento. [...] Ou sua voz, jovem e excepcional, quando eu a ouvir, apenas esboçará o ritmo de um mistério essencial, de uma canção enfim virgem?"		
DUAS REFERÊNCIAS	\- *Serge Leclaire* (*On tue un enfant*, Paris: Le Seuil, 1981): o psicanalista descreve o que está no centro da emergência do sujeito e o paradoxo que opera, em cada um de nós, nossa vida psíquica: "Cada um tem sempre uma criança a matar, uma perda a elaborar e reelaborar continuamente de uma representação da plenitude, fruída na imobilidade, uma luz que cega para que ela possa brilhar e estender-se noite adentro. Quem não elabora e reelabora essa perda da criança maravilhosa que foi permanece no limbo e na claridade leitosa de uma expectativa sem sombra e sem esperança; porém, quem acredita ter acertado as contas de uma vez por todas com o tirano exila-se das fontes de sua energia e considera-se para sempre como um espírito forte diante do reino da fruição" (P.12). \- *Catherine Pochet, Fernand Oury, Jean Oury* (*"L' année dernière j'étais mort..." signé Miloud*, Vigneux: Matrice, 1986): a partir de uma monografia exemplar sobre uma criança que se liberta progressivamente de uma atitude de bloqueio completo e de uma relação dual aprisionante, os autores mostram como "a escola, em sua forma tradicional, promove através de sua estrutura um		

---

[84] Vale citar aqui as pesquisas de Mariana Vidal, que prepara atualmente uma tese em nossa equipe sobre "levar em conta atitudes não-intencionais na relação pedagógica". Por meio de suas análises e a partir dos resultados das entrevistas realizadas com estudantes, ela mostra como o reconhecimento e o trabalho sobre o desejo do aprendiz, através de suas múltiplas expressões e mesmo nos atos mais banais da sala de aula, permitem simultaneamente o acesso à expressão pessoal e o abandono da posição de onipotência (ou de impotência) pela mediação da troca com outro e do diálogo com o objeto cultural: "O objeto de saber torna-se o testemunho da reconciliação com seu próprio desejo e de sua superação; o sujeito atinge, então, uma posição ética que se caracteriza pelo jogo iniciado assim entre ele e o outro".

	tipo de transferência e apenas um. E [...] o problema não é a transferência – estamos continuamente em transferência – e tampouco seu caráter ambivalente. O problema, para nós, é seu caráter massivo, que pode ser devastador. [...] E na classe cooperativa? Os problemas não são resolvidos, mas, colocados de outro modo pelo contexto, tornam-se solúveis. Mediações, instituições, grupos... a relação dual é evitada ao máximo. O professor já não é o único objeto de amor-ódio. Os riscos de dependência afetiva, de 'bifurcações' indesejáveis diminuem... a máquina dá ao professor um lugar certo na transferência das crianças, um lugar demarcado das conotações habituais que favorecem as projeções e as identificações abusivas" (p.121, 123, 126). No entanto, "a máquina" não funciona somente porque objetos são postos em circulação e são estabelecidas instituições ela funciona porque um longo trabalho da professora, sustentado por um grupo de análise das práticas, permite-lhe pensar essas relações com os alunos e identificar as situações que favorecem o desligamento da captação recíproca.
TRÊS FERRAMENTAS	*- as "faixas de judô"*: popularizadas por Fernand Oury, podem aparecer, em um primeiro momento, como um simples método de gestão individualizada das aprendizagens: cada aluno vê seu nível representado, em cada disciplina, por uma pastilha colorida correspondente às "faixas de judô" e ele conduz seu trabalho pessoal de maneira a passar de uma cor a outra. Além disso, a relação consigo mesmo, com o saber e com o professor é profundamente modificada, pois é o próprio aluno que pede para passar a uma cor superior quando se considera preparado. Assim, a avaliação torna-se um meio de mobilizar o desejo, de se desligar de um momento de sua própria história; é uma oportunidade oferecida ao aluno de se descolar de sua imagem, de aceitar um desafio, de utilizar uma prova escolar como ferramenta de emancipação, e não como meio de manifestar sua sujeição. *- a descontextualização*: consiste em favorecer a aplicação das aquisições escolares em outros âmbitos que não o âmbito escolar. Trata-se de descobrir que não se aprende apenas para "dar prazer ao professor" ou conseguir uma boa avaliação, mas que se aprende também para si e que se pode viver de suas aprendizagens, alimentar-se delas, aplicá-las em outras situações e em função de seus próprios desejos. Isto supõe um trabalho pedagógico pelo qual o professor coloca o aluno sistematicamente em posição de buscar ele mesmo situações nas quais aquilo que lhe foi ensinado em sala de aula por ele pode ser compreendido, utilizado, retomado fora dela. Não se trata de organizar novos "exercícios de aplicação" que dependam da iniciativa do professor, mas de pedir que os alunos verifiquem em sua vida pessoal, social e econômica que o objeto de saber não é apenas um objeto de chantagem em uma transação afetiva ou um objeto de troca em uma relação mercantil, mas um objeto de inteligibilidade das coisas e do mundo que libera o sujeito da captação escolar.

> *- a narrativa*: Paul Ricoeur mostrou muito bem a importância da narrativa na constituição do sujeito (ver, em particular, Temps et récit, Paris: Le Seuil, três tomos, 1983, 1984, 1985). E Marc-Alain Ouaknin descreve admiravelmente o "tempo da narração ficcional" como "aventura, encontro, acaso", "deixar-se tomar por novas possibilidades" [...] Na suspensão do mundo real, o leitor põe-se a inventar, a contar. Depois, põe-se a descrever a realidade, não como ela é, mas conforme um desejo, um querer. [...] A imaginação e a narrativa permitem criar diversos projetos. Juntos, o jogo imaginativo e o jogo narrativo conduzem o leitor a uma temporalidade antecipadora que também conduz a um jogo pragmático" (Lire aux éclats, Paris: Le Seuil, col. "Points", 1992, p.60 e 61). Nós mesmos trabalhamos sobre o uso da narrativa e a exploração de duas possíveis interpretações, como também sobre a construção da narrativa com os alunos, mostrando que isso possibilitava, além da apropriação de capacitações específicas, a ruptura e a invenção progressiva do "eu como possível" (Philippe Meirieu, "Le récit et la construction de la personnalité", Les enjeux actuels du théâtre, Lyon: CRDP, 1994, p.11 a 26).

→ *Da patologia à construção do objeto*

Sem dúvida, a ruptura com a captação das relações duais e a afirmação de seu próprio desejo é uma fase essencial da construção da personalidade. No entanto, a tarefa da escola, na medida em que ela constitui uma instituição educativa e está inserida em um projeto coletivo de emancipação dos homens, não deve limitar-se a isso. Na verdade, seria grande o risco de, ao reconhecer o outro em seu próprio desejo, confiná-lo naquilo que Kant chama de sua "patologia"[85] e não lhe permitir desligar-se de sua interioridade para tentar construir, pela racionalidade, um "objeto comum" que permita a troca.

Sabemos bem – e a história recente do Ocidente está aí para nos demonstrar isto – que existe também uma "patologia da racionalidade", a qual pode, de fato, deixar-se absorver pelo fanatismo e degenerar na violência por não tolerar que ninguém lhe escape. O próprio Platão foi objeto desse tipo de interpretação: arrancando o sujeito contra sua vontade das ilusões da "caverna", o filósofo é sempre suspeito de substituir seu arbítrio por outro, por ser incapaz de legitimar na razão a escolha de sua razão. Sob certos aspectos, não é mal-educar o homem para resistir contra todos aqueles que se declaram capazes de decidir o que é bom

---

[85] Cf. *Fondements de la métaphysique des moeurs*, tradução de Victor Delbos, Paris: Livro de Poche, 1993, p. 65, 83 e *passim*.

para ele no seu lugar, manipulando sua fraqueza ou sua credulidade para lhe impor suas concepções. Nesse sentido, a questão falsamente ingênua "Quem te fez rei?" é a questão filosófica por excelência, desde que o próprio filósofo aceite submeter-se a ela e não se colocar acima dela; desde que ele não se previna antecipadamente contra qualquer questionamento sobre sua própria legitimidade, imunizando-se contra qualquer crítica, proibindo, segundo a expressão popperiana,[86] a possibilidade de falsificação de seu próprio discurso.

Todavia, colocar a questão "Quem te fez rei?" supõe justamente a capacidade de não servir cegamente a qualquer professor a partir do momento em que soubesse utilizar, canalizar ou explorar eficazmente seus próprios desejos. Pois nada garante de antemão contra o comprometimento do desejo em projetos que podem ter toda a aparência de respeitabilidade e, no entanto, constituir graves riscos para o ser humano... Os clínicos, e sobretudo aqueles que se reivindicam no campo educacional, muitas vezes totemizam o desejo e consideram sua emergência como a garantia de uma libertação de todas as sujeições tutelares às quais o homem estaria submetido desde a origem dos tempos: o desejo seria, por natureza, subversivo, portador de um questionamento crítico, abrindo as portas a um espaço infinito de criação, liberando as potencialidades aprisionadas nas malhas do imaginário do outro. Compreende-se bem aqui o sentido dessa proposição. Todavia, ou bem é preciso aceitar que "o desejo" de que fala o psicanalista não é "qualquer desejo", mas um desejo "que impõe como condição o poder de ser sujeito para o outro, o dever primário de reconhecer o outro como sujeito",[87] e trata-se então de um desejo conduzido em um procedimento ético... ou bem é preciso assumir o risco de que o desejo às vezes também seja de destruição ou de morte, desejo de se destruir ou de destruir os outros. Significa dizer que o desejo deve ser submetido à instância da vontade e que a vontade deve ser esclarecida, para cada um, mediante uma reflexão ética, uma reflexão sobre a dimensão de seus atos que, como mostrou Kant, remete à perspectiva de uma universalização possível dos princípios que os inspiram.

Portanto, educar é, ao mesmo tempo, permitir a emergência do desejo e a da vontade, permitir que o desejo livre-se do império do imaginário do outro e permitir que a vontade instaure-se como instância crítica do desejo. Em outros termos, educar é permitir ao sujeito superar sua "patologia" para

---

[86] Cf. Karl Popper, *La logique de la découverte scientifique*, Paris: Payot, 1973, e *La connaissance objective*, Paris: Aubier, 1991.

[87] Serge Leclaire, *Le pays de l'autre*, Paris: Le Seuil, 1998, p. 35.

ter acesso a uma "prática" pela qual ele pode livrar-se das armadilhas de sua própria subjetividade desejosa: "É patológico", diz Kant, "aquilo que depende da parte passiva de nossa natureza, isto é, de nossa sensibilidade; é prático, ao contrário, aquilo que depende da livre atividade da razão".[88]

Hoje é um lugar-comum na pedagogia afirmar que os fracassos em matéria de aprendizagem estão ligados essencialmente à falta de sentido que os conhecimentos teriam para aquele a quem eles são propostos; é porque os objetos e os conceitos escolares estariam desconectados da realidade interior, da "vivência profunda" da criança, que não poderia assimilá-los. Essa concepção pedagógica mostrou-se fecunda, e nós mesmos a utilizamos antes ao assinalar a importância de levar em conta a realidade dos "interesses" da criança para poder deslocá-los em direção a objetos culturais de valor. No entanto, pode-se tentar invertê-la e perguntar se certos fracassos na aprendizagem não se devem justamente ao fato de que os objetos de conhecimentos propostos têm "sentido demais" para o aluno:[89] de fato, existem alunos que, quando o professor coloca o seguinte problema: "Seu pai compra um carro de 70.000 francos e o revende por 50.000 francos. Quanto ele perdeu?", não hesitam em responder: "Primeiro, meu pai não tem dinheiro para comprar um carro... segundo, eu não tenho pai!". Crianças que, evidentemente, não perceberam o estatuto do saber que estava em jogo; crianças que não viram que esse saber era uma realidade exterior à sua própria interioridade psíquica; crianças que não desassociam o que provém de sua subjetividade e o que provém de um "objeto comum" externo, suscetível de ser um meio de trabalho e de troca com outro.

Para essas crianças que são consideradas "em déficit", a solução pedagógica consiste, na maioria das vezes, em mudar o tipo de exemplos: "Você não tem pai, não tem carro, mas tem bolinhas!". Então, multiplicam-se os exemplos concretos que, ao contrário do que se acredita, remeterão o sujeito às suas dificuldades, permanecerão no registro da ressonância interna, sujeitarão o professor à sua patologia quando se deveria permitir que as superasse. É por isso que uma certa postura de ignorância metodológica da realidade psíquica do sujeito pode parecer tentadora;[90] porém, ela corre o risco de não atingir em nada seu modo de funcionamento psíquico,

---

[88] Victor Delbos, nota 45, em Kant, *Fondements de la métaphysique des moeurs,* op. cit., p.211.

[89] Esta hipótese e o desenvolvimento que se segue devem muito ao notável trabalho realizado em nosso laboratório, na Universidade Lumière-Lyon 2, por Emmanuelle Yanni. Sua tese, em fase de conclusão, deverá trazer dados particularmente valiosos sobre essa questão.

[90] Esta é a postura defendida por certos filósofos que vêem nisso a condição do caráter emancipador da escola (ver mais acima).

de simplesmente colocá-lo entre parênteses e, finalmente, de confrontá-lo com uma impossibilidade radical que o conduzirá inevitavelmente à exclusão ou o introduzirá em uma estrutura "especializada" de caráter terapêutico. Proceder dessa maneira é acreditar que a dificuldade de construir uma "relação objetual" é da ordem de um desarranjo psicológico excepcional de caráter patológico. De fato, pode ser assim em alguns casos muito marginais, embora os trabalhos psicológicos de Piaget, de Wallon ou de Winnicott, assim como as reflexões de Habermas, mostrem bem que essa dificuldade de construção da "relação objetual" não é uma disfunção excepcional; ao contrário, ela constitui uma passagem obrigatória da construção da pessoa, uma passagem obrigatória que nunca se sabe com certeza se ela foi definitivamente realizada e que, sem dúvida, deve ser refeita a cada dia, a cada instante de nossa vida psíquica, a cada vez que o "sentido" satura a realidade, que a interpretação subjetiva paralisa o acesso aos "objetos comuns", que a projeção de nossas angústias e de nossos desejos incontroláveis impede-nos de aceitar que "o real" – ainda que represente uma realidade para sempre inacessível – deve ser construído em uma suspensão de suas reações patológicas, por um esforço de vontade que somente ele permite esperar estabelecer com outro uma troca autêntica. É porque a racionalidade não é um dado no qual se poderia instalar de uma vez por todas; ela é, mais do que isso, uma perspectiva reguladora da atividade psíquica, uma perspectiva que requer que a pedagogia obtenha os meios não de impô-la pela violência, mas de inseri-la em uma vontade operante, uma atividade que trabalha e que se experimenta em toda atividade de aprendizagem... uma vontade que não pode manifestar-se a não ser que seja sustentada pela atividade educativa.

SUSPENDER...		...PARA SE DEDICAR	
suas dificuldades pessoais, sua patologia	pelo trabalho sobre os componentes patológicos da pessoa e pelo apelo à sua vontade	*a se posicionar progressivamente do ponto de vista da racionalidade, excluindo o afeto das situações de aprendizagem*	pela construção de uma relação objetual com os saberes
UMA PERSPECTIVA BÁSICA	*- Albert Thierry (L' homme en proie aux enfants*, p.48): "Eu deveria concordar sem restrição que o eu é insuportável? Falar mal de nós mesmos, como todos sabemos, é uma vaidade, tanto quanto falar bem. Mas, nem bem nem mal, somente falar de nós para esclarecer nossas idéias, como falaríamos de um homem que encontramos nos livros ou na rua".		

DUAS REFERÊNCIAS	- *Emmanuel Kant (Fondements de la métaphysique des moeurs*, Paris: Livre de Poche, 1993): embora esse texto célebre lembre em inúmeros pontos as preocupações pedagógicas cotidianas, embora o formalismo kantiano tenha sido posto em questão muitas vezes e embora o conceito de universalidade tenha sido aviltado por aqueles que o utilizaram como um instrumento de dominação, a perspectiva kantiana continua sendo básica: "É preciso que a razão considere a si mesma como criadora de seus próprios princípios, excluída qualquer influência externa..." (P.130). Com certeza, o homem totalmente racional não existe, como tampouco aquele que age sempre "por dever" (e não apenas "conforme o dever")... Todavia, a educação não pode criar um impasse sobre a exigência da distinção entre os atos originários de nossas inclinações sociais e aqueles que a vontade permite subtrair dessas inclinações. De fato, o acesso à humanidade impõe esse esforço que, apenas ele, garante a constituição de um "lugar coletivo", graças ao qual possam encontrar-se seres concretos. - *D. W.Winnicott (L' enfant et le monde extérieur*, Paris: Payot, 1982): por meio de uma série de ensaios que dizem respeito essencialmente às relações entre a criança e sua mãe, o psicanalista mostra que a criança, quando vem ao mundo, é incapaz de distinguir a interioridade da exterioridade. A educação consiste, então, em apresentar um objeto no momento em que este aparece sob forma de alucinação no "eu interior". Assim, a criança pode construir a exterioridade de maneira progressiva, graças à ação adequada de seu ambiente que lhe dá sustentação nessa conduta. Essa construção (que Winnicot chama de "descoberta-criação") ocorre em "um espaço transacional", pela intermediação de objetos antes incorporados à subjetividade, que progressivamente adquirem uma existência autônoma. A criança também pode exercer seu poder sobre esses objetos (o que era impossível quando não eram distintos de seu próprio mundo interior). Esse poder permite-lhe desenvolver toda uma série de experiências que lhe possibilitarão inserir-se em uma relação objectual.
TRÊS FERRAMENTAS	- *a ignorância metodológica*: consiste em "fazer como se" as dimensões patológicas não existissem e se o aluno fosse espontaneamente capaz de ter acesso à interargumentação racional. Como assinalamos várias vezes, esta é apenas uma postura possível a pôr em prática conhecendo seus limites: ela pode ter um efeito positivo, na medida em que a tarefa proposta permite às pessoas apropriarem-se do registro racional e livrarem-se de situações muito "afetivas"; ela requer a mediação de objetos de que o sujeito possa apropriar-se sem perceber tal apropriação como uma violência – o que o levaria a inevitáveis retratações –, mas como uma confiança que pode honrar. Nessa perspectiva, o caráter abstrato de uma aprendizagem proposta, desconectada da vivência da pes-

> soa, pode representar uma oportunidade para ela. Como todo método pedagógico, só pode ser posto em prática depois de regulado em função da observação dos efeitos que produz.
> - *a dissociação progressiva*: trata-se de levar o aluno a dissociar progressivamente aquilo que emerge de sua vivência pessoal daquilo que emerge das realidades observáveis. Nessa perspectiva, o confronto entre colegas é um meio particularmente eficaz, desde que não acabe com a dominação de um sujeito que de algum modo imponha sua subjetividade aos outros. Portanto, o papel do educador é absolutamente essencial, assim como o uso de mediações, como a referência e a identificação progressiva do que é objeto de consenso, a retomada regular das aquisições, seu confronto com situações que escapam à vivência imediata do grupo, a verificação individual em outras situações do caráter objetual dos saberes assim construídos.
> - *as situações de transição*: são situações em que, segundo a expressão de Emmanuelle Yanni, os alunos trabalham juntos sobre "objetos flutuantes", como textos efêmeros produzidos por um indivíduo ou um grupo, expressões espontâneas, produções artísticas de todas as espécies e mesmo produções escolares tradicionais. Trata-se de submeter esses "objetos flutuantes" ao trabalho de um grupo e permitir-lhe compreender progressivamente seu estatuto: o que cada um poderia ter dito ou feito? O que pode ser consagrado como uma expressão comum? O que remete a situações conhecidas ou encontradas por outros? Como se pode formular as coisas para que todos se reconheçam nelas ou, pelo menos, compreendam a proposição? Em que isso que é proposto é "sensato" e pode ser compreendido por todos?

→ *Da inibição à coragem*

Esta é, sem dúvida, a expressão que sintetiza e constitui o domínio próprio da tensão suspensão/risco; este é o movimento pelo qual a pedagogia confronta-se com a constituição do ser humano e permite a emergência de um sujeito. Evidentemente, não é fácil e as velhas aforias filosóficas, assim como as recentes contribuições da psicanálise, estão aí para nos lembrar disso. Aristóteles já se perguntava como se podia aprender a tocar cítara, pois para aprender a tocar cítara era preciso tocar cítara e, quando se toca cítara, é porque já se sabe tocar cítara... círculo vicioso do qual não se pode escapar a não ser pela *coragem de fazer sem saber fazer ainda*, o que é certamente a coisa mais difícil do mundo.

Recentemente, professores do primário e da sexta[*] estiveram trabalhando conosco com a aprendizagem da tomada da palavra na escola

---
[*] N. de T. Corresponde à 5ª série do ensino fundamental no sistema brasileiro.

– aprendizagem sem dúvida bem mais difícil hoje, apesar do silêncio mantido cuidadosamente sobre a questão, do que a da leitura e da escrita. Longe de Artistóteles e do paradoxo da cítara, as questões que nos colocávamos estavam, no entanto, muito próximas às do velho filósofo: como um aluno pode tomar a palavra na classe se ele ainda não sabe tomar a palavra? E como ele pode aprender a tomar a palavra senão tomando a palavra? E se ele não sabe expressar-se oralmente, como poderá um dia aprender a expressar-se oralmente, pois ele jamais tomará a iniciativa de falar e, se pressionado pelo professor, há o risco justamente de continuar sempre mudo, fechado em um personagem do qual não poderá livrar-se de outro modo que não pela violência? Fechamento terrível que lembra estranhamente aquilo que é descrito pelo psicanalista quando evoca o aprisionamento da criança nos fantasmas do adulto:

> Você foi feito para satisfazer meus desejos, responder por mim e não por você, realizar meus sonhos, confirmar minhas convicções, atestar minhas qualidades de pai ou de educador... Você está condenado ao silêncio sobre você; a esse silêncio que você poderá conscientemente povoar de palavras que lhe ensinei e que respondem à minha expectativa, ou preencher com desejos que você sabe que realizarão antes de tudo os meus, gestos que eu poderia considerar com essa afeição envolvente que você conhece bem e pela qual lhe digo o quanto estou satisfeito com você.

É preciso uma força sagrada de arrebatamento para ousar uma palavra que rompa o círculo vicioso da impossibilidade de começar e destrua a rede de desejos do adulto. É preciso uma energia sagrada, algo tão forte que isso se torna quase um milagre. E, talvez, para que esse milagre ocorra, seja preciso também alguns "dispositivos" e um "olhar" particular do adulto. É porque falar verdadeiramente, iniciar uma atividade ou uma aprendizagem são coisas extremamente difíceis, é porque o advento do sujeito que "fala por si" e decide crescer é o que há de mais difícil no mundo, é que é preciso ajudá-lo, fornecer-lhe modestamente alguns pontos de apoio, alguns objetos, algumas ferramentas que lhe permitam "colocar-se em jogo a propósito de".[91] É evidente que isto não produzirá nada automaticamente: não se aciona a decisão de "falar por si", de romper com um passado escolar carregado de expectativas recíprocas, de começar a aprender aquilo que se ignora, como se aciona a decolagem de um foguete, apertando um botão. Simplesmente se oferecem alguns meios,

---

[91] Mais uma vez, é preciso remeter aqui à pedagogia institucional e ao belo livro de René Laffitte, *Une journée dans une classe coopérative* (Paris: Syros, 1985). Ver, em particular, o Capítulo 4: "Une question qui reste posée: qu'est-ce qui les fait grandir?"(p.171 a 182).

que podem ser multiplicados, cruzados entre si, "autorizados", ou seja, procura-se fazer com que ele se "torne autor", sem jamais degenerar na contradição infernal da sentença que é um paradoxo: "Eu lhe ordeno que fale por você". Ao contrário, essa oferta de objetos, essa paciente construção de instituições que acabamos de explorar em suas múltiplas variações, pode ajudar o aluno a envolver-se desde que o professor, por sua vez e sempre que possível, testemunhe a verdadeira ternura pedagógica: não aquela falsificada, do adulto que ganha sua afeição como quem ganha uma aposta, mas aquela maravilhada, porque consciente da imensa dificuldade da coisa, que se manifesta toda vez que se esboça um gesto que vem interromper a repetição psicótica, que escapa do círculo infernal das expectativas escolares. Um olhar e não uma recompensa, uma troca e não um comércio, um encontro de pessoas que sabem da dificuldade da aventura e não uma nota alta ou média do "sujeito – suposto – saber" ao "sujeito – suposto – aprender". Pois o aluno nunca, ou raramente, terá coragem de começar se não houver "apoios" para que arrisque a palavra; em geral, ele não encontra sozinho essa coragem de aprender que o levará inevitavelmente a se separar do que era, do que sabia e do que lhe haviam ensinado. E é por isso que toda verdadeira pedagogia é, acima de tudo, uma "pedagogia da coragem".

SUSPENDER...		...PARA SE DEDICAR	
sua ignorância, sua incapacidade ou seu medo	pela confiança, pela reserva do educador e pelo "acionamento" dos dispositivos de formação	*a tentar alguma coisa que nunca se fez e que ainda não se sabe fazer*	pela criação de dispositivos pedagógicos em que cada aluno possa colocar-se em jogo
UMA PERSPECTIVA BÁSICA	*- Albert Thierry* (L' homme en proie aux enfants, p.157): "Alguém está recitando? – Que se cale – É hora de trabalhar."		
DUAS REFERÊNCIAS	*- J. H. Pestalozzi* (Mes recherches sur la marche de la nature dans l'évolution du genre humain, Lausanne: Payot, 1994): recentemente traduzida em francês e apresentada por Michel Soëtard, a obra filosófica de Pestalozzi foi escrita em 1797, após o fracasso de várias experiências educativas (em que ele tentou aplicar as teorias rousseaunianas, convencido que estava da "bondade natural dos homens") e antes da experiência de Stans (em que será confrontado com a realidade social em suas dimensões mais trágicas e terá de fazer frente a essas crianças violentas, ociosas e "reduzidas ao estado selvagem"). Trata-se, com certeza, de uma obra fundamental para compreender a coisa educativa. Nela o autor traça um amplo panorama da evolução da humanidade, distinguindo um "estado animal" em que o homem caracteriza-		

se por uma liberdade impulsiva e não-reflexiva, um "estado social" no qual se associa a seus semelhantes acreditando encontrar nisso a felicidade, mas no qual descobre essencialmente a mediocridade, a violência e as restrições, e um "estado moral" em que, na tensão entre a liberdade primária e as inevitáveis mutilações sociais, ele pode forjar para si uma vontade que lhe permita "fazer de si uma obra de si mesmo". A educação é aqui esse projeto difícil em que, graças ao trabalho sobre essa tensão, cada um pode chegar a um equilíbrio possível... um equilíbrio que somente se pode alcançar à medida que se apóia na liberdade primária e se reconhece serenamente e sem ilusões a necessidade da limitação coletiva. Fazer com que essas duas realidades atuem permanentemente uma sobre a outra passa a ser então a tarefa pedagógica por excelência, uma tarefa que, assumida enquanto tal, permite, segundo a expressão de Michel Soëtard, chegar à "sabedoria do pedagogo"... E, no último estágio dessa sabedoria, há a certeza de que ele é apenas um mediador e de que seu êxito exige que tenha capacidade de aceitar que o outro conclua ele próprio sua tarefa, que ele sinta necessidade e encontre força para concluir sua própria educação (cf. Michel Soëtard, *Pestalozzi ou la naissance de l' éducateur*, Berna: Peter Lang, 1981, em particular p.354 e ss.).

- *Michel Serres* (*Le tiers instruit*, Folio, Paris: Gallimard, 1992): por intermédio de uma extensa reflexão sobre a educação, o autor lembra "que nenhuma aprendizagem dispensa da viagem", que toda aquisição nova requer a coragem de abandonar a margem de certezas e de convicções estabilizadas para enfrentar uma travessia cujo destino não se conhece exatamente e que coloca em risco o sujeito: "A verdadeira passagem tem lugar no meio. Em qualquer sentido que se nade, o solo inclina-se a dezenas ou a centenas de metros abaixo do nível da água ou quilômetros atrás e adiante. O viajante está sozinho. Ele precisa atravessar para aprender a solidão. Ele se reconhece no esvaecimento das referências." (p. 24). Isto quer dizer que o educador acompanha os momentos de solidão, que a exortação não serve para muita coisa e que o essencial de sua tarefa reside na capacidade de tornar possível a aceitação do risco inerente a toda aprendizagem.

| TRÊS FERRAMENTAS | - *o planejamento aberto*: é bem sabido que o ensino exige um planejamento e que este constitui um valioso ponto de apoio para o professor. Porém, ele é um ponto de apoio somente na medida em que o torna disponível, em que libera uma parte de sua atenção para captar as ocasiões que permitem aos alunos colocar-se em jogo e tentar sua chance. Poderia tratar-se aqui daquilo que Jean Oury chama de "ritmo", essa respiração do pensamento e da ação, essa modulação do tempo que permite rupturas, desligamentos e iniciativas: "É a partir do ritmo que há espaço e que haverá tempo" (*Création et schizophrénie*, Paris: Galilée, 1989, p.40)... Tempo para o outro, para que ele capte |

uma palavra, uma frase, uma imagem, um objeto e parta para a aventura. Tempo para o silêncio no qual a reflexão pessoal permite encontrar forças para começar. Tempo em que a palavra acelera-se e fornece o impulso sem o qual jamais se teria ousado assumir o menor risco. Tempo em que o professor e os alunos encontram o ritmo que permite ao mesmo tempo o engajamento e a contenção.

- *o envolvimento*: como, de fato, imaginar que o aluno se envolverá se o professor não faz isso? Como imaginar que um aluno assumirá os riscos se o professor o impede disso? Há um momento em que a certeza imposta, a sentença definitiva, a exposição burocratizada remetem ao aluno a imagem de um saber fechado, aferrolhado, dominado sem a menor sombra de dúvida, abolindo sua própria gênese e suas próprias sondagens. Então, não se pode esperar nada do aluno que não seja uma atitude de resignação, de aceitação incondicional ou de recusa mais ou menos vigiada. Ao contrário, se houver um esforço para criar situações de busca comum, se o próprio professor assumir riscos nisso, se ele se empenhar em trabalhar em uma tarefa que impõe a seus alunos e deixar que se perceba suas hesitações, o aluno então se sentirá "do mesmo lado do saber" que o professor (Lucien Brunelle, *Travail de groupe et non-directivité*, Paris: Delegrave, 1976), preparado para iniciar a travessia, sabendo que, se poderá contar somente com suas próprias forças para atingir a outra margem, outros antes dele já enfrentaram a prova. A escrita de um texto literário, a busca de soluções originais em um problema de matemática, o envolvimento do adulto em um processo de criação artística são aberturas possíveis em que a aceitação do risco pelo aluno pode ser estimulada pela do professor que se coloca diante dele como pesquisador em seu próprio saber.

- *a contenção:* é o reverso necessário da aceitação do risco... e a tensão entre esses dois pólos constitui, da perspectiva do professor, o que se busca promover para os aprendizes. Porém, a contenção não é retenção; ela é uma retirada furtiva que dá a entender que o outro pode concluir a frase esboçada. Ela é o oposto dessa compulsão da totalidade, dessa corrida aos "programas fechados". Ela é esse ligeiro recolhimento, um pudor sem afetação que designa um espaço ainda vazio que o outro pode ocupar.

A transferência como "princípio regulador" das práticas pedagógicas

Assim apresentados e compilados em diversos quadros, os saberes pedagógicos podem parecer um conjunto bem disparatado, e as relações que tentamos estabelecer bastante superficiais. Como evitar a armadilha da justaposição de práticas heteróclitas que estariam ligadas apenas à intuição do educador ou julgadas em função de uma eficácia imediata acima de tudo aleatória? Como não sucumbir aos modismos e evitar ser devorado por metodologias, algumas das quais poderiam tornar-se dominantes, ou mesmo hegemônicas, em função dos acasos da conjuntura e das preferências pessoais do professor?[92] Para isso, é preciso, mais uma vez, um "princípio regulador", uma perspectiva que permita recuperar uma unidade fundamental e evitar que as atividades pedagógicas dispersem-se em uma variedade de dispositivos heterogêneos. Para nós, porém, essa perspectiva é constituída por aquilo que chamamos de *transferência*. Não se trata aqui, é evidente, da transferência psicanalítica, nem do trabalho de "vulgarização dos conhecimentos científicos" que às vezes se designa por esse nome. Trata-se da própria dinâmica pela qual um sujeito apropria-se de um saber e incorpora-o em seu desenvolvimento a fim de chegar a novos saberes. Trata-se, de algum modo, de pensar pedagogicamente a dialética "assimilação/acomodação", tal como Piaget a descreveu; trata-se, sobretudo, de impulsionar a dinâmica pela qual o sujeito poderá, de algum modo, circular na "cartografia pragmática" que definimos e apoiar-se permanentemente em um dos quatro setores para poder projetar-se no outro.

De nossa parte, nossos trabalhos mostraram-nos que a transferência, no campo pedagógico, poderia ser objeto de três abordagens, em níveis de complexidade distintos.[93]

• *Em um primeiro nível, a questão da transferência remete à possibilidade de utilizar um conhecimento, uma competência ou um domínio de uma situação a outra.* Isto supõe que o sujeito tenha identificado seme-

---

[92] Cf., a este respeito, o conjunto de testemunhos contidos no número dos *Cahiers pédagogiques* consagrado aos modismos e oscilações na pedagogia (330, janeiro de 1995).

[93] Sobre a questão da "transferência de conhecimentos na formação inicial e contínua", organizamos um colóquio internacional em setembro de 1994 em Lyon. O conjunto de documentos preparados para esse colóquio foi editado (Apprendre – Sciences de l' Éducation, Université Lumière – Lyon 2, 16, quay Claude-Bernard, 69007 Lyon). As atas e as conclusões do trabalho estão em preparação e devem ser lançadas em breve (sob a coordenação de Michel Develay e Philippe Meirieu, CNDP, coleção "Documents, actes et rapports pour l' éducation").

lhanças no plano das estruturas em duas situações consideradas e que tente "descontextualizar" aquilo que adquiriu em uma situação para tentar recontextualizá-la em outra. Por outro lado, essa conduta pode ser objeto de formação à medida que o professor tente introduzir permanentemente em seu ensino uma dinâmica que leve o aluno a se projetar no futuro e a vislumbrar usos possíveis daquilo que está prestes a aprender. Ela também pode ser facilitada pela incitação, a cada descoberta de um problema novo, a buscar nas situações-modelo que já encontrou e que conseguiu solucionar as que mais se aproximam daquilo que tem de enfrentar.

• *Em um segundo nível, a questão da transferência remete à possibilidade de "criar pontes"...* pontes entre disciplinas diferentes, entre a situação de formação e a situação de trabalho, entre os saberes escolares e a vida pessoal e social do sujeito. Isto supõe não apenas uma "transposição", o "transporte" de uma ferramenta de uma situação a outra, mas, bem mais do que isso, uma verdadeira reconstrução de esquemas de ação em função daquilo que já foi aprendido e de elementos novos que são descobertos, em função também do ambiente particular no qual se encontra agora, de seus códigos sociais e de seus hábitos, da história específica de um sujeito que encontra outras histórias e deve levá-las em conta para incorporar aquilo que ele era e o que já sabia em uma situação social nova.[94] Aqui estamos longe do primeiro nível, que de algum modo isolava artificialmente um "segmento racional" no funcionamento mental do sujeito, desligava-o de toda história, de todo jogo coletivo e simbólico para se ater apenas a uma "lógica formal" das habilidades transferíveis. Vemos também que o professor pode favorecer esse tipo de transferência tentando modificar as situações de inserção social e simbólica dos saberes transferidos e trabalhando com os próprios alunos sobre a complexidade das condições de transferência assim analisadas.

• *Em um terceiro nível, a questão da transferência remete à própria possibilidade de incorporar conhecimentos "mortos" em uma dinâmica pessoal e de se constituir como sujeito de seus próprios atos.* De fato, como bem demonstrou Bernard Rey em sua tese, defendida recentemente em nossa universidade, "não basta que o sujeito detenha a competência cognitiva que convém a um problema para que o utilize em sua resolução. É

---

[94] Justamente sobre esta questão, a partir da articulação entre o ensino técnico e profissionalizante, por um lado, e as "situações de trabalho", por outro, realizamos um vídeo que descreve perfeitamente a necessidade da reconstrução completa de esquemas de ação e da maneira como se opera tal reconstrução (Philippe Meirieu e Jean-Paul Julliand). *Apprendre et faire*, video VHS, Apprendre – sciences de l' éducation, Université Lumière – Lyon 2, 16, quay Claude-Bernard, 69007 Lyon).

preciso também que ele queira ou, antes, que sua percepção da situação, o sentido que lhe dá, a intenção que ele tem em relação a ela, faça com que a perceba como um objeto possível de aplicação dessa competência".[95] Significa dizer que a transferência aqui não tem nada de "mecânico", mas remete a uma conduta, a uma "intenção", diz o autor, que questiona essencialmente a relação entre a cultura transmitida e a identidade pessoal construída. Enquanto princípio regulador das práticas pedagógicas, a transferência coloca assim a questão dos meios para que os saberes sejam incorporados pelas pessoas e contribuam para o seu desenvolvimento pessoal e coletivo. Mais fundamentalmente ainda, e em relação à nossa "cartografia pragmática", a transferência questiona-nos sobre nossa capacidade pedagógica de fazer o aluno "circular" entre os quatro setores que definimos. Ele nos questiona sobre nossa preocupação de permitir a passagem de um a outro obtendo o apoio sistemático de um para abordar o outro.

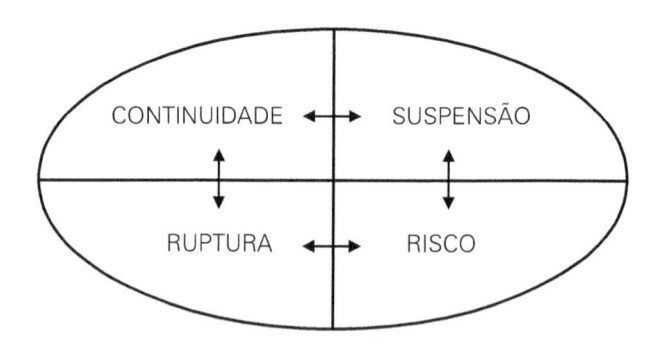

```
    CONTINUIDADE  ←→  SUSPENSÃO
         ↕                ↕
       RUPTURA   ←→    RISCO
```

Nesse sentido, a transferência pode ser definida como uma conduta de construção identitária... mas uma conduta em que a identidade jamais é fixação, enraizamento definitivo em um dado, limitação ao conhecido por segurança. Uma conduta em que a identidade é um percurso jamais acabado, um estabelecimento de relação sistemático, um questionamento recíproco daquilo que constitui os pontos de apoio necessários, porém limitados, da construção de si. Isto supõe que o professor – e, mais amplamente, todo projeto educativo – consiga articular os quatro setores que definimos, jogar em cada um dos registros que eles constituem, fazer passar sistematicamente de um a outro a fim de que o tempo todo os *savoir-faire** sejam questionados pelos saberes e os saberes

---

[95] *Les compétences transversales: illusion ou utopie?*, tese defendida em setembro de 1994 na Universidade Lumière – Lyon 2, p. 393.

* N. de R. T. Corresponde à exprenssão "saber-fazer", própria da pedagogia.

pelos *savoir-faire*, os conhecimentos pelas atitudes e as atitudes pelos conhecimentos, os interesses sociais pelos interesses intelectuais e os interesses intelectuais pelos interesses sociais, o universal abstrato pela subjetividade individual e a subjetividade individual pelo universal abstrato, etc. E tudo isso deve estar inserido em uma trajetória que permita ao sujeito ser, ao mesmo tempo, ele mesmo e um outro, *idem* e *ipse*, como explica Paul Ricoeur,[96] em busca de uma identidade que não se pode esperar encontrar a não ser que se renuncie a manter com ela uma relação de posse ou, *a fortiori*, de exasperação.

Assim, a transferência, no sentido que entendemos aqui, "pode ser compreendida como o encadeamento lógico e, sem dúvida, único que o sujeito opera entre as coisas. Ela é a inferência problemática e indeterminável objetivamente entre essas mesmas coisas do ponto de vista do observador".[97] Por isso, convém estar atento aos vínculos, às articulações, às transições sutis e às projeções brutais que permitem ao aluno construir para si uma história amplamente imprevisível e que os instituem como sujeito. Rejeições brutais e injustificadas daquilo que antes se admirava; entusiasmos surpreendentes por objetos, comportamentos, grupos que até então se desprezavam. Conversões sutis a valores rejeitados; silêncios estranhos de quem falava o tempo todo; palavra hesitante ou firme daquele que se limitava ao silêncio; queda sem razão do "bom aluno"; tentativa totalmente inesperada do "preguiçoso" que se lança em uma tarefa inacessível; endurecimento ou, ao contrário, disponibilidades imprevistas; mudança do centro de interesse, obstinação ou renúncia sem razão aparente; acontecimentos incompreensíveis e que deixam o educador sempre perplexo, freqüentemente desarmado, às vezes inquieto, quando ele deveria, ao contrário, maravilhar-se e acompanhar a tomada de consciência que transforma os fatos em "acontecimentos para aqueles que falam" e permite que estes "narrem".[98]

Acontecimento quando um sujeito dá sentido a seu passado e, com isso, consegue livrar-se dele... quando a continuidade representa

---

[96] "A confiança em si abre caminho à uma disjunção possível entre o *quem* da questão 'quem sou eu?' e o *que* da questão 'que sou eu?' [...] a noção de identidade narrativa preenche o espaço deixado entre as duas noções limites de uma mesmidade sem ipseidade e de ipseidade sem mesmidade." "Le 'soi digne d'estime et de respect", *Autrement*, 10, fevereiro de 1993, p. 88 a 99, p. 89. Cf. também *Soi-même comme un autre*, Paris: Le Seuil, 1990, p.12 e ss.

[97] Nicole Allieu, documento da Universidade Lumière- Lyon 2, por ocasião do Colóquio Internacional sobre a Transferência de Conhecimentos, setembro de 1994.

[98] Cf. Paul Ricoeur: "O tempo torna-se humano à medida que é articulado de maneira narrativa; por sua vez, a narrativa é significativa à medida que desenha os traços da experiência temporal". (*Temps et récit – 1. L' intrigue et le récit historique*, Paris: Le Seuil, col. "Points", 1991, p. 17).

esse pólo indispensável de estabilidade que permite assumir a ruptura, e a ruptura representa essa distância em relação à tradição que permite pensar-se em sua historicidade.

Acontecimento quando um sujeito encontra força para recuar de suas convicções, renuncia a "perseverar em seu ser", como dizem os filósofos existencialistas, para assumir o risco de explorar um mundo incomum, de se confrontar com novos conhecimentos, de pôr em questão uma imagem de si na qual ele se instalou.

Acontecimento quando a continuidade oferece a garantia necessária para recuar sem se negar. Acontecimento quando a ruptura não é negação, mas abertura, quando a incorporação do risco não tende para a errância, mas sabe incorporar a suspensão que torna possível a antecipação.

Navegação estranha para quem só compreende a educação como um conjunto de procedimentos justapostos e vê o desenvolvimento da pessoa somente como uma trajetória linear, a construção previsível de um ser socialmente determinado ou o acesso progressivo à realização em uma racionalidade, enfim, dominada. Processo complexo que não se reduz ao conjunto de procedimentos postos em prática ou ao conjunto das produções escolares obtidas; processo feito de desenvolvimentos sucessivos, de pontos de vista não-convencionais, de tomadas de posição e de partidos que ninguém pode programar e nos quais, sobretudo, não devemos aprisionar um sujeito para sempre. Ocasiões de refluxo que desencorajam os julgamentos definitivos e as proibições, implícitas ou explícitas, de abandonar um lugar provisoriamente ocupado. Ocasiões de refluxo que são os meios de concluir por si mesmo sua educação, segundo o princípio de Pestalozzi de "retomada autônoma, orgânica" pelo indivíduo de sua própria educação.[99] Ocasiões que destinam o projeto educativo a permanecer inacabado, isto é, conferem ao sujeito e apenas a ele a responsabilidade última de encontrar seu próprio caminho, de transferir, de desvirtuar tudo aquilo que herdou e tudo o que lhe foi ensinado, de se deslocar nos dispositivos que lhe são propostos em busca de sua possível e impossível unidade.

---

[99] Cf. Michel Soëtard, *Pestalozzi ou la naissance de l'éducateur* (Berna: Peter Lang, 1981, p. 354 e ss.).

A pedagogia, passagem obrigatória entre ensino e aprendizagem

Se tiver acompanhado até aqui nosso inventário, ainda que lacunar e arbitrário, dos saberes pedagógicos, se tiver examinado de perto todos os quadros, se estiver convencido por nossa defesa apaixonada de uma inventividade pedagógica que permita ao sujeito construir sua própria história através de uma variedade de dispositivos, o leitor sem dúvida estará atordoado. Talvez tenha tido mesmo a sensação de assistir a uma empreitada extravagante, em que um êmulo medíocre de Bouvard e Pechuchet obstinava-se em empilhar conhecimentos de estranho estatuto, tomados de autores heteróclitos e amplamente desvirtuados, inventados pela circunstância ou integrados artificialmente em contextos para os quais não haviam sido pensados. Ele poderá assinalar esquecimentos patentes, denunciar o caráter perverso dos efeitos de simetria e o caráter suspeito das quantificações – das contas? – que procuramos respeitar: duas tensões, sete dimensões e, para cada uma delas, uma perspectiva, duas referências e três ferramentas! Tratando-se, além de tudo, de um autor que não se poupou de denunciar os excessos do didatismo, isto é motivo, com toda certeza, para provocar risos sarcásticos do leitor. E, sobretudo, o que significa essa avalanche de propostas impossíveis de conduzir simultaneamente e capazes mesmo de desmobilizar, por seu maximalismo, o professor mais bem-intencionado?

Se isso ocorresse, é porque nossa intenção não teria sido suficientemente compreendida e nossa perspectiva insuficientemente afirmada. Vamos recordar o essencial: a pedagogia sobrevém, a nosso ver, quando, no que chamamos de "momento pedagógico", reconhecemos a resistência do outro ao nosso projeto... essa resistência pode assumir múltiplas formas: a persistência de suas representações apesar de todas as nossas explicações racionais; a divergência de seus interesses ou de suas preocupações apesar de todos os nossos projetos de sedução; o sofrimento de suas incompreensões – ou seu inverso, que constitui a indiferença – apesar de todos os nossos esforços de rigor e de clareza. Certamente, quando essa resistência é reconhecida, pode-se decidir ignorá-la ou rompê-la, excluir, marginalizar, circunscrever a liberdade do outro por uma manipulação hábil ou procedimentos de condicionamento experimentados... Mas também podemos decidir reconsiderar nossa própria relação com o saber, nossos métodos de ensino, o estatuto de nossa palavra e de nossos dispositivos.¹⁰⁰ Então, torna-se necessário apelar para a nossa inventividade e pode ser útil retirar de nossos "reservatórios metodológicos" saberes pedagógicos dos quais fizemos apenas uma exposição sumária.

Em outros termos, não negamos, de maneira nenhuma, o "projeto de ensinar" e estamos mesmo convencidos de que, segundo o título de um número especial da revista *Esprit*, é preciso "ensinar não obstante". Tampouco recusamos as três etapas necessárias desse projeto: *a organização dos saberes segundo "a ordem das razões"* (fundamento enciclopédico de toda lógica de ensino, por natureza expositiva e demonstrativa), *a programação* (que "negocia" os conteúdos de todo ensino em função de um conjunto de limitações epistemológicas, institucionais, didáticas, psicológicas e sociais¹⁰¹) e *o planejamento* (que organiza uma seqüência de trabalho explicitando os objetivos gerais e específicos, os "conceitos-núcleo", as situações de aprendizagem e seus suportes, os exercícios de aplicação e a avaliação). Essa lógica do ensino continua sendo essencial e não se trata de pretender dispensá-la, salvo promover a improvisação permanente que, com toda certeza, não pode pretender dar frutos a não ser que seja posta em prática por alguns – raros – equilibristas geniais. Não desejamos, portanto, de maneira nenhuma, renunciar a essa lógica: apenas afirmamos que ela pode facilmente degenerar no delírio ou no solipsismo vingativo daquele que não suporta não ser compreendido e acaba por negar qualquer outra inteligência que não a sua. Acreditamos que é bom que a lógica do ensino entre em choque, de tempos em tempos, com a lógica da aprendizagem, a dos alunos concretos, em que a ordem não é a da reconstrução *a posteriori* dos conhecimentos elaborados, mas a da *sondagem* e da *descoberta*, em boa parte desordenados, daquilo que só se reconstruirá mais tarde... a dos alunos em situação de ter de *decidir livremente aprender* e que não podem ser obrigados a isso, salvo resignar-se ao condicionamento ou à domesticação... a dos alunos singulares que não conseguem chegar ao universal a não ser de maneira aleatória, partindo daquilo que são e levando em conta o que já adquiriram.¹⁰² A não ser que tenha reconstruído completa-

---

¹⁰⁰ Mostramos em um outro lugar a importância da relação do professor com sua palavra, insistindo no fato de que a palavra, para encontrar o poder de transmitir, deve despojar-se da obsessão da transmissão a qualquer preço e aprender a tornar-se exploração, busca e pensamento em movimento, capaz somente então de pôr em movimento o pensamento do outro (*Le choix d'éduquer*, Paris: ESF éditeur, 1992, p.117 a 123).

¹⁰¹ Cf. Philippe Meirieu, *L' envers du tableau*, Paris: ESF éditeur, 1993, p.117 a 128.

¹⁰² François Tochon define "o professor-especialista" como um professor capaz, ao mesmo tempo, de planejar uma aula e de improvisar em sala de aula em função de dificuldades que encontre; ele

mente seu universo mental a partir das formas escolares – o que é o caso apenas dos alunos que tenham incorporado perfeitamente o "ofício de aluno" ou daqueles que tenham sido selecionado justamente por essa capacidade – não se descobre como se expõe, não se decide aprender por que "está no programa" e não se aprende, a não ser raramente, da maneira que foi prevista pelo professor. Existe aí uma outra lógica que não a do professor, uma lógica em ampla medida irredutível à primeira e, entre ambas, "alguma coisa" que pode parecer, às vezes, uma "transmissão", mas que em geral se experimenta através de uma "resistência".

A "transmissão" entre essas duas lógicas heterogêneas não obedece a nenhuma regra que possa ser definida de uma vez por todas e funcionar em todas as situações. Os meios utilizados para realizá-la – e a linguagem em particular – podem mesmo, paradoxalmente, a exemplo dos condutores elétricos, ser suportes dessa transmissão e fatores de resistência a essa. Sem dúvida, é realmente necessário que eles sejam simultaneamente um e o outro e que a atenção do professor a essa ambivalência seja objeto de um trabalho particular, que é o trabalho pedagógico propriamente dito. Um trabalho pedagógico que não descarte nem o domínio científico dos conteúdos ensinados, nem o planejamento didático, nem o esforço para criar condições ótimas de comunicação, nem mesmo um trabalho de avaliação rigorosa das aquisições, mas um trabalho pedagógico que dedique tempo para explorar esse "entremeio" incansavelmente... exploração que é, sem dúvida, um outro nome para designar aquilo que chamamos em nossos trabalhos, e ainda hoje, de "pedagogia diferenciada"... exploração que permite, às vezes, que se produza um encontro e também, talvez, uma partilha de saberes, isto é, um modesto avanço do "ser humano" na sala de aula.

---

domina, portanto, uma dupla competência: a do didata que planeja e antecipa e a do pedagogo que se adapta, a partir de um estoque de situações típicas que lhe permitem resolver os problemas particulares que sempre surgem e que estão ligados ao caráter não-programável da aprendizagem individual. Assim, é preciso apoiar-se em "rotinas" para dispor de tempo e energia suficientes para fazer face aos casos específicos. No entanto, François Tochon não ressalta, a nosso ver, o caráter irredutível do "momento pedagógico", e mesmo o que ele considera improvisação continua, a nosso ver, ao lado do planejamento didático (François Tochon, L'enseignant-expert, Paris: Nathan, 1994).

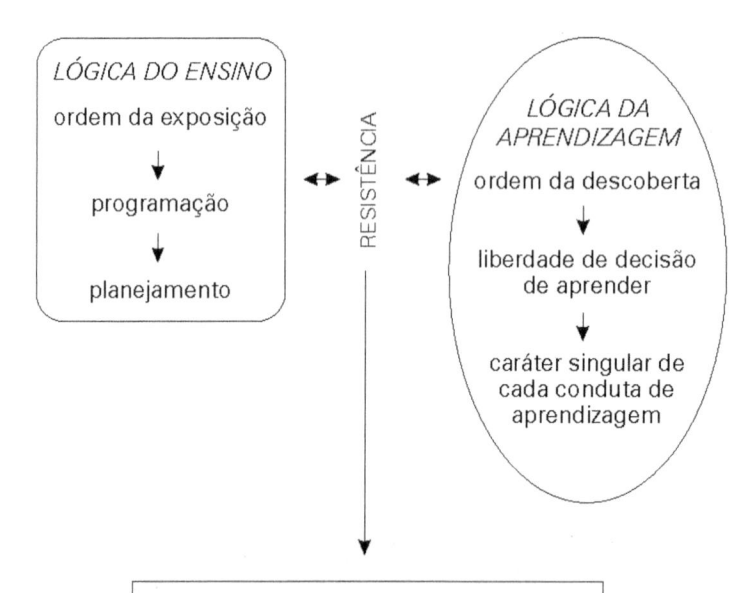

```
┌─────────────────────────┐                    ╱‾‾‾‾‾‾‾‾‾‾‾‾‾‾‾╲
│  LÓGICA DO ENSINO       │                   ╱  LÓGICA DA      ╲
│  ordem da exposição     │         ↔    ↔   │  APRENDIZAGEM    │
│         ↓               │   RESISTÊNCIA    │  ordem da descoberta
│     programação         │                   │         ↓         │
│         ↓               │                   │  liberdade de decisão
│     planejamento        │                   │     de aprender   │
└─────────────────────────┘                   │         ↓         │
                                               │  caráter singular de
                                               ╲  cada conduta de ╱
                                                ╲  aprendizagem  ╱
                                                 ╲_____╱
                              ↓
            ┌──────────────────────────────────────┐
            │  - reconhecimento da resistência;    │
            │  - consideração dessa resistência;   │
            │  - busca de saberes pedagógicos capazes
            │    de oferecer "pontos de apoio" à   │
            │    aprendizagem no ensino.           │
            └──────────────────────────────────────┘
                              ↓
                    PEDAGOGIA DIFERENCIADA
```

Ao final deste capítulo, do qual mantivemos propositadamente o caráter compilatório e heteróclito, o pedagogo encontra-se diante de situações específicas – que nós chamamos de "momentos pedagógicos" – e diante de um arsenal de meios de todas as espécies – alguns tendo sido escolhidos entre uma infinidade de outros – que deveriam possibilitar-lhe fazer face a esses "momentos", torná-los ocasiões de partilha de saberes e de emergência de sujeitos livres inseridos em uma sociedade solidária... Afinal, nada de muito original, nada que já não seja, se não conhecido, pelo menos pressentido por muitos professores, formadores ou educadores... no entanto, ainda precisamos entender por que, no essencial, essa conduta continua letra morta, por que não basta aqui saber o que é preciso fazer para fazê-lo e por que é tão difícil aplicar suas convicções pedagógicas. Os dois capítulos que se seguem procurarão ater-se a essa questão, tão importante a nosso ver, examinando sucessivamente as condições particulares e a conjuntura específica que tornam os saberes pedagógicos particularmente difíceis de serem postos em prática hoje e, em um segundo momento, questionando o caráter mais estrutural desse fosso entre o dizer e o fazer e as conseqüências que se pode tirar disso, em particular no que diz respeito à formação de professores e educadores.

Capítulo 6
A pedagogia posta em xeque

Tese: *As propostas pedagógicas permanecem em grande medida letra morta e chegam mesmo a ser abertamente vilipendiadas por aqueles que as preconizam. Esse fenômeno pode ser compreendido antes de tudo como decorrente de uma conjuntura ideológica e social particularmente difícil, que parece comprometer a própria legitimidade da pedagogia.*

Em 1821, quando da reedição de suas *Recherches*, Pestalozzi "lamenta que não se continue levando em conta na discussão pública os pontos de vista que ele desenvolveu em 1797, embora a história que decorreu desde então confirme o tempo todo sua justeza".[1] O que ele diria hoje? Ele que já analisava as fraturas da sociedade civil, as contradições nas quais os homens se debatem quando se associam para garantir seu bem-estar e descobrem que essa associação desencadeia os egoísmos, autoriza o arbítrio do poder, encoraja as estratégias individuais para contornar as leis coletivas e faz surgir permanentemente a ameaça de violências identitárias pelas quais os homens se vingam das frustrações que a sociedade lhes impõe. O que ele diria hoje diante do espetáculo que o nosso mundo oferece? O que ele diria de diferente do que sempre afirmou: sua convicção de que apenas a educação pode permitir superar esse estado de coisas e contribuir para construir um "homem moral":

> A moralidade no indivíduo está mais estreitamente ligada à sua natureza animal e às suas relações sociais. Contudo, em sua essência, ela repousa inteiramente sobre a liberdade de minha vontade, isto é, sobre a constituição do eu pela qual me sinto eu mesmo em mim mesmo, independentemente de meu desejo animal. Enquanto ser mortal, caminho exclusivamente no sentido da realização do eu-mesmo, e é exclusivamente

---
[1] Michel Soëtard, "Comentário" da obra de Pestalozzi, *Mes recherches sur la marche de la nature dans l'évolution du genre humain* (Lausanne: Payot, 1993, p.268).

enquanto tal que me torno capaz de extinguir em mim mesmo as contradições que parecem repousar em minha natureza...²

E quem pode negar a incrível atualidade desses pontos de vista e a urgência de colocá-los em prática, fazendo da educação a esperança do mundo, cujas rupturas sociais e políticas, após dois séculos de tentativas contraditórias, já não deixam muitas esperanças de reconciliação pela intervenção apenas de instituições nacionais e internacionais hoje impotentes? No entanto, quem ainda se lembra de Pestalozzi hoje e quem ousa reivindicá-lo a não ser alguns pedagogos marginais? A demanda social de educação naturalmente cresce a cada dia, porém trata-se de uma demanda centrada na obtenção de diplomas e da garantia de um emprego... reivindicações evidentemente legítimas, mas pelas quais estamos prestes a sacrificar a formação da vontade, a promoção de um "homem moral" e os valores de solidariedade que, apenas eles, no entanto, poderiam dar-nos esperanças de que se refizessem, ainda que de forma tênue, alguns fragmentos de vínculo social.

Alguém poderá dizer então que, se as velharias filosóficas de Pestalozzi estão fora de moda, o mesmo não ocorre com o discurso pedagógico deste último século que, de sua parte, está tão bem instalado nas instruções oficiais e nos projetos dos estabelecimentos e nos manuais escolares. A lei de orientação de 1989 não declara que é preciso "colocar o aluno no centro do sistema educativo", realizando assim esta "revolução copernicana" que Claparède pregava no início do século? As propostas pedagógicas de Montessori ou de Freinet não estão profundamente impregnadas na cultura da escola maternal e primária? A pedagogia por objetivos não se tornou hegemônica no ensino profissionalizante e técnico, em que se trabalha hoje a partir de referenciais precisos formulados em termos de competências? A didática das disciplinas não incorporou, já há alguns anos, as contribuições da psicologia da criança, não trabalha sistematicamente sobre as "representações" e não coloca no centro de inúmeros dispositivos a noção de "situação-problema" que, como vimos, encontra-se uma primeira abordagem no Livro 2 de *Émile*? A "pedagogia do projeto tecnológico" não foi instituída oficialmente como um método que permite aos alunos chegar a noções abstratas de matemática ou de física a partir de uma atividade capaz de mobilizá-las? A "pedagogia por alternância", que surgiu timidamente nas casas familiares e rurais e até então era vista com desconfiança, como um método restrito aos alunos em grande dificuldade e às aprendiza-

---

² Pestalozzi, ibid, p.197.

gens de baixo nível, não se tornou hoje uma fórmula reivindicada até mesmo no contexto da formação de engenheiros? Os projetos de estabelecimentos escolares não incluem, de maneira quase ritual, a afirmação da necessidade de se adaptar às "necessidades dos alunos" e de lhes propor estratégias de aprendizagem que sejam adequadas a eles e lhes permitam progredir? As aprendizagens metodológicas, até então consideradas como secundárias ou deixadas à responsabilidade exclusiva da família, não se tornaram objetos de trabalho reconhecidos, em particular pela institucionalização dos estudos dirigidos? O conceito de "pedagogia diferenciada" não é hoje uma espécie de "Sésamo", garantindo, ao mesmo tempo, o sucesso editorial das obras que o reivindicam e o caráter "profissional" dos professores que o utilizam? Não se assiste aqui e ali ao esforço sistemático para introduzir uma formação para a vida democrática nas salas de aula e nos estabelecimentos de ensino conforme o desejo formulado por Dewey em 1916?[3] A formação inicial e contínua de professores, as provas profissionais dos concursos de recrutamento não constituem um reconhecimento oficial dessa evolução e a garantia de uma evolução em profundidade das práticas pedagógicas? Poderíamos acreditar nisso e até nos felicitar.

Contudo, algumas vozes elevam-se para temperar nosso otimismo: Guy Avanzini, já em 1975, analisava o imobilismo massivo da instituição escolar e o caráter extremamente marginal das evoluções metodológicas e dos avanços didáticos;[4] na obra mais recente, ele confirma seu diagnóstico precedente e assinala que "por não saber renovar os métodos ou por ter preferido o imobilismo, promoveu-se a renovação do imobilismo".[5] É evidente que se pode questionar inteiramente ou em parte as causas que o autor atribui a esse imobilismo; porém, ele tem razão em denunciar "a volta atrás"[6] que marcou os anos 1984 e a chegada de Jean-Pierre Chevènement ao Ministério da Educação Nacional, apoiado em um movimento editorial sem precedente para denunciar as falhas da "nova pedagogia", alardear o fim da recreação e retornar à "transmissão de saberes com seriedade". Contudo, menos certo, é que seja possível atribuir esse imobilismo, como faz o autor, à ausência de finalidades claramente fixadas e de um consenso nacional sobre a função da escola[7]... A lei de orientação de

---

[3] A obra de Dewey, *Démocratie et éducation*, foi reeditada em 1990 (Paris: Armand Collin).

[4] *Immobilisme et novation dans l' institution scolaire,* Toulouse: Privat, 1975.

[5] *L' école d' hier à demain*, Toulouse: Érès, 1991, p.188.

[6] Ibid., p. 33 a 47.

[7] ...como sustenta o autor na p. 47 e ss. e reafirma veementemente no último capítulo e na conclusão (p.169 a 188).

1989 representa, de fato, um esforço sem precedente desde Jules Ferry para definir as finalidades da escola; e a nostalgia de um consenso nacional sobre essa questão só pode decorrer de uma ilusão *a posteriori*: nenhuma sociedade jamais construiu um consenso claro sobre as funções de sua escola, salvo aceitar por consenso a imposição de sua concepção pela minoria que detém o poder em nome de valores que lhe são próprios, quer sejam políticos ou religiosos. O consenso em matéria educativa, pelo fato de que a educação remete a escolhas éticas e políticas fundamentais, em geral é o reverso da capacidade do poder de calar as oposições e impedir qualquer divergência; ele se torna, então, o símbolo do caráter totalitário de um estado, mais que de um acordo entre todas as partes; ele constitui, assim, uma recusa da fecundidade do debate democrático e a expressão da nostalgia de um passado em que o "universal" era propriedade de um pequeno grupo de homens que podia impô-lo sem estados de alma a uma sociedade inteira, segura de sua justeza, certa de ser um instrumento da razão universal ou da vontade divina... Resta que, se as razões do imobilismo apresentadas por Guy Avanzini podem ser contestadas, seu diagnóstico, solidamente estruturado, não pode deixar de nos interrogar.[8]

Tanto mais que esse diagnóstico é confirmado por inúmeras análises. Assim, os especialistas da OCDE, em seu relatório sobre a política francesa de educação, afirmam:

> O fracasso escolar enquanto fenômeno social constitui um verdadeiro desafio para os educadores. Ele é um desmentido flagrante ao otimismo dos reformadores quanto ao poder de aculturação e de integração social de uma escola mais unificada. *É preciso duvidar do fundamento das teorias em voga desde o fim da guerra*, teorias que estiveram na origem de um conjunto de princípios, métodos e práticas educativas destinados justamente a superar, desde o início da escolaridade, os entraves que poderiam resultar da proveniência dos alunos de um meio pouco escolarizado e tradicionalmente mais distante da cultura e da escola.[9]

Entretanto, seria preciso ainda que essas teorias fossem realmente aplicadas para que a avaliação feita aqui tivesse algum valor! Ora, ape-

---

[8] Sobre as causas políticas do imobilismo escolar que subsiste apesar da ordem de mudança, ver a obra de André Legrand, antigo reitor, antigo diretor de liceus e colégios e antigo diretor de escolas no Ministério da Educação Nacional, que analisa primorosamente as tergiversações políticas dos sucessivos ministros desde a saída forçada de Alain Savary. As paralisias ligadas ao funcionamento dos sistemas centrais, as incoerências nas decisões e nas estratégias utilizadas, a falta de coragem para enfrentar grupos de pressão corporativos ou da mídia, a ausência de explicações claras das metas educativas no âmbito da opinião pública... tudo isso não criou as condições políticas favoráveis aos avanços significativos nas práticas (André Legrand, *Le système E. L' école... de réformes en projets*, Paris: Denoël, 1994).

[9] *Examen des politiques d'éducation: France*, Paris: OCDE, 1994, p.19.

sar das determinações oficiais, podemos questionar-nos seriamente. Assim, um estudo recente sobre o funcionamento das escolas e as práticas pedagógicas dos professores do primário[10] mostra a que ponto as instruções oficiais e os encorajamentos institucionais mudaram as práticas tradicionais: embora os professores reconheçam o interesse do trabalho em equipe pedagógica, menos de um quarto deles afirma praticá-lo. Embora eles admitam que o trabalho em pequenos grupos de alunos é um meio eficaz de gerir a heterogeneidade, menos de metade o praticam e de maneira extremamente prudente, a título de recuperação ou para suscitar o interesse dos alunos, mais do que por acreditar na eficácia desse método em matéria de aprendizagem. A interdisciplinaridade e os "grupos de necessidade" entre várias classes ainda são práticas extremamente minoritárias. O individualismo é um método muito marginal e a prática do "conselho" não aparece no levantamento! A ponto de Catherine Bédarida não hesitar em afirmar em *Le Monde de l' Éducation*: "Mais de um século depois do nascimento dos grandes pedagogos que marcam a era da escola gratuita e obrigatória (Decroly, Montessori, Freinet...), é forçoso constatar que o cenário escolar pouco mudou. O professor continua a oficiar em uma sala diante de uma classe, do início ao fim do ano escolar".[11]

E o que é verdade para a escola primária é, *a fortiori*, para os colégios e liceus: de fato, Antoine Prost assinalou várias vezes a que ponto as diferentes fusões institucionais realizadas há várias décadas (liceus de moças e liceus de rapazes, cursos complementares e colégios, fileiras 1, 2 e 3 dos colégios...) produziram um efeito perverso ao alinhar progressivamente as práticas pedagógicas àquelas dos professores considerados como os mais competentes porque formam os melhores alunos, têm os mais altos diplomas, dão menos horas de aula e dispõem de todas as vantagens materiais. Produz-se, assim, uma espécie de aspiração de práticas voltadas ao modelo visto como o de mais prestígio, o das classes preparatórias para as grandes escolas* e do ensino superior, isto é, explica Antoine Prost, para uma "pedagogia loquaz e preguiçosa",[12] para essas "pequenas Sorbonnes", onde, como já denunciava Alain, "os curso magistrais são

---

[10] DEP (Direction de l' Évaluation et de la Prospective), "Étude sur le fonctionnement des écoles et les pratiques pédagogiques des enseignants", *Dossiers d'éducation et formations*, Paris, 45, 1994.

[11] "Répetez, dit le maître", *Le Monde de l' Éducation*, 222, janeiro de 1995, p. 21.

* N. de T. As grandes escolas fazem parte do ensino superior na França (École normale supérieure, École nationale d'administration, École polytechnique, etc.).

[12] Antoine Prost, "Démocratisation et différenciation", *Les amis de Sèvres*, 127, 1987, p.14 a 245. Ver também Antoine Prost, *L' enseignement s'est-il démocratisé?*, Paris: PUF, 1986.

perda de tempo e as notas que se tem não servem para nada. [...] Pois não se aprende a desenhar observando um professor que desenha muito bem. Não se aprende piano ouvindo um virtuoso. Do mesmo modo, não se aprende a escrever e a pensar ouvindo um homem que fala e pensa bem. É preciso tentar, fazer, refazer, até pegar o jeito, como se diz".[13]

Que se entenda bem: não se trata aqui de negar os esforços dos professores e dos formadores que, em alguns enclaves inovadores, tentam trabalhar utilizando alguns dos saberes pedagógicos que inventariamos; também não se trata de considerar insignificantes todas as publicações que tentam instrumentalizar os professores para que façam do aluno o construtor de seus próprios saberes, levem-nos a compreender e a superar suas representações, a aventurar-se em caminhos novos e a explorar conhecimentos que façam sentido para ele.

Trata-se antes de tudo de observar que, contrariamente ao que se acredita em geral, a institucionalização das práticas até aqui limitadas a algumas iniciativas marginais não constitui necessariamente uma oportunidade para o seu desenvolvimento. De fato, não é raro que a oficialização de uma inovação, ao tirar da marginalidade de algum modo os militantes, desmobiliza-os e leva-os indiretamente a abandonar um terreno em que, perdendo sua originalidade, eles acreditam perder sua legitimidade. Nesse caso, os promotores institucionais das "reformas pedagógicas", em geral para sua grande surpresa, são postos em xeque: eles se vêem ignorados ou atacados por aqueles que já faziam aquilo que se ordena que façam e também não convencem os outros a aderir à menor mudança que seja. Certamente, é possível evitar essas oscilações... porém isso supõe estratégias específicas de reconhecimento prévio dos esforços dos inovadores pelos responsáveis institucionais e o estabelecimento de redes nas quais os militantes possam encontrar seu lugar. Todavia, esse reconhecimento nunca é evidente, pois, de um lado, antes que seu trabalho seja "oficializado", os professores inovadores estão justamente em uma situa-

---

[13] *Propos sur l' éducation*, Paris: PUF, 1986, p. 94. Essa constatação pode parecer contraditória em relação aos resultados dos trabalhos de Bernard Charlot e de seus colaboradores sobre os perigos de "levar em conta" excessivamente as especificidades dos alunos em dificuldade e a aplicação de uma "pedagogia do simples", que produz uma retenção no concreto e impede que se chegue ao sentido dos saberes ensinados (*École et savoirs dans les banlieues... et ailleurs*, Paris: Armand Collin, 1973). Na realidade, esses dois fenômenos não são contraditórios, mas profundamente solidários, e acumulam seus efeitos nocivos: a "pedagogia do simples" praticada no "coletivo frontal" perde nos dois quadros, e quando os efeitos de acumulação mais se fazem sentir, cai-se em uma oscilação que não tem mais proveito para os alunos. Também aqui, o importante é inserir a atividade pedagógica nas tensões básicas que descrevemos (continuidade e ruptura, suspensão e risco), e não ficar nos "eixos", hesitando permanentemente quanto à decisão a ser tomada.

ção de oposição, de tensão ou de ignorância recíproca com a instituição... e a mudança de postura à qual são chamados constitui uma ruptura difícil de ser assumida pelos dois parceiros. De outro lado, a determinação para que façam o que eles dizem que já fazem geralmente é experimentada pelos pedagogos como uma perda de sua liberdade de iniciativa ou, mais grave ainda, uma maneira de suspeitar que não façam verdadeiramente. Eis aqui justamente o ponto sensível: *essa suspeita é sempre justificada e é o que a torna insuportável*. Ela é justificada porque ninguém, nem mesmo o militante mais convicto, faz "em tempo integral" aquilo que pretende fazer. O pedagogo – como vimos – desenvolveu convicções que, por seu caráter maximalista, tem na certa um efeito de treinamento, mas que, em razão de seu estatuto polêmico, ou mesmo épico, não tem vocação para se incoporar nos mínimos detalhes na vida cotidiana. Portanto, mesmo o mais convicto dos pedagogos sempre pode ser pego em falta.

Contudo, é inútil e seria mesquinho manipular as suspeitas para desacreditar os militantes pedagógicos; é mais interessante e fecundo estar bastante atento à extrema dificuldade dos professores-pedagogos de passar à ação, de se fazer reconhecer, de resistir às pressões sociais dos pais que continuam a desconfiar de qualquer prática que não esteja inserida no "coletivo frontal"... à extrema dificuldade, sobretudo, de respeitar o prazo, de investir dia após dia para se manter fiel às suas convicções... e a dificuldade de prosseguir sua tarefa quando um líder carismático desilude-se ou solicita cargos de responsabilidade que lhe permitam encontrar um pouco de tranqüilidade ou ter mais peso nas evoluções institucionais. Mais fundamentalmente ainda, precisamos compreender por que a reflexão pedagógica parece posta em xeque hoje e por que esse fenômeno não se deve apenas a causas extrínsecas, mas também à lentidão da instituição e ao seu funcionamento tecnocrático, à agressividade dos adversários de qualquer reflexão pedagógica ou à hesitação dos detentores do poder de decisão política... bem como a causas que dizem respeito ao estatuto das convicções pedagógicas e, mais precisamente, à possibilidade de colocá-las em prática hoje.

O credo da nova educação a ser revisto

A primeira hipótese que gostaríamos de colocar está ligada à ambigüidade dos fundamentos teóricos do que se tornou hoje o *credo* da nova educação e que inspira a maior parte dos projetos pedagógicos inovadores. Nós mesmos mostramos, no que diz respeito ao trabalho em grupo, até que ponto essas ambigüidades podem comprometer a eficácia que lhes atribuem seus promotores, na medida em que a distinção entre a tarefa a ser realizada coletivamente e os objetivos a serem atingidos individualmente não se instalou no cerne dos dispositivos implantados.[14] Posteriormente, outros estudos vieram confirmar essas ambigüidades, como os de Philippe Perrenoud, que se pergunta se "as novas pedagogias são de elite": ele mostra que, ao falar da "criança no singular" e ao manifestar um otimismo um tanto quanto ingênuo em suas capacidades de se inserir em dispositivos complexos, nos quais as regras do jogo geralmente são opacas, elas sempre correm o risco de não considerar as "crianças concretas", herdeiras de uma relação de saber determinada, tanto mais "escolar" e, com isso, tanto mais estranha aos valores da nova educação quanto os meios sociais de origem são modestos.[15]

Já Viviane Isambert-Jamati estudou os tipos de pedagogias praticadas em francês na classe de primeira* e seus efeitos sobre o êxito escolar; assim, ela pôde mostrar que "os fracassos dos alunos de origem operária também são numerosos (perto de um terço) tanto nas classes de pedagogia 'modernista' quanto nas classes de pedagogia 'libertária'. Esses dois formalismos – formalismo lógico e instrumental em uns, formalismo estático e idealista em outros – decididamente criam neles mais dificuldades que a insistência nos conteúdos que se encontram nos outros dois subgrupos" (aqueles nos quais se pratica uma pedagogia mais diretiva, atenta às distâncias culturais, menos centrada na criatividade, na cooperação e na "libertação das pessoas" que na apropriação crítica dos saberes apresentados de maneira racional e na promoção social que esses saberes permitem).[16]

Em uma outra perspectiva e com outras metodologias, Walo Hutmacher, diretor de Serviço de Pesquisa Sociológica de Ensino em Genebra, realizou recentemente uma pesquisa sobre os trinta anos da reforma do ensino primário genebrino.[17] Ele também chega a conclusões que obrigam a se questionar sobre as teses da nova educação que presidiram essas

---

[14] Philippe Meirieu, *Apprendre en groupe?* (dois tomos), Lyon: Chronique sociale, 1984.

[15] *La pédagogie à l'école des différences*, Paris: ESF éditeur, 1995, p.105 a 118.

* N. de T. Corresponde ao segundo ano do ensino médio no sistema brasileiro.

[16] "Types de pédagogie du français et différenciation sociale des résultats" (em colaboração com M.-F. Grospiron). Esse texto foi publicado pela primeira vez em 1984 e relançado em *Les savoirs scolaires* (Viviane Isambert-Jamati, Paris: Éditions universitaires, 1990, p. 197 a 230). Ver também, entre outros textos, Gabriel Langouët, *Suffit-il d' innover?*, Paris: PUF, 1985.

[17] *Quand la realité résiste à l' échec scolaire (analyse du redoublement dans l'école primaire genevoise)*, Service de la recherche sociologique, Cahier n. 36, Genebra: 1993.

reformas: como explicar que, depois de tantos esforços para "levar em conta as diferenças", para "implantar uma pedagogia individualizada", para organizar estruturas de apoio, para reduzir os efetivos nas turmas e favorecer o trabalho em equipe pedagógica, a repetência tenha aumentado, atingindo hoje mais duramente do que antes os alunos dos meios desfavorecidos? As explicações apresentadas são particularmente interessantes: elas insistem no fato de que os esforços para introduzir uma avaliação mais formativa de algum modo são abolidos durante o conselho de classe, quando as representações tradicionais do "bom aluno" ficam em vantagem novamente. Elas assinalam que as tentativas para individualizar a relação pedagógica aumentam massivamente a "visibilidade" de cada aluno e assim penalizam, à revelia de seus professores, os alunos mais desfavorecidos. Elas mostram, enfim, que o fracasso escolar só pode ser combatido à medida que os professores aceitarem sua parcela de responsabilidade nesse âmbito e forem capazes de reconsiderar todas as suas práticas (compreendidas aquelas em que estão absolutamente convencidos de que têm fundamento) à luz dos resultados que elas produzem: "Para fazer parte da solução, é preciso aceitar ser parte integrante do problema".[18]

Muitos outros estudos poderiam ser citados aqui para confirmar a necessidade de rever o *credo* da nova educação, como a pesquisa de Aletta Grisay sobre "a heterogeneidade das classes e a eqüidade educativa",[19] na qual mostra que, se a heterogeneidade não é em si mesma um fator negativo e pode até contribuir para atenuar as disparidades de níveis entre os alunos, ela somente é possível se há o cuidado de evitar certos desvios, pois "a adesão do professor a uma pedagogia diferenciada tem chances não-desprezíveis de se traduzir em uma diversificação não apenas dos *meios* oferecidos ao aluno para atingir seus objetivos, ou do tempo que lhe é concedido para atingi-los, mas também dos próprios *objetivos*".[20] Significa dizer que levar em conta as diferenças apenas tem interesse pedagógico se não se ficar preso às diferenças, que a atenção aos alunos deve ser, ao mesmo tempo, o reconhecimento daquilo que eles são e a manifestação de uma exigência daquilo que eles podem tornar-se, que os procedimentos que consistem em dar a cada um a possibilidade de se expressar também devem oferecer-lhe a possibilidade de se superar; significa dizer, em outros termos, que é preciso conjugar continuidade e ruptura, suspensão e risco para que o trabalho pedagógico permita ao outro ser reconhecido tal como

---

[18] Ibid., p.127.

[19] "Hétérogénéité des classes et équité éducative", *Enjeux*, Namur, 1993, 30, p. 69 a 95.

[20] Ibid., p. 90.

ele é e antevisto tal como poderia ser; significa dizer, enfim, que é preciso rever a vulgata da nova educação, muitas vezes reduzida a uma confiança imediata na atividade do aluno, para introduzir nesse discurso comum da "boa vontade educativa" as contradições básicas do projeto pedagógico.

Assim, sem ignorar o caráter esquemático do quadro que apresentamos, podemos agora propor rever as poucas idéias simples que serviram e ainda servem em grande parte para inspirar o trabalho pedagógico realizado na órbita da nova educação; isto nos permitirá, de fato, inserir-nos em uma complexidade que, longe de nos paralisar, é capaz de nos conduzir à inteligibilidade da coisa educativa.

De algumas idéias simples, ou a vulgata do "pedagogo militante da nova educação"...	... a algumas idéias menos simples que levam em conta as contradições básicas da ação educativa.
- É a criança que aprende e apenas ela... não se decreta a aprendizagem.	- É a criança que aprende e apenas ela (não temos nenhum poder direto para "deslanchar" suas aprendizagens), mas não nos cansaremos jamais de explorar as possibilidades de construir situações pedagógicas que possam servir de pontos de apoio para suas aprendizagens.
- A criança aprende o que tem sentido para ela e aquilo que percebe o uso que poderá fazer.	- A criança aprende o que tem sentido para ela, mas o sentido não é a utilidade imediata; "fazer sentido" com os saberes escolares é "fazer a vida com a morte", é transferir esses saberes à sua própria existência, encontrar aí oportunidades de se reconhecer e de se superar.
- A criança aprende estando ativa e não recebendo um saber já elaborado.	- A criança aprende estando ativa, mas essa atividade não é a bricolagem, e sim a existência de um conflito sociocognitivo cuja eficácia depende de nossa capacidade de levar em conta as representações iniciais e seu nível de desenvolvimento para se situar em sua "zona de desenvolvimento proximal".[21]
- A criança aprende de uma maneira que lhe é própria e que devemos respeitar.	- A criança aprende de uma maneira que lhe é própria, mas que jamais é definitivamente estabilizada e que devemos esforçar-nos para fazê-la analisar de modo a poder enri-

---

[21] A fórmula, como se sabe, é de Vygotsky; ela permite ao mesmo tempo abandonar uma posição desenvolvimentista, que subordina as aprendizagens a um desenvolvimento puramente endógeno, e uma posição empirista, que reduz o desenvolvimento a um conjunto de aprendizagens condicionadas (cf. Philippe Meirieu e Michel Develay, *Émile, reviens vite, ils sont devenus fous*, Paris: ESF éditeur, 1992, p.116 e ss. Ver, sobretudo, o texto de Vygotsky "Le problème de l'enseignement et du développement mental à l'âge scolaire, *Vygotsky aujourd' hui*, sob a coordenação de B. Schneuwly e J.-P. Bronckart, Neuchâtel e Paris: Delachaux et Niestlé 1989, p.95 a 117).

	quecê-la e adaptá-la à diversidade de objetos de saber e de situações de aprendizagem.
- A criança aprende colaborando com os outros.	- A criança aprende colaborando com os outros, mas desde que essa colaboração seja organizada para evitar as oscilações produtivas e fusionais e para tornar possível uma verdadeira interação.
- A criança forma-se assumindo responsabilidades.	- A criança forma-se assumindo responsabilidades, mas estas só podem ser exercidas no respeito a uma lei fundamental (a proibição da violência) que devemos assegurar.
- A criança não é agressiva, a não ser que seja agredida.	- A agressividade da criança é geralmente uma maneira de resistir à domesticação educativa, mas devemos permitir ao sujeito transformar essa manifestação de um "ser contra" em manifestação de um "ser ele mesmo".
- A criança deseja naturalmente aprender e saber; não existe criança preguiçosa, e sim criança que não se conseguiu interessar.	- A criança normalmente deseja saber, mas ela não deseja necessariamente aprender. A aprendizagem, de fato, é em geral a solução mais difícil para superar uma dificuldade. Portanto, temos um papel "negativo" essencial: impedir que se possa saber sem aprender (e é isso que constitui a característica essencial de uma situação de aprendizagem).
- A criança deve aprender a viver, o que tem mais importância que a acumulação de conhecimentos.	- A criança deve aprender a viver, mas sua vida insere-se em uma história coletiva que lhe permite desenvolver-se e expressar sua liberdade. É por isso que devemos estar sempre atentos à dimensão cultural de nossa ação.

Uma mudança de paradigma que passou amplamente despercebida

Para ser fiel a ela mesma, a pedagogia deve, portanto, abandonar as idéias simples recolhidas aqui ou ali nos textos pedagógicos, isoladas de seu contexto, recortadas de situações polêmicas que inspiraram sua formulação. É preciso mensurar a dificuldade que esta representa para aqueles que, no cotidiano, geralmente sem conhecimento dos textos originais, sem memória da nova educação, têm de enfrentar outras idéias, mais simples ainda, que reduzem a educação a um treinamento controlado e a aprendizagem a uma mecânica transmissiva que somente a má vontade ou a incompetência dos atores poderia pôr em xeque. Nunca é fácil, no debate público, renunciar a uma fórmula retoricamente eficaz, que permita mostrar-se como um interlocutor à altura, para aceitar o caráter contraditório da tarefa na qual se está envolvido, para recusar as reconciliações teóricas precipitadas e admitir que a ação é tecida em um universo complexo, em uma realidade descontínua, na qual não se escapa às oscilações infernais a não ser mediante uma inventividade obstinada.

Porém, a coisa ainda seria acessível se essa inventividade pudesse estar inserida em um esquema causal, em que se teria a segurança de que as causas produzem sempre os mesmos efeitos e em que se poderia exibir resultados com a certeza de tê-los produzido. Contudo, isto já não é verdadeiramente possível hoje, e os pedagogos que se obstinam em consultar ou fabricar estatísticas nas quais esperam encontrar alguma legitimidade nem sempre percebem a contradição em que se encontram. De fato, de modo insensível e sem que essa evolução seja sempre bem referenciada, a reflexão pedagógica operou uma série de deslizes que, se são levados a sério, fazem-na perder toda esperança de ainda poder inserir-se em um "paradigma da ação controlada". Para colocar as coisas em termos simples e certamente mais esquemáticos, pode-se considerar que o taylorismo hoje deu lugar a uma conduta de projeto, o behaviorismo ao construtivismo e o controle de desempenhos à avaliação de competências. Essa tripla substituição, se a analisamos brevemente, deixa transparecer a passagem a um "paradigma da incerteza", do qual não é mais possível esperar uma legitimação social solidamente instalada.

Do taylorismo à conduta de projeto

Sabe-se que o taylorismo corresponde a uma organização de trabalho na qual existe uma instância que analisa os objetivos de produção, tenta decompô-los em tarefas "que correspondam às aptidões dos operários"[22] e verifica que nenhuma dessas tarefas é realizada com o máximo de eficácia possível. A rentabilidade da operação está ligada ao fato de que se "substitui uma ciência pelo julgamento individual de cada uma das pessoas envolvidas na produção e tenta-se obter dela o melhor rendimento possível".[23] Sem dúvida nenhuma, o funcionamento escolar, durante muito tempo, seguiu o modelo taylorista: os alunos eram formados para tarefas precisas, as quais correspondiam a suas supostas aptidões e as quais eles deveriam reproduzir com o máximo de exatidão possível. Porém, desde a introdução de temas trazidos pela corrente da nova educação, essa divisão do trabalho foi amplamente questionada e, em lugar de um trabalho individual programado passível de reprodução, impôs-se aquilo que se convencionou chamar de "a conduta do projeto":

---

[22] F. W. Taylor, *Principes d'organization scientifique des usines*, Paris: Dunod et Pinat, 1912, p.54.

[23] Ibid., p.33.

o sujeito já não realiza uma tarefa definida previamente e na qual ele deve obter o máximo de habilidade sem se colocar a questão sobre o que faz; ao contrário, ele deve inserir seu trabalho em uma atividade coletiva que dê sentido ao seu investimento pessoal.

É evidente que a "conduta de projeto" coloca problemas metodológicos espinhosos e, paradoxalmente, se não estiver atenta a certos desvios, ela constitui um excelente terreno para o desenvolvimento do taylorismo que se pretendeu descartar: quando os imperativos da produção predominam sobre os das aprendizagens, é sempre tentador atribuir a cada um tarefas precisas que "correspondam às suas capacidades naturais". Ao contrário, se ela estabelece alguns "dispositivos de salvaguarda", se ela permite a cada um descobrir os obstáculos à realização da tarefa e, com isso, vislumbrar aprendizagens possíveis que permitirá realizar, ela representa, sem dúvida nenhuma, um avanço decisivo na organização pedagógica. A pessoa não está mais condenada a realizar trabalhos isolados daquilo que lhe dá sentido e em que ela pode apenas adquirir um acréscimo de habilidade localizada, mas engaja-se em uma dinâmica na qual os saberes e os *savoir-faire* apelam uns aos outros em função de uma coerência que não é dada antecipadamente, e sim construída na interação social e no confronto com os materiais mobilizados. Conforme o formador esteja atento a essa forma particular de "rebatimento", em que ele é capaz de aproveitar todas as oportunidades que se apresentam para permitir o acesso ao prazer de compreender e à alegria de poder superar por si mesmo os obstáculos, a "conduta de projeto" introduz na atividade pedagógica um espaço de investimento das pessoas mais mobilizador, sem dúvida nenhuma, que o taylorismo latente que dominava até o presente... No entanto, com toda a certeza ela também insere a ação pedagógica em um registro mais aleatório, mais difícil de controlar *a priori*, mais centrado no sentido e no encontro e menos na programação e na certeza da eficácia imediata.

Do behaviorismo ao construtivismo

Como já evocamos anteriormente, o behaviorismo é um tema remanescente no debate educativo contemporâneo. De fato, os adversários da pedagogia não cansam de denunciar o fato de que, apesar de suas declarações de princípio, os pedagogos voltam sempre a propostas fundadas em um behaviorismo que, de resto, eles denunciam solenemente.[24] Por outro lado, talvez eles não estejam inteiramente errados,

---

[24] Cf., em particular, H. Boillot e M. Le Du, *La pédagogie du vide*, Paris: PUF, 1993, p.183 a 202.

na medida em que, como assinala Linda Allal, o único modelo que se sabe aplicar realmente na experiência cotidiana do ensino é o behaviorismo.[25] E, se esse é o modelo que se sabe aplicar, decerto é porque ele permite descrever o que é diretamente observável na atividade pedagógica. O que lhe dá sua força, o que explica sua persistência é que a concepção teórica que ele propõe (a redução da aprendizagem ao binômio estímulo/resposta) corresponde exatamente àquilo que o formador pode ver quando organiza uma seqüência de formação. Assim, há uma adequação entre o que ele faz, o que observa e o que controla; o behaviorismo fornece, ao mesmo tempo, um meio de ação, uma teoria explicativa do que se produz e a garantia da coerência entre o primeiro e a segunda. É por isso que o acusam de reduzir a atividade educativa a "objetivos pedagógicos cuja realidade atém-se apenas aos dispositivos de observação, de diagnóstico e, finalmente, de seleção que uma tal tecnologia elabora, concluindo assim a recuperação e o reconhecimento completo do processo educativo empírico pelos procedimentos tecnopedagógicos. [...] Assim, o behaviorismo é uma teoria do comportamento desde que seja, indissociavelmente e anteriormente, uma prática de condicionamento".[26] Portanto, nessas condições, é fácil denunciar o "adestramento" ou o "condicionamento" que são praticados.

A esse respeito, a "pedagogia por objetivos" e sua obsessão metodológica de nomear e avaliar sistematicamente o comportamento esperado, na realidade, vem na esteira de um conjunto de práticas infinitamente mais tradicionais e comuns que consistem em organizar toda a aprendizagem como uma correlação obrigatória entre o comportamento de um professor que "ensina" e o de um aluno que "aprendeu bem". Nesse sentido, todo professor, mesmo a contragosto, é um behaviorista; e a "pedagogia por objetivos" pode ser compreendida como um esforço para racionalizar esse processo tanto quanto possível, obtendo os meios de escapar aos critérios utilizados na observação dos fenômenos incontrolados de cumplicidade cultural, ou de fugir às regras do jogo escolar da opacidade que sempre favorece os alunos que as conhecem previamente ou as entendem em meias-palavras.

Todavia, é incontestável que essa maneira de praticar a atividade pedagógica cria um impasse sobre a atividade mental do aluno e resolutamente deixa escapar "o que se passa em sua cabeça": essa situação

---

[25] L. Allal, J. Cardinet e Ph. Perrenoud, *L' évolution formative dans un enseignement différencié*, Berna e Frankfurt: Peter Lang, 1979, p.130 a 156.
[26] H. Boillot e M. Le Du, op. cit., p. 188 e 189.

poderia ser considerada como um testemunho de respeito do sujeito aprendiz e a garantia de que, se cultivar apenas os comportamentos definidos e esperados, subsistirá uma zona de sombra e de liberdade infinitamente valiosa para ele. Nesse sentido, e contrariamente ao que afirmam os adversários da "pedagogia por objetivos", o behaviorismo poderia ser considerado como uma conduta *a minima*, tentando esclarecer as expectativas e os resultados, mas não tocando na própria atividade mental e salvaguardando, assim, a "caixa-preta" na qual se impede de tocar. Nessa perspectiva, seria infinitamente mais inquietante uma "pedagogia construtivista" que, analisando as operações mentais exigidas para uma determinada aprendizagem, obteria os meios para controlar essas atividades mentais por dispositivos didáticos sofisticados. Mas não é exatamente isso que a corrente "mentalista", que nós próprios reivindicamos, tenta fazer? O esforço para elaborar situações de aprendizagem que de algum modo obrigam o sujeito a construir um conceito, a elaborar e verificar hipóteses, a organizar redes de idéias, a se lançar na invenção de novas soluções, na medida em que se apóia em uma análise das operações mentais exigidas e estabelece um sistema de restrições e recursos ao qual o sujeito não pode furtar-se, corre o risco de parecer uma tentativa de circunscrever completamente a atividade mental do aprendiz... tentativa bem mais perigosa que um behaviorismo no fim das contas reduzido a um interesse limitado às duas extremidades do processo de aprendizagem. Todavia, raciocinar assim seria subestimar dois elementos essenciais: de um lado, o fato de que a atenção às operações mentais é apenas um ponto de apoio para a atividade didática e de que não se pode fazer uma dedução automática entre a compreensão da atividade mental e o dispositivo proposto; de outro, o fato de que a atividade mental continua sendo invisível em qualquer situação e jamais pode ser objeto de um controle verdadeiro.

É por essa razão que o construtivismo, por mais estranho que isso possa parecer, exige que o pedagogo renuncie ao observável e aceite trabalhar em um registro que rompe com as pseudocertezas behavioristas. Ele impõe o abandono de uma teoria do condicionamento, quer ela seja herdada da ilusão transmissiva e contente-se em cultivar a relação entre o conteúdo ensinado e o conteúdo restituído, quer ela adote a roupagem de uma tecnologia taxonômica. Ele remete o pedagogo a um trabalho sobre as operações mentais suscetíveis de permitir a apropriação de saberes, obriga-o a questionar sua coerência e sua gênese, leva-o a propor situações complexas nas quais o sujeito pode pôr em prática suas próprias operações mentais, estimula-o a acompanhá-lo nessa tarefa sem, para isso, controlar todas as etapas ou desencadear mecanicamente sua evolução. Lá onde a pedagogia do condicionamento deixava um vazio rapidamente preenchido pelo desenvolvimento de estratégia utilitarista visando ao êxito imediato por mimetismo ou divinização, ele instala um espaço de expressão para a liberdade do aprendiz, sua exploração pessoal, a sondagem, as belas tiradas da inteligência que se apropria de uma situação de uma forma como jamais se poderia prever e, geralmente, faz as descobertas mais inesperadas. A troca mercantil entre o conhecimento distribuído e o conhecimento restituído, a troca controlada, dá margem a uma proposta, certamente concebida da maneira mais rigorosa possível, mas que se abre à compreensão do outro e não tenta submetê-lo. A situação, na medida em que é concebida em sua globalidade e escapa ao condicionamento linear, na medida em que é oferecida à atividade pessoal, imprevisível e invisível do aprendiz, representa uma espécie de "renúncia" do poder do formador que permite ao sujeito que aprende assumir ele próprio o poder sobre sua aprendizagem.

Do controle dos desempenhos à avaliação das competências

Perfeitamente em harmonia com o taylorismo e o behaviorismo dominantes até então nas práticas pedagógicas, a avaliação escolar reduza-se – e reduz-se ainda com muita freqüência – ao *controle dos desempenhos*. Trata-se de saber se a restituição está de acordo com as expectativas do professor e de mensurar a distância entre estas e o resultado do aluno. Ao final, mesmo que o avaliador proceda de maneira empírica e subjetiva, mesmo que ele dê nota a seus alunos apelando em larga medida à sua intuição, o modelo de referência que funciona ainda é o da adequação da tarefa obtida à tarefa exigida, em uma transação a curto prazo em que a nota supostamente sanciona perfeitamente a justeza dessa adequação. Julga-se a desobediência a uma norma ou se julga sobre um produto acabado que supostamente dá conta do êxito ou do fracasso de um aluno... Porém, nada é mais fugaz, superficial, aleatório que um produto pretensamente acabado em uma avaliação estritamente escolar. Todos sabem muito bem que esse produto pode ser o resultado de uma conjuntura particularmente favorável, de uma estratégia de decodificação das expectativas do ensino – que não é garantia nenhuma da compreensão da questão – ou da aquisição provisória de reflexos mentais fundados eles próprios sobre uma memória muito volátil.

Na realidade, o produto de uma avaliação escolar só é realmente interessante enquanto indicador de habilidades mentais estabilizadas, de competências incorporadas, utilizáveis em contextos bastante diversos daqueles muito formais da avaliação escolar e por iniciativa do próprio sujeito. Por isso, uma avaliação só é significativa se ela se reivindica deliberadamente como uma prova que não é por si mesma seu próprio objetivo, mas que comporta indicadores que permitem inferir a existência de uma realidade invisível, de um progresso na compreensão de uma questão, de um desenvolvimento significativo das capacidades da pessoa que, para além da prova mesma, atribuem-lhe todo o seu sentido. Sob vários aspectos, os professores sabem muito bem disto: os primeiros porque medem o caráter provisório e rapidamente obsoleto de toda prova, os outros porque, em muitos casos, consideram que "cumpriram seu dever" quando recebem sua cópia e apenas lançam um olhar distraído às anotações, como se pressentissem que, no fim das contas, "o essencial está em outra parte". Todo mundo sabe disso... mas ninguém tira conseqüências disso e, em particular, ninguém trabalha aceitando que a única coisa que realmente vale a pena buscar nos alunos é e será sempre invisível e não verificável por meio de uma prova formalizada. De fato, pode-se esperar no máximo que se levantem hipóteses sobre o que deve ser adquirido e que poderá ser transferido e que se possam identificar alguns indicadores convergentes que permitam supor com alguma certeza que a operação teve êxito.

Nesse sentido, a passagem de "critérios de êxito" (necessários como "base de orientação" na realização de uma tarefa) a "indicadores de êxito" (capazes de permitir inferir a provável, mas jamais segura, consolidação de uma capacidade mental) representa uma ruptura essencial nas práticas pedagógicas: ela obriga o educador a se desligar definitivamente do behaviorismo, a abandonar qualquer pretensão de controlar o resultado de sua ação, a buscar as ações mentais que pretende ajudar a construir e os indicadores capazes de testemunhar seu êxito; ela também o obriga a marcar deliberadamente a cisão entre o que é do registro do observável – e que inevitavelmente tem um caráter aleatório – e o que será sempre do registro do invisível e que pertence *in fine* à iniciativa do sujeito. Portanto, o conceito de indicador desempenha um papel essencial, e sua adoção está longe de ser secundária, pois garante os estatutos irredutíveis um aos outros do universo de comportamentos observáveis e do universo de atividades mentais; ele também permite, pelo jogo que estabelece entre eles, dar lugar à negociação, à inventividade e à regulação coletiva: "O que se quer de fato avaliar com esse tipo de exercício? Que indicadores permitem constatar que tal objetivo foi atingido? Esses indicadores são os mesmos para todos? Eles são confiáveis ou devem ser complementados?"... Eis as questões que instalam no cerne das aprendizagens a incerteza fecunda na qual podem desenvolver-se simultaneamente a inventividade do professor e a iniciativa do aluno.

Ao final, se associamos as três rupturas essenciais que acabamos de identificar, está claro que a ação pedagógica muda deliberadamente de paradigma, que ela renuncia ao paradigma da ação controlada para assumir um paradigma fundado na incerteza. Essa passagem é esquematizada nas figuras que apresentamos a seguir:

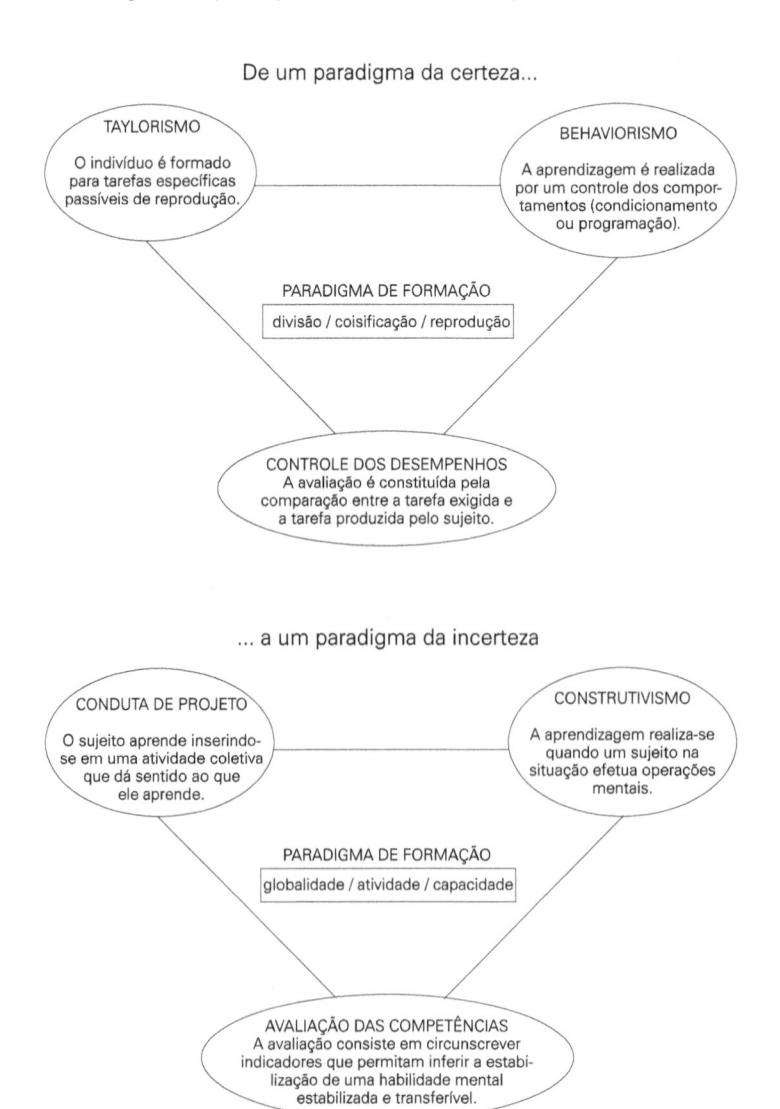

De um paradigma da certeza...

TAYLORISMO
O indivíduo é formado para tarefas específicas passíveis de reprodução.

BEHAVIORISMO
A aprendizagem é realizada por um controle dos comportamentos (condicionamento ou programação).

PARADIGMA DE FORMAÇÃO
divisão / coisificação / reprodução

CONTROLE DOS DESEMPENHOS
A avaliação é constituída pela comparação entre a tarefa exigida e a tarefa produzida pelo sujeito.

... a um paradigma da incerteza

CONDUTA DE PROJETO
O sujeito aprende inserindo-se em uma atividade coletiva que dá sentido ao que ele aprende.

CONSTRUTIVISMO
A aprendizagem realiza-se quando um sujeito na situação efetua operações mentais.

PARADIGMA DE FORMAÇÃO
globalidade / atividade / capacidade

AVALIAÇÃO DAS COMPETÊNCIAS
A avaliação consiste em circunscrever indicadores que permitam inferir a estabilização de uma habilidade mental estabilizada e transferível.

Rumo à necessidade de renunciar à ação controlada

```
         PRECISÃO                    OBSERVÁVEL
         GLOBALIDADE                 INVISIBILIDADE

                  PARADIGMA DE FORMAÇÃO
                    OBJETO / SUJEITO

                      CERTEZA
                      ALEATÓRIO
```

Portanto, a incerteza é nosso apanágio, e com ela se afasta a tentação da reprodução idêntica de capacidades estereotipadas, como a de promover comportamentos divinizantes, a serviço da obtenção apenas de "utilidades escolares". Com ela, desaparece também a vã esperança de uma "avaliação por superposição" de saberes desligados do sentido que o sujeito lhe dá e do lugar que eles ocupam em sua vida. Com ela, enfim, acaba-se com a ilusão experimentalista na educação, aquela definida por Dottrens durante o primeiro colóquio de pedagogia experimental em Lyon em 1953:

> O rendimento da escola ou, para falar em termos mais aceitáveis, o valor da educação que ela distribui, será tanto mais satisfatório quanto a arte de ensinar apoiar-se em dados objetivos, do mesmo modo que a arte médica enriquece-se a cada dia com os resultados de laboratórios. A pedagogia experimental não visa de modo algum à mecanização do ensino, mas, ao contrário, à criação de melhores condições para o tratamento pedagógico dos alunos. Ela persegue seus esforços em três direções: 1. a organização racional do trabalho; 2. o controle do rendimento escolar; 3. a experimentação pedagógica![27]

---

[27] Robert Dottrens, "Un laboratoire de pédagogie expérimentale", *Cahiers de pédagogie expérimentale*; Neuchâtel e Paris: Delachaux et Niestlé, 1953, 10, p. 6. Nota-se a identificação entre "rendimento da escola" e "valor da educação", assim como a negação de uma "mecanização pedagógica", imediatamente contradita pelas três proposições que são feitas. Sem dúvida, esse esquema de pensamento era particularmente legítimo, nos planos ideológico e estratégico, em 1953. O fato de ter caído em desuso hoje não significa que ele não tenha levado ao progresso da pesquisa em educação na época.

A incerteza torna-se uma oportunidade possível para inserir as práticas pedagógicas cotidianas no centro das contradições vivas da educação: acompanhar sem controlar, formar sem dominar, instrumentalizar o sujeito sem sufocar sua liberdade. Uma oportunidade também para permitir à educação abraçar uma modernidade científica cuja fecundidade ela própria descobriu:

> A pretensão à certeza estava, sem dúvida, na base da convicção segundo a qual a ciência exprime a racionalidade no mais alto nível e pretende que o progresso nas ciências sociais e políticas esteja ligado à aplicação de leis científicas à sociedade; contudo, constata-se atualmente uma dúvida crescente relacionada à validade dessa ideologia da ciência,

escreve Ilya Prigogine. Ele acrescenta:

> Abandonar o ideal da certeza pode parecer, aos olhos de alguns, uma falha da razão humana; eu não partilho desse ponto de vista. [...] Nós oscilamos de um passado de certezas conflituosas, quer estejam relacionadas com a ciência, com a ética ou com os fenômenos sociais, a um presente povoado de interrogações. Necessitamos de uma ciência cujo progresso marque a solidariedade dos homens com o mundo que ela descreve. O futuro é incerto; isto é verdade tanto para a natureza que se descreve quanto no âmbito de nossa própria existência, e essa incerteza repousa no próprio âmago da atividade humana.[28]

Se a incerteza constitui uma teoria satisfatória do ponto de vista especulativo, para o pedagogo é muito difícil assumi-la no cotidiano. Pode-se mesmo considerar que ela o coloca em uma situação de dificuldade pessoal e social importante. De fato, o que ocorre de maneira geral é que, embora ele se esforce para promover práticas adaptadas a esse novo paradigma, não renunciou verdadeiramente às vantagens substanciais que o antigo proporcionava. Ele gostaria de poder inserir-se em uma conduta de projeto, inspirar-se em uma pedagogia construtivista e trabalhar sobre competências consolidadas mais do que sobre saberes formais... mas, ao mesmo tempo, gostaria de poder continuar a dividir as tarefas da sua maneira, a permanecer no registro da programação e a exibir resultados que garantam sua legitimidade social. Por outro lado, ele é levado a isso pela demanda social de educação que, exacerbada pela crise econômica, rapidamente se torna demanda social de "avaliação da educação". Assim, os pais que dedicavam ampla confiança ou

---

[28] Ilya Prigogine, "La créativité dans les sciences et dans les lettres", *The Creative Process*, Lars Gustafsson, Susan Howard, Lars Niklasson, Estocolmo: 1993, p.196 a 202, traduzido do inglês por Nathalie Deldime.

indiferença à instituição escolar, agora esperam dela um "serviço" que garanta as maiores chances de êxito profissional a seus filhos. E essa expectativa é tanto maior quanto se expande a idéia segundo a qual os estabelecimentos escolares e os professores não fazem as mesmas prestações em um lugar e outro. Nessas condições, a exigência de um "controle de desempenhos" é crescente e entra em contradição com uma avaliação de mais longo prazo, que dá menos segurança e é muito mais difícil de realizar. Uma avaliação que coloca o sujeito – e, portanto, a incerteza – no centro de sua conduta.[29] Essa incerteza pedagógica pode parecer então um valor-refúgio para escapar às suas responsabilidades sociais e furtar-se às exigências dos pais e da instituição.

Porém, raciocinar assim e ceder a essa pressão levaria a esquecer que, como já evocamos em outro lugar,[30] se é legítimo submeter um educador a uma "obrigação de meios", jamais se pode impor a ele a "obrigação de resultados": pode-se exigir dele que ponha em prática os meios mais diversificados e os mais inventivos possíveis para facilitar o êxito dos alunos, tanto em termos de inventividade didática quanto de acompanhamento pedagógico... mas isso nada tem a ver com a "obrigação de resultados", que suporia criar um impasse sobre a liberdade dos alunos e o caráter de aventura incerta de todo ato educativo... "obrigação de resultados" que seria, na realidade, exorbitante de orgulho e de loucura demiúrgica, pois suporia que o educador se reivindicasse com a causa única do progresso de seus alunos:[31] "idiotice" por excelência, como diz Albert Thierry em um capítulo que tem o título soberbo de "Educação para a inquietude":

> Essas crianças contaram-me o que elas sonharam ou imaginaram fazer; em seguida, fizeram tudo o que desejaram. A vida eram seus pais, os amigos de seus pais, os industriais e os comerciantes da vizinhança, o prefeito da cidade e o deputado do distrito. Idiotice acreditar que eu tam-

---

[29] "Assim", explicam L. Chertok e I. Stengers, "a pesquisa, a formação médica e mesmo os critérios de seleção profissional hoje mantêm na sombra o 'fator subjetivo' sob o pretexto de que ele é incontrolável...", *Le coeur et la raison*, Paris: Payot, 1989, p. 270.

[30] Philippe Meirieu, *L' envers du tableau*, Paris: ESF éditeur, 1993.

[31] Se desejássemos aqui, por um instante, abandonar o plano da análise pedagógica para entrar no da análise institucional, poderíamos mostrar com exatidão que é extremamente fácil, para um estabelecimento escolar, submeter-se à "obrigação de resultados". Os meios para isso são conhecidos: basta realizar uma boa seleção na entrada e, ao longo dos cursos, multiplicar as provas escalonadas corretamente sobre a prova final. Assim, a "seleção natural" desempenhará o seu papel! As coisas são bem diferentes no que diz respeito à obrigação dos meios: esta requer algo diferente do controle dos fluxos e dos procedimentos de seleção... e compreende-se que ela inquiete os avaliadores da instituição escolar, que seriam então obrigados a buscar indicadores mais pertinentes que as meras estatísticas de resultados de avaliações nacionais, da passagem para a classe superior e de êxito nos exames.

bém estivesse incluído![32] E, mais adiante, meditando sobre o lugar que ocupa na história de seus alunos, Albert Thierry lamenta que ninguém jamais o tenha ajudado a compreender "esse suicídio prodigioso dos produtores que se aniquilam produzindo".[33]

O professor em crise de identidade

Como consentir nesse suicídio? Não é extremamente presunçoso pensar que o professor possa "aniquilar-se" assim depois de ter trabalhado tanto, de se ter obstinado em inventar novos meios, de ter gasto suas noites buscando ferramentas eficazes? Como imaginar que, depois de ter tentado ardorosamente influenciar o destino dos outros, possa aceitar desvincular-se deles em uma incerteza serenamente reconhecida? É aqui que as dificuldades ligadas à mudança de paradigma pedagógico remetem a graves questões profissionais e sociais.

De fato, pode-se aceitar desvincular-se de seu estatuto de "causa" em um esquema determinista que, de resto, beneficia-se de um certo reconhecimento. Contudo, sabemos bem que o educador não deve esperar nenhum reconhecimento de seus alunos, mesmo que isso seja difícil e, em muitos aspectos, insuportável para ele: "Não coloque sua esperança nem sua principal recompensa no amor de seus alunos", escreve Félix Pécaut... e Albert Thierry, que não se resigna facilmente a essa determinação, deve fazer a dura e necessária experiência da ingratidão inevitável das crianças em relação a seus educadores.[34] Porém, essa ingratidão torna-se suportável quando é compensada de algum modo por um reconhecimento social da função que vem oportunamente curar as feridas do narcisismo do educador. Quando falta o reconhecimento social, vem a busca sem fim do amor dos alunos ou a demagogia fácil para atrair a simpatia dos pais. A incerteza, a aventura educativa, o abandono do esquema causal, a implementação de práticas pedagógicas que assumem as contradições da educação e fazem da "resistência" do outro ao nosso projeto a oportunidade de uma partilha e não um meio de exclusão, tudo isso supõe, por outro lado, que o educador esteja seguro da importância e da dignidade de sua missão: não se pode tentar a aventura da incerteza a não ser que, em algum lugar, ainda que longinquamente, uma institui-

---

[32] "Éducation à l' inquiétude", *L' homme en proie aux enfants*, p.139.
[33] Ibid., p. 141.
[34] Ibid., p.110 e 111.

ção garanta um mínimo de estabilidade e constitua esse ponto de ancoragem sem o qual logo se torna um joguete das próprias turbulências afetivas... Ora, mesmo que a situação material do professor não seja tão ruim quanto se diz às vezes,[35] eles se vêem em larga medida como uma profissão desvalorizada, sem apoio nem sustentação social e institucional estável, o que contribui para tornar ainda mais difícil assumir qualquer risco pedagógico. Renunciar às certezas – mesmo que bastante enganosas – da transmissão mecânica e da relação mercantil supõe que se ofereça um estatuto que permita desenvolver sua inventividade sem buscar na afeição dos alunos uma improvável e perigosa gratificação.

Ainda que se imagine que esse estatuto seja garantido e, com ele, o reconhecimento social que traria, resta ainda que as condições de exercício da profissão evoluíram consideravelmente nestes últimos anos, em geral tornando bastante difícil o exercício de uma profissão já às voltas com inúmeras contradições. Assim, muitas vezes foram assinalados os efeitos consideráveis da massificação do sistema escolar sobre as situações de ensino/aprendizagem: efeitos quantitativos, naturalmente devidos ao número de alunos a serem escolarizados, e efeitos qualitativos, devidos sobretudo à chegada de alunos que não estão nem preparados nem motivados para acompanhar uma escolaridade tal como era concebida tradicionalmente.[36]

A esse respeito, o sociólogo François Dubet mostra que o que caracteriza hoje as situações de sala de aula é que elas não são mais construídas, como antigamente, antes mesmo da chegada do professor;[37] ele assinala que, há poucos anos ainda, as situações escolares eram relativamente estáveis, suas finalidades eram claras e aceitas por todos os atores envolvidos; as expectativas de cada parceiro eram conhecidas, algumas zonas de desvio eram toleradas, mas limitadas a quadros muito específicos. Mesmo nos estabelecimentos escolares reputados como difíceis, o professor dispunha de estruturas de regulação poderosas, que lhe permitiam circunscrever os comportamentos anômicos, gerir as situações escolares apoiando-se em referências, contextos, fortes pontos de apoio institucionais. Mas hoje a situação inverteu-se: mesmo nos estabelecimentos escolares "fáceis", o professor deve construir a situação

---

[35] Em particular, porque eles se beneficiam de um salário decente e de estabilidade no emprego, o que não é pouco hoje.

[36] Cf. Philippe Meirieu, *Enseigner, scénario pour un métier nouveau*, Paris: ESF éditeur, 1989.

[37] Cf., em particular, "Les mutations du système scolaire et les violences à l'école", *Les cahiers de la sécurité intérieure*, 15, 1994. Cf. também, do mesmo autor, *Les lycéens*, Paris: Le Seuil, 1991, e *Sociologie de l'expérience*, Paris: Le Seuil, 1994.

social que lhe permitirá exercer seu ofício; é a ele que cabe a tarefa de regular os comportamentos anômicos e justificar junto aos pais e aos próprios alunos os princípios de seu ensino. A situação não é mais controlada *a priori* pela norma social; ela repousa em larga medida sobre o investimento do professor, que deve, ao mesmo tempo, estabelecer e fazer com que se cumpram as regras que ele julga necessárias, explicar incansavelmente porque faz isto e não aquilo, justificar as sanções que foi levado a assumir, motivar os alunos a quem a mera perspectiva de um futuro profissional hipotético não convence mais, persuadir o diretor do seu estabelecimento, responsável pelas iniciativas exigidas pelo "projeto do estabelecimento", e o inspetor de que essas iniciativas não o levam a sacrificar os programas nacionais! Enquanto há apenas alguns anos ele só tinha de se deixar guiar pelos hábitos locais, adotar o discurso convencional dos colegas, mandar os alunos intratáveis ao encarregado da disciplina e, no final do ano, eliminar os que não alcançassem o nível exigido... enquanto ele jamais tinha de se justificar, não sendo jamais verdadeiramente contestado por quem quer que fosse em suas decisões... hoje ele é convocado a inventar tudo e a construir tudo, a decidir tudo e a justificar tudo, a se investir pessoalmente e a garantir com pulso firme a coerência das situações que instala. *Não é um dos menores paradoxos da massificação do sistema escolar ter feito da classe, através de um jogo de mecanismos sutis, um lugar íntimo onde cada professor deve inventar a cada dia seu próprio texto, não podendo mais contentar-se em desempenhar o papel social que lhe foi designado.*

Não faz muito tempo, a sociedade e o conjunto de seus mecanismos econômicos, ideológicos e sociais de algum modo geriam a escola de fora: a estrutura de empregos e a cultura profissional de cada um deles comandavam o ensino profissional e técnico; as expectativas das famílias burguesas e a educação que davam a seus filhos estruturavam o ensino geral; a ideologia dominante de submissão à estratificação social ordenava que se aceitasse sem discutir as decisões quanto à orientação e impunha respeitar com deferência a hierarquia dos ofícios, dos estatutos e dos papéis. Hoje, tudo isso já não funciona muito bem: os liceus técnicos e profissionalizantes são vistos como rotas de exílio e, longe de se submeter à estrutura de empregos e à cultura profissional destes últimos, recusam uma e outra; os diplomas profissionais tornam-se, assim, meios para chegar a algo diferente daquilo para o que supunham ter-se preparado e o comando pela profissão é tanto menos eficaz à medida que cada um espera escapar disso para ir "mais longe" ou "para outro lugar"... A quem interessa, nessas condições, submeter-se às regras, aos hábitos de trabalho, à disciplina profissional dos ofícios que não se pretende realmente realizar? Do mesmo modo, as famílias médias ou ricas, nas quais prevaleciam o respeito à instituição escolar e o sentimento da nobreza intrínseca das tarefas impostas pela escola, hoje exigem ver as coisas mais de perto: é seguro que os professores saibam melhor do que ninguém o que convém a seus filhos e do que eles são capazes? Não são elas que devem aconselhá-los diretamente e, sobretudo, buscar com eles as estratégias mais eficazes para atingir os objetivos sociais que fixaram para si? Mais globalmente ainda, a confusão geral de todas as hierarquias sociais tradicionais aos olhos dos jovens, o fato de um apresentador de televisão ter-se tornado mais importante que um Prêmio Nobel e que um pequeno *dealer* ganhe mais dinheiro que um professor universitário... tudo isso só pode desregular as situações escolares em que agora se impõe ao professor comprovar – o que antes era inútil – a importância daquilo que propõe, sua capacidade de fazer executar e de "resistir" contra qualquer suspeita que possa pesar sobre ele. *Desmembrada de algum modo de sua arquitetura externa, a classe é remetida à sua arquitetura interna e à capacidade pessoal do professor de fazer dela uma situação coletiva de aprendizagem.*

Ora, justamente isso torna-se cada vez mais difícil, pois a escola já não é mais um universo de "alunos profissionais", de crianças e adolescentes suficientemente "bem-educados" que se possa "instruir" sem dificuldades. Robert Ballion mostrou recentemente a evolução considerável do perfil dos alunos de liceu, dos quais muitos têm hoje um "trabalho" no qual se confrontam, em alguns casos pela primeira vez, com as regras elementares da socialização.[38] A cada dia, novos testemunhos e novos relatos alertam a opinião pública sobre o aumento das situações de violência escolar e, embora se deva recusar, nesse âmbito, a ceder a qualquer catastrofismo,[39] é importante avaliar bem a situação. Talvez o mais grave não seja, de fato, a existência de algumas agressões isoladas – por mais dramáticas que elas sejam para os envolvidos – , e sim a degradação progressiva de um "clima", o rápido crescimento dos desvios de comportamento e o lugar que esses desvios ocupam nas preocupações dos professores.

Assim, um mesmo levantamento, realizado duas vezes com quatro anos de intervalo por um grupo de estudantes e professores que trabalham conosco, revela uma evolução que nós mesmos não tínha-

---

[38] Robert Ballion, *Les lycéens et leurs petits boulots*, Paris: Hachette, 1995.
[39] Assim como sugere o relatório, embora sem concessões, do inspetor geral Georges Fotinos sobre a violência escolar.

mos absolutamente previsto. À questão, colocada a uma amostra representativa de 617 professores de colégio, "Qual é a sua principal dificuldade profissional?", mais de 71% dos professores responderam em 1990: "A gestão da heterogeneidade dos níveis escolares dos alunos e a implantação de uma pedagogia diferenciada". A essa mesma questão, em 1994, apresentada a um grupo comparável de 685 professores de colégio, mais de 64% respondiam: "A gestão dos alunos de comportamento difícil que comprometem o trabalho em sala de aula e tornam quase impossível qualquer projeto pedagógico e qualquer esforço didático"... deixando assim bem para trás a preocupação principal de 1990 e, inclusive, dando a entender que a gestão dos alunos "fracos", conforme estes não revelassem um comportamento anômico, esforçando-se por trabalhar um pouco e não aumentando os dias de ausência, não oferecia maiores problemas.

Assim, estamos diante de uma situação relativamente inédita e cuja evolução é extremamente rápida: os esforços pedagógicos dos professores parecem confrontar-se com uma dificuldade nova, que não está ligada essencialmente ao nível dos alunos, porém, mais do que isso, ao fato de que eles chegam à sala de aula sem ter construído as atitudes exigidas para se introduzir em uma situação escolar tradicional. Evidentemente, esse fenômeno não diz respeito à totalidade dos alunos, mas a uma porcentagem significativa o bastante para absorver o essencial da energia de certos professores e comprometer gravemente o equilíbrio de sua classe. Antes limitado aos "subúrbios difíceis", esse fenômeno tende hoje a atingir também os estabelecimentos das áreas centrais onde são escolarizados alunos em situação social certamente menos precária, mas também atingidos pela falência das grandes instituições tradicionais de socialização, que eram a família, a religião ou o esporte. Desse modo, vemos professores que declaram "não poder mais começar a fazer pedagogia", uma vez que em que suas energias são consumidas, todas as suas forças desperdiçadas, em uma tentativa geralmente inútil de manter uma aparência de vida social na sala de aula. Vemos outros que, estranhamente, mas de boa-fé, imploram que os livrem dos inoportunos para poder consagrar-se à pedagogia e pôr em prática interessantes dispositivos didáticos. Situação curiosa em que a própria pedagogia, se deixada à deriva, funcionaria como um instrumento de seleção, a socialização como uma condição prévia à educação, o domínio do "ofício de aluno" como condição de seu exercício. Situação perigosa na medida em que produziria, ao final, uma implacável seleção social, ou mesmo um verdadeiro "*apartheid* escolar": enquanto alguns poderiam aprender nas melhores condições possíveis, aproveitando todos os recursos da "engenharia didática" e beneficiando-se, com certeza, dos professores de melhor formação, os outros seriam condenados a uma vigilância escolar, desligados de toda verdadeira cultura e confiados aos professores menos experientes. Situação terrível em que o vínculo social seria gravemente comprometido... mas situação que, assinala Louis Legrand, corresponderia à demanda social de uma parcela significativa dos pais.[40]

Assim, a pedagogia e todos os seus esforços parecem chocar-se implacavelmente contra essa realidade social nova, até se voltar contra sua antiga inspiração e tornar-se cúmplice da seleção contra a qual pretendia lutar. As experiências das "escolas selvagens",[41] nascidas do movimento de maio de 68, marginais, mais ou menos inspiradas na nova educação, parecem, com a distância, tentativas para beneficiar com métodos "modernos" e "liberais" crianças que já aceitavam as regras do jogo da instituição escolar, crianças que, fora da escola, haviam se beneficiado de estruturas de socialização eficazes, ou mesmo crianças com quem se podia correr o risco de praticar "métodos ativos", porque elas já haviam sido perfeitamente socializadas pelos "métodos tradicionais"[42]... Felizmente, esse modo de funcionamento permaneceu relativamente excepcional e, ao lado daqueles que estão sempre impondo condições prévias, ao lado daqueles que fazem da didática um instrumento de seleção, encontram-se hoje certos professores e educadores que, no terreno e nas estruturas à sua disposição, tentam fazer da pedagogia um instrumento da promoção de todos. Longínquos e muitas vezes infiéis discípulos de Makarenko ou de Don Bosco, de Ferrer ou de Korczak, às voltas com "meninos de rua", decididos a tomá-los tal como são para não deixá-los onde estão. Eles sabem que a pedagogia não é segura e que ela trabalha permanentemente a contradição da instrumentalização necessária e da interpelação aleatória; eles sabem, melhor ainda, que as crianças e os adolescentes que lhes são confiados devem ser considerados tanto como sujeitos a serem reconhecidos e ouvidos, sem condescendência nem facilidades, quanto como alunos em formação a serem pacientemente conduzidos rumo a uma difícil e talvez impossível auto-

---

[40] Cf. *Une école pour la justice et la démocratie*, Paris: PUF, 1995, em particular p.17 e ss.

[41] Cf. Luc Bernard, *Les écoles sauvages*, Paris: Stock, 1976.

[42] Isto evidentemente não se aplica a todas as tentativas de renovação pedagógica e, em particular, não se refere de modo algum àqueles que assumem o risco de trabalhar com públicos difíceis ou apenas com "tudo o que vier". Em compensação, refere-se a uma parte das "novas escolas" (geralmente privadas) e a certas experiências pedagógicas "caras" realizadas em estabelecimentos escolares públicos ou privados particularmente seletivos.

nomia.⁴³ A exemplo de Pestalozzi, eles avaliam até que ponto é preciso às vezes patinar na lama, fazer a experiência difícil de contradições que não oferecem nenhuma receita, para fabricar algumas ferramentas, improvisar algumas situações e iniciar alguns encontros nos quais nada é antecipado. Mas eles resistem; e sua exigência, apesar de todos os imprevistos da conjuntura e sob o olhar altivo daqueles que consideram isso como mera agitação estéril, funciona como sua bússola; exigência ética indefectível, apesar da fadiga dos dias e dos compromissos inevitáveis, exigência de ampliar um pouco o círculo humano, às vezes mesmo sem qualquer esperança.

....

Podemos compreender, ao final deste capítulo, a que ponto é difícil envolver-se deliberadamente na ação pedagógica. Esse envolvimento requer do educador que assuma certas renúncias difíceis: renúncia das "idéias simples" e das fórmulas polêmicas, renúncia da certeza de uma transmissão mecânica de um "saber de troca", renúncia também de situações em que as crianças e os adolescentes se apresentariam a nós, como em outros tempos, para sua crisma, prestes a receber um sacramento que teríamos apenas de lhes conceder. Nossos alunos – e é preciso fixar-se nessa idéia – nunca estão "prontos" para serem instruídos. Nesse contexto, colocar condições prévias sempre acabará por excluir aqueles que não se adaptam às normas de uma instituição escolar bastante convencional e muito determinada socialmente. *O pedagogo não coloca condições prévias, ele faz com.* Ele não se resigna, não pactua nem com a ignorância nem com a humilhação, mas aceita as pessoas como elas são, porque ele sabe que este é o único meio para que se tornem verdadeiramente aquilo que decidam tornar-se e que lhe escapará sempre. Constata-se, então, que, às dificuldades conjunturais da prática pedagógica, soma-se uma dificuldade mais fundamental ainda, uma dificuldade que diz respeito ao próprio sentido e à possibilidade de qualquer ação que se pretende educativa, uma dificuldade que será objeto de nosso próximo capítulo.

---

⁴³ Para avaliar a dificuldade e o imenso interesse do projeto, é preciso ler a obra coordenada por Éliane e Gérard Chauveau, *À l' école des banlieues*, Paris: ESF éditeur, 1995. É preciso ler também o testemunho mais antigo, porém igualmente atual, da Maison des Trois Espaces (em Saint-Fons), *Apprendre ensemble, apprendre en cycles*, Paris: ESF éditeur, 1993.

Capítulo 7
Por uma pedagogia da promessa

Tese: *A pedagogia, por muito tempo, procurou fundamentar seu discurso "na verdade" e estabelecer prescrições de caráter científico. Agora, é preciso assumir sua "insustentável leveza" e tirar todas as conseqüências disso: situar a inventividade e a formação do julgamento no centro de sua conduta; aceitar a distância irredutível entre o dizer e o fazer; reconsiderar a questão da profissionalização dos professores.*

Alguns meses antes da criação oficial das "ciências da educação" sob sua forma atual, em 1967, Gilles Ferry anunciava claramente a "morte da pedagogia":

> A substituição da "pedagogia" pelas "ciências da educação", se não for uma concessão puramente formal à linguagem anglo-saxã, significa, ao mesmo tempo, o abandono das especulações normativas em proveito de estudos positivos e, no interior das ciências humanas, a delimitação e a organização de um campo de pesquisas orientadas para a compreensão do fato educativo.[1]

Explicada dessa forma, a questão poderia parecer nova... ela era, na realidade, muito antiga, e apenas em razão de uma estranha amnésia era apresentada como uma renovação completa da abordagem educativa.

De fato, como assinala Jacqueline Gautherin,

> há mais de um século, quase todas as universidades francesas foram dotadas ou se dotaram de um ensino de "ciência da educação" (então no singular) ou de "pedagogia" para formar os futuros professores da República. Ciências negligentes, as ciências da educação, instituídas em 1967, afirmam com naturalidade que são jovens, foram construídas sobre uma tábua rasa, que ainda não tiveram tempo de ser comprovadas. Pregado-

---
[1] L' éducation nationale, 820, março de 1967, XII, 3.

res de memória curta, seus detratores invocam a escola de Jules Ferry para restaurar a cultura escolar e denunciar os desvios pedagogistas. Todos simplesmente esquecem que foram os fundadores da escola e das universidades republicanas – o próprio Jules Ferry, Ferdinand Buison, Louis Liard, Ernest Lavisse, por exemplo – que entregaram a instrução e a educação das crianças aos pedagogos. Essa amnésia por razões diversas é uma forma de tratar a pedagogia do alto e de longe.[2]

Certamente, a constituição da "ciência da educação" não foi simples e sua história é permeada de inúmeros sobressaltos. Jacqueline Gautherin analisa-os com muita precisão em sua tese, e outros autores contribuem hoje com valiosos ensinamentos sobre essa história esquecida. Portanto, este não é o lugar para reproduzi-la com precisão... Contudo, temos de referenciar algumas de suas etapas e discernir um desafio essencial.

Algumas etapas iniciais: em 1810, Marc-Antoine Jullien, cidadão francês, herdeiro das luzes, engajado desde muito cedo no combate revolucionário, outrora ligado a Condorcet e a Saint-Just, confia seus filhos ao Instituto de Pestalozzi em Yverdon;[3] fanático admirador da obra do pedagogo suíço, ele vai tentar compreender o método pestalozziano e, sobretudo, tentar captar princípios universais, aplicáveis em todos os lugares, longe do carisma do mestre. Assim, ele tenta proceder a uma análise dos princípios de Pestalozzi segundo um procedimento que Jacqueline Gautherin qualifica de "formal e objetivista": ele prefigura então a constituição de uma "ciência da educação" que "permite chegar a uma forma abstrata de generalidade educativa, que se pode discutir em toda sua generalidade, e 'aplicar em seguida, com as modificações convenientes, a todos os casos particulares que possam apresentar-se'. [...] É possível assim inserir a experiência de Yverdon em um quadro teórico e justificar sua exportação".[4]

Meio século mais tarde, em 27 de abril de 1882, a municipalidade de Bordeaux criou, na faculdade de Letras, o primeiro curso de pedagogia das universidades francesas: o curso é confiado a um filósofo conhecido por suas convicções republicanas, Albert Espinas. Sete meses mais tarde, a Sorbonne inaugura, por sua vez, seu primeiro ensino pedagógico, e depois as universidades de Douai, Lille, Grenoble, Besan-

---

[2] *La formation d'une discipline universitaire: la science de l'éducation. Essai d'histoire sociale*, tese de doutorado, Universidade Paris 5, 1990, p. 9 e 10.

[3] Foi Jacqueline Gautherin quem nos permitiu descobrir a personalidade e a experiência de Marc-Antoine Jullien: "Désingularisation d'une expérience éducative. Une traduction (trahison?) de l'entreprise pestalozzienne", *"L' éducation nouvelle et les enjeux de son histoire"*, sob a coordenação de Daniel Hameline, Jürgen Helmchen e Jürgen Oelkers, Berna: Peter Lang, 1995, p. 161-178.

[4] Ibid., p.173.

çon, d'Alger, Rennes, etc.; e, embora esses ensinos tenham conhecido algumas rupturas, "entre 1907 e 1914, a 'ciência da educação' ou a 'pedagogia', conforme o caso, figurava no rol das disciplinas ensinadas em uma dezena de faculdades".[5]

Entre essas tentativas, sem dúvida a de Gabriel Compayré, em Toulouse, é particularmente exemplar: Compayré havia traduzido em 1879 a obra do britânico Alexander Bain, *Education as a science*, com um título que já sugeria um estranho desvio, *La science de l'éducation*. Retomando, assim, um sintagma utilizado por Julien desde 1812,[6] ele abrirá um debate que acabará avançando sobre *a legitimidade de uma postura científica a constituir um objeto de ciência*. É isso que Nanine Charbonnel denominará de "momento Compayré",[7] analisando a sua obra como uma tentativa "de unir cientificidade e manejo da língua"[8] em um ecletismo intelectual deliberado, buscando manter-se distante, ao mesmo tempo, de uma filosofia da educação puramente especulativa e do pragmatismo inseguro dos práticos. Todavia, como assinala Patrick Dubois, trata-se já aqui de uma falsa simetria, pois a aspiração que ele esboça em Compayré é de uma racionalidade pedagógica "unificada em torno de uma finalidade consciente de si mesma" e que não é outra coisa senão "a reivindicação, expressa nos termos mais clássicos, de que se assuma a responsabilidade filosófica do futuro 'científico' da pedagogia".[9] Compayré será criticado, evidentemente; e as críticas virão tanto de filósofos como Marion, que buscarão recolocar a pedagogia no campo epistemológico da filosofia, fundando uma "pedagogia filosófica", quanto de psicólogos como Guillaume, que se empenharão em promover "métodos objetivos puros", que permitam estudar "as leis do comportamento de um homem ou de um animal como se estudam as do comportamento psicoquímico de um corpo qualquer".[10] É nessa perspectiva que Binet falará de "pedagogia científica", Dottrens de "pedagogia experimental", Debesse de "ciências pedagógicas"... até que se

---

[5] Jacqueline Gautherin, *La formation d'une discipline universitaire: la science de l'éducation. Essai d' histoire sociale*, tese de doutorado, Universidade Paris 5, 1990, p. 43.

[6] Ibid., p. 51.

[7] *La tâche aveugle 1 – Les aventures de la métaphore*, Strasbourg: Presses universitaires de Strasbourg, 1991, p.15.

[8] Idem.

[9] Patrick Dubois, *Le dictionnaire de Pédagogie et d' instruction primaire de Ferdinand Buisson. Unités et disparités d'une pédagogie pour l'école primaire (1876-1911)*, tese de doutorado, Universidade Lumière – Lyon 2, 1994, p. 310 e 311.

[10] Citado por Nanine Charbonnel, *La tâche aveugle 1 – Les aventures de la métaphore*, Strasbourg: Presses Universitaires de Strasbourg, 1991, p.15 e 16.

chegue com dificuldade a um acordo sobre a expressão "ciências da educação" proposta por Gaston Mialaret.[11]

Na realidade, desde a tentativa de Marc-Antoine Julien até os esforços atuais para fundar uma epistemologia multirreferencial das ciências da educação,[12] é o mesmo desafio que está presente, a mesma negação que se manifesta através de incontáveis recuperações da coisa educativa por aqueles que querem anexá-la a um campo disciplinar específico, ou circunscrevê-la em um arranjo institucional qualquer: a negação da pedagogia como "categoria literária", a recusa de aceitar o discurso pedagógico como "experiência" para fazê-lo reverter-se com mais ou menos êxito na "experimentação".[13] Evidentemente, não ignoramos as ambigüidades contidas na palavra "experiência"; sabemos que para muitos ela remete à expressão individual de suas tentativas e de seus estados de alma, que ela evoca um estilo épico ou jornalístico sem valor "científico", que ela se

---

[11] No entanto, ele nos declarou que sua proposta inicial era "ciências das situações educativas", significando, com isso, que a educação em si mesma não poderia ser objeto das "ciências" e que apenas as situações educativas poderiam ser objeto de estudos científicos de variáveis que entram em jogo. Infelizmente, tal distinção, sem dúvida por uma questão de facilidade, foi abandonada, dando lugar a inúmeros mal-entendidos.

[12] Cf. Jacques Ardoino, *Éducation et relations*, Paris: Gauthier Villars, 1980. O autor recusa submeter as "ciências da educação" a um referente científico determinado e sugere a técnica do "transbordamento" sistemático (p.135), pelo qual uma ciência tem condições de utilizar modelos elaborados em um outro campo de referência que não o seu. Esse desdobramento produziria um tipo de análise particularmente fecundo e introduziria a "multirreferencialidade". Esta remeteria ao fato de que cada objeto, em matéria educativa, é "suscetível de tratamentos múltiplos em função de suas características, mas também dos modos de interrogação dos diferentes atores" (Guy Berger, *Multiréférentialité et sciences de l' éducation*, nota de síntese da habilitação para direção de pesquisas, Universidade Paris 8, 1988, p. 92). Nessa perspectiva, é preciso abandonar a ilusão que leva a crer que uma disciplina pode "dar conta" completamente de um fenômeno educativo e aceitar a necessidade de uma limitação recíproca dos campos disciplinares uns pelos outros, de uma ruptura entre eles, de uma multiplicidade de pontos de vista, dos quais nenhum pode superar a opacidade irredutível do objeto. Há aqui, portanto, uma recusa de um certo positivismo e de qualquer reducionismo, mas, novamente, o pedagogo é rechaçado em nome de uma nova concepção de "cientificidade".

[13] "Assim", explica Jean Houssaye, "a pedagogia desapareceu hoje em proveito das ciências da educação. Essa evolução, em marcha há mais de um século, está longe de ser anódina. Ela consagra, através da ciência e da vontade de chegar a uma pedagogia experimental, com base nos modelos médico e taylorista, a exclusão da prática como constitutiva do saber em pedagogia e a superioridade do teórico-especialista sobre o prático. Porém, as ciências da educação fracassam em constituir ou modificar a prática. Daí a necessidade de definir de outro modo a relação teoria-prática na pedagogia, a partir do reconhecimento da especificidade do caminho do pedagogo." ("L' esclave pédagogue et ses dialogues", *Éducation et recherche*, Genebra: Delval, 1984, 1, p. 31-48, p. 31... Portanto, é preciso deixar de restringir a pedagogia à "prática" para confiar a pesquisa de seus fundamentos teóricos a especialistas de todas as ordens (que, de resto, freqüentemente se chocam entre eles!). A pedagogia é também teoria: ela é o resultado de uma prática trabalhada por um esforço "literário" de compreensão da coisa educativa que tentar "elaborar a verdade" sobre o que se trama na relação entre um educador e um educado. Ver também sobre esse tema das relações teoria/prática em pedagogia Jean Houssaye, "Le chemin du pédagogue", *Cahiers Binet-Simon*, 1985, 603, p.16 a 30.

refere ao registro, eminentemente perigoso, da manipulação das emoções. Contudo, sem falar que os próprios discursos científicos nem sempre escapam a essas suspeitas,[14] nada garante que não seja esse discurso, com todas as suas imperfeições e, às vezes, mesmo com sua mediocridade, que "dê conta", com o máximo de exatidão possível, da "verdade educativa"; nada garante que não seja esse tipo de discurso que nos permita reconhecer-nos e compreender-nos em nossas tentativas para educar os outros. Nada garante que, por meio do tratamento singular das situações que ele evoca, ele nos dê os meios de chegar àquilo que é justamente o mais universal no homem. Nada garante que não seja aí que se encontrem os meios de tematizar, em uma retórica que se reconhece como tal, as questões fundamentais do homem em face da imperiosa necessidade de reproduzir-se sem reproduzir.

Dizer isso não significa, é claro, recusar as "ciências da educação", considerar nulos os resultados que elas produzem, nem mesmo apropriar-se de suas legítimas preocupações. Significa, ao contrário, atribuir-lhes um lugar possível, do ponto de vista epistemológico, desde que elas não pretendam descartar ou ignorar a literatura pedagógica. À medida que essa literatura é aceita e entendida, à medida que ela não se reivindica como especialização, mas como aspiração a uma sabedoria mínima e a uma inventividade controlada, ela requer estudos rigorosos – que emanam deliberadamente de uma outra lógica – e cujo objeto é, como mostra Bernard Charlot, "interrogar *a função efetiva* desses discursos sobre os fins da educação confrontando-os com as instituições, as estruturas, as situações, as práticas que definem a realidade da educação em um lugar e um tempo determinados. Por isso mesmo, as ciências da educação tendem a desmistificar, às vezes mesmo a denunciar, e sempre a dessacralizar esses discursos e aqueles que os sustentam".[15] Assim, paradoxalmente, é o discurso pedagógico e o trabalho que ele propõe ou impulsiona que criam um espaço específico para a pesquisa em ciências da educação. Estas, a nosso ver, esgotam-se ou desconsideram-se querendo fundar cientificamente a pedagogia, substituí-la ou ignorar deliberadamente sua existência.[16] Em compensação, elas encontram pleno sentido ao se constituir como "instância

---

[14] Tal como denuncia às vezes com excesso, mas não sem algumas boas razões, Paul Feyerabend (*Adieu la raison*, Paris: Le Seuil, 1989).

[15] *Les sciences de l'éducation, um enjeu, un défi*, Paris: ESF éditeur, 1995, p. 29. E Bernard Charlot acrescenta: "As ciências da educação preenchem sua função não sustentando um discurso filosófico ou político, mas pelo trabalho de confrontação no qual se lançam – pois trata-se exatamente de um trabalho, regido por certas exigências de rigor." (idem)

[16] Infelizmente, essa ignorância ainda é moeda corrente: assim, o *Schéma directeur* do INRP (Institut

crítica" dos discursos e das práticas pedagógicas, não se colocando em posição de superioridade ou de avaliação "objetiva", não dizendo "a verdade" da pedagogia, mas, com a modéstia que convém ao cientista diante de objetos complexos com variáveis múltiplas, remetendo ao pedagogo um olhar distanciado sobre aquilo que produz, as armadilhas e as oscilações que o ameaçam, as ilusões de que pode ser vítima.

Nesse sentido, pedagogia e ciências da educação não se excluem, mas também não se incluem. Cada uma dessas abordagens tem seu lugar e, se é legítimo que as ciências da educação promovam em seu interior o estudo da história e da atualidade da pedagogia, é por duas razões estreitamente ligadas. De um lado, porque se trata hoje de reter uma memória ameaçada – se não for nos departamentos de ciências da educação, onde então se manterá viva a mensagem de Pestalozzi e de Freinet, de Makarenko e de Montessori? De outro lado, porque é importante fornecer às abordagens científicas dos fatos educativos uma matéria e um objeto. Matando a pedagogia, as ciências da educação correm o risco de matar-se, pois com isso se verão destituídas de seu próprio objeto de trabalho. Querendo legislar de maneira científica e *a priori* sobre as práticas pedagógicas, as ciências da educação correm o risco de se dissolver "fazendo pedagogia sem saber", confrontando os gêneros e, finalmente, produzindo conhecimentos que não terão nem a densidade humana do discurso pedagógico, nem o rigor necessário do discurso científico.

É a essa vigilância que nos convoca Nanine Charbonnel, que, depois de ter estudado um conjunto de aproximadamente mil textos "clássicos" sobre a educação, conclui pela presença massiva, nesses textos, da metáfora literária e afirma que "se trata de reconhecer o estatuto da construção lógico-literária de todos os textos que falam de educação, quer eles reivindiquem esse estatuto (um romance) ou não (uma doutrina, mas também uma "desconstrução científica")".[17] Certamente, as análises de Nanine Charbonnel poderiam ser atenuadas em relação ao esforço dos pesquisadores contemporâneos em ciências da educação; porém, no final de seu imponente estudo, ela ainda assinala dois fenômenos que nos parecem ainda hoje incontestáveis:

1. A recusa de levar em conta, pelas doutrinas pedagógicas, quaisquer que sejam (e nós acrescentamos: "pelas ciências da educação, na imen-

---

National de Recherche Pédagogique), publicado no final de 1994, não apresenta nenhuma referência à história das doutrinas pedagógicas nem ao estudo dos pedagogos. A palavra "pedagogia" não é grafada em nenhum momento no texto e aparece apenas em algumas raras referências bibliográficas.

[17] *La tâche aveugle 1 – Les aventures de la métaphore*, Strasbourg: Presses Universitaires de Strasbourg, 1991, p.16.

sa maioria dos casos"), verdades sobre a educação que podem ser ditas, e de forma admirável, nos grandes romances.

2. A presença de híbridos cuja situação nunca é claramente definida e dos quais pelo menos um (*Émile*) é considerado como o texto fundamental da "pedagogia moderna".[18] Nessas condições, compreende-se que Daniel Hameline considere que entrar na literatura poderia constituir uma contribuição das mais felizes à formação daquele que se destina a instruir e a educar. [...] (Pois a literatura) predispõe as figuras do futuro nas do passado. Estas constituem como que a repetição geral oferecida à imitação presente. Por sua vez, esta se torna, *ex opere operantis*, antecipadora. Os destinos advêm sobre o pano de fundo da história passada. Há nisso uma coerência que se compreende que muitos temam.[19]

Destinos pedagógicos, nós mesmos os evocamos nesta obra e inserindo-os deliberadamente em uma abordagem que, não sendo literária no sentido acadêmico do termo, pretende-se contudo capaz de evocar essas "figuras", essas "imagens", essas "exemplaridades" de que fala Daniel Hameline[20]... Por intermédio delas, tentamos mostrar que se poderiam ler as tensões que operam em nós e reconhecer as questões que nos atormentam. Mas nem por isso essas figuras destinam-nos à imitação, pois os "heróis pedagógicos" não são "modelos": por trás da ênfase de suas propostas e das mitologias que às vezes sustentam religiosamente seus discípulos, eles revelam, a quem souber entendê-los, sua eminente fragilidade... sua infinita dificuldade de "passar à ação" e de estar à altura dos compromissos assumidos. É essa fragilidade que pretendemos explorar agora, convencidos de que ela nos permitirá compreender aquilo que, para nós, continua sendo um estranho mistério: a imensa dificuldade, irredutível às circunstâncias e aos sistemas, de "tomar a palavra".

Quando a inventividade rompe o círculo infernal descrição/prescrição

Em 1912, Édouard Claparède, definindo os objetivos de um "instituto de ciências da educação e os objetivos aos quais ele responde",[21] não

---

[18] *La tâche aveugle 3 – Philosophie du modèle*, Strasbourg: Presses universitaires de Strasbourg, 1993, p.110.

[19] "Histoires de vie, formation et pratique littéraire", Gilles Ferry, *Partance*, Paris: L' Harmattan, 1994, 263-274, p. 293 e 294.

[20] Idem.

[21] Trata-se do Instituto Jean-Jacques Rousseau, em Genebra.

hesitava em afirmar que "somente um fundamento rigorosamente científico e psicológico daria à pedagogia a autoridade que lhe é indispensável para conquistar a opinião e forçar a adesão às reformas desejáveis. [...] Atualmente, a psicologia pode fornecer à pedagogia uma base realmente científica. [...] Ela, que até pouco tempo era considerada uma ramificação da filosofia, hoje conquistou o certificado de ciência experimental".[22] Evidentemente, Claparède tem o cuidado de explicar que "experimentação" não significa "dissecção"[23] e posiciona-se deliberadamente na descendência de Rousseau, para ele o precursor e o iniciador dessa "revolução copernicana" que evoca e que consiste em "colocar a criança no centro do sistema educativo".[24] Não é menos verdade que ele deposita todas as suas esperanças na possibilidade de que a psicologia experimental possa fundar as práticas pedagógicas e prescrever as soluções que porão fim, de maneira definitiva, às sondagens inquietantes dos professores.

Essa concepção pode, em uma primeira abordagem, parecer contraditória com o rousseaunismo que ela reivindica. Mas é esquecer justamente que o que Claparède prega é calcar as ações pedagógicas sobre o conhecimento científico dos processos de aprendizagem e de desenvolvimento da criança que a psicologia propõe-se a trazer à luz. Quando retoma o slogan em voga na época, "Vamos reformar apoiando-nos no conhecimento da criança",[25] ela oferece a chave de sua concepção e, ao mesmo tempo, o fundamento paradigmático da psicopedagogia: é preciso *prescrever* aos professores que façam exatamente o que a psicologia *descreve*... Na medida em que esta última é capaz de atingir "a verdade da criança", de compreender que ela aprende melhor quando não é submetida às más influências ou deformada por um sistema escolar inadequado, o papel do professor é instalar em sua classe os dispositivos capazes de permitir o desenvolvimento desses processos "naturais". A legitimidade da prescrição apóia-se na justeza da descrição e encerra as práticas pedagógicas em uma espécie de círculo infernal em que toda inventividade torna-se inútil e, até mesmo prejudicial.

E, assim, ainda hoje se persegue a fantasia de uma atividade educativa que se resumiria a reproduzir nas melhores condições aquilo que a

---

[22] "Un institut des sciences de l'éducation et les besoins auxquels il répond", *Archives de Psychologie*, tomo 12, fevereiro de 1912; texto reproduzido pela editora Kündig, Genebra, 1912, p.19, 20, 21.

[23] Ibid., p. 25.

[24] Ibid., p. 9. Sabe-se que, posteriormente, a fórmula foi retomada até mesmo na lei de orientação de 1989!

[25] Idem.

observação permitiu descobrir... fantasia recorrente no discurso psicopedagógico, fantasia que aflora nos próprios discursos pedagógicos quando eles esquecem sua especificidade para tentar refugiar-se nos nichos confortáveis da certeza científica, fantasia sustentada por propostas freqüentemente ambíguas de "didatas" que poderiam levar a crer que o binômio psicologia/pegagogia pode ser substituído agora pelo binômio epistemologia/didática e deduzir o conjunto das proposições desta última a partir de uma análise acurada das especificidades epistemológicas das disciplinas a serem ensinadas. Evidentemente, a maior parte dos didatas nega a possibilidade de tal dedução e afirma ter o desejo de trabalhar levando em conta tanto as contribuições da psicologia cognitiva quanto da psicologia social, e mesmo uma abordagem clínica dos processos de aprendizagem. Não é menos verdade que, às vezes, eles podem levar os práticos a crer que uma boa compreensão dos saberes teóricos, associada a uma compreensão dos fenômenos específicos da "transposição didática", garante uma gestão rigorosa da classe e do conjunto desses fenômenos. "Toda didática, no que diz respeito à transmissão de conhecimentos ligados a determinados saberes, repousa sobre hipóteses quanto à natureza, à estrutura e mesmo à história desses saberes, isto é, uma epistemologia"[26]... afirmam dois didatas em uma obra recente, na qual, por outro lado, eles parecem recusar a possibilidade, para a didática, de se comportar "como uma ciência prescritiva".[27] Não é menos verdade que os efeitos de vários trabalhos didáticos e a fortuna do conceito de "transposição didática", no centro da maior parte das pesquisas nesse âmbito, tendem a reconstituir, apesar dos protestos de alguns didatas,[28] o binômio descritivo/prescritivo: de fato, somos levados a crer que basta conhecer bem a estrutura dos saberes teóricos e ensinados, ter percebido a natureza dos obstáculos epistemológicos inerentes a esses saberes e as restrições impostas pela situação de ensino para dispor de todos os recursos necessários que permitam colocar-se diante de uma classe. Na realidade, o que ocorre neste caso, na didática, é justamente o que os didatas descrevem quando anali-

---

[26] Samuel Joshua, Jean-Jacques Dupin, *Introduction à la didactique des sciences et des mathématiques*, Paris: PUF, 1993, p.11.

[27] Ibid., p. 396.

[28] Cf., em particular, Jean-Pierre Astolfi e Michel Develay, *La didactique des sciences* ("Que sais-je?", Paris: PUF, 1989, p. 42 a 56), e Michel Develay, *De l'apprentissage à l'enseignement* (Paris: ESF éditeur, 1992), que assinala que "entre o saber ensinado, resultado de uma bricolagem que leva em conta um conjunto de parâmetros heterogêneos, e o saber assimilado pelo aluno tendo em vista não apenas uma memorização, mas um trabalho de aplicação, de reinvestimento ou de transferência, são possíveis inúmeras variações" (p. 29).

sam a transposição didática dos saberes escolares: seu próprio discurso é desvinculado das pesquisas que lhe deram origem, seus próprios conceitos são descontextualizados, isolados dos sistemas de pensamento nos quais estão inseridos, são de algum modo "escolarizados" para se integrar ao paradigma da "certeza pedagógica" e fazer crer que se dispõe aqui de uma ferramenta que permitiria poupar toda inventividade, constituindo uma teoria suscetível não apenas de inspirar ou de alimentar as práticas pedagógicas, mas de realmente ditá-las.

Ora, e aqui nos encontramos no centro daquilo que constitui para nós a dificuldade e a maior riqueza do projeto pedagógico, não existe, segundo expressão de Michel Soëtard, "nenhuma continuidade na educação, e muito concretamente no ato pedagógico, entre a intenção e a instrumentalização na ação posta em prática para realizar uma através da outra".[29] Em um certo sentido, a questão é tão velha quanto o mundo e supera amplamente o âmbito da educação. Kant já observava que "pode ocorrer que existam teóricos que em toda sua vida jamais se tornem práticos, porque lhes falta a capacidade de julgar; é o caso dos médicos ou dos juristas que fazem bons estudos, mas que não sabem como empregá-los quando se trata de dar um conselho"[30]... Pois, explica Kant, "é preciso acrescentar ao conceito de entendimento que a regra contém um ato da faculdade de julgar que permita ao prático decidir se a regra aplica-se ao caso ou não".[31] Confrontado com essa questão e buscando examiná-la nos três registros que constituem "a moral", "o direito político" e "o direito das pessoas", Kant concluirá, porém, que "o que vale para a teoria por razões racionais vale também para a prática";[32] por um lado, porque em muitos âmbitos, as críticas dirigidas à teoria devem-se, na realidade, a uma insuficiência de formação teórica (é o caso do mecânico que critica a mecânica geral afirmando que ela não dá conta de fenômenos com os quais ele se defronta, ao passo que "se juntássemos a teoria da fricção [...], isto é, de uma maneira geral, um suplemento teórico, ele estaria to-

---

[29] "Rousseau e Pestalozzi: de l' intention à l'action", conferência na Universidade Lumière-Lyon 2, 25 de março de 1995.

[30] "Sur le lieu commun: il se peut que se soit juste en théorie, mais en pratique cela ne vaut rien", *Théorie et pratique*..., Paris: Garnier-Flammarion, 1994, p. 45.

[31] *Idem*. Este argumento será muitas vezes retomado, em particular por Pierre Bourdieu, *Esquisse d'une théorie de la pratique*, Genebra: Droz, 1972, p.199 e 200; ver também, de Pierre Bourdieu, *Le sens pratique*, Paris: Éditions de Minuit, 1980. Esse argumento ainda é encontrado em filósofos da educação como Olivier Reboul: "Ser pedagogo não se reduz a conhecer regras; é saber que regra é preciso aplicar, em que momento, diante de tal classe, para tal indivíduo..." (*Qu' est-ce qu' apprendre?*, Paris: PUF, 1980, p.111).

[32] Kant, op. cit., p.93.

talmente de acordo com a experiência").³³ Por outro lado, e mais fundamentalmente porque, tratando-se de princípios capazes de orientar a ação, "se a teoria não vale grande coisa para a prática, esta não se atém à teoria, mas ao fato de que não bastaria à teoria que o homem aprendesse com a experiência e que é a verdadeira teoria".³⁴ A teoria kantiana pode parecer curiosa... no entanto, sem entrar na análise detalhada que mereceria, ela nos parece profundamente coerente e congruente com a natureza do projeto filosófico de Kant: afirmar que a dificuldade de passar da teoria à prática tem a ver, de fato, com a dificuldade de extrair ensinamentos teóricos da prática é a única hipótese para o pesquisador que, por princípio, produz apenas teoria, mesmo quando fala da prática e pensa a esse respeito. Nessa perspectiva, se desejamos esvaziar teoricamente a passagem da teoria à prática, isto só pode ser feito, metodologicamente, por um acréscimo de teoria. Só se pode pensar a prática teoricamente e, portanto, o que é paradoxal, isto só aumentará a distância entre teoria e prática, de tal modo que a expansão da primeira jamais resulta na execução da segunda. A aporia parece inevitável, pois a busca incansável de elementos teóricos que permitam pensar a passagem à ação insere-se em uma busca de elucidações teóricas, ela própria jamais concluída, que justamente corre o risco de fazer recuar incessantemente, ou mesmo de aniquilar, a possibilidade da passagem à ação. Por isso, é preciso mudar de registro e dar um passo para o lado; é preciso reconhecer o caráter irredutível a qualquer teorização prévia da passagem ao ato.

A passagem ao ato irredutível a qualquer teorização prévia

Já destacamos, em várias ocasiões, o caráter específico da atividade pedagógica, na qual a ação precede e permite o conhecimento abolindo, assim, a ilusão de um diagnóstico prévio possível cuja análise ocultaria os princípios e as condições da ação. Mas isso não resolve a questão, pois o que estava em jogo até o presente dizia respeito apenas a um certo tipo de conhecimentos prévios, os conhecimentos sobre o aluno, suas motivações, seu nível de desenvolvimento, suas estratégias de aprendizagem, sua "patologia", para falar como Kant. E seria perfeitamente

---

³³ Ibid., p. 47.
³⁴ Ibid., p. 46.

possível argumentar que, se esse tipo de conhecimentos prévios não é verdadeiramente possível, nem verdadeiramente desejável, poderiam existir conhecimentos de um outro tipo, o que denominamos de "saberes pedagógicos", cujo domínio teórico garantiria a possibilidade de colocá-los em prática. Assim, o conhecimento das proposições pedagógicas de Korczak, Montessori, Freinet ou Oury bastaria para introduzir o professor em práticas novas, apropriadas ao estatuto do projeto de educar e implementadas de maneira pertinente e obstinada. Porém, estamos convencidos de que não é assim e que há várias razões para isso.

Antes de mais nada, como assinala Jean Houssaye, "a ação desses pedagogos remete naturalmente à ação educativa exercida por cada um, mas ela não pode deixar de ser situada e, com isso, reconhecida como bastante particular e dificilmente generalizável. Não se encontrará jamais uma correspondência termo a termo entre a situação que é a nossa e a situação que foi a sua, de tal modo que se pode decretar que seus atos, e por conseguinte sua pedagogia, não são transferíveis".[35] De modo mais geral, é preciso reconhecer que toda experiência educativa põe em presença pessoas que se encontram de maneira bastante imprevisível, em uma relação que confronta suas singularidades em uma experiência inédita e não-reprodutível; assim, é legítimo perguntar-se sobre a possibilidade de utilizar métodos elaborados em uma situação particular, com indivíduos determinados, em uma situação nova, cujas semelhanças com as situações anteriores podem ser falaciosas. Naturalmente, em um certo sentido, Don Bosco e Makarenko, cada um com perspectivas ideológicas diferentes, tiveram de trabalhar com aquilo que hoje chamaríamos de "luta contra a exclusão"... mas nem você nem eu somos Makarenko ou Don Bosco, não vivemos nem na Itália nem na União Soviética e as restrições sociais e institucionais que temos de assumir são de natureza totalmente distinta. Naturalmente, podemos reconhecer algumas invariantes entre sua ação pedagógica e os problemas que se colocam os professores confrontados com os "públicos difíceis" de nossos subúrbios, mas não é seguro que, por isso, sejamos capazes de identificar a natureza exata dos problemas que partilhamos com eles nem, *a fortiori*, as condições que permitem utilizar de modo pertinente as soluções que eles preconizaram.

O caráter singular de toda situação educativa, seu aspecto radicalmente inédito, de fato impede uma transferência automática e compromete as apropriações que nunca se sabe realmente se seremos capazes de pôr em prática. Há na situação educativa uma experiência da singula-

---

[35] "L' imitation des pédagogues: limites et résistences", *Le furet*, Strasbourg: 1995, 16, p. 16-19, p.17.

ridade que parece desencorajar qualquer "aplicação" e impor que desconfiemos das proximidades de situações que deixam escapar especificidades que, justamente elas, podem pôr tudo em questão. Nunca sabemos como reagirão nossos alunos ou as crianças que nos são confiadas, não sabemos por que a aventura que vivemos com eles nunca foi vivida por ninguém antes de nós, pelo menos dessa maneira, e que seria errado acreditarmos, portanto, que alguém pudesse teorizá-la por nós. Isto acontece porque a pedagogia é, por natureza, um trabalho sobre situações particulares e porque sabemos, desde Platão, que somente existe a ciência do geral; o pedagogo engana-se completamente sempre que imagina poder identificar situações em que, "todas as situações sendo iguais por toda parte", uma solução experimentada com êxito por alguns poderá ser utilizada por outros com a certeza do êxito.

Por-se dizer, então, que não é possível identificar competências profissionais para os professores e trabalhar em sua formação? É evidente que não! E o trabalho realizado por Michel Develay nesse âmbito continua sendo exemplar.[36] Porém, um conjunto de competências não faz um ofício: a capacidade de explicitar os enunciados, de gerir as situações de conflito em sala de aula, de construir uma situação-problema, de organizar um trabalho em grupo ou uma seqüência de pedagogia diferenciada, de avaliar o trabalho de seus alunos e de participar na elaboração de um projeto do estabelecimento... tudo isso evidentemente é necessário, mas só tem sentido se estiver inserido em uma intenção fundamental, se estiver articulado àquilo que denominamos o "momento pedagógico" e se for vivido através das tensões fundamentais que apresentamos. Em outros termos, esses fatores não permitem esperar controlar a ação permanentemente, a fortiori de programá-la. É inútil sonhar que um dia se possa ser capaz de analisar serenamente, a todo instante, os problemas que se colocam em uma sala de aula para tirar disso conseqüências lógicas e tomar as decisões racionais que se impõem.

Inúmeros autores assinalaram, a esse respeito, aquilo que Clermont Gauthier denomina soberbamente, plagiando Milan Kundera, "a insustentável leveza da pedagogia".[37]

> Ensinar exige julgamento. Mil vezes por dia o professor deve julgar sobre uma infinidade de detalhes. Com freqüência, não há sequer neces-

---

[36] Cf. *Peut-on former les enseignants?*, Paris: ESF éditeur, 1993, em particular p. 113 a 118.

[37] Jean Houssaye também retomou a expressão "a insustentável leveza do ser pedagógico" em "Pédagogie de la formation initiale ou saint Thomas en formation", Bulletin nº 7, Association des enseignants et chercheurs en sciences de l'éducation, março de 1990, p. 9 a 15.

sidade de refletir, a decisão vem quase por si mesma. Em outras circunstâncias, é preciso pesar os prós e os contras e fazer a escolha. É a questão do julgamento que encontra a regra para o caso. O professor, mesmo sendo informado de todos os dados da situação, jamais saberá verdadeiramente qual é a regra que lhe indicaria com toda segurança o que fazer no caso. O julgamento é uma questão de talento, não se ensina nem se aprende. Ele se exerce. Exercendo-se, constitui-se progressivamente uma 'jurisprudência', mas isso não garante a justeza do próximo julgamento que ocorre em outro contexto. Não há regra que indique que tal regra deva ser aplicada em tal situação.[38]

Portanto, é impossível "constituir em verdade" a ação pedagógica. Como a educação está inserida na irreversibilidade do tempo e na singularidade das situações individuais, como jamais duas situações repetem-se de forma idêntica, a pedagogia está condenada a essa "insustentável leveza": "O planeta avança no vazio sem nenhum mestre. Eis a insustentável leveza do ser".[39] "Em trabalhos práticos de física, qualquer colegial pode fazer experiências para verificar a exatidão de uma hipótese científica. Mas o homem, porque dispõe de apenas uma vida, não tem qualquer possibilidade de verificar a hipótese pela experiência, de modo que jamais saberá se estava errado ou se tinha razão em obedecer a seu sentimento".[40] E o pedagogo, porque os fatos jamais se reproduzem de maneira idêntica, porque as pessoas e as situações, mesmo que parecidas, jamais são completamente as mesmas, porque ele próprio é sempre diferente, enriquecido ou mortificado por suas experiências passadas, porque ele jamais sabe realmente nem a quê e nem a quem imputar os resultados que observa, é condenado a "avançar no vazio", a assumir irremediavelmente o risco e a incerteza.

Evidentemente, os sociólogos da educação, como Philippe Perrenoud, mostram bem que os professores, para fazer face a essa difícil incerteza, estabelecem "esquemas de ação" e que "uma parte importante da atividade pedagógica é fundada em rotinas ou em uma improvisação regrada que recorrem a um *habitus* pessoal ou profissional mais do que aos saberes".[41] Sem dúvida, é essencial reconhecer a existência

---

[38] *Tranches de savoir – L' insoutenable légèreté de la pédagogie*, Montreal: Éditions Logiques, 1993, p.165.

[39] Milan Kundera, *L' insoutenible légereté de l'être*, Paris: Gallimard, 1986, p. 60.

[40] Ibid., p. 47.

[41] "Le travail sur le habitus dans la formation des enseignants", intervenção no simpósio "Formation des enseignants", Louvain-la-Neuve, 12-14 de setembro de 1994, p. 3.

desse *habitus*, embora seja extremamente importante não se deixar petrificar em mecanismos impessoais que garantiriam a segurança do professor à custa de um impasse completo sobre o caráter aventureiro de toda relação educativa.

Ora, assistimos hoje justamente ao desenvolvimento de toda uma literatura educativa que tende a instalar esquemas que garantiram o "êxito na certa" e descartariam resolutamente esse caráter aventureiro. Alguns trabalhos inspirados na pedagogia por objetivos, certos métodos importados do mundo empresarial e centrados na "tecnologia do projeto" tentam inserir a ação em uma lógica programática e dedutiva que permite escapar aos tormentos da passagem ao ato.[42] O "projeto-programa", denunciado por Jacques Ardoino, substitui também o "projeto-visado";[43] organiza-se a ação em etapas sucessivas racionalmente planejadas, aconselha-se o sujeito a estar atento às suas estratégias pessoais de modo a "otimizar" o processo; supõe-se de fato que o acompanhamento escrupuloso de uma programação rigorosa, associado a uma consideração dos fatores individuais, pode levar a bom termo de modo definitivo a questão da passagem ao ato.[44]

É nessa perspectiva que se desenvolve, por exemplo, um conjunto de teorias sobre "a análise das necessidades de formação"; as "necessidades" são concebidas aqui como entidades passíveis de serem isoladas e objetivas, as quais permitiriam definir as ações de formação correspondentes. Contudo, todos sabem a que ponto a idéia de necessidade é ambígua e permite todo tipo de manipulação: não há "necessidade objetiva", não há "necessidade" a não ser em uma concepção implícita ou explícita da "completude", a não ser em referência a finalidades. Além disso, as "necessidades de formação" são sempre sutilmente analisadas pelo formador e divididas em duas categorias facilmente manipuláveis: as "necessidades superficiais", atribuídas aos caprichos individuais ou aos condicionamentos sociais, e as "necessidades profundas", milagrosamente ajustadas à oferta de formação. Também aqui nos vemos diante de uma idéia que procura negar a descontinuidade entre descrição e prescrição, entre intenção e instrumentalização, introduzindo uma continuidade fictí-

---

[42] Nessa perspectiva, são conhecidas as tentativas de utilização, no registro da educação, de técnicas empresariais e da "conduta de qualidade", como o "diagrama de Ishikawa", chamado também, sintomaticamente, de "diagrama causa/efeito" (cf. Jean-Pierre Obin e Françoise Cros, *Le projet d'établissement*, Paris: Hachette-Éducation, 1991, p.118).

[43] "Pédagogie du projet ou projet éducatif", *Pour*, 94, março-abril de 1984.

[44] Cf. Jean-Paul Lavergne, *La décision*, Paris: ESF éditeur, 1983.

cia. Na realidade, nunca é possível, na formação, isolar necessidades que produzam ações conforme uma lógica linear. Simplesmente há problemas que podem ser identificados e cuja resolução jamais está contida na simples análise dos dados, mas sempre requer que o formador formule objetivos e métodos em função de suas finalidades. Definir objetivos de formação é, nesse sentido, aceitar a "insustentável leveza da pedagogia", é recusar criar a ilusão de que basta "ver com clareza" para fazer propostas eficazes, é recolocar a inventividade no centro da conduta formativa, é reencontrar a pedagogia quando uma mecânica tecnocrática tentava extingui-la.[45] Os alunos podem ter problemas para aprender sua lição ou redigir uma dissertação, os adultos podem encontrar dificuldades para realizar uma tarefa ou cumprir funções profissionais; é importante que eu os entenda, é essencial que eu perceba sua resistência, mas é inútil buscar obstinadamente fazer com que as soluções para esses problemas e essas dificuldades emerjam, em uma inútil ginástica não-diretiva, de sua simples análise descritiva. Os objetivos, os métodos que eu poderia propor jamais estão contidos nos fatos que recolho; eles devem ser inventados, em todas as suas dimensões, em função de duas séries de dados nas relações sempre aleatórias e jamais biunívocas: um conjunto de variáveis caracteriza uma situação específica e impossível de analisar em sua complexidade exaustiva e um conjunto sempre aberto e renovado de possibilidades de ação. Então, é o esforço inventivo e tenaz para estabelecer alguns vínculos entre esses dois conjuntos que permite romper o círculo infernal descrição/prescrição e esboçar uma proposta.

Assim compreendida, a proposta pedagógica assemelha-se à capacidade de captar uma "ocasião" e de encontrar essa "arte de fazer" de que fala Michel de Certeau.[46] Uma "arte de fazer" que Michel de Certeau analisa no campo dos saberes e das práticas através de um trabalho sobre a narrativa e que lhe permite apresentar a "ocasião" como um "nó", uma forma de ligar os quatro setores de uma configuração que exploramos permanentemente – que devemos "explorar", explica Michel de Certeau – para encontrar e apreender o momento propício que nos permita passar ao ato. Assim, somos confrontados antes de tudo – e esse é o primeiro elemento dessa "exploração" – com uma situação em que

---

[45] Jean-Pierre Obin, após ter apresentado e analisado as "metodologias do projeto", aborda aquilo que denomina de "um obstáculo metodológico: a elaboração de objetivos". Ele assinala, então, a dificuldade que há de se passar de uma "cultura crítica" da análise de situações a uma "cultura positiva de compromisso" e não só propõe ferramentas para acompanhar essa passagem, como também aponta seus limites (cf. *La crise de l'organisation scolaire*, Paris: Hachette-Éducation, 1993, p. 251 a 266).

[46] *L' invention du quotidien – 1. Arts de faire*, Paris: Folio-Essais, Gallimard, 1990.

nos faltam forças para enfrentar um problema; então, apelamos à nossa memória – e este é o segundo momento – antes de concentrar esse saber-memória em um tempo reduzido à dimensão da passagem ao ato... terceiro momento desse percurso que termina com a produção dos efeitos esperados:

> Assim, a ocasião não pode ser isolada nem de uma conjuntura, nem de uma operação. Não é um fato destacável da "exploração" que o produz. Ao se inserir em uma seqüência de elementos, ele distorce suas relações. Ela se traduz em torções produzidas em uma situação pela aproximação de dimensões qualitativamente heterogêneas, que já não são apenas oposições de contrariedade ou de contradição.[47]

A ocasião, no registro pedagógico, será então esse instante em que se pode urdir uma ação tendo consciência das dificuldades que existem, recorrendo à memória de todos os acontecimentos passados e de todas as informações captadas, até a concentração da energia da pessoa em torno de uma decisão "que concentra mais saberes em menos tempo"[48] e permite produzir efeitos que se tornarão elementos de uma nova situação de partida... Há assim, de algum modo, uma dinâmica na qual o professor insere-se para construir-se a si próprio, ao mesmo tempo que responde às demandas das situações que deve enfrentar. Sua trajetória de identificação desenvolve-se em uma conjuntura que ele consegue retomar, na qual utiliza as dificuldades que deve enfrentar para encontrar seus recursos e inventar uma maneira de reagir:

> Para que exista "harmonia" prática, falta um pouquinho, uma parte de qualquer coisa, um resto que se tornou valioso na circunstância e que fornecerá o tesouro invisível da memória. Porém, o fragmento que sairá desse fundo não pode ser insinuado a não ser em uma disposição imposta de fora para transformá-la em harmonia instável, improvisada. Sob a forma prática, a memória não tem uma organização pronta que ela situaria ali. Ela se mobiliza em relação ao que acontece – uma surpresa que ela está habilitada a transformar em ocasião. Ela se estabelece apenas em um encontro fortuito junto ao outro.[49]

Assim, os saberes pedagógicos podem, quando muito, constituir essa "memória" de que fala Michel de Certeau, à qual recorreremos quando conseguimos estabelecer entre ela e as circunstâncias esse estranho encontro que ele chama de "ocasião".

---

[47] Ibid, p.127.
[48] Ibid, p.126.
[49] Ibid, p.130 e 131.

Mas como captar a ocasião? Como se mobilizar no instante e compreender que este é um momento essencial, algo que não se pode perder, uma situação que, de certa maneira, jamais se produziu e jamais se reproduzirá, uma situação que não foi anunciada e que não mais se verá sob essa forma, uma espécie de conjunção possível e um tanto quanto milagrosa, uma tangência privilegiada entre dois universos, uma ocasião a apreender para realizar alguma coisa que seja, ao mesmo tempo, uma iniciativa que venha de si, uma proposta adequada às circunstâncias e um gesto que permita promover o ato educativo? Suspeita-se de que a coisa não seja simples e que exija duas condições aparentemente contraditórias, mas, na realidade, profundamente solidárias, que Vladimir Jankélévitch chama de "vigilância e flexibilidade, decisão e abandono": "Se a ocasião é uma graça, a graça supõe, para ser recebida, uma consciência em estado de graça. Tudo pode tornar-se ocasião para uma consciência inquieta, capaz de fecundar o acaso".[50] Tudo pode acontecer para aquele que sabe estar atento às coisas e cuja memória é bastante rica para permitir criar o vínculo, ao instante fugaz em que isto é possível, entre seus saberes e as circunstâncias que ele vive. Tudo pode acontecer para aquele que é capaz de ver, na infinita diversidade de acontecimentos cotidianos, um apelo para que se mobilize em torno do que pode realmente fazer. Tudo pode acontecer para aquele que sabe unir em uma intenção única – que o constitui enquanto sujeito – suas próprias forças, as informações que capta no meio em que vive e alguns fragmentos da riqueza cultural da qual pode beneficiar-se.[51]

E só chegamos a isso no equívoco daquilo que Jankélévitch chama de "uma agilidade progressiva":[52] "agilidade" propriamente porque jamais pode dispensar-nos desse salto qualitativo que rompe com todos os treinamentos anteriores: "O aprendiz que se empenha em suas aulas, que percorre conscienciosamente o ciclo de sua propedêutica, quando no último minuto desiste de se lançar no vazio de olhos fechados, como um cego, quando hesita e fica tremendo à margem, é como se não tivesse feito nada".[53] Contudo, "agilidade progressiva" porque o salto só é possível, e portanto a percepção da oportunidade, à medida que o aprendiz disponha de uma memória e exercite-se nessa vigilância mínima que

---

[50] Vladimir Jankélévitch, Béatrice Berlowitz, *Quelque part dans l' inachevé*, Paris: Gallimard, 1978, p. 39.

[51] Aqui nossa abordagem da pedagogia aproxima-se do que Pierre Gillet chama de "a pedagógica" e à qual ele imputa três atributos essenciais: a intencionalidade, a oportunidade e a racionalidade limitada (cf. *Pour une pédagogique, ou l'enseignant expert*, Paris: PUF, 1987, p. 268).

[52] *La mort*, Paris: Champs-Flammarion, 1988, p. 279.

[53] Ibid, p. 280.

permite identificar os traços da situação que devem ser repercutidos. Por isso, como diz ainda Jankélévitch, "é verdade, grosso modo, que a intuição recompensa os que trabalharam bem e buscaram apaixonadamente; mas é verdade também que ela jamais é concedida como um salário devido, necessária e automaticamente, àqueles que o mereceram por seu trabalho".[54] Assim é que o trabalho pedagógico, como também muitas outras atividade humanas, supõe uma busca obstinada de meios que se possam "guardar na memória", associada a um treinamento cada vez mais voltado a compreender o que se passa sob nossos olhos, a captar os indicadores mais pertinentes, a mensurar os desafios da situação, a prever as conseqüências de seus atos. No entanto, toda essa propedêutica não serve de nada sem a decisão de "passar ao ato", ao "salto no vazio", ao momento em que se abandona o registro dos preparativos para se apropriar de uma ocasião e investir-se inteiro nela.

"É preciso distinguir entre possibilidade e poder; entre ambos perpassa a mínima determinação do querer", explica Pierre Cariou em um ensaio consagrado a Pascal e à moral.[55] Mas quem pode querer educar o outro? Quem pode envolver-se deliberdamente nesse projeto insensato? Quem pode tentar essa loucura? Como conciliar nossa mediocridade, nossa "miséria", como diz claramente Pascal, com nossa ambição desmesurada de conduzir uma criança às margens daquilo que a humanidade elaborou de maior? Como viver na finitude de nossa condição sem abdicar ao infinito de nossas convicções que, às vezes, ainda permite que nos mantenhamos firmes. Pascal defrontou-se justamente com essa questão, como mostra de forma admirável Pierre Cariou: ele, que nunca deixou de evocar a "miséria do homem sem Deus", combateu até o fim os casuístas que, precisamente em nome dessa "miséria", estavam prontos a desculpar todas as nossas fraquezas e todas as nossas traições.[56] E a intransigência moral que ele manifesta pode parecer bastante estranha diante de sua pouca consideração pelos homens e suas virtudes. O fato é que Pascal acredita na "graça" e está convencido de que, no momento em que ajo conforme a exigência moral, não sou eu que ajo, mas é Deus que age em mim. Como se a condição humana não pudesse chegar à virtude a não ser por uma espécie de movimento de despojamento dela mesma... como se a educação não fosse possível a não ser que, no instante mesmo em que ajo, eu me desprenda de minha

---

[54] Idem.
[55] Pierre Cariou, *Pascal et la casuistique*, Paris: PUF, 1993, p.175.
[56] Ver, é claro, *Les Provinciales*, Paris: Garnier, 1965, e, em particular, a nona e a décima cartas.

própria ação, exercendo minha responsabilidade, de algum modo abrindo em mim mesmo o espaço onde o outro possa exercer a sua.

E chegamos aqui, sem dúvida, à única coisa que torna possível a passagem ao ato pedagógico: *a convicção de que no instante em que agimos é o outro que age e apenas ele, pois apenas ele pode decidir seu destino, e é esta, precisamente, a finalidade de toda educação.* A coisa pode parecer misteriosa se não se compreender que a ação pedagógica não se realiza sobre o que ela visa: ela se realiza em um registro que é o dos dispositivos, ela visa ao registro da liberdade. Portanto, somente é possível em uma ética da finitude em que a aceitação de nossa impotência sobre o outro está no centro daquilo que nos faz agir sobre o outro. Pois tanto quanto se exige do outro reconhecer na ação de seu educador aquilo que o alimenta, que o mobiliza, que satisfaz seu desejo e que pode agir em seu lugar, ele é obrigado a abolir o educador para afirmar sua própria existência. Em compensação, quando o educador não se reivindica nem como fonte nem como causa para o outro, ele lhe dá lugar para existir por sua vez:

> O que distingue a arte do escultor da arte do educador é que o primeiro age sobre um ser, uma composição de matéria e de forma que não tem em si o princípio (a causa e a origem) de sua gênese, mas o obtém do artista, enquanto o segundo age com e sobre o outro, que, por natureza, possui um princípio de crescimento e de desenvolvimento que a ação educativa deve acompanhar e favorecer.[57]

Assim, mais uma vez evocamos Pestalozzi:

> Como tudo o que as crianças aprendem [...] é extraído das profundezas de seu ser interior, isso desperta nelas necessariamente e de forma viva a consciência de suas forças interiores, assim como o pressentimento da dimensão que essas forças podem assumir e também a aspiração, que repousa sobre a consciência dessas forças e que parte delas, de se tornarem autônomas pela atividade autônoma e, pela realização de cada coisa tomada separadamente que reanima sua atividade autônoma, de se aproximarem cada vez mais do aperfeiçoamento do todo, que é o fim de toda atividade autônoma, do aperfeiçoamento delas próprias.[58]

E, além de Pestalozzi, bem além, no deserto das crianças autistas, identificamos Fernand Deligny, que reivindica sua impotência como pre-

---

[57] Maurice Tardif, "Éléments pour une théorie de la pratique éducative", *Le savoir des enseignants: que savent-ils?* Montreal: Éditions Logiques, 1993, p. 23-45, p. 32.

[58] *Esprit et coeur dans la méthode* (1805), citado em *Pestalozzi*, Michel Soëtard, Paris: PUF, 1995, p.113 e 114.

sença educativa última, em uma ascese que "conhece o ponto extremo de uma via purgativa marcada pela mais radical abstinência. [...] Abster-se de intervir de outro modo que não pela ocupação desinteressada do tempo e do espaço, humanizados segundo um modo rudimentar, mas não frustrante: eis a resolução e sua crença promissora. Nem projeto, nem visão. Estar lá, agir lá. E é possível que o humano revele-se".[59] Despojar-se da onipotência e, *a fortiori*, de seu fantasma de onipotência; estar lá, no reconhecimento bruto de uma presença que pode tornar-se um gesto, uma palavra que finalmente venha do outro e que simplesmente devemos estar prontos a receber.

A exigência que se coloca para nós hoje, com crianças "comuns" e no dia-a-dia, é fundamentalmente da mesma natureza: agir com método e obstinação e, simultaneamente, abrir mão do poder que teríamos sobre aquele junto ao qual agimos. Agir sobre os dispositivos para deixar o outro agir, em si mesmo, no lugar que ele decidir ocupar; encontrar a coragem de passar ao ato, justamente porque eu me despojo de minha ação no instante mesmo em que a executo: tentar educar, porque sei que não posso educar nada nem ninguém, mas apenas criar as condições para que o outro se eduque ele próprio; saber-se impotente sobre a liberdade do outro para recobrar um poder sobre os dispositivos que lhe permitem afirmar-se... porque, decididamente, e para recordar mais uma vez a célebre fórmula de Lacan, "se eu me coloco no lugar do outro, onde é que o outro se colocará?"

Assim, é preciso aceitar uma ruptura radical entre a intenção educativa e a instrumentalização pedagógica:

> Elas já não estão em uma continuidade natural, elas não podem mais estar porque a educação é o encontro de duas liberdades, uma certamente em proposição, a outra certamente em demanda de construção, porém em uma construção na qual aquele que se constrói não deve fundamentalmente mais nada àquele que o constrói.[60]

Portanto, há uma renúncia a ser feita irremediavelmente. Uma renúncia difícil:

> Desejo o bem do outro e não posso fazer isso em seu lugar... Mais ainda, o outro fará de si, *in fine*, aquilo que desejar e o fará longe de meu

---

[59] Daniel Hameline, "Jalons pour une ascèse de la relation éducative", prefácio, Françoise Ribordy-Tschopp, *Fernand Deligny, "éducateur sans qualités"*, Genebra: Éditions IES, 1989. De Fernand Deligny, ver *Le croire et le craindre*, Paris: Stock, 1978.

[60] Michel Soëtard, "Rousseau et Pestalozzi: de l' intention à l' action", conferência na Universidade Lumière-Lyon 2, 25 de março de 1995, p. 7.

poder e de meu olhar, no movimento de uma individualidade que se constrói e escapa a qualquer generalização, a qualquer pensamento científico, a quaisquer "ciências da educação".

Profissionalização dos professores e formação do julgamento

Em 1983, quando de um levantamento sobre as práticas dos professores, Michaël Huberman notou que "uma explicação fornecida durante dois minutos por um colega de uma classe do mesmo grau sobre a maneira de resolver um problema de disciplina pode ter mais conseqüências que um seminário de formação contínua que apresente uma centena de pesquisas validadas sobre o mesmo tema".[61] Ele punha em xeque aqui, como nós próprios o fizemos, uma concepção da formação de professores fundada sobre uma continuidade entre teorias elaboradas pelas ciências da educação e práticas pedagógicas. Mais ainda, ele deixava entrever que a ação pedagógica é uma "questão de ocasião" e remete a um conjunto de elementos que descobrimos através das análises de Michel de Certeau e das perspectivas abertas por Jankélévitch: a existência de uma dificuldade, a presença de uma "memória" a ser solicitada para encontrar elementos de soluções, a vigilância que ajuda a identificar nas circunstâncias vividas os indicadores que permitam recorrer a essa memória e uma "circulação narrativa" pela qual esses três elementos são postos em interação e que nos dá coragem de passar ao ato aceitando que o exercício do poder seja também a renúncia à onipotência. São esses elementos que apresentamos, de maneira bastante esquemática (p.277) antes de retomá-los de forma mais detalhada.

Que nos compreendam bem: longe de nós o desejo de repensar aqui completamente a formação dos professores, tanto em seus conteúdos quanto em suas estruturas; o projeto suporia uma busca específica de uma amplitude bastante diversa.[62] Nosso projeto é diferente: acreditamos que toda formação profissional de educadores em geral e de professores do primário em particular, quaisquer que sejam suas estruturas e métodos, quaisquer que sejam os conteúdos acadêmicos e científicos

---

[61] "Répertoires, recettes et vie de la classe: comment les enseignants utilisent l'information", *Éducation et Recherche*, 1987, 2, p. 157-177, p.167.

[62] Este projeto foi assumido, de maneira particularmente sugestiva, por Philippe Perrenoud em *La formation des enseignantes entre théorie et pratique*, Paris: L' Harmattan, 1994.

que ela possa propor, deve ser de todo modo tramada por aquilo que denominamos aqui, para sermos breves, "a formação do julgamento pedagógico". E estamos convencidos de que não se trata necessariamente de acrescentar outras matérias às que já são utilizadas e ensinadas, mas de encará-las de outro modo, em uma perspectiva diferente, que situe o "momento pedagógico" como organizador central da formação e da reflexão sobre a distância entre o dizer e o fazer, como tensão fecunda e dinamogênica.

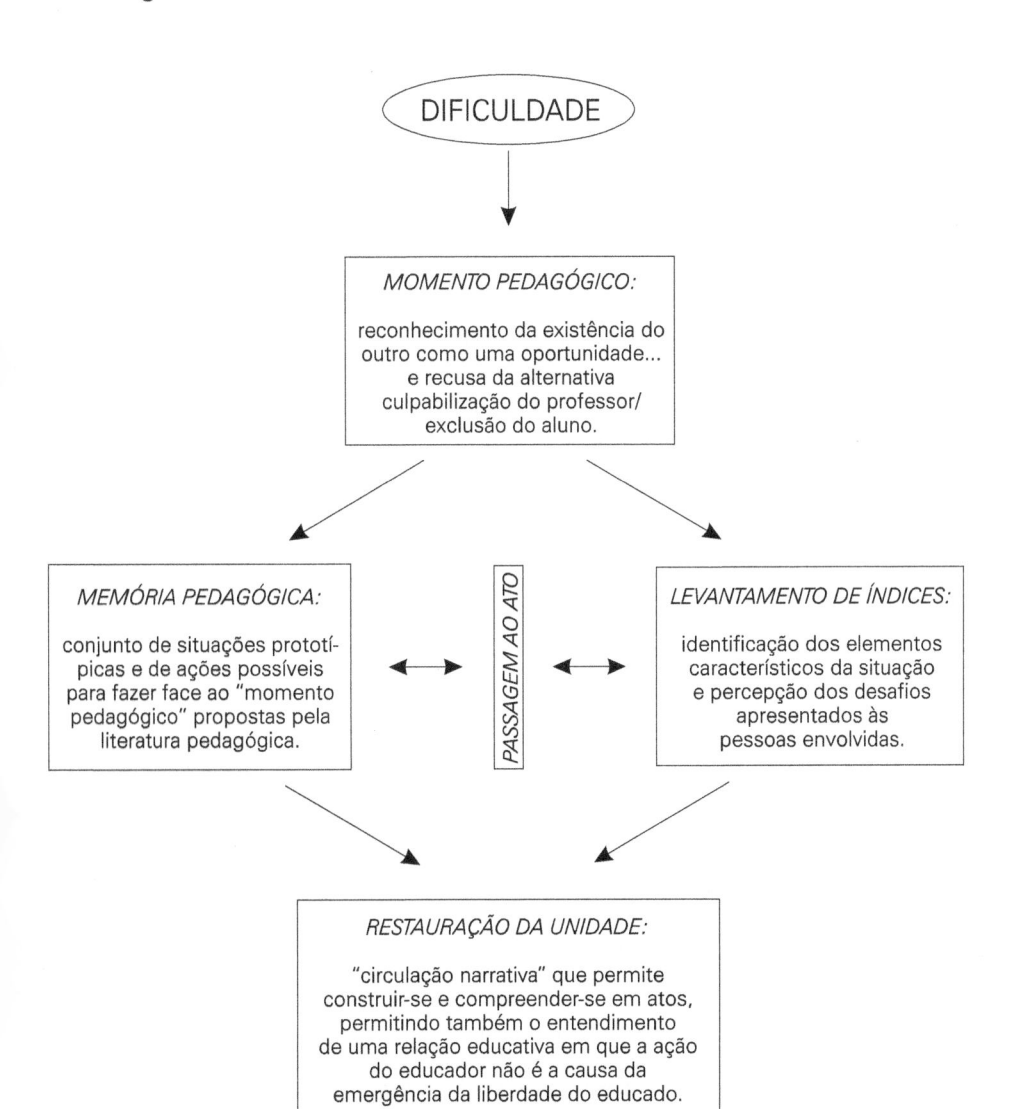

```
                    ┌─────────────┐
                    │ DIFICULDADE │
                    └──────┬──────┘
                           ▼
                ┌─────────────────────┐
                │ MOMENTO PEDAGÓGICO: │
                │                     │
                │ reconhecimento da   │
                │ existência do outro │
                │ como uma oportuni-  │
                │ dade... e recusa da │
                │ alternativa culpa-  │
                │ bilização do prof./ │
                │ exclusão do aluno.  │
                └─────────────────────┘
                   ↙                ↘
┌──────────────────────┐  ┌─┐  ┌──────────────────────┐
│ MEMÓRIA PEDAGÓGICA:  │  │P│  │ LEVANTAMENTO DE      │
│                      │  │A│  │ ÍNDICES:             │
│ conjunto de situa-   │  │S│  │                      │
│ ções prototípicas e  │◄─┤S├─►│ identificação dos    │
│ de ações possíveis   │  │A│  │ elementos caracte-   │
│ para fazer face ao   │  │G│  │ rísticos da situação │
│ "momento pedagógico" │  │E│  │ e percepção dos      │
│ propostas pela       │  │M│  │ desafios apresenta-  │
│ literatura pedag.    │  │ │  │ dos às pessoas       │
└──────────────────────┘  │A│  │ envolvidas.          │
                          │O│  └──────────────────────┘
                          │ │
                          │A│
                          │T│
                          │O│
                          └─┘
                   ↘                ↙
                ┌─────────────────────┐
                │ RESTAURAÇÃO DA      │
                │ UNIDADE:            │
                │                     │
                │ "circulação narra-  │
                │ tiva" que permite   │
                │ construir-se e com- │
                │ preender-se em atos,│
                │ permitindo também o │
                │ entendimento de uma │
                │ relação educativa   │
                │ em que a ação do    │
                │ educador não é a    │
                │ causa da emergência │
                │ da liberdade do     │
                │ educado.            │
                └─────────────────────┘
```

Quatro tempos parecem-nos necessários nessa formação, quatro tempos que apresentamos aqui de maneira linear, mas que, na realidade, devem estar permanentemente em interação e perpassar tanto o conjunto de "informações" oferecidas (ensinos, conferências, leituras, recursos documentais de qualquer natureza, etc.), quanto o conjunto de "dispositivos de formação" (alternância, resolução de problemas profissionais, tutorado, etc.). Quatro dimensões cuja articulação, acreditamos nós, permite o acesso a um verdadeiro profissionalismo, que não se reduz a uma acumulação de saberes acadêmicos e pedagógicos, nem a uma justaposição de competências técnicas, nem a um processo de "contágio", pelo qual se adquiriria uma arte "inefável" no contato com um modelo prestigioso.[63]

A primeira dimensão desse modelo diz respeito àquilo que chamamos anteriormente de "momento pedagógico" e do qual já manifestamos toda a importância que lhe atribuímos. É esse momento em que o professor aceita entender a resistência do outro, suspender por um instante sua lógica de ensino e a exposição enciclopédica de seu saber, para aceitar que o outro diante dele não compreenda, não deseje, não decida aprender aquilo que se exige dele, quando se exige. É o instante em que o educador reconhece o fato de que a realidade não o satisfaz, mas que, por esse motivo, ele não é nem condenado à culpabilização ("Eu sou 'mau' e vou mudar de ofício ou abdicar a qualquer ambição de vencer"), nem forçado à exclusão ("É o outro que é 'mau' e que deve desaparecer para que o sistema volte a funcionar e eu possa curar minhas feridas narcisísticas"). Na aceitação desse "momento", há uma condição básica daquilo que poderíamos denominar "a introdução na pedagogia", uma condição que apela para aquilo que gostaríamos de identificar, apesar das conotações pejorativas desse termo, como *a compaixão*.

Sabemos bem, no entanto, que a compaixão não é bem reputada; ela recende a um catolicismo suplicante que irrita os modernos e os racionalistas; ela choca também aqueles que preferem o amor, a doação de si e a satisfação que lhe é concedida; ela parece fora de moda por aqueles mais inclinados a manipular o vocábulo rogeriano empatia, espécie de compaixão na pele de uma psicossociologia que recorda permanentemente que o desejo do outro somente é tolerável se acompanhado de seu contrário, a congruência, a autenticidade daquele que ousa afirmar-se tal como é e não corre o risco de aniquilar-se no sofrimento do outro. A compaixão faz sorrir os espíritos fortes e rir os cientistas. Ela

---

[63] Estas diferentes concepções de formação são apresentadas por Alain Trousson: *De l' enseignant à l'expert, la formation des enseignants en question*, Paris: Hachette-Éducation – CNDP, 1992.

aparece como um sinal de fraqueza, uma espécie de indecência em um universo onde a militância, quando tolerada, deve apoiar-se em sólidas análises econômicas ou sobre um movimento midiático reconhecido.

Porém, parece-nos que a compaixão é essencial, que ela está no centro daquilo que nos torna "compatíveis" uns com os outros,[64] capazes de compartilhar, compreensivos com o sofrimento ou a dificuldade do outro, inventores daquilo que nos dará uma chance de nos encontrar. Nesse sentido, a compaixão está no centro do romanesco, no sentido em que ele é portador de uma das expressões mais fortes do ser humano. E se nos ocorreu dizer que a leitura de *Sagouin* de Mauriac era tão importante para os futuros professores – assim como para aqueles que já exerciam o ofício – como o estudo da psicologia de Piaget, não se tratava de um mero arroubo. Estamos realmente convencidos que a obra literária, no que diz respeito às coisas educativas, é portadora de um verdadeiro "saber científico": ela nos revela, com a força e a precisão da abordagem científica, o que se trama na relação educativa; ela nos devolve uma imagem de nós mesmos que nos permite, ao mesmo tempo, reconhecer-nos, compreender-nos e superar-nos... É que as ciências, *a fortiori* as ciências experimentais, não têm o monopólio das ferramentas de inteligibilidade do mundo e dos homens. Não devemos aceitar a idéia de que Rimbaud desperta-nos para a compreensão do mundo tanto quanto Newton, Saint-John Perse tanto quanto Durkheim, Picasso tanto quanto Heisenberg e Montherlant tanto quanto Freud? Por que construir a formação dos professores e dos educadores sobre o implícito jamais questionado segundo o qual "apenas o que é científico é formador"?

Assim, aquilo que se tenta realizar na formação inicial dos alunos, esse equilíbrio entre as exigências científicas e a experiência literária, tem lugar em todas as formações que dizem respeito ao humano e que operam no cotidiano sobre a complexidade das relações entre os seres. Então, temos o direito de nos perguntar por que, já há vários anos, descartou-se a abordagem literária na formação de professores, a ponto de restringir os professores de francês das escolas normais e dos IUFM* à gramática do texto ou à didática da leitura. Também temos o direito de nos indagar sobre o que se perdeu aqui e, em particular, sobre esse abandono da experiência da singularidade educativa que somente a aborda-

---

[64] "Compartir" (*compartilhar*) e "être compatible" (*ser compatível*) têm a mesma raiz, e "être compatible" significava, até o século XVI, "être compatissant" (*ser misericordioso*) (Alain Rey, *Dictionnaire historique de la langue française*, Paris: Robert, 1993, p. 458).

* N. de T. Institut Universitaire de Formation de Maîtres.

gem literária pode oferecer-nos. Abandonada apenas aos filósofos, a reflexão sobre a educação sem dúvida ganha em rigor, mas é evidente que perde em densidade humana e em qualidade de envolvimento. Torna-se uma reflexão geral sobre os princípios educativos – reflexão cuja importância ninguém pode contestar –, mas reflexão que não dá muito espaço à apreensão carnal, por meio de nossas emoções e na verdade de um texto literário, daquilo que se coloca em jogo quando um homem tenta educar um outro e esses dois seres são levados a assumir juntos as contradições vivas do humano. Pois é a literatura que nos dá acesso a tais contradições, é ela que é realmente capaz de nos possibilitar experimentá-las em nossa sensibilidade e em nossa inteligência antes de sermos levados a vivê-las... ou às vezes depois! É o texto literário que nos permite ter acesso ao humano em nós e no outro, a esse humano que sempre resiste e cuja resistência não devo quebrar jamais, sob pena de aniquilar essa "compatibilidade" básica de toda sociabilidade.

Não se pode ser pedagogo sem ter experimentado o sofrimento, a solidão, a exclusão daquele que o discurso do professor descarta do círculo dos eleitos. Sem tê-lo provado verdadeiramente, através de um texto que soube expressar toda a violência e encontrar as palavras pelas quais nunca mais seremos os mesmos. Fazer a experiência pessoal não é suficiente aqui, pois a experiência pessoal, assim como os acontecimentos do mundo, nunca é legível diretamente; é preciso uma "teoria", um "saber científico", e a literatura é para nossa experiência pessoal aquilo que as ciências físicas são para a observação direta dos fenômenos: uma ferramenta de inteligibilidade... um meio de ter acesso, não mecanicamente – pois nada aqui é mecânico –, mas misteriosamente, ao "momento pedagógico".[65]

A segunda dimensão de nosso modelo é constituída por aquilo que chamamos de "memória pedagógica" do ensino. Sob muitos aspectos, essa idéia aproxima-se daquilo que nossos colegas norte-americanos cha-

---

[65] Tentamos apresentar, na perspectiva que evocamos agora, alguns textos literários cuja leitura parece-nos absolutamente essencial na formação de professores: Philippe Meirieu, *Histoire et actualité de la pédagogie, repères théoriques et bibliographiques*, Intrumentos de base para a pesquisa em educação, 1, Lyon: Universidade Lumière-Lyon 2, 1994, p. 29 a 38. Dito isso, não pretendemos resolver aqui a difícil questão dos métodos necessários à abordagem desses textos literários. Estes devem ser objeto de um trabalho específico, bem definido por Bruno Gelas, quando ele situa o ensino de literatura em uma tensão entre uma "postura crítica" (que permite ao leitor crédulo não se abandonar muito rapidamente à retórica e às emoções) e uma "postura iniciática" (pela qual o professor, "detentor do segredo", permite ouvir "o texto como voz"). Trata-se de "captar os dois extremos inconciliáveis da leitura e de organizar uma mão dupla entre eles" ("L' impossible enseignement de la littérature", *Confluence(s)*, 3, março de 1995, p. 13-18, p.16).

mam de "base de conhecimentos do ensino" e que não constitui, como eles mostram, um conjunto homogêneo de saberes organizados, utilizáveis em situações definidas previamente, mas uma espécie de reserva bastante heterogênea, em que devem coexistir resultados quantitativos de estudos de campo, informações sobre os processos de cognição e de aprendizagem e dados relativos às interações individuais e sociais na instituição escolar. Por essas diferentes razões, reúnem-se então os resultados de pesquisas experimentais, os trabalhos de psicólogos cognitivistas e os da etnometodologia quando esses dados dizem respeito diretamente ao professor em ação e permitem "assimilar os saberes que o professor mobiliza para exercer seu ofício".[66] Trata-se, para esses autores, de "atualizar e validar o saber da experiência dos professores para que este não fique confinado ao âmbito particular da prática individual, mas que possa servir de reservatório público de conhecimentos".[67] Evidentemente, esses autores recusam a idéia de que possa haver aí uma aplicação "científica" dessa base de conhecimentos e, demarcando-se, como nós mesmos, de uma visão "psicopedagógica", invocam a tradição que, de Aristóteles a Schön,[68] passando por Dewey,[69] considera os saberes teóricos como uma ajuda à decisão. Fazem, então, o elogio da "prudência" (a *phronesis* que eles opõem à *techné*) que, apenas ela, do seu ponto de vista, pode permitir tomar uma decisão avaliando os riscos e compreendendo seus desafios: "A prudência é o substituto propriamente humano de uma providência que falta".[70]

Essa análise, é claro, converge com a nossa... Parece-nos, contudo, que ela cria um impasse sobre as contribuições trazidas da história das doutrinas pedagógicas e provém ainda, mesmo que inconscientemente, de um cientificismo, naturalmente mais empirista que positivista, mas bastante real. Tudo se passa, de fato, como se as grandes figuras da pedagogia fossem recusadas, assim como as experiências que realiza-

---

[66] "La recherche d'une base de connaissances en enseignement", Clermont Gauthier, Stéphane Martineau, Frédéric Legault, Maurice Tardif (Faculdade de Ciências da Educação da Universidade Laval em Quebec), intervenção no simpósio "Formation des enseignants", Louvain-la-Neuve, 12-14 de setembro de 1994, p.18.

[67] Ibid., p.19.

[68] Cf. *Le praticien réflexif*, Montreal: Éditions Logiques, 1994.

[69] E mesmo Maria Montessori que, em uma obra que tem como título justamente *Pédagogie scientifique* (Paris: Épi-Desclée de Brouwer, 1993) afirma: "É difícil preparar 'teoricamente' uma professora; ela deve 'formar-se ela própria', aprender a observar, a ser calma, paciente e humilde, a conter seus impulsos; sua tarefa é eminentemente prática, sua missão delicada. Ela necessita mais de um trampolim para sua alma do que de um livro para sua inteligência..." (p.120).

[70] Pierre Aubenque, *La prudence chez Aristote*, Paris: PUF, 1986, p. 95.

ram e os escritos que nos ofereceram. Compreende-se bem – e nós mesmos observamos isso – a dificuldade que pode existir aí de transpor propostas que parecem muitos distantes das realidades cotidianas de nosso tempo e terrivelmente ligadas ao carisma de seu inspirador... Contudo, estranhamente, a dificuldade pode reverter-se, justamente para permitir o acesso a essa "prudência" que os autores evocam em sua pregação. Em razão mesmo da distância aparente, do deslocamento que impõe a consideração a essas figuras longínquas e em grande parte místicas, o professor não está em condições de "aplicar" diretamente em sala de aula as propostas que lhe são feitas ali. Em compensação, ele é estimulado a viver de algum modo as situações pedagógicas que esses autores apresentam-nos, a inserir-se mentalmente em seu universo, a compreender os limites e os recursos de que eles dispõem e a fazer pedagogia: primeiro intelectualmente, seguindo o caminho que permitiu chegar às propostas que são apresentadas; depois praticamente, quando ele próprio, por força dessa experiência partilhada, poderá fazer a pedagogia fazendo "a si mesmo". A prudência aqui é imposta pela distância e a excelência da figura que se revela no trabalho. Não é possível imitar Pestalozzi, nem Albert Thierry ou mesmo Freinet: é possível, no entanto, tentar compreender aquilo que eles enfrentaram e como eles conseguiram assumir as contradições que perseguiram.

Assim, a passagem por aquilo que Daniel Hameline chamou de "o desfile de exemplaridades"[71] é capaz de romper essa demanda constante dos professores de dispor, rapidamente e sem esforço, da solução técnica para todos os seus problemas. Pois o estudo dos "grandes pedagogos" jamais oferece soluções prontas para situações novas; ele permite captar a complexidade das coisas educativas e caminhar um instante com os "mestres", que não se pode pretender imitar em seus comportamentos cotidianos, tanto eles parecem longínquos e muitas vezes inacessíveis... mas que, a despeito ou por causa de seus excessos de linguagem, de suas polêmicas, de suas simplificações e de suas omissões, levam-me a pensar e a ser eu mesmo, modestamente, pedagogo. Entrar em seu mundo através de seus escritos, compreender sua lógica, perceber suas contradições e seus limites, é bem mais que constituir para si um "reservatório de dados"; é realmente construir para si uma memória viva.

A terceira dimensão de nosso modelo diz respeito àquilo que chamamos de levantamento de índices. Na realidade, trata-se de uma pre-

---

[71] "Histoires de vie, formation et pratique littéraire", Gilles Ferry, *Partance*, Paris: L' Harmattan, 1994, 263 a 274, p. 294.

paração para essa "vigilância" da qual nos falava Jankélévitch e que nos permite captar, ainda que de maneira fugaz, correspondências entre o que temos na memória e o que somos levados a viver. E, se falamos de "correspondências", é assumindo plenamente a referência baudelairiana, de tal modo estamos distantes aqui de um funcionamento mecânico em termos de "transferência" ou, *a fortiori*, de "aplicação". Mesmo que as situações pedagógicas possam constituir modelos e ser objeto de análises em termos de combinações de variáveis, nunca é seguro, em razão da irreversibilidade do tempo no qual elas são tomadas, assim como do caráter radicalmente inalcançável das intenções das pessoas nelas envolvidas, que se possa projetar uma solução tendo a certeza de responder à complexidade da situação. Evidentemente, pode-se dispor de alguns *habitus* que se revelaram às vezes eficazes, entrever aproximações com as situações prototípicas estudadas na formação ou encontradas em leituras, pode-se discernir, por trás de contextos diferentes, uma mesma questão que se coloca, uma mesma tensão que se opera. Mas é possível ter a certeza de que as coisas se desenvolverão conforme um cenário rigorosamente previsto *a priori*? Pode-se tentar também proceder a uma exploração sistemática das propostas possíveis e julgar sua chance de êxito em função de sua relação custo/eficácia. Mas o que se pode prever exatamente das reações do outro? O que se sabe de sua história e que legitimidade temos para prever antecipadamente as palavras e atos de que, por essa atitude, o despojamos?

Também é melhor, sem dúvida, assumir "o risco da perplexidade e da pertinência",[72] talvez também o da ilusão ou mesmo das "associações livres": deixar-se guiar por proximidades estranhas, aproximações incongruentes, analogias ou metáforas. A metáfora é aqui uma ferramenta de trabalho essencial e não é um acaso se ela satura tanto o discurso pedagógico, como tão bem mostrou Daniel Hameline.[73] De fato, a metáfora é uma ferramenta de trabalho constante desde que se coloca a questão do "como", que não é nem a questão do "por que meios", nem a questão do "por que", mas a questão da semelhança e da diferença, do que se une e do que se separa, entre "aquilo que leva a pensar em" e "leva a pensar que". A situação que vivo pode ser formalmente semelhante àquela que já estudei ou observei; no entanto, ela pode parecer-me totalmente estranha, incompatível com minha disponibilidade, ou então apenas minha "disposição" do momento. Em

---

[72] L. Chertok e I. Stengers, *Le coeur et la raison*, Paris: Payot, 1989, p. 274.

[73] Cf. *L' éducation, ses images et son propos*, Paris: ESF éditeur, 1986.

contrapartida, uma situação pode ser totalmente diferente daquilo que conheci e, no entanto, deixar-me entrever um elemento tênue, infinitamente tênue, mas que permite que eu me apodere de alguma coisa e faça funcionar uma "correspondência" pela qual me coloco em jogo. Pois é do "desafio" que se trata, e é a esses desafios que devo dirigir minha vigilância: desafios para mim mesmo e para aqueles que me são confiados, desafios para nossa história comum e também para aquela que nos supera, desafios para que nossa aventura educativa possa prosseguir e para que, por uma proposta que não permitisse programar nada, a resistência do outro seja a oportunidade de partilha e permita livrar-me da culpabilização, assim como da exclusão.

A quarta dimensão de nosso modelo corresponde justamente àquilo que permite juntar as dimensões precedentes; trata-se de restaurar uma unidade em uma intencionalidade que associa uma decisão ética, a correspondência possível entre uma memória e uma situação, uma decisão, enfim, passar ao ato... na consciência da incerteza e da "insustentável leveza" daquilo que se estabelece, arriscando-se a fazer algo que permita ao outro fazer aquilo que somente ele pode fazer. Porém, essa unidade não é natural: o momento pedagógico pode titanizar o educador, o medo pode paralisá-lo e condená-lo à imobilidade; sua memória pode inchar até o ponto de obstruí-lo e sua vigilância estar de tal modo em alerta que aniquile nele qualquer possibilidade de isolar um acontecimento ao qual se apega para tentar algo. Por isso é tão importante circunscrever a atividade pedagógica àquilo que Michel de Certeau chama de uma "circularidade narrativa" e que Mireille Cifali descreve admiravelmente:

> Partir do ocorrido. Subtrair-se de uma situação, expô-la, falar dela, compartilhá-la sem temor e, com isso, entrever o que foi fixado ou o que foi muito centrado. Abdicar de sua onipotência e deixar cair a máscara do idealismo. Avançar na incompreensão, desatar a angústia e a incerteza. Designar o limite. Observar, descrever, não ficar de fora e mensurar sua própria dimensão. Compreender um pouco, aceitar a parte que permanece incompreensível. Formular questões. Concordar em perder-se e depois, com o tempo, construir referências. Cultivar o desejo de buscar e, ao mesmo tempo, de formar-se.[74]

---

[74] *Le lien éducatif, contre-jour psychanalytique*, Paris: PUF, 1994, p. 286. Ver também o artigo de Mireille Cifali: "J'écris le quotidien" (*Cahiers pédagogiques*, 331, fevereiro de 1995, p. 56 a 58), assim como o comentário de Françoise Saillant-Carraud: "L' écriture de sa pratique, science ou littérature" (mesmo número, p. 59 e 60). Em um plano mais instrumental, consultar a brochura editada pelo CRAP, *Écrire, um enjeu pour les enseignants*, Paris, 1993 e em particular, Philippe Meirieu, "Écriture et recherche",

Assim, a narrativa oral ou a escrita vem supor a intencionalidade pedagógica e reunir, em um momento extremamente valioso, o conjunto de dimensões do projeto de educar. Trata-se de "dar conta" sem, é claro, "dar explicações", nem "acertar suas contas": "dar conta" para encontrar a forma de presença em si mesmo, de maneira a se situar em sua própria história e construir, já que nem sempre pode dispor dela, sua própria palavra.[75]

Assim, o relato e a escrita permitem articular aquilo que se é, aquilo que se faz e aquilo que se quer fazer, sem, para isso, abolir a distância entre o dizer e o fazer. Desse modo, eles nos levam a entrelaçar, em um texto sempre inacabado, o rigor de nossas justificativas, a diversidade de nossas experiências e a riqueza de nossa memória... entrelaçamento em que cada um dos elementos serve de suporte aos outros dois e permite-lhe, ao mesmo tempo, reforçar-se e enriquecer-se pelas interpelações de que é objeto. Texto estranho, texto híbrido à imagem do presente escrito, texto que às vezes se torna o lugar possível para uma reconciliação.

A distância entre a intenção e a instrumentalização, em sua radicalidade, sempre oferece o risco de se tornar, para quem a considera enquanto esteta, um espelho para contemplar o próprio narcisismo. Lorenzaccio – e com ele a tentação de se precipitar no fosso entre o dizer e o fazer – não está longe de se perder a ponto de não mais encontrar senão a sombra de si mesmo. O sublime sofrimento está lá, muito próximo, com todo o seu cortejo de exibições indecentes e de tentações suicidas. É porque a narrativa também é – e talvez antes de tudo – um espaço de reconciliação provisória no qual se pode encontrar um mínimo de serenidade, uma serenidade que nos torna suportáveis aos nossos próximos e permite-nos não cair no romantismo estéril daquele que acaba por amar apenas suas próprias rupturas. *A narrativa como reconciliação e a escrita*

---

p.111 a 129. Finalmente, sobre uma questão que não temos possibilidade material de abordar aqui, a questão da escrita das memórias profissionais, ver Michèle Guigue-Durning, *Les mémoires en formation*, Paris: L' Harmattan, 1995, em particular as p. 252 e ss., nas quais o autor mostra como a memória profissional permite "pensar a pluralidade dos quadros" e "interessar-se por aquilo que se faz para trabalhar em seu recomeço, conjugando abordagem pragmática e ruptura" (p. 254).

[75] É em uma perspectiva semelhante que Gérard Fath propõe desenvolver uma "escrita profissional... entre o impressionismo narcísico e o algoritmo pessoal", em que "trata-se de alimentar a retomada reflexiva de nossa relação com um ofício de alta densidade antropológica [...], que ao mesmo tempo trata com rigor tarefas específicas e alimenta uma reflexão sobre o homem. Escrever, em suma, permite ao mesmo tempo estar mais próximo dos embaraços que se experimenta e, por outro lado, ser como Fabrice em Waterloo" ("Écrire sur les pratiques enseignants", *Pratiques de formation*, coordenado por F. Clerc e P.-A. Dupuis, CRDP de Lorraine, Nancy, 1994, p. 137-147, p.147).

como promessa: promessa de reconciliação entre o dizer e o fazer. Mas apenas promessa. Porque a palavra proclama uma exigência que a ação proíbe-se de realizar. Porque a emergência da liberdade do outro deve permanecer no registro da intenção, com o risco de ser abolida pelo próprio ato que pretende instaurar... A promessa, portanto, é insustentável. Porém, é fecunda a promessa que nos livra de todos os dogmatismos e suscita nossa inventividade. E, no fim das contas, se examinamos bem o projeto pedagógico, a promessa parece eminentemente necessária, à medida que o perdão seja prometido àquele que não o tem, mas que nenhuma desculpa possa ser encontrada para aquele que não a faz.

Conclusão
A aventura continua

Talvez um dia volte a trabalhar, em Vénissieux ou em outro lugar, com jovens em dificuldade, excluídos do saber, pessoas pouco freqüentáveis, mas com quem se experimentam, no cotidiano e sem concessões, a determinação pedagógica e a escolha de educar.

No entanto, sei muito bem que a vida reserva-nos surpresas o bastante para tornar qualquer prognóstico aleatório. Também estou profundamente convencido de que a universidade, onde invisto hoje todas as minhas energias, é, sem dúvida, bem mais desértica em matéria pedagógica do que a menor escola primária de subúrbio. O acompanhamento individualizado aí ainda é excepcional e, em sua ausência, proliferam-se as lamentações daqueles que se obstinam em criticar os estudantes por não saberem fazer aquilo que nunca lhes ensinaram. Os métodos de ensino aí continuam sendo amplamente dominados pelo coletivo frontal, e isso de modo algum impede que aqueles que confundem sistematicamente informação e formação lamentem-se do baixo nível dos estudantes e de sua falta de autonomia. A avaliação ainda é de direito divino e não é bom, nesse lugar que se pretende o templo do "espírito crítico", contestar sua legitimidade. A exortação ao trabalho, à atenção, à assiduidade, ao esforço pessoal apenas raramente é substituída pelo desejo de propor objetivos claros, ferramentas para dar acesso aos recursos documentais, apoios à escrita e à busca pessoal. Para muitos estudantes ainda, o ano universitário, em sua terrível brevidade, é uma corrida de obstáculos em que é preciso evitar as armadilhas mais do que saber aonde ela os conduz... E, na própria disciplina em que tenho a oportunidade de ensinar – as ciências da educação –, a distância entre o dizer e o fazer continua sendo importante o bastante para ocupar permanentemente o que resta de uma vida profissional.

Portanto, eu não desertarei do terreno universitário apesar dos riscos que se corre toda vez que se coloca justamente esta pequena questão, tão insignificante, porém tão insuportável: "Por que não se faz aquilo que se diz?". Continuarei a interrogar incansavelmente meus colegas, assim como a instituição na qual trabalho, para tentar compreender por que não se faz exatamente aquilo que se explica aos outros que é preciso fazer. E continuarei a me perguntar, a cada dia e a cada instante, por que eu próprio resisto tanto, em minhas atividades cotidianas, àquilo que me proponho com extrema convicção. Não sei se avançarei muito mais aqui na resposta a essa questão... e parece-me que, a cada passo, eu encontrarei essa distância irredutível, constitutiva do projeto educativo, entre o projeto que nos faz viver e as decisões que precisamos tomar. Acredito que, por muito tempo ainda, terei de aceitar essa distância entre o dizer e o fazer, sem esperança de reduzi-la, mas sem tampouco resignar-me a ela.

Sem resignar-me a ela porque tal resignação aboliria toda inventividade e transformaria uma tensão fecunda em uma clivagem mortífera. Sem esperança de reduzi-la porque minha ação, por mais coerente que seja com meus princípios, não pode agir sobre aquilo que ela visa e sempre deixa o outro, aquele que eu educo, a educar-se ele próprio, embora não se eduque sozinho.

Essa posição apóia-se em algumas linhas de força afirmadas ao longo de todo o meu percurso há vários anos, enunciadas nesta obra, mas que eu gostaria de retomar aqui brevemente, sem esgotar o conjunto de desdobramentos e proposições que ele comporta... Algumas linhas de força que eu gostaria de estar certo de preservar na memória, de tal modo elas condicionam toda atividade pedagógica, de tal modo o fato de tê-las presentes no espírito, no dia-a-dia, parece-me emancipador:

• A experiência pedagógica é, fundamentalmente, experiência da resistência do outro ao projeto que eu desenvolvo sobre ele: o outro nunca deseja realmente aquilo que eu gostaria; ele não quer necessariamente aprender aquilo que eu programei para ele, nem curvar-se às estratégias de aprendizagem que lhe proponho.

• A resistência está ligada ao fato de que ninguém pode agir no lugar de outro, decidir a aprender ou a escrever por ele, romper com suas representações ou pôr em questão sua herança cultural; ninguém pode decidir sobre a liberdade do outro.

• O educador que pretendesse fazer isso se condenaria à infelicidade, pois, mesmo que o conseguisse, a opacidade incontornável da consciência do outro o impediria de atestá-lo.

• Pior ainda, o educador que chegasse a isso, consciente ou inconscientemente, teria oscilado da educação para o adestramento, confundido a formação de uma pessoa com a fabricação de um objeto.

• O projeto de educar implica, portanto, o reconhecimento de uma impotência radical sobre a liberdade do outro.

• Essa impotência não é um fatalismo. E o discurso pedagógico testemunha esse paradoxo através das contradições que ele nos apresenta: exaltando "o respeito ao outro" e o caráter endógeno de seu desenvolvimento, ele se obstina em elaborar ferramentas em um voluntarismo pertinaz.

• Na realidade, apenas o reconhecimento de nossa impotência educativa permite-nos encontrar um verdadeiro poder pedagógico: o de autorizar o outro a assumir seu próprio lugar e, com isso, a agir sobre os dispositivos e os métodos; o de lhe propor saberes a serem apropriados, conhecimentos a serem dominados e pervertidos, que talvez lhe permitam, e quando ele decidir, "fazer-se a si mesmo".

Apenas o outro tem o poder de tomar o lugar que eu posso apenas lhe "reservar" por um momento... E a "reserva" aqui não é a inação, muito pelo contrário. É, estranhamente, a forma mais autêntica e mais fecunda da atividade humana; é esse trabalho, pedagógico entre outros, para inventar novas mediações entre a continuidade e a ruptura, a suspensão e o risco; é esse esforço para criar um espaço que o outro possa ocupar, essa obstinação em tornar esse espaço livre e acessível, bem como em oferecer as ferramentas que permitam apropriar-se dele e desenvolver-se parar ir ao encontro dos outros... Significa dizer que esta é uma ação que somente se pode tentar fazer justamente porque ela não pode, verdadeiramente, "fazer" nada. Significa dizer que ela requer e torna possível, simultaneamente, a "coragem de começar".

Referências Bibliográficas

AEBLI H., *Didactique psychologique: application à la didactique de la psychologie de Jean Piaget,* Delachaux et Niestlé, Neuchâtel et Paris, 1951.

AECSE (Association des enseignants et chercheurs en sciences de l'éducation), *Individualiser les parcours de formation,* Lyon, 1993.

ALAIN, *Propos sur l'éducation,* PUF, Paris, 1986.

ALLAL L., CARDINET J. e PERRENOUD Ph., *L' évaluation formative dans un enseignement différencié,* Peter Lang, Berne et Francfort, 1979.

ALTHUSSER L., *Philosophie et philosophie spontanéee des savants,* Maspéro, Paris, 1974.

ALTHUSSER L., *Sur la philosophie,* Gallimard, Paris, 1994.

ARDOINO J., *Éducation et relations,* Gauthier-Villars, Paris, 1980.

ARDOINO J., "Pédagogie du projet ou projet éducatif", *Pour,* 94, março-abril de 1984.

ARDOINO J. e LOURAU R., *Les pédagogies institutionnelles,* PUF, Paris, 1994.

ARENDT H., *Vies politiques,* Gallimard, Paris, 1974.

ARENDT H., *La crise de la culture,* Folio-Essais, Paris, 1989.

ARENDT H., *Condition de l' homme moderne,* Calmann-Lévy, Paris, 1993.

ARISTOTE, *Politique,* Livre I, Didot, Paris, 1930.

ASTOLFI J.-P. e DEVELAY M., *La didactique des sciences,* PUF, "Que sais-je ?", Paris, 1989.

ASTOLFI J.-P., *L' école pour apprendre,* ESF éditeur, Paris, 1992.

AUBENQUE P., *La prudence chez Aristote,* PUF, Paris, 1986.

AVANZINI G. *Immobilisme et novation dans l' institution scolaire,* Privat, Toulouse, 1975.

AVANZINI G., *L' École d' hier à demain - Des illusions d'une politique à la politique des illusions,* Érès, Toulouse, 1991.

BACH J.-F., et al. (Institut de France), *Réflexions sur l'enseignement,* Flammarion, Paris, 1993.

BACHELARD G., *La formation de l'esprit scientifique,* Vrin, Paris, 1972.

BADINTER E., *Condorcet,* Fayard, Paris, 1989.

BALLION R., *Les consommateurs d'école,* Stock, Paris, 1982.

BALLION R., *Le lycée, une cité à construire,* Hachette, Paris, 1993.

BALLION R., *Les lycéens et leurs petits boulots,* Hachette, Paris, 1995.

BARTHES R., *Mythologies,* Le Seuil, Paris, 1957.

BARUK S., *C'est-à-dire...en mathématiques et ailleurs,* Le Seuil, Paris, 1993.

BAUBÉROT J., *Vers un nouveau pacte laïque,* Le Seuil, Paris, 1990.

BÉDARIDA C., "Répétez, dit le maître", *Le Monde de l'Éducation,* 222, janeiro de 1995.

BEILLEROT J., *Voies et voix de la formation,* Éditions universitaires, Paris, 1988.

BERGER G., *Multiréférentialité et sciences de l'éducation,* nota de síntese da habilitação para direção de pesquisas, Université Paris 8, 1988.

BERNARD L., *Les écoles sauvages,* Stock, Paris, 1976.

BILLARD J., "Sciences de l'éducation et pédagogie de la philosophie", *L'enseignement philosophique,* 41° ano, 4, março-abril de 1993.

BILLARD J., *Le pourquoi des choses,* Nathan, Paris, 1994.

BILLARD J., *Philosophie, histoire, religion et l'idée d'instruction publique dans la pensée française de 1815 à 1848,* tese de douturado defendida em Paris I, Panthéon-Sorbonne, 1994.

BION R.-W., *Recherches sur les petits groupes,* PUF, Paris, 1976.

BIRZÉA C., *La pédagogie du succès,* PUF, Paris, 1982.

BKOUCHE R., CHARLOT B. e ROUCHE N., *Faire des mathématiques: le plaisir du sens,* Armand Colin, Paris, 1992.

BLANCHOT M., *Le Très-Haut,* Gallimard - L'imaginaire, Paris, 1988.

BLOOM B.-S., *Caractéristiques individuelles et apprentissages scolaires,* Labor et Nathan, Bruxelles et Paris, 1979.

BOILLOT H. e LE DU M., *La pédagogie du vide,* PUF, Paris, 1993.

BONBOIR A. (Org.), *Une pédagogie pour demain,* PUF, Paris, 1974.

BORDERIE (de la) R., *20 facettes du système éducatif,* Nathan, Paris, 1994.

BOUCHET H., *L'individualisation de l'enseignement - L'individualité des enfants et son rôle dans l'éducation,* PUF, Paris, 1933.

BOURDIEU P., *Esquisse d'une théorie de la pratique,* Droz, Genève, 1972.

BOURDIEU P., *La distinction, critique sociale du jugement,* Éditions de Minuit, Paris, 1979.

BOURDIEU P., *Le sens pratique,* Éditions de Minuit, Paris, 1980.

BOURDIEU P., *Homo academicus,* Éditions de Minuit, Paris, 1984.

BOURDIEU P., *Raisons pratiques,* Le Seuil, Paris, 1994.

BRUNELLE L., *Travail de groupe et non-directivité,* Delagrave, Paris, 1976.

CARIOU P., *Pascal et la casuistique,* PUF, Paris, 1993.

CAROFF A., *L' organisation de l' orientation des jeunes en France,* EAP, Paris, 1987.

CEPEC, *Construire la formation,* ESF éditeur, Paris, 1991.

CERTEAU (de) M., *L' invention du quotidien – 1. Arts de faire,* Folio-Essais, Gallimard, Paris, 1990.

CHARBONNEL N., *La tâche aveugle 3 – Les aventures de la métaphore,* Presses universitaires de Strasbourg, Strasbourg, 1991.

CHARBONNEL N., *La tâche aveugle Philosophie du modèle,* Presses universitaires de Strasbourg, Strasbourg, 1993.

CHARLOT B., *La mystification pédagogique,* Payot, Paris, 1976.

CHARLOT B. et al., *École et savoir dans les banlieues... et ailleurs,* Armand Colin, Paris, 1993.

CHARLOT B. et al., *L' École et le territoire: nouveaux espaces, nouveaux enjeux,* Armand Colin, Paris, 1994.

CHARLOT B., *Les sciences de l' éducation, un enjeu, un défi,* ESF éditeur, Paris, 1995.

CHAUVEAU G. e E., *A l'école des banlieues,* ESF éditeur, Paris, 1995.

CHERTOK L. e STENGERS I., *Le coeur et la raison,* Payot, Paris, 1989.

CHEVALLARD Y., *La transposition didactique, du savoir savant au savoir enseigné,* "La pensée sauvage", Grenoble, 1985.

CHEVALLARD Y. (em col. com M.-A. Johsua), *Les processus de la transposition didactique et leur théorisation,* "La pensée sauvage", Grenoble, 1991.

CIFALI M., *Le lien éducatif contre-jour psychanalytique,* PUF, Paris, 1994.

CIFALI M., "J'écris le quotidien", *Cahiers pédagogiques,* 331, fevereiro de 1995.

CLAPARÈDE E., "Un institut de sciences de l'éducation et les besoins auxquels il répond", *Archives de Psychologie,* tomo 12, fevereiro de 1912; texto reproduzido pela editora Kündig, Genève, 1912.

CLAPARÈDE E., *L' école sur mesure,* Delachaux et Niestlé, Neuchâtel et Paris, 1921.

CLAPARÈDE E., *Comment diagnostiquer les aptitudes des écoliers,* Flammarion, Paris, 1925.

CLAPARÈDE E., *L' éducation fonctionnelle,* Delachaux et Niestlé, Neuchâtel et Paris, 1973.

CLERC F. (Org.), *Former à l'enseignement modulaire: bilan et perspectives,* CRDP de Nice, 1993.

CLERC F., "La boue et les étoiles", *Cahiers pédagogiques,* 320, janeiro de 1994.

Conseil National des Programmes, *Quel lycée pour demain? Propositions du CNP sur l'évolution des lycées,* Livre de Poche-CNDP, Paris, 1991.

COQ G., *Démocratie, religion, éducation,* Mame, Paris, 1993.

CORNAZ L., *L' écriture ou le tragique de la transmission,* L' Harmattan, Paris, 1994.

COUSINET R., *Une méthode de travail libre par groupes,* Le Cerf, Paris, 1949.

COUTEL C., *La République et l'école,* Presses-Pocket, Agora, Paris 1991.

DEBARBIEUX E., La *violence dans la classe,* ESF éditeur, Paris, 1990.

DEBESSE M., "Types et groupes de caractères", *Psychologie de l'enfant,* Armand Colin-Bourrelier, Paris, 1956.

DEFRANCE B., *La violence à l'école,* Syros, Paris, 1988.

DEFRANCE B., *Le plaisir d'enseigner,* Quai Voltaire, Paris, 1992.

DELDIME R. e DEMOULIN R., *Introduction à la psychopédagogie,* De Boeck, Bruxelles, 1994.

DELIGNY F., *Le croire et le craindre,* Stock, Paris, 1978.

DELORME C., *De l' animation pédagogique à la recherche-action,* Chronique sociale, Lyon, 1982.

D.E.P., "Étude sur le fonctionnement des écoles et les pratiques pédagogiques des enseignants", *Dossiers d'éducation et formations,* Paris, n. 45, 1994.

DEROUET J.-L., *École et justice,* Métailié, Paris, 1992.

DEROUET J.-L., colóquio "Des savoirs savants aux savoirs enseignés", conferência proferida na Université Lumière-Lyon 2, 4 fevereiro de 1995.

DERRIDA J., *Spectres de Marx,* Galilée, Paris, 1993.

DESANTI J.-T., *Introduction à la phénoménologie,* Folio-Essais, Paris, 1994.

DEVELAY M., *De l' apprentissage à l' enseignement, pour une épistémologie scolaire,* ESF éditeur, Paris, 1992.

DEVELAY M., *Peut-on former les enseignants?* ESF éditeur, Paris, 1994.

DEVELAY M. (Org.), *Savoirs scolaires et didactiques des disciplines: une encyclopédie pour aujourd' hui,* ESF éditeur, Paris, 1995.

DEVELAY M. e MEIREU Ph. (Org.), *Les transferts de connaissances en formation initiale et continue,* CNDP, coleção "Documents, Actes et Rapports pour l'éducation", 1995, em preparação.

DEWEY J., *L' école et l' enfant,* Delachaux et Niestlé, Neuchâtel et Paris, 1967.

DEWEY J., *Démocratie et éducation,* Armand Colin, Paris, 1990.

DUBET F., *Les lycéens,* Le Seuil, Paris, 1991.

DUBET F., "Les mutations du système scolaire et les violences à l'école", *Les cahiers de la sécurité intérieure,* 15,1994.

DUBET F., *Sociologie de l' expérience,* Le Seuil, Paris, 1994.

DUBOIS P., *"Le dictionnaire de Pédagogie et d' instruction primaire"* de Ferdinand Buisson. *Unités et disparités d'une pédagogie paur l'école primaire (1876-1911)*, tese de doutorado, Université Lumière-Lyon 2, 1994.

DUMAZEDIER J. (Org.), *La leçon de Condorcet*, L'Harmattan - Série Références, Paris, 1994.

DURU-BELLAT M. e HENRIOT-VAN ZANTEN A., *Sociologie de l'école*, Armand Colin, Paris, 1992.

ERIKSON E., *Éthique et psychanalyse*, Flammarion, Paris, 1971.

ÉTÉVÉ C., *Le cas des minorités lectrices dans les établissements scolaires*, tese defendida na Université Paris 5, 1993.

ÉTÉVÉ C., *Pour une bibliothèque idéale des enseignants*, INRP, Paris, 1990.

FATH G., "Écrire sur les pratiques enseignantes", *Pratiques de formation* (org. por F. Clerc e P.A. Dupuis), CRDP de Lorraine, Nancy, 1994, p. 137-147.

FAURE P., *Un enseignement personnalisé et communautaire*, Casterman, Tournai, 1979.

FAURE S., *Écrits pédagogiques,* Éditions du monde libertaire, Paris, 1992.

FERRIÈRE A., *Vers une classification naturelle des types psychologiques*, Éditions des Cahiers astrologiques, Nice, 1943.

FERRIÈRE A., *L' autonomie des écoliers dans les communautés d'enfants*, Delachaux et Niestlé, Neuchâtel et Paris, 1950.

FERRY G., "Mort de la pédagogie", *L' éducation nationale*, 820, março de 1967, XII, 3.

FERRY G., "Histoires de vie, formation et pratique littéraire", *Partance*, L' Harmattan, Paris, 1994, p. 263-274.

FERRY J.-M., *Habermas, l' éthique de la communication*, PUF, Paris 1987.

FEYERABEND P., *Adieu la raison*, Le Seuil, Paris, 1989.

FILLOUX J.-C., *Durkheim et l' éducation*, PUF, Paris, 1994.

FINKIELKRAUT A., "La mystifilcation des droits de l'enfant", *Les droits de l'enfant*, CNDP/CRDP d'Amiens, 1991.

FREINET C., *Les dits de Mathieu*, Delachaux et Niestlé, Paris, 1978.

FREINET C., *L' éducation du travail*, Delachaux et Niestlé, Paris, 1978.

FREINET C., *La santé mentale de l'enfant*, Petite collection Maspéro, Paris, 1978.

FREIRE P., *L' éducation dans la ville*, Païdeia, Paris, 1991.

GAGNÉ R., *Les principes fondamentaux de l' apprentissage*, HRW, Montréal, 1976.

GARANDERIE (de la) A., *Les profils pédagogiques*, Le Centurion, Paris, 1980.

GAUTHERIN J., *La formation d'une discipline universitaire: la science de l'éducation. Essai d' histoire sociale.* Tese de doutorado, Université Paris 5, 1990.

GAUTHERIN J., "Désingularisation d'une expérience éducative", *L' éducation nouvelle et les enjeux de son histoire,* sob a coordenação de D. Hameline, J. Helmchen e J. Oelkers, Peter Lang, Berne, 1995.

GELAS B., "L' impossible enseignement de la littérature", *Confluence(s),* 3, março de 1995, p. 13-18.

GILLET P., *Pour une pédagogique, ou l'enseignant expert,* PUF, Paris, 1987.

GIORDAN A. e de VECCHI G., *Les origines du savoir: des conceptions des élèves aux concepts scientifiques,* Delachaux et Niestlé, Neuchâtel et Paris, 1987.

GLASMAN D., *L' école réinventée,* L' Harmattan, Paris, 1993.

GODET J., *Bulletin du GREPH,* novembro de 1993.

GRISAY A., "Hétérogénéité des classes et équité éducative", *Enjeux,* 30, p. 69-95, Namur, 1993.

GUATTARI F., *Chaosmose,* Galilée, Paris, 1992.

GUIGUE-DURNING M., *Les mémoires en formation,* L' Harmattan, Paris, 1995.

HADJI C., *Penser et agir l'éducation,* ESF éditeur, Paris, 1992. (Em português: *Pensar e agir a educação*. Porto Alegre: Artmed, 2001.)

HAINAUT (D') L., *Des fins aux objectifs de l'éducation,* Labor et Nathan, Bruxelles et Paris, 1977.

HAMELINE D., "Formuler des objectifs pédagogiques: mode ou voie d'avenir?", *Cahiers pédagogiques,* 1976, p. 148-149.

HAMELINE D., *La liberté d'apprendre – situation II,* Éditions ouvrières, Paris, 1977.

HAMELINE D., *Le domestique et l'affranchi,* Éditions ouvrières, Paris, 1977.

HAMELINE D., *Les objectifs pédagogiques en formation initiale et continue,* ESF éditeur, Paris, 1979.

HAMELINE D., *L' éducation, ses images et son propos,* ESF éditeur, Paris, 1986.

HAMELINE D., *Courants et contre-courants dans la pédagogie contemporaine,* ODIS, Sion, Suisse, 1986.

HEBER-SUFFRIN C. e M., *Le cercle des savoirs reconnus,* Desclée de Brouwer, Paris, 1993.

HENRIOT-VAN ZANTEN A., PAYET J.-P., ROULLEAU-BERGER L., *L' école dans la ville,* L' Harmattan, Paris, 1994.

HESS R. e WEIGAND G., *La relation pédagogique,* Armand Colin, Paris, 1994.

HESSE H., *Narcisse et Goldmund,* Presses-Pocket, Paris, 1986.

HOUSSAYE J., "L' esclave pédagogue et ses dialogues", *Éducation et recherche,* Delval, Genève, 1984, 1, p. 31-48.

HOUSSAYE J., "L' imitation des pédagogues: limites et résistances", *Le furet,* Strasbourg, 1995, n.16.

HOUSSAYE J., "Le chemin du pédagogue", *Cahiers Binet-Simon,* 1985, 603.

HOUSSAYE J., "Pédagogie de la formation initiale ou Saint Thomas en formation", *Bulletin n° 7 de l'Association des enseignants et chercheurs en sciences de l'éducation,* março de 1990.

HOUSSAYE J., *La pédagogie, une encyclopédie pour aujourd' hui,* ESF éditeur, Paris, 1993.

HOUSSAYE J., *Quinze pédagogues, leur influence anjourd' hui (Rousseau, Pestalozzi, Froebel, Robin, Ferrer, etc.),* Armand Colin, Paris, 1994.

HUBERMAN M., "Répertoires, recettes et vie de la classe: comment les enseignants utilisent l' information", *Éducation et recherche,* 1987, 2, p. 157-177.

HUTEAU M., *Les conceptions cognitives de la personnalité,* PUF, Paris, 1985.

HUTEAU M., *Style cognitif et personnalité,* Presses Universitaires de Lille, 1987.

HUTMACHER W., *Quand la réalité résiste à l'échec scolaire,* Service de la recherche sociologique, Cahier 36, Genève, 1993.

ILLICH I., *Une société sans école,* Le Seuil, Paris, 1971.

IMBERT F., *Vers une clinique du pédagogique,* Matrice, Vigneux, 1992.

IMBERT F., *Médiations, institutions et loi dans la classe,* ESF éditeur, Paris, 1994.

ISAMBERT-JAMATI V., *Les savoirs scolaires,* Éditions Universitaires, Paris, 1990.

JACOTOT J., *Enseignement universel – Langue maternelle,* Éditions de Paw, Louvain, 1823.

JANKÉLÉVITCH V., BERLOWITZ B., *Quelque part dans l' inachevé,* Gallimard, Paris, 1978.

JANKÉLÉVITCH V., *Le paradoxe de la morale,* Le Seuil, Paris, 1981.

JANKÉLÉVITCH V., *La mort,* Champs-Flammarion, Paris, 1988.

JOHSUA S., DUPIN J.-J., *Introduction à la didactique des sciences et des mathématiques,* PUF, Paris, 1993.

KAHN P., OUZOULIAS A., THIERRY P., *L' éducation, approches philosophiques,* PUF, Paris, 1990.

KANT E., *Critique de la raison pure,* PUF, Paris, 1968.

KANT E., *Fondements de la métaphysique des moeurs,* Livre de Poche, Paris, 1993.

KANT E., *Réponse à la question: "Qu' est-ce que les Lumières?",* Nathan, Paris, 1994.

KANT E., *Théorie et pratique...,* Garnier-Flammarion, Paris, 1994.

KINTZLER C., *Condorcet, l' instruction publique et la naissance du citoyen,* Folio-Essais, Paris, 1987.

KOHLBERG L., *Child psychology and Childhood Education: a Cognitive-développemental View,* Longman, Cambridge, 1987.

KORCZAK J., *Comment aimer un enfant?* Robert Laffont, Paris, 1978.

KUNDERA M., *L' insoutenable légèreté de l' être,* Gallimard, Paris, 1986.

LA MAISON DES TROIS ESPACES, *Apprendre ensemble, apprendre en cycles,*

ESF éditeur, Paris, 1993.
LAFFITTE R., *Une journée dans une classe coopérative,* Syros, Paris, 1985.
LANDSHEERE (de) G. e V., *Définir les objectifs de l' éducation,* PUF, Paris, 1976.
LANGOUËT G., *Suffit-il d' innover?* PUF, Paris, 1985.
LAVERGNE J.-P., *La décision,* ESF éditeur, Paris, 1983.
LECLAIRE S., *On tue un enfant,* Le Seuil, Paris, 1981.
LECLAIRE S., *Le pays de l'autre,* Le Seuil, Paris, 1988.
LEFEBVRE H., *La somme et le reste,* Méridiens Klincksieck, Paris, 1989.
LEGRAND A., *Le système E. L' école... de réformes en projets,* Denoël, Paris, 1994.
LEGRAND L., *Pour une pédagogie de l' étonnement,* Delachaux et Niestlé, Neuchâtel et Paris, 1960.
LEGRAND L., *Une école pour la justice et la démocratie,* PUF, Paris, 1995.
LERBET G., *Système, personne et pédagogie,* ESF éditeur, Paris, 1993.
LEVI-STRAUSS C., *La pensée sauvage,* Plon, Paris, 1962.
LÉVINAS E., *Totalité et infini,* Nijhoff, La Haye, 1961.
LÉVINAS E., *Éthique et infini,* Fayard-Biblio, Paris, 1982.
LÉVINAS E., *Noms propres,* Biblio-Essais, Paris, 1987.
LÉVINAS E., *Difficile liberté,* Biblio-Essais, Paris, 1988.
LÉVINAS E., *Entre-nous,* Grasset, Paris, 1991.
LINDSAY e NORMAN, *Traitement de l' information et comportement humain,* Vigot, Québec, 1980.
LIPOVETSKY G., *Le crépuscule du devoir – L' éthique indolore des nouveaux temps démocratiques,* Gallimard, Paris, 1992.
LORENZO (di) G., *Questions de savoirs,* ESF éditeur, Paris, 1991.
MAKARENKO A., *Œuvres pédagogiques,* Éditions du Progrès, Moscou, 1967.
MALGLAIVE G., Entrevista feita por A. Gonnin-Bolo, em *Recherche et formation,* 11, abril de 1992.
MAUSS M., "Essai sur le don", *Sociologie et anthropologie,* PUF, Paris, 1990.
MEIRIEU Ph., *Apprendre en groupe?* dois tomos. Chronique sociale, Lyon, 1984.
MEIRIEU Ph., *L' école, mode d' emploi,* ESF éditeur, Paris, 1985.
MEIRIEU Ph., "Analyse par objectifs et différenciation pédagogique", *Les amis de Sèvres,* n.127, 1987.
MEIRIEU Ph., *Apprendre, oui... mais comment,* ESF éditeur, Paris, 1987. (Em português: *Aprender ... Sim, mas como?* Porto Alegre: Artmed, 1998.)
MEIRIEU Ph., *Enseigner, scénario pour un métier nouveau,* ESF éditeur, Paris, 1989.
MEIRIEU Ph., *Le choix d' éduquer,* ESF éditeur, Paris, 1991.

MEIRIEU Ph. e DEVELAY M., *Émile, reviens vite... ils sont devenus fous,* ESF éditeur, Paris, 1992.

MEIRIEU Ph., *L' envers du tableau,* ESF éditeur, Paris, 1993.

MEIRIEU Ph., "L' expérience du collège Saint-Louis Guillotière", *Éducation et pedagogie à Lyon de l'Antiquité à nos jours,* CLERSE, Lyon, 1993.

MEIRIEU Ph. e JULLIAND J.-P., *Apprendre et faire,* video VHS, Apprendre, sciences de l'éducation, Université Lumière-Lyon 2, Lyon, 1994.

MEIRIEU Ph., "Existe-t-il des apprentissages méthodologiques?", *Enseigner, apprendre, comprendre – Les entretiens Nathan 1993,* Nathan-pédagogie, Paris, 1994.

MEIRIEU Ph., *Histoire et actualité de la pédagogie, repères théoriques et bibliographiques,* Instrumentos de base para a pesquisa em educação, 1, Université Lumière-Lyon 2, Lyon, 1994.

MEIRIEU Ph., "Instruire ou éduquer", *Revue de psychologie de la motivation,* 18, 1994.

MEIRIEU Ph., "Le récit et la construction de la personnalité", *Les enjeux actuels du théâtre,* CRDP, Lyon, 1994.

MÉNARD M., "La préhistoire de la différenciation", *Cahiers pédagogiques,* número especial *Différencier la pédagogie,* Paris, 1987.

MENDEL G., *Pour décoloniser l'enfant,* Payot, Paris, 1971.

MIALARET G., "Les 'objets' de la recherche en sciences de l'éducation", *L'année de la recherche en sciences de l' éducation,* PUF, Paris, 1994.

MILLON-DELSOL C., *L' État subsidiaire,* PUF, Paris, 1992.

MINC A., *La France de l'an 2000,* Éditions Odile Jacob, Paris, 1993.

MONGIN O., "Du politique à l'esthétique", *Esprit, 6,* 1980.

MONTAGNER H., *L' enfant, acteur de son développement,* Stock, Paris, 1993.

MONTEIL J.-M., *Éduquer et former – perspectives psychosociales,* Presses universitaires de Grenoble, Grenoble, 1989.

MONTESSORI M., *Pédagogie scientifique,* Épi - Desclée de Brouwer, Paris, 1993.

MORENO J.-L., *Psychothérapie de groupe et psychodrame,* PUF, Paris, 1965.

MOYNE A., *Le travail autonome,* Fleurus, Paris, 1982.

MUGLIONI J., *L' école ou le loisir de penser,* CNDP, Paris, 1993.

NAÏR S., "L' autre comme ennemi", *Sud-Nord, folies et culture, 1,* 1994, Érès, Toulouse.

NEILL A., *Libres enfants de Summerhill,* Maspéro, Paris, 1972.

NÉMO Ph., *Pourquai ont-ils tué Jules Ferry?* Grasset, Paris, 1991.

NÉMO Ph., *Le chaos pédagogique,* Grasset, Paris, 1993.

NIETZSCHE F., *La volonté de puissance,* tomo 1, Gallimard, Paris, 1947.

NIQUE C. e LELIÈVRE C., *La République n' éduquera plus – La fin du mythe Ferry,* Plon, Paris, 1993.

OBIN J.-P. e CROS F., *Le projet d' établissement,* Hachette-Éducation, Paris, 1991.

OBIN J.-P., *La crise de l'organisation scolaire,* Hachette-Éducation, Paris, 1993.

OCDE, Examen des politiques nationales d'éducation: France, Paris, 1994.

OUAKNIN M.A., *Lire aux éclats,* Le Seuil, coleção "Points", Paris, 1992.

OUAKNIN M.A., *Méditations érotiques, Essai sur Emmanuel Lévinas,* Balland, Paris, 1992.

OURY F. e VASQUEZ A., *Vers une pédagogie institutionnelle,* Maspéro, Paris, 1974.

OURY F. et al., *L' année dernière, j' étais mort, signé Miloud,* Matrice, Vigneux, 1986.

OURY F., e VASQUEZ A., *De la classe coopérative à la pédagogie institutionnelle,* Máspero, Paris, 1991.

OURY J., *Création et schizophrénie,* Galilée, Paris, 1989.

PAIN J., *La pédagogie institutionnelle d' intervention,* Matrice, Vigneux, 1993.

PAIN J., *De la pédagogie institutionnelle à la formation des maîtres,* Matrice, Vigneux, 1994.

PASCAL, *Les provinciales,* Garnier, Paris, 1965.

PERETTI A., LEGRAND A., BONIFACE J., *Techniques pour communiquer,* Hachette, Paris, 1994.

PERRENOUD Ph., *Métier d' élève et sens du travail scolaire,* ESF éditeur, Paris, 1993.

PERRENOUD Ph., *La pédagogie à l' école des differénces,* ESF éditeur, Paris, 1994. (Em português: *A pedagogia na escola das diferenças.* Porto Alegre: Artmed, 2001.)

PERRENOUD Ph., "Le travail sur l' habitus dans la formation des enseignants", intervenção feita no simpósio "Formation des enseignants", Louvain-la-Neuve, 12-14 de setembro de 1994.

PERRENOUD Ph., *La formation des enseignants entre théorie et pratique,* L' Harmattan, Paris, 1994.

PERRENOUD Ph., "Les droits imprescriptibles de l'apprenant... ou comment rendre le métier d'élève plus vivable", *Éducations,* 1, dezembro de 1994 – janeiro de 1995.

PERRET-CLERMONT A.-N., *La construction de l' intelligence dans l'interaction sociale,* Peter Lang, Berne et Francfort, 1979.

PESTALOZZI J.-H., *La lettre de Stans,* tradução de Michel Soëtard, Centre de documentation et de recherche Pestalozzi, Yverdon-les-Bains, 1985.

PESTALOZZI J.-H., *Comment Gertrude instruit ses enfants,* Centre de documentation et recherche Pestalozzi, Yverdon-les-Bains, 1985.

PESTALOZZI J.-H., *Mes recherches sur la marche de la nature dans l'évolution du genre humain*, Payot, Lausanne, 1994.

PIAGET J., *Biologie et connaissance*, Gallimard, coleção "Idées", Paris, 1973.

PIAGET J., *La psychologie de l'intelligence*, Armand Colin, Paris, 1979.

PIAGET J., *Le jugement moral chez l'enfant*, PUF, Paris, 1985.

POPPER K., *La logique de la découverte scientifique,* Payot, Paris 1973.

POPPER K., *La connaissance objective*, Aubier, Paris, 1991.

PRIGOGINE I., "La créativité dans les sciences et dans les lettres", *The Creative Process,* Stockholm, 1993.

PROST A., *L' enseignement s' est-il démocratisé?,* PUF, Paris, 1986.

PROST A., "Démocratisation et différenciation", *Les amis de Sèvres,* 127, 1987.

PROST A., *Éducation, société et politiques,* Le Seull, Paris, 1992.

PROST A., "Condorcet en question", *Éducation et devenir: les valeurs dans l' école,* Cahier 31, 1993.

PUJADE-RENAUD C. e ZIMMERMANN D., *Voies non verbales de la relation pédagogique,* ESF éditeur, Paris, 1975.

RABAUT SAINT-ETIENNE, *Une éducation póur la démocratie – Textes et projets de l' époque révolutionnaire,* apresentação de B. Baczko, Garnier, Paris, 1982.

RABAUT SAINT-ETIENNE, *Le Discours sur les sciences et les arts de 1750,* Garnier-Flammarion, Paris, 1986.

RANCIÈRE J., *Le maître ignorant,* Fayard, Paris, 1987.

RAULIN D. e PASSEGAND J.-C., *Les modules-Vers de nouvelles pratiques pédagogiques au lycée,* CNDP – Hachette – Éducation, Paris, 1993.

REBOUL O., *Qu' est-ce qu' apprendre?* PUF, Paris, 1980.

REBOUL O., *Les valeurs de l' éducation,* PUF, Paris, 1992.

REY A., (Org.) *Dictionnaire historique de la langue française,* Robert, Paris, 1993.

REY B., *Les compétences transversales: illusion ou utopie?* Tese defendida na Université Lumière-Lyon 2, setembro de 1994.

RICHARD J.F., *L' attention,* PUF, Paris, 1980.

RICOEUR P., *Temps et récit,* Le Seuil, Paris, três tomos, 1983, 1984, 1985.

RICOEUR P., *Soi-même comme un autre,* Le Seuil, Paris, 1990.

RICOEUR P., "Le 'soi' digne d'estime et de respect", *Autrement,* 10, fevereiro de 1993.

ROMILLY (de) J., *Lettre aux parents,* Éditions de Fallois, Paris, 1994.

ROSENTHAL R.-A. e JACOBSON L., *Pygmalion à l' école,* Casterman, Paris, 1973.

ROUSSEAU J.-J., *Émile ou de l' éducation,* Garnier-Flammarion, Paris, 1966.

SAINT AUGUSTIN, *De Magistro,* Klincksieck, Paris, 1988.

SCHMIDT J.-R., *Le maître-camarade et la pédagogie libertaire,* Maspéro, Paris, 1971.

SCHNEUWLY B. e BRONCKART J.-P. (Org.), *Vygotsky aujourd' hui,* Delachaux et Niestlé, Neuchâtel et Paris, 1989.

SERRES M., *Le tiers instruit,* Gallimard, Folio, Paris, 1992.

SNYDERS G., *La joie à l'école,* PUF, Paris, 1986.

SOËTARD M., *Pestalozzi ou la naissance de l' éducateur,* Peter Lang, Berne, 1981.

SOËTARD M., "Fragments du journal de Pestalozzi sur l' éducation de son fils Jakob", *Études Jean-Jacques Rousseau,* Éditions "à l'écart", Reims, 1992.

SOËTARD M., *Pestalozzi,* PUF, Paris, 1995.

TARDIF M., "Éléments pour une théorie de la pratique éducative", *Le savoir des enseignants: que savent-ils ?* Éditions Logiques, Montréal, 1993.

TAYLOR F.-W., *Principes d'organisation scientifique des usines,* Dunod et Pinat, Paris, 1912.

THÉVENOT X., "Don Bosco éducateur et le système préventif", *Éducation et pédagogie chez Don Bosco* (organizado por G. Avanzini), Fleurus, Paris, 1989.

THIERRY A., *L' homme en proie aux enfants,* Magnard, Paris, 1986.

TOCHON F., *L' enseignant-expert,* Nathan, Paris, 1994.

TOZZI M., *Apprendre à philosopher dans les lycées d' aujourd' hui,* CNDP-Hachette, Paris, 1992.

TOZZI M., *Étude d'une notion et d'un texte philosophiques,* CRDP de Montpellier, 1993.

TOZZI M., *Penser par soi-même: initiation à la philosophie,* Chronique sociale, Lyon, 1994.

TROUSSON A., *De l'enseignant à l'expert, la formation des enseignants en question,* Hachette-Éducation – CNDP, Paris, 1992.

VERLET L., "Un monde à l' envers", *Sud-Nord, folies et cultures,* 1, 1994, Érès, Toulouse.

VERMERSCH P., *L' entretien d'explicitation,* ESF éditeur, Paris 1994.

WEIL E., *Philosophie politique,* Vrin, Paris, 1966.

WEIL E., *Logique de la philosophie,* Vrin, Paris, 1967.

WINNICOTT D.W., *L' enfant et le monde extérieur,* Payot, Paris, 1982.

ZAY D., *La formation des enseignants au partenariat,* PUF, Paris, 1994.

ZIMMERMANN D., *La sélection non verbale à l'école,* ESF éditeur, Paris, 1982.

ZWEIG S., *La confusion des sentiments,* Stock, Paris, 1990.